臺灣客家研究論文選輯 2

客家形成與社會運作

陳麗華、莊英章——主編

張維安——總主編

# 編者及作者介紹

## 主編

### 陳麗華

現任國立清華大學通識教育中心暨歷史學研究所助理教授。曾在國立清華大學、國立臺灣大學、中央研究院從事研究工作，學術專長為臺灣社會史、客家族群史及歷史人類學，著有《族群與國家：六堆客家認同的形成（1683-1973）》一書。

### 莊英章

現任中央研究院民族所兼任研究員、國立中山大學社會學系榮譽講座教授。曾任國立清華大學人類學研究所所長、中央研究院民族學研究所所長、中央研究院臺灣史研究所所長、國立交通大學客家文化學院院長。治學兼重人類學、史學與歷史人口學研究，長期投入漢人社會文化之研究，近年則以臺灣日治時期歷史人口研究以及客家社會文化研究為主。專長領域為文化人類學、歷史人口學、客家研究、漢人社會結構。著有《家庭與婚姻：臺灣北部兩個閩客村落之研究》及《田野與書齋之間：史學與人類學匯流的臺灣研究》等與客家相關的著作。

# 作者群

**施添福** 美國伊利諾州立大學地理學碩士，印第安納州立大學地理博士課程。曾任國立臺灣師範大學地理系教授、中央研究院臺灣史研究所研究員，現任臺灣史研究所兼任研究員、國立彰化師範大學歷史研究所講座教授。專長學術領域為地理思想、地理教育、臺灣歷史地理學。

**李文良** 國立臺灣大學歷史學博士，曾獲日本交流協會及教育部獎學金，兩度赴東京大學訪問研究，現任國立臺灣大學歷史學系教授。主要研究領域為殖民統治時代林業史以及清代臺灣社會史。著有《中心與周緣：臺北盆地東南緣淺山地區的社會經濟變遷》、《臺灣史料集成提要》（合著）及論文十數篇。

**林正慧** 1971 年生，屏東內埔人。國立臺灣大學歷史學博士，曾任國史館修纂處協修，現任中央研究院臺灣史研究所助研究員。研究領域為清代臺灣史、戰後臺灣史、臺灣客家史。著有《六堆客家與清代屏東平原》、《臺灣客家的形塑歷程：清代至戰後的追索》等書。

**吳學明** 國立臺灣師範大學歷史所博士，現任國立中央大學歷史學研究所客家語文暨社會科學系教授，曾任國立臺南師範學院社教系副教授、國立臺南師範學院鄉土文化研究所副教授、國立中央大學客家社會文化研究所所長、國立中央大學客家研究中心主任。研究領域為臺灣開發史、臺灣客家移墾史、臺灣文化史。

**陳志豪** 新竹人，國立臺灣大學歷史學博士。現任國立臺灣師範大學臺灣史研究所助理教授。研究專長為臺灣史、清代臺灣史，授課領域為歷史地理研究、臺灣歷史與文化（通識）。

**李豐楙** 師範大學中國文學系學士，政治大學中國文學研究所碩士、博士。曾任政治大學文學院講座教授暨宗教研究所教授、中央研究院中國文哲研究所合聘研究員、中國古典文學學會理事及臺灣宗教學會理事長、理事。現為政治大學名譽講座教授。研究領域以中國文學、道教文學、道教文化、華人宗教、身體文化為主。

陳麗華　　香港中文大學博士，現任國立清華大學通識教育中心暨歷史學研究所助理教授。曾在國立清華大學、國立臺灣大學、中央研究院從事研究工作，學術專長為臺灣社會史、客家族群史及歷史人類學，著有《族群與國家：六堆客家認同的形成（1683-1973）》一書。

黃宣衛　　英國 St. Adrews University 博士。曾任國立東華大學人文社會學院院長，現任中研院民族所研究員兼副所長。研究領域包括族群、宗教與認知。長期在東臺灣做研究，企圖以區域研究的眼光，兼顧原住民研究與漢人研究，也試圖探索學術研究與地方社會共謀發展的可能。

黃學堂　　1951 年生，國立高雄師範大學碩士班畢，臺東專科任教退休，興趣為在地文史、歷史影像蒐集研究。著有《胡傳傳》、《臺東六堆客家采風》、《池上阿美采風》、《戀戀九岸溪》、《瑞和村史》、《臺東民間手稿圖錄》等。

# 學術研究與客家發展：
## 《臺灣客家研究論文選輯》主題叢書序

### 張維安

客家族群的發展，打從其浮現初期就和客家族群的論述有密切的關係。特別是從「自在的客家」發展到「自為的客家」過程中，客家族群意識的凝聚與確定，顯示出客家族群相關論述扮演了重要的角色，尤其是立足於客家研究而來的客家族群論述所帶來的影響。有客語語言家族的「客觀」存在（自在的客家），還不能說客家族群已經誕生，也就是說客家族群還未主觀的、有意識的存在（自為的客家）。兩者之間的差異與轉換，主要是族群意識與族群論述。

族群意識的誕生，可能來自客語語言家族經過與他族的接觸經驗、人群界線的劃分，以及漫長的族群形塑過程。不過人群分類的「科學」根據和「歷史」解釋，卻需要綿密的客家族群論述為基礎。從客家族群形成的過程來看，客家研究扮演了非常關鍵的角色，甚至可以說「沒有客家研究就沒有客家族群」。

歷史上，羅香林的《客家源流考》（1950）、《客家研究導論》（1933）和《客家史料彙編》（1965）為客家選定作為中原漢族的身分，提供了安身立命的論述基礎。更早的時期，徐旭曾的〈豐湖雜記〉（1808）、林達泉的〈客說〉（1866）、賴際熙的《[民國]赤溪縣志》（1867）、溫仲和所纂的《廣東省嘉應州志》（1868），以及黃釗的《石窟一徵》（1870）等，提供了羅香林論述的基礎觀察。當然還有一些外國傳教士之論述也發揮很大的作用，例如

Ernest John Eitel（1873）的 *An Outline History of the Hakkas*。關於西方傳教士的客家論述與華南客家族群的浮現方面，施添福與林正慧等已有精彩的研究。客家研究奠定了客家族群存在的樣貌。

客家研究與客家族群的浮現與發展關係，是多層次的。從民間學者到學院教授，從族譜記載到生物基因，從文化圖騰到語言發音，豐富了客家族群文化的內涵，增進了客家族群的意識與認同。其中語言學家對南方漢語中客語分類的認定與命名，使得客語人群的身影逐漸清晰。近年來臺灣客家研究的興起對臺灣、東南亞或中國客家文化的發展與認同都有清楚的影響。

基於客家相關的學術研究對客家發展的重要性，客家委員會從設立以來便相當重視客家知識體系的發展，設立客家學術發展委員會指導推動客家學術研究與發展之業務，厚植客家研究的基礎。客家研究如果要成為一門學問，不只是要有研究計畫，必需有課程規劃、教科書、專業期刊、客家研究學會、學術研討會、嚴格審查的專書、有主題的叢書與論文集彙編。《臺灣客家研究論文選輯》主題叢書的出版計畫，具有此一脈絡的意義。

《臺灣客家研究論文選輯》主題叢書的出版構想，源於客家委員會的客家學術發展委員會，目標是將分散於各學術期刊的優質論文，依主題性質加以挑選、整理、編輯，重新編印出版，嘉惠對客家議題有興趣的讀者，深化客家議題的討論，增益客家社會建構的能量。論文來源以學術期刊論文為主，作者無限制，中英文皆可，主要是論文議題要與「臺灣客家」相關，跨區域比較也可。以主題或次領域為臺灣客家研究系列叢書編輯的原則，能讓國內外客家研究學者乃至一般讀者，迅速掌握過去學術界對該主題的研究累積，通過認識臺灣「客家研究」的各種面向，理解臺灣客家社會文化的諸多特質，作為國家與客家族群發展知識基礎。叢書，除了彙整臺灣客家研究的各主題（特色），也望能促進學、政雙方，乃至臺灣民間社會共同省思臺灣客家的未來。

　　由於各篇論文原來所刊登的期刊，各有其所要求的格式。為了尊重原期刊的特性，本叢書各輯的論文仍保留原有的格式性質，例如註解的方式各篇並未一致，又因版面重新編輯，原有的頁數已經有所改變，這是需要跟讀者特別說明的。

　　《臺灣客家研究論文選輯》主題叢書之問世，特別要感謝客家委員會李永得主任委員的支持，客家學術發展委員會召集人蕭新煌教授的指導，各分冊主編的教授師長，一次又一次的來交通大學開會，從書本的命名到封面的討論，看見大家的投入和付出，非常感激。交通大學國際客家研究中心博士後研究員劉瑞超博士、交通大學出版社程惠芳小姐和專任助理陳韻婷協助規劃與執行，克服重重困難，誠摯表示感謝。

張維安

于國立交通學客家文化學院人文社會學系

2018-6-7

# 目錄

# 《客家形成與社會運作》導論

陳麗華、莊英章

　　翻開本卷，讀者或許和編者有一樣的疑問：如何在一本小書當中，涵蓋 30 年來臺灣客家歷史研究的豐碩成果呢？編者曾在浩如烟海的文獻中反覆搜檢，精挑細選出幾十篇文章，再經過反覆取捨留下其中 8 篇，過程中當然免不了挂一漏萬、令人有遺珠之憾。我們也明白，這些文章想要滿足讀者對於客家歷史最新進展的好奇，或許還遠遠不夠；但是若它們能夠成爲線索和引子，讓大家可以按圖索驥，進入一個新奇而廣闊的思維世界，對本書的使命便有一個交代了。

　　本書總共分爲兩部分：第一部分「客家族群形成」，收錄了施添福、李文良與林正慧撰寫的 3 篇以清代研究爲主的文章，試圖對臺灣客家歷史研究在理論與方法上的進展，做一個初步的勾勒；第二部分「社會運作機制」，則收錄了 5 篇文章，以土地開發、商業經營、家族及宗教等不同角度，探討臺灣北、中、南和東部不同客家地域社會如何形成與運轉，並在這一過程中積澱成被視爲「文化」和「傳統」的因素。大體而言，前者是「客家」作爲族群概念的建構性，而後者是客家地域社會的建構性，二者相配合，共同構成了臺灣客家如何在歷史脈絡中形成的歷史。

## 一、誰是客家人？

　　第一部分收錄文章的三位作者，實際上均已經或即將出版專著，其觀點的豐富和厚重性遠不止於此。不過，這三篇文章還是頗具有代表性，在問題意識、理論和研究方法上都已經進一步深入，超越了以往的研究：客家不應再被視爲是一個固化的、具有文化同質性的群體，而是在清初以來的歷史和社會文化環境下塑造的，反應的是當時社會狀況。三篇文章的研究視角亦各有千秋，正好可以互補參讀。

　　施添福的文章原本是一篇會議講稿，讀者從字裡行間仍可以感受到生動的口語色彩。雖然極爲簡短，卻在 20 世紀末提出了一個至今學術界仍要面對的大哉問：什麼是客家？這一問題的緣起，與其地理歷史研究經驗有關。他發現北部竹塹地區一些客家大家族的祖籍，是中國大陸廣東省的陸豐、海豐、饒平、三陽（揭陽、潮陽、海陽）等地接近沿海的地區；在歷史上，這些地區無論是大陸粵東還是臺灣南部六堆地區的觀點，都不屬於客家的範圍。因此他說，「我並不懷疑他們現在的客家身分，我只是懷疑他們的祖先是不是客家。」一語道破了客家的建構性，因爲這一歸類背後有豐富的歷史過程，代表了臺灣客家族群建構的特殊性。

　　由此出發，他也懷疑臺灣史上的名詞「福佬客」，其代表的人群竟來自於廣東境內的福佬文化區，還是客家文化區？若是前者，則其原本就是福佬人，和客家並沒有什麼關係。連帶的問題是三山國王是否是客家鄉土神，因爲在廣東它曾是福佬和客家共同崇祀的神明。文章的結尾以一系列問題告終，並沒有直接回答建構的時間點和機制，不過後來他在《全球客家研究》上發表了系列長文，可以說針對這個問題提出了系統的回答。這些文章加起來便是一本專著的分量，礙於篇幅本書無法全收，但是他追溯了客家從「本貫主義」（即戶籍登記中原本的籍貫）到「方言主義」這一至今仍在持續的轉變及其制度面

的、社會運作面的、傳播面的轉變機制。[1] 對於後來的客家研究者而言,他的問題將始終是一個無法繞開的起點。

李文良的文章在其客家系列研究中,也是篇幅較短的一篇。他同樣質疑歷史上的客家書寫問題,不過在研究方法上卻讓人耳目一新:不再將清初文獻上的客家書寫視爲是歷史事實,而是思索掌握書寫權力的書寫者,如何透過塑造他者來反映其内心的想法與觀感。在他看來,清初客家書寫集中在康熙 50 年代的三本地方志書上,其中的客家形象亦有同質性:即祖籍爲廣東省潮州府,維生方式爲佃耕或傭工,文化形態爲聚居、好事輕生、健訟樂鬥的一群人。這樣一種客家形象與其說是歷史事實,毋寧說是按照作爲文化中心、常常亦是地主階層的漳泉士紳的反面打造的,它一方面將他者徹底負面化,另一方面也將豐富、複雜和流動的人群樣貌單純化。換句話說,它要凸顯的並不是清初歷史上的客家書寫是有關客家民系如何遷徙臺灣的歷史,而是掌握書寫權力的漳泉士紳,在面對流民大量湧入、社會結構岌岌可危的社會狀態,將焦慮心態投射在一個負面的他者(客)身上的結果。

這樣一個新穎的研究視角,使我們的關注點從書寫對象,轉向了隱身在幕後的書寫者本身。通篇讀起來邏輯縝密,亦引人入勝。在 2011 年出版的專著中,他深入探究了康熙至乾隆年間,臺灣南部六堆客家地域社會的形成過程。全書不斷在質疑與反思歷史上的「客家」書寫,與今日客家族群之間的差距,並透過地權、學額、地方志書寫和拜祭等角度去細緻地衡量,爲反思歷史上的客家書寫開創了典範。[2]

---

1 施添福,〈從「客家」到客家(一):中國歷史上本貫主義戶籍制度下的「客家」〉,《全球客家研究》,2013 年 11 月,第 1 期,頁 1-56;施添福,〈從「客家」到客家(二):粵東「Hakka・客家」稱謂的出現、蛻變與傳播〉,《全球客家研究》,第 2 期,頁 1-114;施添福,〈從「客家」到客家(三):臺灣的客人稱謂和客人認同(上篇)〉,《全球客家研究》,2014 年 10 月,第 3 期,頁 1-110。

　　林正慧的文章，更以「何謂客家」這一問題作爲開篇。在文中，她系統梳理了中國大陸和臺灣客家研究的歷程，並對將文獻上的「客」等同於客家民系的做法提出了質疑。在她看來，「閩即福，粵即客」的看法與其說是歷史事實，不如以說是一種迷思。由於文章頗長，有必要另闢一節稍作解說。

## 二、客家作為歷史過程

　　林正慧的文章分成三個部分，她首先追溯了客家研究的學術史，並透過史料分析，討論了客家方言群的形成過程；然後轉入文本分析，進一步探究了粵東及臺灣歷史文獻中有關「客」的書寫與客家族群的關係，並比較分析了其間的異同之處。

　　客家方言群是如何形成的？學界已經有了南宋說、明清說等不同看法。林正慧在族群邊界理論的基礎上，認爲族群和互動與接觸是方言群自覺意識產生的基礎。她追溯了歷史文獻中關於「客」的記載，發現它是對外來移民的通稱，並不和特定語言群體直接相關。就廣東地區的記載而言，則大部分是廣東本地人對來自於福建或「江、閩、湖、惠」諸縣移民的他稱，雖然多指講客語者，但背後並沒有一個統一的客家族群概念，而是對於毗鄰不同文化區的直觀認知。不過，由於文化隔閡和資源競爭，至遲到清中葉，「客家」已經成爲客語方言群體的自稱。近代客家知識分子羅香林爲了反擊本地人的污名化，而將客家歷史大幅提前，並塑造了血統純正論，對後世的認知亦有極大影響。

　　而臺灣的歷史文獻中，也出現了大量「客子」、「客人」、「客民」等名稱。她指出除了清初頗具負面的記載外，大部分敘述較爲平實。這一名稱似

---

2 李文良，《清代南臺灣的移墾與「客家」社會（1680～1790）》（臺北：國立臺灣大學出版中心，2011）。

乎暗示了一個文化形態同質的人群，但實際上內部可能包含了語言、文化異質的廣東福佬和客家兩大文化群體。因此將文獻中的粵等同於客，亦存在很大問題。隨後，她也對粵東及臺灣文獻中對於「客」記載的相似與相異之處進行了比較，認為相似之處在於皆指流徙、佃耕之民，相異之處則在於贛南、粵東等地歷史上均有大規模的土客衝突，本地住民始終對於「客」有極大敵意，而客家方言也成為不同來源的客語群體劃分邊界的依據。而在臺灣，雖然「客」的群體中的確大部分來自於粵東客家，但是二者仍無法直接劃等號，清廷亦以籍貫劃分人群，以致客家方言群無法完全訴諸方言界限去凝聚認同。

可以看出，她最為關注的並不是具有文化共性的客家如何形成，而是具有自覺意識的客家方言群體如何形成。同時，她的眼光並不囿於臺灣。在與華南社會的比較中，臺灣社會的特性亦被凸顯出來。同樣，她亦出版了專著，將清初至戰後臺灣客家的形塑歷程，作了迄今為止最為細緻而詳盡的梳理，讀者有興趣亦可以找來閱讀。[3]

若說以上三位研究者為我們揭示了「客家」概念如何在臺灣社會形成的歷史，那麼從文獻和概念轉入臺灣地方社會的實際運作過程，臺灣客家群體又具有哪些特殊的「文化」和「傳統」，其形成的歷史和文化淵源為何，以至於在客家方言群體自覺或族群觀念衍生的時代，可以輕易地轉化為文化上同質性的象徵呢？

第二部分收錄的五篇文章，便試圖彰顯臺灣客家族群形成過程中，地方社會在制度與文化上更深層的結構過程。讀者可以發現從地域上，涵蓋了臺灣北部桃竹苗、中部彰雲嘉、南部六堆及東部後山地區的客家研究。這不僅僅是一

---

3 林正慧，《臺灣客家的形塑歷程：清代至戰後的追索》（臺北市：臺灣大學出版中心，2015）。

個不同地域的拼合，更重要的其中涉及到的幾大文化機制，均有其更深遠的淵源，如隘的設立可以追溯到明代在邊疆地區的制度；宗族制度則是明清以來，地方社會為適應明中葉後的禮儀、商業與賦役變遷而發展出來的獨特機制，在廣東地區尤為盛行；「客仔師」則可追溯到整個粵東、閩西客家地區活躍的民間道教閭山派傳統。對這些文化符號的分析，有助於明白臺灣與其它地域社會既共存、又獨特特性的形成。

## 三、土地制度

北部桃竹苗地區是臺灣最大的客家聚居區，居中的新竹在歷史上既是行政與文化中心，也是近幾十年來臺灣史研究關注的重鎮。本書作者中的施添福、吳學明，以及陳志豪、李文良（此外還有本書未收錄的林欣宜等），均曾從不同的研究視角，探討過該地隘墾制度的建立，對於不同社區或族群關係的影響，可謂是臺灣史上討論熱度最高、研究最為透徹的區域。[4] 而本書收錄的兩篇文章，正是在這一學術關懷下積澱的成果。

在邊疆地區設立「隘」作為軍事防衛性機構的做法，並不是臺灣獨有的發明。早在明代，中國大陸諸多邊疆地區便有設立，在客家地區亦同樣有設隘，並由地方人士自己選舉隘長管轄。[5] 而根據陳宗仁的研究，清代臺灣隘制的發

---

4 施添福，《清代臺灣的地域社會：竹塹地區的歷史地理研究》（新竹縣竹北市：新竹縣文化局，2001）；吳學明，《金廣福墾隘研究》（新竹縣竹北市：新竹縣立文化中心，2000）；陳志豪，〈清帝國的邊疆治理及其土地制度：以新竹頭前溪中上游地區為例（1790-1895）〉，國立臺灣大學歷史系博士論文，2012；Lin Hsin-yi, "The Formation of Taiwan Society--The Case of the Zhuqian Area". D. Phil Dissertation, University of Oxford, 2012.

5 楊彥杰，《閩西客家宗族社會研究》，客家傳統社會叢書第 2 冊（出版地不詳：國際客家學會、海外華人研究社、法國遠東學院，1996），頁 217-221。

展，同樣亦可以放在邊防政策演變的脈絡下觀察。早在康熙年間以降，官方便試圖在漢人和番人之間劃出一條清晰的界限，因此採取了豎立界碑、堆土牛、頒行禁令等等辦法。同時由於執法的兵額有限，乾隆上半葉遂改變巡守的做法，演化出定點設立關隘，由熟番及漢人鄉勇守禦的策略，成爲臺灣歷史上18 至 19 世紀重要的邊疆制度。[6]回到地域社會的脈絡，北臺灣的閩粵籍移民從一開始便以防番設隘的名義，從事各種土地拓墾活動，地方豪族也開始承攬隘務，設立隘寮招攬隘丁。隨着隘墾制在新竹地區的推進，閩籍和粵籍群體展開了怎樣的互動關係，便是這兩篇文章要告訴讀者的故事。

　　吳學明的文章，關注的是隘墾機制與姜家家族發展的關係。姜家領導的金廣福大隘，是北臺灣規模最大的武裝拓墾集團。在文中，他運用豐富的第一手史料，細緻勾勒了姜家雍正至乾隆初來臺之後，不斷冒險犯難屢次遷徙，向山區拓墾第一線推進的故事。來臺之初，姜氏便在靠近港口的紅毛港地區從事佃耕，乾隆後期，家族大部分成員轉戰更靠近內山的九芎林地區；道光咸豐年間少量家族成員更向南越過頭前溪，深入到大隘、北埔地區。在這一過程中，姜家在隘墾事業中的突出角色，是家族上升的關鍵。他也深入分析了抱隘、借隘等機制的運作，以及姜家在其中的參與：抱隘類似於一田兩主制，由另外一位經營者承包上手的隘務；借隘則是借他人之隘進行經營。他們也透過投入公共事業，以及參與地方宗教祭祀活動，建立在區域拓墾中的核心地位，家族祖先甚至被部分地方廟宇供奉。然而，他也指出這一拓墾型家族的發展存在限制，缺乏對於科舉的投入、男性成員早逝以及晚清之後官方對於民間隘墾事業態度的改變，是其中的主要原因。

---

6 陳宗仁，〈十八世紀清朝臺灣邊防政策的演變：以隘制的形成爲例〉，《臺灣史研究》，第 22 卷，第 2 期（2015 年 6 月），頁 1-44。

　　值得注意的是，作者並沒有特別強調這一家族的客家特性。他指出姜家為粵籍墾首，也注意到他們與閩籍紳商競爭又合作的關係，不過正如其文中指出的，「這些問題之存在不完全建構在閩粵之族群意識上，實際利益之確保應為其主要之考量。」呼應前述施添福對於姜家祖先是否為「客家」的疑問，此文無疑為瞭解更複雜的地方社會實際運作情形，提供了一個極具代表性的個案。

　　陳志豪的文章，則以合興莊（約今新竹縣芎林鄉、橫山鄉與關西鎮交界地區）的個案，向我們展示了隘墾事業帶動了新竹地區特殊的閩粵族群關係。他發現該莊的大租往往是定額的，其背後支配大租的墾戶往往是不在地、城居的閩南地主，他們運用管事作為代理人在鄉村收取租穀，對於隘防事業幾乎沒有置喙空間。實際支配隘防事業的往往是粵籍人士，他們直接從佃戶手中收取數額彈性的隘糧，對於地方社會事務有更大的發言權。但是這並不代表閩籍墾戶在做虧本生意，他指出位於淺山丘陵地區的墾莊，與周遭商業據點及沿海地區的商業流通，可能才是閩籍地主們營運收益的主要來源。

　　這篇文章的新穎之處，在於將土地拓墾制度與商業流通機制兩種視角結合，讓我們窺見了新竹地區閩粵方言群體關係的不同層次和境界。在他看來，重要的是 18 世紀之後，國家用一種彈性和開放的制度，讓界外的社會趨於穩定，並將不同方言群體均吸納到邊疆的經營中來。[7] 同樣，作者在行文和用詞上，都並沒有特別強調這批粵人的客家特性。這些觀察都提醒我們，土地制度所衍生的族群關係，只是諸多族群關係中的一種，還有其它多元的面相有待我們觀察，宗教信仰也是其中一個值得關注的角度。從合興莊的宗教信仰和商業活動上來看，人群活動也頗具開放性，遠非局限在土地制度的拓墾範圍。[8]

---

7 陳志豪，〈清帝國的邊疆治理及其土地制度：以新竹頭前溪中上游地區為例（1790-1895）〉，頁 191-196。

8 陳志豪，〈清帝國的邊疆治理及其土地制度：以新竹頭前溪中上游地區為例（1790-1895）〉，頁 155-160。

## 四、宗教信仰

　　說起臺灣客家人的宗教信仰，常會提到的便是傳播甚廣的義民信仰、土地伯公拜祭等，學界對其拜祭形成及變化的歷史已經研究的相當細緻和深入，讀者也不難在圖書館和書店中找到相關書籍。本文則是試圖讓讀者注意到另外一個相當有趣的面相，就是民間社會的「客仔師」傳統，直到今天，他們還在北部桃竹苗、中部臺中及彰雲等地活躍。

　　「客仔師」顧名思義，就是身分為「客」的法師或師公，在民間社會他們通常被視為道士。另外一個指稱他們的名詞是「紅頭師」，即指其在儀式中以紅色的頭巾纏頭。與正統的道教比起來，紅頭師的傳統更近乎一種「巫」的傳統，它運用世代相傳的符籙道法，集合諸多在正統道教神譜之外的神明，對個人、社區或進行補運治病、驅邪除魔等儀式。[9] 20 世紀末及 21 世紀初，李豐楙曾發表了多篇文章，探討「客仔師」傳統在臺灣中部和北部地區的形成和運作情況。本書收錄的 一文發表最早（1993 年），探究了清初到戰後這一文化傳統在彰雲嘉及臺中地區的發展歷程。

　　在他看來，信仰習俗是地方文化中相當具有韌性的部分，清初方志中曾經清楚地將「客仔師」描繪為他者的文化特徵，顯示出清晰的族群界限，並為後世多個地區的地方志轉載。當時的「客仔」，主要指的是粵東客家人聚居的縣市，有時也包括沿海潮州、閩西或閩南部分地區。不過經歷漫長的歷史進程，方志中對於族群的描述淡化，轉用「紅頭師」的描述性詞彙，但是這一文化特

---

9 李豐楙，〈以臺灣北部紅頭師與客屬聚落的醮儀行事：以桃園、新竹、苗栗為主的考察〉，《苗栗 2002 年客家文化月「兩岸客家歷史文化社區研討會論文集」》（苗栗：苗栗縣政府，2002），頁 54；Chan Wing-hoi, "Ordination names in Hakka genealogies: A religious practice and its decline." In David Faure, Helen F. Siu edited, Down to Earth: the Territorial Bond in South China. Stanford, Calif.: Stanford University Press.1995. pp.65-82.

徵的族群性仍然頗爲鮮明。在另外一篇探討北部桃竹苗地區客仔師的文章中，李豐楙清晰地將這一傳統追溯到福建漳州南部與粵東客家地區，往往具有嚴格的家傳或師承制度，自成一獨立的行業團體，平日則與一般民眾生活無異。他也指出雖然該地區歷經社會變遷，但是在醮儀上仍以延請本地客仔師主持爲主，顯示出族群文化的保守性。[10]

　　文中一些道教專有名詞，可能會讓初次接觸的讀者感到畏懼，不過若將其放入更大的歷史範疇中，或許會更容易理解。就在李豐楙發表這篇文章前後，不同的研究者也在粵東、閩西、贛南以及香港新界等地，對當地的民間道教傳統進行調查，試圖探討其禮儀傳統與客家社會的關係。由法國道教研究者勞格文（John Lagerwey）主導、由學者及地方文史專家組成的研究團隊，1996 年起 10 年間出版了 30 冊的《客家傳統社會》叢書。在這些書中，勞格文等人根據儀式專家傳承、神名圖譜、打醮儀式及與民間佛教、正統道教的關係等，清晰勾勒了在閩西、贛南及粵東的廣大客家區域，存在一個影響深遠且廣泛的閭山教傳統，其儀式專家自稱法師或道士，主要從事與生者有關的各種儀式活動，與臺灣紅頭師傳統相似，他們也纏紅頭、著紅袍或紅裙等。[11] 陳永海在香港新界的調查，則不但觀察到其傳統與瑤、苗、畲族的密切關係，也注意到了早期客家族譜中大量出現的郎名和法名，即與這一閭山派宗教傳統有關，這是與其它廣東本地族群相當不同的文化表徵。[12]

---

10 李豐楙，〈以臺灣北部紅頭師與客屬聚落的醮儀行事：以桃園、新竹、苗栗爲主的考察〉，《苗栗 2002 年客家文化月「兩岸客家歷史文化社區研討會論文集」》（苗栗：苗栗縣政府，2002），頁 52-74。

11 勞格文，〈福建客家人的道教信仰〉，收入羅勇、勞格文主編，《贛南地區的廟會與宗族》（香港：國際客家學會，2005），頁 229-258。

12 Chan Wing-hoi, "Ordination names in Hakka genealogies: A religious practice and its decline." In David Faure, Helen F. Siu edited, Down to Earth: the Territorial Bond in South China. Stanford, Calif.: Stanford University Press.1995. pp.65-82.

　　而對於臺灣中部彰、雲、嘉及臺中地區「紅頭師」的探討，也涉及到「紅頭師」所在的土壤──中部客家地域社會的研究。李豐楙文中也提到，當代該地的不同宗教傳統也與族群邊界有關，其中一支是客家系統的紅頭師公，另外一支是漳泉籍的烏頭師公。相較而言，臺灣北部是以較接近正統道教的客家系或詔安、平和系為主；而南部（臺南、高雄、屏東及雲林部分地區）則為泉、漳系烏頭師公。勞格文對於福建客家地區閭山派的探討中，也稱福建詔安、平和地區與其它閩西、粵東客家地區不同，他們與臺灣北部有正統科儀的正一道較為接近，可謂自成一派。[13]

　　由上論述可以看出，從宗教禮儀的角度看來，福建漳州詔安、平和地區的傳統與閩粵贛三省交界地區的客家地域並不盡相同。不過，所謂詔安「福佬客」的研究，正是中部客家地域社會研究最引人注目的發展之一。這一議題的產生，與臺灣學界對於「何謂客家」概念的改變和擴大有關，邱彥貴的文章曾對此有精彩的論述，即作為近 30 年來客家研究在臺灣深入的成果之一，「福佬客」的範疇，也從原本籍貫為「廣東」、後來講閩南話的群體，亦擴大到原本籍貫為「福建」，原本講客家話或雙語的群體。[14] 不過，研究者往往假定雙方言者的就原籍來看，詔安地區為漳州府最南端靠海的縣市，南部緊鄰廣東省饒平縣。該地是漳州客家人比例最高的區域，仍然只有總人口的四分之一，主要分布在內陸近山地區，而大部分沿海地區仍是福佬話群體為主，在中間地帶還分布不少雙語人群。[15] 這一問題，同樣呼應着到底「誰是客家人」的追問。

---

13 勞格文，〈福建客家人的道教信仰〉，收入羅勇、勞格文主編，《贛南地區的廟會與宗族》，頁 229。

14 邱彥貴，〈福佬客的屬性與界定〉，收入彰化縣文化局編著，《彰化縣客家族群分布調查》（彰化市：彰化縣文化局，2005），頁 15-17。

15 韋煙灶、林雅婷，〈臺灣西北部沿海地區的居民語言與祖籍分布的空間關係〉，收

## 五、宗族與地方社會

　　臺灣客家人另一個引人注目的文化特性，就是宗族組織發達。宗族研究曾是 1960 年代以來華南及臺灣人類學家關注的焦點之一，英國人類學家弗里德曼（Maurice Freedman）對於中國東南宗族組織的研究，已經是公認關於宗族研究的經典。他分析華南社會形成大規模宗族社會的原因，認為水稻經濟與邊疆環境促發了宗族的形成，尤其強調土地等共同財產為維繫宗族的重要性，而宗族實質上也就是一個控產機構。

　　弗里德曼的華南宗族研究發表之後，諸多人類學家、歷史學家也開始從臺灣、香港，其後更進入中國大陸華南等地區，對家族及宗族的發展進行深入而細緻的觀察，並試圖修正弗里德曼研究中濃厚的功能論色彩。臺灣人類學家的做法是進一步強化親屬系譜在其中扮演的角色，例如強調「房」的觀念在漢人系譜中的重要性，不同家族單位之間的階序關係等；以及強調祖先崇拜對於理解親族關係和社會組織的重要性，甚至大於經濟動因等。[16] 香港和華南地區的歷史學者則另闢蹊徑，為明中葉以來華南宗族社會的形成注入了更多的歷史解釋，認為宗族意識形態開始向廣東地方社會擴張和滲透，一方面與嘉靖以後宗族禮儀逐漸向庶民社會推廣有關，另一方面則是地方認同與國家象徵結合的過程，宗祠從此成為地域社會最重要的文化表徵。[17]

---

入「臺灣語言文化分佈與族群遷徙工作坊」（新竹場），國立臺中教育大學主辦，2010 年 4 月 23 日，圖 2；邱彥貴，〈福佬客的屬性與界定〉，收入彰化縣文化局編著，《彰化縣客家族群分布調查》，頁 25。

16 莊英章，《家族與婚姻：臺灣北部兩個閩客村落之研究》（臺北市：中央研究院民族學研究所，1994），頁 109-110。

17 科大衛、劉志偉，〈宗族與地方社會的國家認同：明清華南地區宗族發展的意識形態基礎〉，《歷史研究》第 3 期，2000，頁 3-14。

　　若將視野轉向粵東韓江流域上游的客家地區，會發現當地向宗族社會轉變的關鍵時期是 17 世紀末的康熙年間。當時清廷廢除遷海政策、地方社會「復界」，宗族組織才在鄉村社會中普遍地建立起來，也成為鄉村中最重要的社會組織形式。這與當時戶籍登記和賦役徵收制度中，推行了以宗族為納稅單位的新制度有關，這一方面是對宗族在鄉村社會地位的承認，另一方面也促進了宗族組織的迅速發展。為了應對賦役負擔，購置土地設立公共財產也成為日漸普遍的做法。不少小姓甚至不惜改姓，以便在大姓的庇護之下減輕賦役的負擔。[18]

　　康熙年間粵東客家地域社會發生這一轉變的同時，也正是臺灣被收歸清廷管轄，閩南和粵東漢人開始大規模湧入開發的年代。陳麗華對於六堆地區宗族社會形成的歷史研究，便可放入這一研究脈絡理解。她追溯從清初到戰後六堆地區宗族建構的歷程，指出嘗會組織在其中的重要性，這一組織不僅可以追溯到康熙年間，更成為當地強悍的六堆軍事聯盟基礎所在。同時，嘗會組織也透過對於共同廣東始祖的追溯，穩固了六堆客語群體的共同記憶，而祠堂和族譜的編修並非其副產品，而是日治時期伴隨經濟發展而出現的文化振興現象。

　　嘗會的重要性並不僅僅在南部如此，羅烈師、林桂玲對於北臺灣新竹地區地域社會組織的研究，同樣展示了乾隆年間以降，嘗會發展對於地域社會整合的重要性，它更牽涉到民眾日常的經濟生活，影響其對於客家族群的認同。兩人的博士論文均有涉及這一問題，有興趣的讀者也可以找來閱讀。[19]

　　最後一篇文章，處理的是臺灣開發較晚的東部地區，這裡也往往是西部客

---

18 陳春聲、肖文評，〈畬猺、山賊、倭亂與糧戶歸宗：明清之際韓江流域的聚落形態與鄉村社會變遷〉，收入黃賢強主編《族群、歷史與文化：跨域研究東南亞和東亞》（新加坡：八方文化，2011），頁 250-255。

19 羅烈師，〈臺灣客家之形成：以竹塹地區為核心的觀察〉，清華大學人類學研究所博士論文，2005；林桂玲，〈客家地域社會組織的變遷：以北臺灣「嘗會」為中心的討論〉，清華大學歷史所博士論文，2012。

家人再移民之後的首選之地。讀者可能不禁好奇，西部客家人在再移民的過程中，是將其在西部形成的文化傳統直接照搬過來，還是在東部後山地區形成了獨特的新文化傳統呢？

## 六、客家的「二次移民」

黃學堂、黃宣衛合撰的文章，便試圖告訴讀者客家人「二次移民」之後，在東部後山地區的分布、經濟生活及信仰等情況。正如作者所言，這篇文章並「不是學術論文，而是屬於調查報告的性質」。依據日治時期的各類統計書，當代村里長、客家社團協助下取得的推估數據；再加上親自進行的實地田野調查，他們將對於臺東縣客家族群的記錄，細緻到村里街區的範圍，彷彿帶着一把放大鏡，帶讀者走遍了臺東的山水聚落，勾畫出了原本「隱而未顯」的客家群體樣貌。

文章一開始，作者也交代了自己對於「客家」概念的理解。在人口數字的分析上，他們作了兩個簡化處理，其一是將歷史上的「廣東」簡化為客家。因為雖然臺灣歷史上日治時期特殊的人群分類法則，今來自福建汀州及漳州詔安等客家人被歸入「福建」；而來自廣東潮州、汕頭等地的閩語群體則劃歸「廣東」，不過因為人數較少，期間的差異本文選擇了忽略。其二則是將西部新竹州（今桃竹苗地區）、高雄州六堆地區的移民亦直接簡化為客家，儘管這些地區同樣有講閩南語的群體，但是同樣基於比例較小而不計算在內。不過在其後的行文中，也提到了「大埔客」、「詔安客」在該地的分布情況。作者也注意到在海岸地區，閩南語群體內部其實有大量的平埔客。

就客家人移民臺東的歷史而言，作者追溯到清末的開山撫番時期。在政府的鼓勵下，來自原鄉和南部六堆地區的移民紛紛移居該地。進入日治時期，伴隨殖產興業的熱潮，各種與製糖、樟腦、咖啡、台拓等日人公司相關的客家人

開始流入，自由移民隨之而來，迎來客家移民的熱潮。戰後由於水稻和各種經濟作物的發展，又迎來了人口急速增長的新熱潮，至 1970 年代之後則開始降溫外移。

　　再就客家人分布地域而言，作者將臺東依據客家族群遷移背景、產業類別以及地形的差異，分為平原區（即今臺東市及卑南鄉）、縱谷區（即今池上、關山、鹿野三鄉鎮）與海岸區（即今長濱、成功、東河、太麻里、大武等鄉鎮）三個大的區域，然後分別詳細記述了各區客家人移民的過程、村里街區分布、產經活動及信仰情況。綜合而言，臺東客家人約佔總人口的兩成，主要集中於花東縱谷南區三鄉鎮及臺東平原，尤以縱谷區的池上、關山、鹿野三鄉鎮，客家人口比例較高。臺東平原和海岸地區，客家人口均呈現出散居狀態，但無明顯群聚現象。在三區之內，客家人主要都分布在農業區，從事各種經濟作物的種植活動。

　　最後回到文化上，兩位研究者認為當地處於族群高度混雜互動的環境，創造並發展出了新的文化行為。表徵之一就在於其語言，是客家話中的海陸腔與四縣腔混合而成的「四海話」；拜祭上固然有祭祖返回原鄉、或者從西部寺廟迎接神明來拜祭的情況，更值得關注的是隨著時間的推移，在當地形成的多元、開放性拜祭傳統：清代海岸地區建立的三山國王廟，其信眾如今以平埔族群為主；而縱谷區池上鄉境內的開漳聖王，亦可以成為客家信眾崇祀的對象。而在西部曾被濃墨重彩強調的義民信仰，在該地則只有一間小小的私廟。無疑，對於當地客家族群更複雜面貌的觀察，各族群之間的互動關係還有賴未來研究者進一步的研究，但是這篇文章已經為我們繪製了一副生動的地圖，留下了諸多饒有興味的線索。

## 七、總結

　　對於客家族群有興趣的讀者，恐怕也帶著和研究者一樣的問題打開本書：「他們是誰」、「他們在哪裡」、「他們做什麼」，還有「他們的文化有何特別之處」等等。本書的目的並不是要告訴讀者一個現成的答案，而是向大家展示研究者如何思考和回答上述問題。

　　本書收錄的這八篇文章，從不同的角度勾勒了臺灣客家族群從觀念到地域社會運作的圖景。與其說是像錯落有致的畫卷，毋寧說更像是思維曲線圖，反映的是歷史學者如何在當代觀念與歷史文獻之間，在立場曖昧的文字與地方社會實態之間，在含糊的數字與具體的田野調查之間，尋找出自己對於客家的理解。若讀過之後增進了大家對於臺灣客家形成歷史的興趣，甚至反思並有了自己對於這一議題的全新理解，則這本書的目的就達到了。如同大家一樣，研究者在試圖逼近歷史事實的過程中，也在參與著當代臺灣客家族群的建構；「沒有人士局外人」，或許放在這裡也頗適用。

# 客家族群形成

# 從臺灣歷史地理的研究經驗看客家研究 *

## 施添福

## 一、什麼是客家

　　在座各位都是研究客家的專家；有的是專門從事客家的研究，有的是非常關心客家文化的未來，本身也是客家人。可是對我來講，我是客家研究的門外漢，本身也不是客家人，所以只是一個第三者、一個觀察者。因此我只能就我在臺灣歷史地理研究過程所遭遇到的一個問題，以及跟這個問題相關的問題，提出來向各位請教。這一個問題就各位來講或許非常荒謬，可是它一直困擾我。剛才陳校長也多少觸及這個問題，這個問題便是「什麼是客家」？我覺得即使要跨進 21 世紀，這個問題也需要優先解決，因為它是一個範疇。如果這個範疇不太清楚的話，那麼依據我們所想像的「什麼是客家」來展開研究，會產生許多問題。不僅過去的老問題不能解決，可能還會帶來許多新的困擾。所以我還是認為即使跨過另一個世紀，「什麼是客家」這個問題還是需要去面對的。陳校長剛才也報告過大陸學者也在嘗試回答這個問題，我也看過一些他們寫的有關「什麼是客家」的這類書籍。那些書籍對研究大陸的客家問題或許有幫助，可是對像我這種研究臺灣歷史地理的人而言，還是不能解決問題。以下

---

* 本文原刊登於《客家文化研究通訊》，1998，1 期，頁 12-16。因收錄於本專書，略做增刪，謹此說明。作者施添福現任中央研究院臺灣史研究所兼任研究員。

我就舉具體的例子來說明我的困惑、我的問題的所在，以及由這個「什麼是客家」所延伸出來的一些相關的問題。

## 二、竹塹地區的徐家、林家、姜家是不是客家

在竹塹地區有幾個大家族，如新豐的徐家、竹北六家的林家、北埔的姜家，他們是不是客家？從今天來看，大家都認為他們是客家，他們的後代也同樣認為自己是客家。問林光華先生：你是客家嗎？他一定不會否認。我的同事徐勝一教授，他是出生於新豐的徐家，我如果說他不是客家，他一定不同意。至於金廣福的姜家，我相信他們的後代也一定堅持自己是客家。然而我為什麼會懷疑他們的客家身分呢？明確的說，我並不懷疑他們現在的客家身分，我只是懷疑他們的祖先是不是客家？我們查一查這幾個大家族的祖籍地。新豐的徐家是從陸豐，六家的林家是從饒平，北埔的姜家也是從陸豐遷來臺灣的。但是清代來自嘉應州和汀州府所謂最純的客家地區的移民，有沒有將饒平或陸豐當作是客家地區？大家看看屏東平原的六堆，六堆被視為是從康熙末年以後形成的一個很典型的客家新鄉。六堆的團結力非常強，他們認同感也非常強。可是六堆的客家將原鄉那些地區的移民視為是客家鄉親呢？六堆客家的認同範圍，傳統上有沒有包含來自饒平、陸豐、海豐的人呢？如果稍微回顧一下屏東平原的六堆發展史就會發覺答案是否定的。屏東六堆是一個很典型的客家地區，然而在這個地區的客家，其認同範圍並不包括我所提到的來自海豐、陸豐以及三陽或是饒平的人。關於這一點，康熙 61 年（1722）閩浙總督在〈題義民效力議敘疏〉有相當清楚的說明：

> 查臺灣鳳山縣屬之南路淡水，歷有漳、泉、汀、潮四府之人，墾田
> 居住。潮屬之潮陽、海陽、揭陽、饒平數縣與漳、泉之人語言聲氣

　　相通，而潮屬之鎮平、平遠、程鄉三縣則又有汀州之人自爲守望，
　　不與漳、泉之人同夥相雜。

　　如果在屏東平原那樣早就出現的一個被認為是典型的客家地區，都不包含來自這些地區的人，為什麼在北部祖籍屬於這幾個地方的徐家、林家、姜家就一定是客家呢？我過去也是按照客家先輩學者的說法，將徐家、姜家、林家皆歸為客籍。這樣的歸類是很簡單的，但歸類的結果卻忽視了很多客家研究可以探討的問題。

## 三、福佬客原本是客家還是福佬

　　今天臺灣的客家大多從廣東和福建遷移而來是沒有疑問的，我暫時不談福建的客家，先談廣東。從文化的觀點來看，廣東事實上可以分成三個文化區：第一個以講粵語方言為主的，所謂廣府文化區；一個是以講客家話為主的，所謂客家文化區；但是在這兩個之外，還有一個往往被我們忽視，但是在臺灣歷史地理的研究上，或者在臺灣史研究上造成很多問題的另一個文化區，這個文化區我們可以稱為福佬文化區。這個文化區的居民主要是從閩南往南遷進廣東而形成的。它「主要分布在潮汕平原和粵東沿海，包括史稱三陽（揭陽、潮陽、海陽即潮安），饒平、惠來、澄海、普寧、揭西、海豐、陸豐、潮州、汕頭、南澳以及惠東、豐順、大埔一部分」。在廣東的三個文化區中，以這個文化區的範圍為最小，但絕大部分使用福佬方言，其居民主要來自福建，故有「福佬」之稱。在這個文化區的西南部，即海豐、陸豐和陸河縣一帶，由於前有大海橫亙，陸上又三面群山環繞，形勢比較孤立。這個地區的北邊，是嘉應州客家向南擴張的一部分，由於跟客家長期接觸，語言上多少受到客家方言的影響。另外，這個地區也是廣州通粵東傳統商路必經之地，也多少帶有廣府文化的色

彩。但基本上此地仍舊是福佬文化區的一部分，大部分仍操福佬方言，「海豐謂粥為糜，屋為厝，近潮多潮音，與閩漳泉相近」。由此看來，來自饒平的六家林家和來自陸豐的新豐徐家、北埔姜家，事實上並不是來自客家文化區，而是來自福佬文化區。只不過這些縣份的邊界附近一帶，正介於客家和福佬文化區的接觸地帶上，因此他們在語言上，究竟是操客家方言、福佬方言，還是雙語，都必須個別追溯才能得到答案。更具體的說，例如陸豐縣，基本上是屬於福佬文化區的一部分，自陸豐縣城向北走約十公里，才進入福佬、客家混合地區，再往北走約十公里，才進入純客家地區。因此，一個來自陸豐縣的家族，究竟是客家還是福佬，是無法單純的從縣這個層級來加以判斷的。這也就是我懷疑六家林家、新豐徐家和北埔姜家的開臺祖客家身分的理由所在。

這延伸了另外一個問題，在臺灣很多人被稱為福佬客，誰先提出這個名稱我不曉得，最典型的一個福佬客地區就是位於彰化平原的田尾、永靖、埔心這一帶。客家鄉親每提到這個地區，都很感慨祖先教誨客家子孫「寧賣祖宗田，不忘祖宗言」，但是這個地方一大批客家的後代，卻把祖宗的話忘得一乾二淨。但是如果扣緊剛才所提的那個廣東境內的福佬文化區，就會懷疑這些被認為是福佬客的人，他們究竟是名符其實的福佬客，還是原來就是廣東境內的福佬人？例如田尾鄉境內就有地名叫海豐崙、陸豐，也有庄頭叫饒平厝。所以這個地區的居民，並不一定是丟掉祖宗的語言，客家語可能原本就不是他們的語言，他們是來自與閩南文化更相近的一個地區。因為是從閩南遷到廣東進入到另一個地區，多少跟廣府文化和客家文化接觸，所以跟原鄉閩南人又有一些差別。在早期彰化平原開發的過程裡，這一群來自廣東福佬文化區的人，雖然跟其他地區有明顯的差別，但是這一群人與閩南人的差別，並沒有像閩南跟客家人差別那麼大，因為他們來的地方福佬方言可能就是他們主要的語言。總而言之，要根本解決福佬客的問題，也需要先釐清「什麼是客家」。

## 四、三山國王是不是客家的鄉土神

第二個問題是三山國王廟的地域性。三山國王到底是不是客家獨有的鄉土神？現在很多人看到高雄市有一座三山國王廟，就認定有客家人在那裡；在鹿港有一座三山國王廟，就認為客家會居住在這裡。看到那裡有三山國王廟，就說客家曾經在那裡。可是在那些地方找來找去都找不到客家的痕跡，因此有人又感慨客家被福佬人逼走了。在感慨之前，必須先解決一個根本問題，即三山國王究竟是客家原鄉的鄉土神，還是剛才所說的廣東福佬文化區的鄉土神？在這個問題尚未得到明確的答案之前，我認為以三山國王廟來指認客家不是一項可靠的指標。

屏東平原的海豐有一座古老的三山國王廟，而潮州的市街中心，也有二座很大的三山國王廟。但是這些地區傳統上都不屬於六堆的範圍，並不被認為是客家地區。如果再查一查地方志書，更可以發現清代屏東平原或鳳山縣的三山國工廟，主要是分布在福佬，而非客家六堆地區（表1）。由此看來，三山國王廟究竟是客家原鄉的鄉土神，還是廣東境內福佬文化區的鄉土神，是有需要進一步探討的，也有待「什麼是客家」的釐清。我們知道在蘭陽有很多三山國王廟，其中分布較集中的一個地區就是冬山鄉。冬山的開發和新竹六家的林家關係非常密切，事實上，冬山就是林家在宜蘭土地開發投資的一部分，冬山街上的土地公廟裡還供奉林國寶的神位。以六家林家為首率領芎林那一帶的人到宜蘭去投資開發的地區，有許多三山國王廟分布，並不令人感到意外，因為芎林也有一座歷史悠久的三山國王廟。那麼芎林為什麼會有三山國王廟呢？談芎林的拓墾最少必須提到姜勝智、姜秀鑾，以及六家林家。

一如前面提到的，他們都是來自廣東的福佬文化區。另外，在那些普遍被認為是福佬客分布的地區，同樣可以發現許多的三山國王廟。清代三山國王廟在臺灣的分布特徵，隱隱約約地顯示祭拜此一神祇的移民大多來自廣東福佬文

化區及其週邊的文化接觸地帶，而不是客家文化的核心地區。因此，能不能以三山國王廟作為判定有無客家的指標，也就成為一個必須再檢討的問題。

表 1：清代鳳山縣三山國王廟的分布

| 里名 | 街庄名 | 創建年代 | 募建者 | 規模 | 廟租 |
|------|--------|----------|--------|------|------|
| 港東里 | 潮州莊街 | 嘉慶元年 | 張國俊 | 屋九間 | 二十石 |
| 港東里 | 潮州莊街 | 道光元年 | 陳阿漏 | 屋二間 | 二十八石 |
| 港東里 | 四塊厝 | 乾隆 59 年 | 陳春來 | 屋五間 | 十九石 |
| 港東里 | 加走莊 | 同治 12 年 | 張嘉禮 | 屋二間 | |
| 港東里 | 新置莊 | 咸豐 9 年 | 陳豐傳 | 屋一間 | |
| 港東里 | 茗藤林莊 | 道光 10 年 | 李孟涼 | 屋二間 | |
| 港東里 | 下林仔邊街 | 同治 5 年 | 黃長記 | 屋二間 | |
| 港西里 | 海豐莊 | 同治 4 年 | 鄭元奎 | 屋八間 | |
| 港西里 | 九塊厝莊 | 乾隆 42 年 | 陳慶祥 | 屋十一間 | |
| 港西里 | 大埔莊 | 同治 4 年 | 劉月粦 | 屋六間 | |
| 大竹里 | 陣頭街三角通 | 乾隆 20 年 | 韓江 | 屋六間 | |
| 大竹里 | 鹽埕莊 | 乾隆 59 年 | 蕭晉期 | 屋五間 | |
| 興隆里 | 舊治南郊 | 乾隆 54 年 | 呂鍾 | 屋八間 | 四十六石 |
| 半屏里 | 右衝莊 | 光緒元年 | 楊應龍 | 屋五間 | |
| 觀音里 | 大莊 | 咸豐 7 年 | 蘇排 | 屋七間 | |
| 仁壽星 | 新莊 | 咸豐 2 年 | 黃清 | 屋三間 | 十六石 |

表 1：清代鳳山縣三山國王廟的分布（續）

| 里名 | 街庄名 | 創建年代 | 募建者 | 規模 | 廟租 |
|---|---|---|---|---|---|
| 仁壽星 | 九甲圍莊 | 同治 12 年 | 鄭尚 | 屋四間 | 四十石 |
| 仁壽星 | 六班長莊 | 道光 10 年 | 鄭興、劉仁 | 屋三間 | |
| 嘉祥里 | 潭底莊 | 道光 20 年 | 陳筆 | 屋六間 | |
| 嘉祥里 | 那拔林莊 | 光緒元年 | 林耀西 | 屋四間 | |

資料來源：盧德嘉，1894《鳳山縣采訪冊》頁 178，臺灣文獻叢刊第七三種，臺北：臺灣銀行經濟研究室。

　　如果上面所說的有一些道理的話，我們可能要繼續追問一些問題，如：「清代臺灣的移民中，來自廣東福佬文化區的究竟有多少？主要分布在那裡？在客家東渡臺灣的過程中，他們扮演了什麼樣的角色？」以及「清代在臺灣南部，這批不被認同為客家的廣東福佬人，為何和如何在北部逐步變成客家？」澄清了這些問題，我們還可以繼續問：「來自廣東境內福佬文化區的移民和客家文化區的移民，在臺灣北部的密切接觸過程中，合成了那些有別於南部六堆客家的獨特文化素質和文化景觀？」釐清了「什麼是客家」這個根本問題，或許就能開拓出一些新的視野，提出一些新的問題，而加深和加廣「客家學」的研究內涵。所以我認為今後客家研究還是應優先處理一些根本的問題，解決了這些根本問題，才能在這個基礎上，不斷累積研究成果，不致白費工夫。今天我就簡單的向各位討教到此，謝謝大家。

# 清初臺灣方志的「客家」書寫與社會相 [*]

李文良

## 一、緒論

　　臺灣史有一個討論已經將近百年的課題，叫做「清代臺灣漢人的祖籍分布」。這個課題主要是針對：「清代臺灣的漢人依據祖籍的不同，分別居住在不同的地理空間」之「歷史現象」，尋求合理的解釋。對此，研究者先後至少提出了「來臺先後說」、「分類械鬥說」以及「原鄉生活說」等三種不同的解釋。

　　第一，「來臺先後說」。此說是由伊能嘉矩在日本時代首先提出。伊能認為：清代臺灣漢人之所以依據祖籍居住在不同的地理空間，主要是因為各籍漢民來臺時間有先後順序的差別。泉州人先到臺灣，得以優先佔居濱海平原；漳州人來臺稍遲，選擇內陸平原；客家人來臺最晚，只能到偏遠的近山地區居住。第二，「分類械鬥說」。此說是由尹章義所提出。尹氏首先利用文獻資料反駁「來臺先後說」的主張，除了釐清清代臺灣的漢人並沒有那一祖籍的人先來後到的現象外，也同時認為早期臺灣的漢人是不分祖籍，雜居共處。人們依據祖籍各自居住，是後來受到臺灣西部平原在 18 世紀末至 19 世紀中期，頻繁且長期發生的分類械鬥之影響所致。分類械鬥迫使各籍漢人遷徙移動，最後導致各

* 本文原刊登於《臺大歷史學報》，2003，31 期，頁 141-168。因收錄於本專書，略做增刪，謹此說明。作者李文良現任國立臺灣大學歷史學系教授。

籍民分區居住。第三,「原鄉生活說」。此說是歷史地理學者施添福在 1987
年所提出,此說也是目前廣為學界接受的解釋。施添福基本上同意「分類械鬥
說」的主張,除了認為漢人渡海來臺並沒有祖籍先後的差別外,更進一步從地
理學的觀點分析,臺灣西部的濱海平原其實是少雨、多風、水尾及土壤貧瘠等
不利於農業經營的地帶,應該不是漢人會優先選擇的居住環境。各籍漢人之所
以居住在不同的地理空間,主要是因為他們在華南原鄉的生活習慣所致,是他
們自己選擇的結果,而不是被動或被迫的遷徙。[1]

　　從研究方法看來,上述三種見解儘管內容各異,但基本上都是把「清代臺
灣漢人依據祖籍分別住在各個不同地理空間」當成是「歷史事實」,並在這樣
的前提下,來尋求合理解釋。但是,漢人的祖籍分布是否為一個不用懷疑、檢
視的「歷史事實」呢?以往,研究者之所以不問這樣的問題,主要是因為研究
者在討論祖籍分布時,也利用日本時代臺灣總督府就臺灣漢人祖籍分布,進行
調查而完成的統計報告書──《臺灣在籍漢民族鄉貫別調查》,進行統計分
析。[2] 其結果是證明臺灣漢人的祖籍分布,確實存在著依據祖籍而居住在不同
空間的特殊現象。由於有實證的統計數據支持,所以「漢人的祖籍分布」被當
成事實,而不是問題。也因此,日本時代的這套資料到底是怎樣做出來的?日
本人對於漢人的祖籍到底怎樣分類?它的依據是什麼?這些問題在研究者利用
前項史料之際,並沒有被充分地檢討,而這正是筆者撰寫本文的初始動機。

　　從現有的研究成果看來,首先針對日治時期的臺灣文獻史料之知識基礎進
行討論的是,研究臺灣原住民分類知識的學者。[3] 然而,由於研究者接近問題

---

1 參閱施添福,《清代在臺漢人的祖籍分布和原鄉生活方式》(臺北:國立臺灣師範大
　學地理學系,1987)。
2 臺灣總督府官房調查課,《臺灣在籍漢民族鄉貫別調查》(臺北:臺灣總督府官房調
　查課,1928)。
3 邱延亮,〈日本殖民地人類學「臺灣研究」的重讀與再評價〉,《臺灣社會學研究季

的路徑，通常是從「外來」（殖民、近代的學科知識）的方向，著重的是日本在明治維新後如何把接受自西方的人類學知識引進臺灣，進行原住民分類的工作。研究者們討論的主題往往是西方人類學的知識問題，所以很容易忽略臺灣（殖民地）本身的歷史要素，對日本人（殖民者）進行原住民分類時的影響。[4]因此，筆者並不準備從「外來」的角度來切入主題，而是選擇從臺灣歷史本身來接近這個課題。筆者基本上假設：日本人對漢人祖籍分類的知識，主要是接受清代臺灣在歷史過程中所形成的分類，所以其調查結果自然也會符合「歷史事實」。重新檢視清代文獻史料中的漢人祖籍書寫，便成為理解日治時期臺灣漢人分類知識之基本前提。如果是這樣的話，研究的時間與對象便會擴大，可能不是一篇文章所能處理。因此本文首先將討論的對象限定在「客籍」或「客家人」，時間為清領初期的康熙年間（23-61）。在本文想問的具體問題是：清初臺灣關係文獻的「客家」到底是在怎樣的脈絡下出現，它所要談的是什麼？至於清代中、晚期的漢人祖籍，以及日治時代《臺灣在籍漢民族鄉貫別調查》之調查方法等課題，則留待日後，另文探討。

## 二、負面的「客家」形象

首先，筆者嘗試利用中央研究院「漢籍電子文獻」中，由臺灣史研究所建檔的臺灣關係文獻資料庫，以「客」作為關鍵詞彙，搜尋史料中有關「客」的記載，分析並歸納「客」之指涉對象並予以類型化，結果發現：清初臺灣文獻

---

刊》28（1997/12，臺北），頁147-174；陳偉智，《殖民主義、「蕃情」與人類學——日治初期臺灣原住民研究的展開（1895-1900）》（臺北：國立臺灣大學歷史學研究所碩士論文，1998）。

4 清代政府基於行政管理或徵稅需要，事實上也有一套臺灣原住民的分類。而伊能嘉矩等學者在日本領臺初期對於臺灣原住民的分類，可能也受到了清代分類的影響，並不純然是基於近代人類學知識之「科學」的分類。關於這一點筆者將另文處理。

對於「客家」的稱謂，[5]雖然在不同場合會出現像「客仔」、「客」、「客子」、「山客」、「客民」等等不同的詞彙。[6]但是仔細閱讀內容還是可以發現，他們其實是在指涉同樣的一群人（詳細原始資料請參閱「附錄」）。我們也可以進一步歸納出當時被稱為「客家」之人，所共同具有的五項文化特徵。

第一，「好事輕生」、「健訟樂鬥」。對此，《鳳山縣志》的記載是：「自淡水溪以南，番漢雜居，客莊尤夥，好事輕生，健訟樂鬥，所從來舊矣」，[7]直接道出對於屏東平原客莊的負面觀感。而《諸羅縣志》也說：「客莊。朋比齊力而自護，小故輒譁然以起，毆而殺人，毀匿其尸」，「引類呼朋，連千累百，饑來飽去，行兇竊盜」。此外，《諸羅縣志》還具體而生動地記錄了客莊盜牛的故事。大意是說，臺灣在明鄭時代因為法律相當嚴苛，所以農民飼養的牛、羊，都是放牧於原野之中，並沒有特別圍起柵欄加以保護。然而，清廷領臺後，因為法網疏闊，流民漸多，特別是客莊大幅增加，而不斷發生竊牛事件。農民為了方便辨認牛隻的歸屬，只好紛紛用鑄鐵烙印記號，並在買賣的「牛契」上加以註明。然而，即便如此，客莊的人在盜取牛隻後，卻鑄造相似的記號覆蓋在原跡之上，使得原始記號失去作用。假使牛主進入客莊追查牛隻下落，還會遭到客莊人民強行綑綁，解送官府，反誣牛主盜牛。據說，因為官府無力識

---

5 由於筆者基本上認為：清初臺灣方志中的「客家」，和今日學界定客家人（講客家話的漢族民系）不同，因此在行文時，特別加引號予以區別。

6 有時候「客」在文獻上只是單純的「主」、「客」之相對用語，其出現與清代的籍貫制度有關。例如，巡臺御史尹秦在雍正四年時說：「佃丁係漳、泉、潮、惠客民，因貪地寬可以私墾，故冒險渡臺」。此處的「客民」是指在當地無籍者，「客民」可能是指漳、泉人也可能是粵人。這種在指涉對象上具有開放性的「客」，不在本文的分析之列。陳壽祺主修，《福建通志臺灣府》（臺北：臺灣銀行經濟研究室，臺灣文獻叢刊第 84 種，1960），頁 158。

7 陳文達等編纂，《鳳山縣志》（臺北：臺灣銀行經濟研究室，臺灣文獻叢刊第 124 種，1961），頁 80。

別，不時讓客莊庄民得逞。這使得牛主在獲知其牛為客莊庄民所盜後，往往不敢擅入客莊追查。[8]

　　第二，聚眾而居，村落的規模往往高達數百人甚至千人，被特稱為「客莊」。例如，《諸羅縣志》記載「客」的聚落型態為：「多者千人、少亦數百，號曰客莊」；[9]《臺灣縣志》則稱：「客莊……每莊至數百人，少者亦百餘」。[10] 對此，康熙 60 年代來臺處理朱一貴事件的藍鼎元（1680-1733）以及閩浙總督覺羅滿保也有相同的觀察。[11] 第三，出賣勞力維生，即「傭工」、「佃丁」。《諸羅縣志》：「各莊佃丁，[12] 山客十居七、八，靡有室家；漳、泉人稱之曰客仔。客稱莊主，曰頭家。頭家始藉其力以墾草地，招而來之；漸乃引類呼朋、連千累百，饑來飽去，行兇竊盜，頭家不得過而問矣。田之轉移交兌，頭家拱手以聽，權盡出於佃丁」。[13] 藍鼎元《平臺紀略》：「南路賊首杜君英於是日〔康熙 60 年 4 月 20 日〕遣楊來、顏子京率其眾百人之一貴所，稱君英在下淡水檳榔林招集粵東種地傭工客民，與陳福壽、劉國基議共掠臺灣府庫」。[14]

---

8 周鍾瑄主修，《諸羅縣志》（臺北：臺灣銀行經濟研究室，臺灣文獻叢刊第 141 種，1962），頁 136、148-149；藍鼎元，《平臺紀略》（臺北：臺灣銀行經濟研究室，臺灣文獻叢刊第 14 種，1958〔1723〕），頁 51-52。

9 《諸羅縣志》，頁 136。

10 陳文達，《臺灣縣志》（臺北：臺灣銀行經濟研究室，臺灣文獻叢刊第 103 種，1961），頁 57。

11 藍鼎元：「廣東饒平、程鄉、大埔、平遠等縣之人，赴臺傭僱佃田，謂之客子，每村落聚居千人或數百人，謂之客莊」。藍鼎元，《平臺紀略》，頁 51。覺羅滿保：「自五月中，賊黨既分閩、粵，屢相併殺。閩恆散處，粵悉萃居，勢常不敵。南路賴君奏等所糾大莊十三、小莊六十四，並稱客莊，肆毒閩人。而永定、武平、上杭各縣之人，復與粵合，諸泉、漳人多舉家被殺被辱者」。王必昌，《重修臺灣縣志》（臺北：臺灣銀行經濟研究室，臺灣文獻叢刊第 113 種，1961），頁 558。

12 佣丁，疑當作佃丁，以下同。

13 《諸羅縣志》，頁 148。

第四，「無家無室」。《諸羅縣志》：「各莊佣丁，山客十居七、八，靡有室家」。[15] 藍鼎元提及諸羅縣十八重溪旁的大埔莊（今嘉義縣大埔鄉）在朱一貴亂後：「有居民七十九家，計有二五七人，多潮籍，無土著，或有漳泉人雜其間，猶未及十分之一也。中有女眷者一人，年六十以上者六人，十六以下者無一人，皆丁壯力農，無妻室，無老耆幼稚。其田共三十二甲……本哆囉嘓社番之業，武舉李貞鎬代番納社餉、招客民墾之者也」。[16]

第五，祖籍為廣東潮州府，特別是大埔、程鄉、鎮平等山區的縣分。《諸羅縣志》：「佃田者，多內地依山之獷悍無賴下貧觸法亡命，潮人尤多，厥名曰客」；「〔諸羅縣〕各莊婚姻、喪葬，大約相倣。唯潮之大埔、程鄉、鎮平諸山客，其俗頗異」；「各莊佣丁，山客十居七、八，靡有室家；漳、泉人稱之曰客仔」。《臺灣縣志》：「客莊，潮人所居之莊也。北路自諸羅山以上、南路自淡水溪而下，類皆潮人聚集以耕，名曰客人，故莊亦稱客莊」。潮州府北部山區各縣獨立設州，是兩廣總督鄂彌達在雍正9年（1731）向朝廷奏請割惠州府之長樂（五華）、興寧二縣，以及潮州府之程鄉（梅縣、嘉應本州）、平遠、鎮平（焦嶺）三縣，新置嘉應州，而後在雍正11年（1733）獲准才成立的。換言之，潮州府北部山區的幾個縣包括饒平、程鄉、大埔、平遠等，在康、雍年間確實是屬於潮州府。

總之，儘管「客家」作為「族群」之名稱尚未定型化，但已經具有指涉特定「一群人」的性質。清領初期臺灣的「客家」是指：（1）祖籍：廣東省潮州府；（2）維生方式：佃耕、傭工；（3）文化型態：聚居、好事輕生、健訟樂鬥的人。

---

14 藍鼎元，《平臺紀略》，頁2。

15 《諸羅縣志》，頁148。

16 藍鼎元，《東征集》（臺北：臺灣銀行經濟研究室，臺灣文獻叢刊第12種，1958〔1722〕），頁83。

但必須特別強調的是，本文之所以宣稱「客家」是「一群人」，主要是因為他們具有作為一群人的「共同性」，包括同樣的祖籍、維生方式和文化型態。然而，這些「共同性」只是文獻上的表現。實際上，從文獻也同時賦予「客家」極端負面的形象，可以感受到文獻上的「客」，是被稱為「客」以外的人對於「客家」的看法與想像。所以，文獻上的「客家」只是單純地被另一個或多個具有同質性的主體區別開來的一群人，其內部可能並非具有同質性（同語言、文化）的群體。既然不是同質性的群體，也就難以有文化上的共同性。當時被稱為「客家」的那群人，可能具有複雜的多樣內涵。[17] 以語言為例，所謂的「客」雖然可能是指講跟我們不一樣話的人，但是所謂「講的話跟我們不一樣」，可能是指另一種講同一語言的人，也可能是另外多種講不同語言的人。如此，臺灣最晚在康熙 50 年代已經有一群被稱為「客」的「客家」，雖是毫無疑問，但是當時的「客家」並不是指稱在語言甚至文化上具有同質性的客家人。

　　清初文獻的「客家」之所以並不能直接等同於「講客家話的漢族民系」或是客家人的理由，還有清初文獻的「客家」祖籍幾乎等同於「廣東潮州府（含雍正 11 年後獨立的嘉應州）」。然而，問題是潮州人一般是講「潮州話」，而潮州話比較接近閩南話而非客家話。[18] 而且，現在被認為是「講客話的漢族民系」，至少還包括福建省汀州府的客家人，而研究者也時常提及清初渡臺禁令曾規定「粵籍」人民不得來臺。很矛盾的現象是：被政府明文禁止來臺的廣東潮州府客家，其在臺人數卻遠遠高於同樣屬於「純客住縣」、未被禁止來臺的福建汀州府客家人。[19] 更何況清初文獻也不乏汀州人的蹤跡，例如，首任巡

---

17 王東，《客家學導論》（上海：上海人民出版社，1996），頁 130-134。

18 明朝晚期的政府官員王士性（1547-1598）就有類似的觀察：「潮州……其俗之繁華既與漳同，而其語言又與漳、泉二郡通，蓋惠作廣音而潮作閩音，故曰潮隸閩為是。」王士性著，周振鶴編校，《王士性地理書三種》（上海：上海古籍出版社，1993）。

臺御史黃叔璥曾說:「羅漢內門、外門田,皆大傑巔社地也。康熙42年(1703),臺、諸民人招汀州屬縣民墾治」;閩浙總督覺羅滿保也說:「臺灣鳳山縣屬之南路淡水,歷有漳、泉、汀、潮四府之人,墾田居住」。[20]

　　那麼,清初文獻在說明「客家」的內涵時,為何只提「潮人」而沒有說「汀、潮人」?比較合理的推測是:清初的「客家」相關記載是出自福建省漳泉人之手。是閩南人不想把同省的汀州人歸入負面形象的「客家」之列,或是把臺灣的汀州人直接視為潮州客家了。而這可能也是後來日本時代進行臺灣漢人祖籍調查時,很少汀州籍民的原因所在。如果是這樣的話,清初文獻中的「客家」書寫很可能並非出自「客家」人之手,而是來自於「非客」的閩南地區漳泉籍民。換言之,書寫「客家」的人並不是出現在文獻中的「客家」。所以,我們除了從文獻中去讀取表面上的客家訊息外,更應該試圖讀取掌握書寫權力、卻未在文獻中出現的那群人以及他們內心的想法。透過文獻的「客家」書寫所要對照出來的,可能不是客家人的問題,而是當時「非客家」之人所面對的社會問題。[21]

　　然而 ,長期以來,不管是臺灣或中國的客家研究者,卻因為受到羅香林以來的「客家溯源論」[22] 或「客家學」的影響,大都直接將史料中的「客家」

---

19 林正慧,《清代客家人之拓墾屏東平原與六堆客莊之演變》(臺北:國立臺灣大學歷史學研究所碩士論文,1997),頁 13。

20 黃叔璥,《臺海使槎錄》(臺北:臺灣銀行經濟研究室,臺灣文獻叢刊第 4 種,1957),頁 112;王瑛曾編纂,《重修鳳山縣志》(臺北:臺灣銀行經濟研究室,臺灣文獻叢刊第 146 種,1962),頁 343。

21 在方法上將方志視為作者為回應時代環境衝擊之書寫的研究,可參閱陳春聲,〈嘉靖「倭亂」與潮州地方文獻編修之關係:以「東里志」的研究為中心〉,《潮學研究》5(1996,汕頭),頁 65-86。

22 羅香林在 1930 年代初期發表《客家研究導論》一書的主要動機,是為了反駁當時流行的「客家人非漢族」的說法。而羅香林用以證明「客家人是漢族」的方法是,利用族譜與文獻史料,以溯源論的方法來追溯、復原客家的歷史行蹤,重建出體系性

等同於「講客話的漢族民系」或客家人，視其記載為記錄客家遷徙的「事實」之前提下來進行解讀。[23] 因此，往往不自覺地將文獻中的「客家」書寫抽離文獻原本應有的脈絡與意義，這使得方志的「客家」書寫成為臺灣客家研究最重要的源流。[24]

假使說，清初臺灣文獻上的「客家」並不是在記錄「講客話的漢族民系」遷徙臺灣的歷史過程。那麼，我們應該如何來看待清初文獻上的「客家」，比較恰當呢？在回答這個問題之前，筆者想先檢討「附錄」那些涉及「客家」的相關史料，彼此之間的源流關係。

## 三、「客家」書寫之源流關係

康熙年間臺灣關係文獻有關「客」的書寫，主要集中在兩類資料上。一是康熙 50 年代編纂的縣級地方志，另一則是康熙 60 年（1721）朱一貴事件爆發後，來臺負責處理相關事宜的省和中央文武官員——藍廷珍、藍鼎元、覺羅滿保、黃叔璥——的奏疏與文集（見本文「附錄」）。從論述的內容看來，後者

---

的客家遷移與分布路線：客家原居於黃河流域，南北朝以後因為戰亂，漸次南遷，最後落腳於閩、粵、贛三省邊界的山區，並在清初因為人口膨脹之壓力，而再次往周邊的廣西、四川、臺灣以及南洋地區擴散。瀨川昌久，《客家：華南漢族的族群性及其邊界》（東京：風響社，1993），頁 29-32。

23 甚至有學者認為：「客家人這些缺點，正是客家人無法在府城附近立足，轉而拓墾下淡水溪以東蠻荒地帶主要的動力」。石萬壽，〈乾隆以前臺灣南部客家人的墾殖〉，《臺灣文獻》37（4）（臺中：臺灣省文獻委員會，1986），頁 72；尹章義，〈閩粵移民的協和與對立〉，《臺北文獻》74（8）（臺北：臺北市文獻委員會，1985），頁 9。

24 伊能嘉矩著，臺灣省文獻委員會譯，《臺灣文化志》下（臺中：臺灣省文獻委員會，1991），頁 142；連文希，〈客家人入墾臺灣地區考略〉，《臺灣文獻》22（3）（臺中：臺灣省文獻委員會，1971/09），頁 3-4；鄧迅之，《客家源流研究》（臺中：天明出版社，1982），頁 187；陳運棟，《客家人》（臺北：聯亞出版社，1989），頁 96、99-104；王東，《客家學導論》，頁 196。儘管學者們對於客家人來臺的年代有不同的主張，但基本上都脫離不了將史料作為溯源工具的作法。

的言論實際上高度受到前者的影響。例如，藍鼎元在〈與吳觀察論治臺灣事宜書〉中描述的「客家」，就是把《諸羅縣志》中有關「客」的書寫包括聚居、好事輕生、健訟樂鬥以及盜牛的故事，重新整理並說了一遍而已。[25]

康熙 50 年代的臺灣縣級方志和康熙 60 年代（含雍正初年）政府高級官員的客家形象描述之所以會高度類同，其原因不外以下二點：

第一，兩批人有些原本就是舊識。例如，康熙 60 年隨軍渡臺的藍鼎元和陳夢林是同鄉好友，二人都是福建漳州府漳浦縣人。陳夢林因渡臺在先，且曾參與方志的編修，對於臺灣社會有一定程度的觀察，藍鼎元的臺灣論述因此得力於陳夢林之處不少。而藍鼎元是藍廷珍的堂弟兼隨軍文書、參謀，陳夢林的意見自然隨之滲透到藍廷珍身上。

第二，康熙 60 年代來臺負責處理朱一貴事件的政府高級官員，不管是為了迅速平定臺灣的亂事以符合皇帝的預期並避免可能的罪罰（如覺羅滿保身為總督即應負臺灣失陷的守地之責），或是處理善後事宜，都要借重熟悉臺灣社會的人員。因此，當戰事一起，陳夢林即成為藍廷珍、施世驃以及覺羅滿保爭相網羅的對象，官員來臺後也多少借重前此參與修志的臺籍地方士紳的協助。[26] 甚至，當亂事平定之後，首位為朝廷派遣來臺的「巡臺御史」黃叔璥，

---

25 《諸羅縣志》，頁 136、148-149；藍鼎元，《東征集》，頁 51-52。

26 康熙 60 年 4 月中旬臺灣朱一貴起事，閩浙總督覺羅滿保以身兼兵權為地方最高行政長官，立即負起經略臺灣事宜，命藍廷珍帶兵平亂，陳夢林先是在南澳為藍廷珍籌畫，隨即為覺羅滿保網羅為幕友。6 月，覺羅滿保派遣陳夢林隨藍廷珍部隊渡臺，參與戎務，12 月「南北稍平」即「倦遊歸里」。據《臺灣通志》稱：「康熙丙申（55 年，1716），當路聘夢林修臺灣諸羅縣志。博覽周諮，稽其地利、風土、人情。辛丑夏，朱一貴亂，夢林方遊南澳，總兵藍廷珍問策。夢林為上書制府滿保，請移節廈門。及將征臺灣，提督施世驃定議南、北、中三路進此。夢林力陳南路海道險惡，舟不能泊，當會澎湖，相風便分兩路：『大將由中入鹿耳門，副將由北趨西港，繞賊背後計萬全』。又陳：『戰艦宜用輕捷，以便操駛』。制府納其言。臺灣平，旋聘入提督幕府，規畫事機，搜餘黨，招反側，拊循良善。時府縣官未至，事皆決於幕府；告密者眾，持重不發，民情以安。留臺五閱月，還報制府，將敘將功；夢林固辭歸，

也同樣是透過漳州府漳浦縣出身、時任禮部侍郎的蔡世遠（1681-1732），與藍鼎元、陳夢林接觸（表1）。[27] 其中，藍鼎元更是日後閩省高級官員諮詢臺灣事宜的重要對象。[28]

表1：康熙50、60年代臺灣「客家」書寫關係人員資料

| 姓名 | 籍貫 | 主要官（職）銜 | 在位時間（與臺有關） | 在臺時間 |
|---|---|---|---|---|
| 覺羅滿保 | 滿洲正黃旗 | 福建巡撫 閩浙總督 | 康50.11 －康54.11<br>康54.11 －雍03.07 | ―― |
| 施世驃 | 福建泉州府晉江縣 | 福建水師提督 | 康51 －康60.09 | 康60.06 －康60.09 |
| 藍廷珍 | 福建漳州府漳浦縣 | 南澳鎮總兵[29]臺灣鎮總兵 福建水師提督 | 康58.夏－康60.12<br>康60.12 －雍01.09<br>雍01.09 －雍07.11 | 康60.06 －雍01.09 |

絕口不言臺事」。《臺灣通志》（臺北：臺灣銀行經濟研究室，1962），頁503-503。藍廷珍自己也說：「朱一貴等倡亂……予焦心勞思，與幕友陳君少林及予弟玉霖日夜籌謀，安撫整頓，至忘寢食，不敢憚煩。蓋破賊僅在七日，而珍孽綿延兩載，定亂保疆，若斯之難也！前此陳君修志諸羅，憂深慮遠，於臺事若預見其未然者。厥後滿公羅之幕府，旋命參予戎務。陳君深沉多智略，為予計擒數巨魁；南北路稍平，倦遊歸里。」（藍鼎元，《東征集》，舊序。）蔡世遠，〈陳少林遊臺詩序〉云：「康熙辛丑五月，臺灣告警，鎮帥殞焉；副將以下或死、或竄，文臣逃歸澎湖。制府滿公躬駐廈門，訪求熟悉臺灣事宜、嫺獸略者，以幣聘少林於廬。少林慷慨赴幕，曰：『賊草竊無遠略，相吞并，不難平也』。滿公曰：『子能為我涉波濤、冒矢石，親從事於行間乎？』少林遂行。當是時，滿公居中調度，提帥施公、總戎藍公分將一萬六千人，少林以制府軍師周旋二將間。6月，師克鹿耳門，遂復安平鎮，大戰七鯤身，連破數十萬眾，長驅定府治。少林與施、藍二公商善後之策，而後告歸」。余文儀（修），《續修臺灣府志》（臺北：臺灣銀行經濟研究室，臺灣文獻叢刊第121種，1962），頁774。

27 藍鼎元，〈臺灣近詠十首呈巡史黃玉圃〔叔璥〕先生〉，收錄於謝金鑾等修，《續修臺灣縣志》（臺北：臺灣銀行經濟研究室，臺灣文獻叢刊第140種，1962），頁563-565；蔡世遠，〈陳少林〔夢林〕遊臺詩序〉，《續修臺灣府志》，頁774。

28 參閱《平臺紀略》中藍氏的書信，藍鼎元，《平臺紀略》，頁49-64；連橫，《臺灣通史》（臺北：臺灣銀行經濟研究室，臺灣文獻叢刊第128種，1962），頁954。

| 姓名 | 籍貫 | 主要官（職）銜 | 在位時間（與臺有關） | 在臺時間 |
|------|------|------|------|------|
| 藍鼎元 | 福建漳州府漳浦縣 | | | 康 60.06 － 雍 01. 初 |
| 黃叔璥 | 順天大興 | 巡臺御史 | | 康 61.06 － 雍 02.07 |
| 蔡世遠 | 福建漳州府漳浦縣 | 內閣學士 禮部侍郎 | 雍 05.04 － 雍 06.07 <br> 雍 06.07 － 雍 08.08 | —— |
| 陳夢林 | 福建漳州府漳浦縣 | | 康 55 － 雍 02 | 1. 康 55. <br> 2. 康 60.06 － 康 60.12 <br> 3. 雍 01. |

資料來源：1. 許雪姬，《清代臺灣的綠營》（臺北：中央研究院近代史研究所，1987），頁 434-439。

2. 林良吉，《清代閩浙總督處理臺灣原住民事務之研究》（桃園：中央大學歷史學研究所碩士論文，1997），頁 187-191。

說明：1.「在位時間」僅列所任之官職有負責臺灣事務者。

2. 陳夢林「鹿耳門即事八首並自註」云：「前後三從此地入」，明言自己前後曾三次渡臺。[30]

可能是基於上述原因，使得康熙 50 年代臺灣方志的「客家」形象，也滲透到了康熙 60 年代的省與中央高級官員的文件中。不過，必須特別強調的是，儘管兩者的理念類似，但在性格上仍稍有差異。這是因為朱一貴事件後大量出現的「客家」書寫，是出自鎮壓朱一貴事件與處理善後事宜的政府高階官員之手，這就使得康熙 60 年代的臺灣文獻資料，具有鎮壓動亂、分析原因並制定政策的成分，是站在制高點、從外部的立場來發言。

---

29 藍廷珍在康熙 60 年 6 月來臺後，因當時的臺灣總兵歐陽凱死於戰亂，曾短暫奉命代理臺灣鎮總兵一職。

30 黃叔璥，《臺海使槎錄》，頁 90。

　　康熙 50 年代編纂縣級地方志時首次出現的「客家」書寫，除了直接對康、雍之際的政府高級官員造成影響外；因為傳統方志相互傳抄的習慣，也反覆出現在雍正以後陸續編修的各級地方志中，直到 19 世紀末臺灣割日為止。例如，《鳳山縣志》中唯一描述客庄的一段文字：「自淡水溪以南，番漢雜居，客莊尤夥，好事輕生，健訟樂鬥，所從來舊矣」，後來即至少為五種方志所抄錄，而且除了劉良璧的《重修福建臺灣府志》將「所從來舊矣」改為「或時有之」外，幾乎都是一字不漏地傳抄。

　　總之，儘管清領初期的臺灣關係文獻涵蓋方志、詩文集與奏疏等等，並不限定於方志；有關「客」的描述也跨越整個清廷領臺的二百餘年，但是他們卻有一個共通的主要來源是，康熙 50 年代編纂的縣級地方志。如果是這樣的話，那麼康熙 50 年代編撰的臺灣縣級地方志，在「客家」形象的書寫上，便具有開創與關鍵性地位。

表 2：「客家」論述的傳抄

| 方志名稱 | 編纂人 | 編修年代 | 內容 |
| --- | --- | --- | --- |
| 《鳳山縣志》 | 李丕煜、陳文達 | 康熙 58 年 | 自淡水溪以南，番漢雜居，客莊尤夥，好事輕生，健訟樂鬥，所從來舊矣。 |
| 《重修福建臺灣府志》 | 劉良璧 | 乾隆 5－6 年 | 自淡水溪以南，番漢雜居，客莊尤夥，好事輕生，健訟樂鬥，或時有之。 |
| 《重修臺灣府志》 | 范咸、六十七 | 乾隆 9－11 年 | 自淡水溪以南，番漢雜居，客莊尤夥，好事輕生，健訟樂鬥。 |

表 2：「客家」論述的傳抄（續）

| 方志名稱 | 編纂人 | 編修年代 | 內容 |
|---|---|---|---|
| 《續修臺灣府志》 | 余文儀 | 乾隆 25 – 29 年 | 自淡水溪以南，番漢雜居，客莊尤夥，好事輕生，健訟樂鬥。 |
| 《福建通志臺灣府》 | 陳壽祺 | 同治 7 年 | 自淡水溪以南，番漢雜居，客莊尤夥，好事輕生，健訟樂鬥。 |
| 《安平縣雜記》 | 不詳 | （光緒 20 年） | 自淡水溪以南，番漢雜居，客莊尤夥，好事輕生，健訟樂鬥。 |

說明：《福建通志臺灣府》為臺灣銀行經濟研究室就《重纂福建通志》，選輯與臺灣有關者重編、改名而成。

## 四、臺灣縣級方志之編修

　　清初臺灣的「客家」形象是由被稱為「客」以外的人所書寫，其目的在於透過將「客」描繪成負面的形象，以反照出自己的正面形象，這也使得「客家」的書寫帶有中心與周緣的文化內涵——中心是府城／漳泉人，邊緣為鳳諸／潮人。借用王明珂的話來說是族群在界定「族群邊緣」，「族群由族群邊界來維持；造成族群邊界的是一群人主觀上對外的異己感，以及對內的基本情感聯繫」，「族群邊界的形成與維持，是人們在特定的資源競爭關係中，為了維護共同資源而產生」。[31]王明珂的研究帶給我們的啟示是，讀取清初文獻的「客家」書寫時，應該意識到的不是文本中直接出現的客，而是沒有在文獻上出現、掌握書寫權力且隱身於背後的那群人。這是因為文獻反應的不是表面上的「客

---

31 王明珂，《華夏邊緣：歷史記憶與族群認同》（臺北：允晨出版社，允晨叢刊第66號，1997），頁 12、84-85。

家」史實，而是書寫人內心的想法與觀感。[32]

　　因此，接下來應該討論的課題是，掌握方志書寫權力的這批人為何在康熙50年代（1710-1719），需要做出這樣的邊界來界定？康熙50年代在臺灣的這群人面對或是觀察到了怎樣的社會問題？再者，臺灣首次密集出現的「客家」論述是在康熙50年代編修的《臺灣縣志》、《諸羅縣志》與《鳳山縣志》等三本縣級方志。所以具體的問題是：（1）臺灣何以在康熙50年代首次出現縣級地方志的編修熱潮；（2）臺灣的「客家」書寫，為何是在康熙50年代而非其它的時代出現；（3）這些方志為何要以負面的文字來描述「客家」。

　　臺灣自康熙23年（1684）正式納入清帝國版圖後，在朝廷編修《大清一統志》、要求各地提供方志備考的命令下，即陸續有在臺官員編修方志的記錄，其中甚至也有正式刊刻的。但是直到康熙50年代初期，臺灣所完成的方志，包括知府周元文在康熙53年（1714）完成的《重修臺灣府志》，幾乎都是府志，而沒有縣志。而且，就目前臺灣所能見到的康熙年間的三種府志，即一般所稱的蔣志、高志、周志，都沒有「客家」的記錄。換言之，臺灣的「客家」書寫確實是在康熙50年代跟隨縣級地方志的編修而首度出現的。

　　更特別的是，康熙50年代三本臺灣縣級方志的「客家」書寫，除了彼此之間在立場上呈現出高度的「一致性」外，它們還共同構成了一個體系完整的「客家」書寫。《諸羅縣志》說：「自下加冬至斗六門，客莊、漳泉人相半，稍失之野；然近縣故畏法。斗六以北客莊愈多，雜諸番而各自為俗，風景亦殊鄒以下矣」。《鳳山縣志》：「由縣治南至金荊潭，稍近喬野；自淡水溪以南，番、漢雜居，客莊尤夥」。[33]康熙年間臺灣的地方行政區劃是一府三縣，包括

---

32 現在的研究者幾乎毫無例外的「反客為主」了，是在研究客家的脈絡下來讀取清初的客家書寫。

33 陳文達等編纂，《鳳山縣志》，頁80。

位於中央、為府城附郭的臺灣縣，以及南、北的鳳山縣與諸羅縣。而藉由鳳山與諸羅縣志對於「客家」的書寫，明顯照射出當時臺灣的文化與族群的界線，北為斗六門、下茄冬，[34] 南為金荊潭、[35] 淡水溪。[36] 同樣是漢人卻依據「祖籍」的不同而有文化上的差異光譜：（1）「純漳泉民莊」：下茄冬至金荊潭之間；（2）「半漳泉半客莊」：下茄冬至斗六門間，金荊潭至淡水溪間；（3）「純客莊」：斗六門以北，淡水溪以南。（圖1）

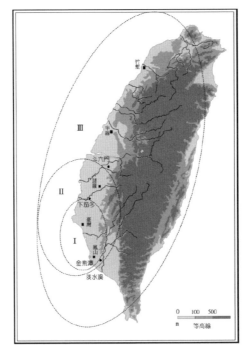

圖1：康熙50年代臺灣方志的「客家」界域概念圖

---

34 今臺南縣後壁鄉佳冬村。

35 又作金京潭，今高雄縣林園鄉潭頭村。吳進喜、施添福，《高雄縣聚落發展史》（高雄：高雄縣政府，1997），頁69。

36 今高屏溪。

可能是因為上述的原因，所以當時沒有「客家」的府城和附廓的臺灣縣，也要書寫客家。對此，《臺灣縣志》在風俗志有一段論述是：「臺無客莊（客莊，潮人所居之莊也。北路自諸羅山以上、南路自淡水溪而下，類皆潮人聚集以耕，名曰客人，故莊亦稱客莊。每莊至數百人，少者亦百餘，漳、泉之人不與焉。以其不同類也），比戶而居者，非泉人、則漳人也；盡力於南畝之間。暇則入山伐雜木，車至邑中，價多者盈千、少者不下數百。無生事、無非為，俗之厚也，風斯隆矣！」首先，因為「臺無客莊」是出現在縣志而非府志，再加上臺灣的諸羅與鳳山縣內確實有眾多的客莊，所以文中所謂的「臺」指的是臺灣縣而非整個臺灣府，是毫無疑問的事實。[37] 不過，讓人覺得奇怪的是，既然縣級方志是對於本縣事務的書寫，那麼沒有「客莊」的臺灣縣，為何還要在縣志內特別去強調呢？豈不是有點畫蛇添足嗎？事實上，相對於諸羅與鳳山縣志一提及客莊，便使用的「好事輕生」，「健訟好鬥」，此處的重點則在於相對強調無客莊的臺灣縣之民風純樸，「無生事、無非為，俗之厚也，風斯隆矣」。縣志所說的「以其不同類」，除了表面上的祖籍差異外，還帶有文化高低差異的內涵。由此看來，三本縣志才構成一個關於「客」的完整論述系統。

對於臺灣為何在康熙 50 年代首次出現編修縣級方志的熱潮，學者曾經指出：原因乃是康熙 53 年來臺就任諸羅知縣的周鍾瑄，聘請「修志專家」陳夢林來臺創修《諸羅縣志》，隨後引發鳳山縣與臺灣縣相繼開局輯修而來。也就是說，清代臺灣首次出現的修志熱潮，是在熱衷地方文化事業之政府官僚的觸動下，引發的連鎖反應。[38] 至於為何是出現在康熙 50 年，而不是 30 年、40 年或 60 年？學者也推測是因為「清領臺灣經一段時間（30 年），一府三縣格局穩定後，臺灣官方的一次全面性修志事業」。亦即，將臺灣首次修史熱潮出現

---

37 施添福，《清代在臺漢人的祖籍分布和原鄉生活方式》，頁 8。
38 陳捷先，《清代臺灣方志研究》（臺北：學生書局，1996），頁 79-88。

在「康熙 50 年」的意義定位在一府三縣之地方行政的確立，是縣的行政長官宣示「縣級政府」的成立，「修志作為增置郡縣後新置縣治政開始之一環」。[39]

那麼，康熙 50 年代臺灣縣級行政展開之內涵到底是什麼呢？如果切換到本文的脈絡來看，對於康熙 50 年代臺灣縣級政府的負責人來說，負面的「客家」形象到底意味著怎樣的施政展開呢？

## 五、康熙五十年代臺灣的社會相

> 數者之論，皆關國家之體，發慮於事機之先；而時當隆平，千百年
> 久安長治之途，正在今日。第苟幸無事，因循玩愒，劃界展界，撤
> 兵留兵二者相持，害隱伏而滋長，所謂抱火厝之積薪之下者也。
>
> （《諸羅縣志·兵防志·總論》，111）

康熙年間臺灣「客家」的維生方式，普遍被描述成受雇於地主、負責開墾的雇工或佃農。而文獻作者之所以賦予「客家」負面的形象，主要是疑慮：原本佃田傭工的「客」，有「反客為主」的情形。例如，《諸羅縣志》：「各莊佃丁，山客十居七、八……客稱莊主，曰頭家。頭家始藉其力以墾草地，招而來之；漸乃引類呼朋、連千累百，饑來飽去，行兇竊盜，頭家不得過而問矣。田之轉移交兌，頭家拱手以聽，權盡出於佃丁」。[40]因此，清初文獻的「客家」書寫，除了區分出「客／非客」的族群外，也同時對應著「地主／佃農」的社

---

39 吳密察，〈「歷史」的出現〉，《臺灣史研究一百年：回顧與研究》（臺北：中央研究院臺灣史研究所籌備處，1997），頁 9-12。

40 《諸羅縣志》，頁 148。

會關係。換言之，作者試圖把日漸強悍、脫離地主控制的「佃農」，定位為負面形象的「客家」。清初的臺灣的「客家」明顯偏向地主之立場，更十足反映出當時地主的焦慮。

　　佃農對於土地支配權力的擴張，是以侵蝕業主的權力作為代價。《諸羅縣志》的作者對此相當憂心，認為政府如不及早處理，難免會有「久佃成業」和「一田三主」的弊端發生。[41] 所謂的「久佃成業」是指，原有的土地租佃關係消滅，佃農變成了地主（自耕農）。其過程是佃農拒絕再向業主繳納租稅，並集體抗拒業主撤換佃人（起佃），以致於業主無法再從土地收取租金、撤換佃農，無形中等於失去了實際的土地支配權，佃丁「自居於墾主」。至於「一田三主」則是土地的租佃關係依然存在，只是分別變成了二個獨立的權利，業主與佃農可以就同一土地擁有各自的權利，或進行買賣。業主賣的是收租權，佃農賣的則是利用權（「田底」）。[42]

　　《諸羅縣志》的作者藉由「客家」的書寫，預示了一幅臺灣土地秩序即將崩壞的社會相，並呼籲政府當局應儘早面對，加以解決。不過，問題在於：造成臺灣土地社會秩序崩壞的背景環境到底是什麼？一般傳統的討論是：地主將土地委託佃農開墾，僑寓府城，因而脫離土地控制，成為不在地地主。然而，從方志的描述看來，主要的原因似乎是佃農單方面的勢力擴張。而導致佃農實力擴張的原因則是政府對於邊區支配實力的薄弱。所以，關鍵問題不在於地主僑寓府城，脫離土地控制，而是政府的行政管理。因此，清初方志的「客家」書寫，往往會在展現僑寓府城地主之危機感的同時，也顯露出對於政府擴張行政管理範圍與實力的期待。

---

41 《諸羅縣志》，頁 95-96。
42 「久佃成業」和「一田三主」也是清初華南地方，官府與地主極力想要禁止的風俗。楊國楨，〈華南農村的「一田二主」：汀州與臺灣的比較〉，《華南農村社會文化研究工作研討會》（臺北：中央研究院民族學研究所，1997/03/24-26）。

　　康熙 50 年代臺灣縣級方志的作者對於「客家」的憂慮，除了「久佃成業」外，還將之視為隨時可能引爆的炸彈。對此，《諸羅縣志》在「兵防志」中憂心忡忡地指出：「土番」與「流民」將可能成為諸羅縣「內憂」。儘管《諸羅縣志》這次並沒直接挑明「流民」是「客家」，但從縣志對於「流民」的描寫是：大半為「潮之饒平、大埔、程鄉、鎮平、惠之海豐」，「皆千百無賴而為，一莊有室家者百不得一」，「盜牛胠篋、穿窬行凶而拒捕」，「名曰佃丁，而睥睨其業主、抗拒乎長官」。[43] 可以很明顯的看得出來，《諸羅縣志》所說的流民其實就是「客家」，因為在其它的場合，「客家」也被賦予了同樣的特質：祖籍潮州、無家無室、好事輕生、佃農傭工、抗租的特徵。甚至，作者更進一步引用福建地方的歷史指出，福建的汀州、漳州二府因為與潮洲府接壤，結果在明末的數十年間，「汀被潮寇者十有一、漳被潮寇者十有六，而饒寇之張璉、程鄉之李四子，至於攻破城邑、洗蕩村坊；兩郡記載，班班可考」，彷彿「潮民」是天生反骨，遲早會有叛亂作為，其「不逞之狀，亦既露其機矣。特以四海晏然，無可乘之隙耳」。[44]

　　那麼，到底應該如何解決迫在眉睫的「客家」問題呢？《諸羅縣志》的作者建議：政府應該在最短的時間內在北路「置縣」並「增兵」，如此才能「銷患於未萌」；縣志的作者甚至還進一步就行政區與兵力布防的調整及經費，做了詳細的規畫。[45] 當然，縣志的作者也深刻瞭解「置縣」、「增兵」都只是一時之計，為求長治久安還是要得正視「流民」的社會問題。而解決的辦法不在

---

43 周鍾瑄也有類似的觀察：「自比年以來，流亡日集。以一定之疆土，處日益之流民，累月經年，日事侵削；向為番民鹿場、麻地；今為業主請墾，或為流寓佔耕。番民世守之業，竟不能存什一於千百」。《臺灣通志》，頁 250。

44 《諸羅縣志》，頁 121。閩南地區的寇亂觀感可參閱，沈定均等（修），《漳州府志》（朱商羊影印本，1965），卷 47，災祥篇附寇亂，頁 17-42。

45 《諸羅縣志》，頁 112。

於將流民遞回原籍，回到消極的劃界封疆政策；而是解除墾民渡臺禁止攜眷的政策，讓不正常的家庭結構合理化，並開放漢民開墾番地。畢竟，「漢人有家室、田產」，才得以「樂其生」。

《諸羅縣志》中所載基於解決「客民」問題而擬定的政策，事實上是出自於陳夢林之手而非周鍾瑄。理由是，當康熙 61 年（1722）冬天來臺處理朱一貴事件的清廷將領藍廷珍在籌劃善後事宜時，也同樣憂心臺灣北部過於空虛，當時身兼藍廷珍文書與參謀工作的藍鼎元，就當下建議在北部「設縣添兵」。據藍廷珍說，藍鼎元的意見「與陳君少林修志時所見吻合」，藍廷珍甚至稱讚陳夢林「修志諸羅，憂深慮遠，於臺事若預見其未然者」。[46]

如果是這樣的話，那麼陳夢林認為他所看到的是一個無法抵擋的社會趨勢，政府應該做的是積極調整不合理的法律與地方行政組織，想辦法有效管理，而不悖逆社會趨勢。然而，不管是置縣增兵、開放攜眷或墾殖番地，都涉及當時清政府治臺的核心政策，恐怕不是一個縣志的作者所能夠決定的事情。[47]更讓問題複雜的是，陳夢林的意見也與當時諸羅縣的最高文、武長官──周鍾瑄、阮蔡文（北路營參將，康熙 54 年（1715）任）──不同。因為周鍾瑄執意採行以大甲溪為界，嚴禁漢民越渡；阮蔡文則力主撤回北部淡水的駐軍。[48]

---

46 藍鼎元，《東征集》，舊序。謝金鑾說：「自施靖海以後，善籌臺事者，莫如陳少林、藍鹿洲。二公者，可謂籌臺之宗哲矣。」謝金鑾，〈蛤仔難紀略〉，《噶瑪蘭廳志》，頁 363。

47 清初治臺政策、漢番土地問題的討論，請參閱柯志明，《番頭家：清代臺灣的族群政治與熟番地權》（臺北：中央研究院社會學研究所，2001）；J. R. Shepherd, Statecraft and Political Economy on the Taiwan Frontier.（Stanford:Stanford University Press，1993）。

48 《諸羅縣志》，110-111；黃叔璥，《臺海使槎錄》，頁 134；藍鼎元，《東征集》，頁 34；伊能嘉矩，《臺灣文化志》下，頁 145。

　　總之，康熙 50 年代來到臺灣的陳夢林，事實上看到的是一幅極令他憂心的景象。他所看到的是「流移開墾之眾」繼康熙 40 年代漸過斗六門以來，又在康熙 50 年漸過半線、大肚溪以北。而政府面對因「流移日多」而引發的嚴重社會治安、漢番土地糾紛，卻在封禁與開放之間相互邁難，拿不出一套有效的措施來。對此，陳夢林當時不勝感慨地說：「數者之論，皆關國家之體，發慮於事機之先；而時當隆平，千百年久安長治之途，正在今日。第苟幸無事，因循玩愒，劃界展界，撤兵留兵二者相持，害隱伏而滋長，所謂抱火厝之積薪之下者也」。[49] 隱約含有問題重心不在於社會已經出現了流民與客民的社會隱憂，而是政府面對此社會現象，卻拿不出一套有效的措施來。

## 六、結語

　　本文有以下幾點的發現：

　　第一、清初臺灣關係文獻對於「客家」的稱呼，雖然在不同的場合會有「客民」、「客仔」、「山客」等等不同的名稱，但從文獻的脈絡可以讀得出來，他們指的都是同樣的一群人：1. 祖籍：主要來自於廣東潮州府山區；2. 維生方式：佃耕、傭工；3. 文化型態：聚居、好事輕生、健訟樂鬥的人。

　　第二、清初臺灣文獻之「客家」書寫的源頭是，康熙五十年代臺灣首度編修的三本縣級方志。三本縣級方志對於「客家」形象的描繪，不止在立場上顯現出高度的一致性，還同時形成一個體系完整的「客家」書寫。

　　第三、清初臺灣縣級方志提及的「客家」，雖然指的都是同一群人，但這並不直接等於指稱一群在內部具有同質性的人，所以方志上的「客家」並不是在說明「講客話的漢族民系」那樣的客家人。因此，如果把清初方志的「客家」

---

49 《諸羅縣志》，頁 111。

書寫，直接等視於「講客話的漢族民系」之歷史，並據以延伸討論，可能並不適當。

第四、另一種理解清初方志「客家」書寫的態度是，書寫「客家」的人（方志的作者）把閩南地區（福建漳州府）對於鄰省（廣東省潮州府）的負面觀感帶來臺灣，並把作者認為的臺灣當時社會上有問題的一群人，類比為「客家」。

第五、康熙50年代首次且密集在臺灣縣級方志上出現的「客家」書寫，與其說是在記錄「講客話的漢族民系」之遷臺分布，毋寧說是反映當時部分敏銳的士紳已充分感受到臺灣內部存在著高度的緊張感，社會已瀕臨動亂邊緣。

第六、臺灣當時的主要問題在於，政府不願直接面對自華南地區大量流入農業人口的社會現實，進行政策的調整。這包括：（1）渡海來臺的漢民因渡臺政策影響，而出現了男女比例高度不均衡的現象，社會中存在著大量「無家無室」的流民；（2）政府不明確的土地政策，帶來租佃關係的緊張，這同時呈現在漢番的不同族群以及同屬漢人的業佃之間；（3）政府的行政區域調整以及駐軍，無法跟上臺灣漢人社會的成長，並做出有效的控制與管理。

第七、因為清初的「客家」書寫是出自於閩南人之手，所以「客家」的「祖籍」也被化約為廣東潮州府，這種客家祖籍的單純化也對日後臺灣漢人的祖籍觀念帶來深遠的影響。不久之後，「客家」一詞便被等同於「粵」（廣東人），而「閩」也同時成為講閩南話之人的代稱。

## 附錄：清初臺灣文獻的「客」書寫

| 序 | 作者 | 主要內容 |
|---|---|---|
| A1 | 諸羅縣志 | 若夫新、舊田園，則業主給牛種於佃丁而墾者十之六、七也，其自墾者三、四已耳。乃久之佃丁自居於墾主，逋租欠稅；業主易一佃，則群呼而起，將來必有久佃成業主之弊：爭訟日熾、案牘日煩，此漸之不可長者也。又佃丁以園典兌下手，名曰田底；轉相授受，有同買賣。或業已易主，而佃仍虎踞，將來必有一田三主之弊；納戶可移甲為乙，吏胥必飛張作李：冊籍日淆、虛懸日積，此又漸之不可長者也。然則去二漸之弊與移置近縣之倉，亦當務之急矣。<br>（諸羅縣志／賦役志／戶口土田：95-96） |
| A2 | 諸羅縣志 | 佃田者，多內地依山之獷悍無賴下貧觸法亡命，潮人尤多，厥名曰客；多者千人、少亦數百，號曰客莊。朋比齊力而自護，小故輒譁然以起，毆而殺人、毀匿其尸。先時，鄭氏法峻密，竊盜以殺人論，牛羊露宿原野不設圍。國家政尚寬簡，法網疏闊；自流移人多，乃漸有鼠竊為盜者。及客莊盛，盜益滋。莊主多僑居郡治，借客之力以共其狙；猝有事，皆左袒。長吏或遷就，苟且陰受其私，長此安窮乎？……自下加冬至斗六門，客莊、漳泉人相半，稍失之野；然近縣故畏法。斗六以北客莊愈多，雜諸番而各自為俗，風景亦殊鄒以下矣。<br>（諸羅縣志／風俗志／漢俗：136-137） |
| A3 | 諸羅縣志 | 今佃田之客，裸體而來，譬之饑鷹，飽則颺去，積糴數歲，復其邦族。<br>（諸羅縣志／風俗志／漢俗：139） |

| 序 | 作者 | 主要內容 |
|---|---|---|
| A4 | 諸羅縣志 | 各莊婚姻、喪葬，大約相倣。唯潮之大埔、程鄉、鎮平諸山客，其俗頗異；禮節皆以簡為貴，略去者十之六、七。以下四條，雜記客莊之俗：婚禮、用庚帖、食物，或銀錢少許為定。納聘無幣帛，不用婚啟，以全束開聘金、雜物，曰送酒。請期，則隻雞樽酒而已。男不冠而女笄，曰上頭；不親迎、不用蓋頭袱、不鳴鑼放花炮，富者用鼓樂。新婦至，合卺，親朋畢賀。厥明而廟見，彌月而旋車。喪必延僧作道場，雖極貧必開冥路，七七盡而除靈。弔者祭則答之胙，香楮則答拜而不胙，不欲以一楮虧喪主之財，亦善俗也。葬不過七七間，三歲則挖視之，土燥、棺完好、色鮮則掩之。或俟九年，拾其骸於瓦棺而復葬之。否則，遷於他處。禁祭惟元旦、除夕、五日，餘皆無之。明清祭於墓，盡日潦倒而還。無忌辰。凡祭，極豐不過三牲，口誦祝辭，遍請城隍、土地諸神，云祖先不敢獨食也。夫儕祖先於神而並之，祖先能安坐而食乎？<br>（諸羅縣志／風俗志／漢俗：144-145） |
| A5 | 諸羅縣志 | 凡流寓，客莊最多，漳、泉次之，興化、福州又次之。初闢時，風最近古；先全者各主其本郡，後至之人不必齎糧也。厥後乃有緣事波累，或久而反噬，以德為怨，於是有閉門相拒者。然推解之誼，至今尚存里閈也（惟市肆之間，漳、泉二郡常犄角不相下；官司化導之，不能止也）。土著既鮮，流寓者無苴功強近之親，同鄉井如骨肉矣。疾病相扶、死喪相助，棺斂埋葬，鄉里皆躬親之。貧無歸，則集眾捐囊襄事，雖慳者亦畏譏議。詩云：「凡民有喪，匍匐救之」。此風較內地猶厚。<br>（諸羅縣志／風俗志／漢俗：145） |

| 序 | 作者 | 主要內容 |
|---|---|---|
| A6 | 諸羅縣志 | 大抵北路之內憂者二：曰土番、曰流民……汀、漳與潮洲接壤，明季數十年，汀被潮寇者十有一、漳被潮寇者十有六，而饒寇之張璉、程鄉之李四子，至於攻破城邑、洗蕩村坊，兩郡記載，班班可考也。漢晁錯云：「人情非有匹敵，不能久安其處」。今流民大半潮之饒平、大埔、程鄉、鎮平、惠之海豐，皆千百無賴而為，一莊有室家者百不得一。以傾側之人，處險阻之地至於千萬之眾，而又無室家宗族之繫累，有識者得不為寒心乎？今之盜牛朕簽、穿窬行凶而拒捕者，日見告矣。其未發覺者，驅之則實繁有徒、容之則益張其慢；名曰佃丁，而睥睨其業主、抗拒乎長官，不逞之狀，亦既露其機矣。特以四海晏然，無可乘之隙耳。然則置縣增兵據險，銷二者之患於未萌，胡可不亟亟也！<br>（諸羅縣志／兵防志／水陸防汛：121） |
| B | 鳳山縣志 | 鳳山縣自縣治北抵安平鎮等處，俗語郡治略同。由縣治南至金荊潭，稍近喬野。自淡水溪以南，番漢雜居，客莊尤夥，好事輕生，健訟樂鬥，所從來舊矣。<br>（鳳山縣志／風俗志／漢俗：80） |
| C1 | 臺灣縣志 | 臺無客莊（客莊，潮人所居之莊也。北路自諸羅山以上、南路自淡水溪而下，類皆潮人聚集以耕，名曰客人，故莊亦稱客莊。每莊至數百人，少者亦百餘，漳、泉之人不與焉。以其不同類也），比戶而居者，非泉人、則漳人也；盡力於南畝之間。暇則入山伐雜木，車至邑中，價多者盈千、少者不下數百。無生事、無非為，俗之厚也，風斯隆矣！<br>（臺灣縣志／輿地志／風俗／雜俗：57） |
| C2 | 臺灣縣志 | 客人多處於南、北二路之遠方；近年以來，賃住四坊內者，不可勝數。房主以多稅為利，堡長[50]以多科為利；殊不知一人稅屋，來往不啻數十人，奸良莫辨。欲除盜源，所宜亟清者也。<br>（臺灣縣志／輿地志／風俗／雜俗：60） |

---

50 《臺灣縣志》：「邑有四坊，舊設坊長四人以供役。逾年廢坊長而立堡長，在有司實為稽查匪類之計」。臺灣縣志的作者對於政府改設堡長所引發的社會紛爭，頗多微詞。《臺灣縣志》，頁 61。

| 序 | 作者 | 主要內容 |
|---|---|---|
| D1 | 藍鼎元 | 廣東饒平、程鄉、大埔、平遠等縣之人，赴臺傭僱佃田，謂之「客子」，每村落聚居千人或數百人，謂之「客莊」。客莊居民，朋比為黨，睚眥小故，輒譁然起爭，或毆殺人匿滅其屍。健訟，多盜竊。白晝掠人牛，鑄鐵印重烙，以亂其號（臺牛皆烙號以防盜竊，買賣有牛契，將號樣註明）。凡牛入客莊，莫敢向問，問則縛牛主為盜，易己牛赴官以實之。官莫辨，多墮其計。客莊居民，從無眷屬。合各府、各縣數十萬之傾側無賴遊手群萃其中，無室家宗族之係累，欲其無不逞也難矣。婦女渡臺之禁既嚴，又不能驅之使去，可為隱憂。（平臺紀略／與吳觀察論治臺灣事宜書：51-52）[51] |
| D2 | 藍鼎元 | 臺民素無土著，皆內地作奸逋逃之輩，群聚閭處，半閩、半粵。粵民全無妻室，佃耕行傭，謂之「客子」，每村落聚居千人、百人，謂之「客莊」。客莊居民，結黨尚爭，好訟樂鬥，或毆殺人，匿滅冤跡，白晝掠人牛，莫敢過問，由來舊矣。統計臺灣一府，惟中路臺邑所屬，有夫妻子女之人民。自北路諸羅、彰化以上，淡水、雞籠山後千有餘里，通共婦女不及數百人；南路鳳山、新園、瑯以下四五百里，婦女亦不及數百人。合各府各縣之傾側無賴，群聚至數百萬人，無父母妻子宗族之繫累，似不可不為籌畫者也。（平臺紀略／經理臺灣疏：67）[52] |
| D3 | 藍鼎元 | 廣東潮惠人民，在臺種地傭工，謂之客子。所居莊曰客莊。人眾不下數十萬，皆無妻孥，時聞強悍。然其志在力田謀生，不敢稍萌異念。往年渡禁稍寬，皆于歲終賣穀還粵，置產贍家，春初又復之臺，歲以為常。辛丑朱一貴作亂，南路客子團結鄉社，奉大清皇帝萬歲牌與賊拒戰，蒙賜義民銀兩，功加職銜。墨瀋未乾，豈肯自為叛亂。」（平臺紀略／粵中風聞臺灣事論王子：63）[53] |

---

51 此篇作於雍正 2 年（1724），吳觀察是指時任分巡臺灣道吳昌祚。
52 此篇作於雍正 6 年（1728）。
53 此篇作於雍正 10 年（1732），時臺灣南北路分別發生吳福生、熟番動亂。

| 序 | 作者 | 主要內容 |
|---|---|---|
| E1 | 黃叔璥 | 下淡水以南，悉為潮州客莊，治埤蓄洩，灌溉耕耨，頗盡力作。（臺海使槎錄／赤崁筆談／物產：53） |
| E2 | 黃叔璥 | 南路澹水三十三莊，皆粵民墾耕。辛丑變後，客民（閩人呼粵人曰客仔）與閩人不相和協。再功加外委，數至盈千，奸良莫辨；習拳勇，喜格鬥，倚恃護符，以武斷於鄉曲。保正里長，非粵人不得承充；[54] 而庇惡掩非，率徇隱不報。余時飭所司調劑而檢察之，報滿擬陳請將外委多人分發閩、廣，各標營差操能者授以職，不堪委用者斥還本籍；不惟可清冒濫，亦以殺其勢也。（臺海使槎錄／赤崁筆談／朱逆附略：93） |
| E3 | 黃叔璥 | 臺灣始入版圖，為五方雜處之區，而閩粵之人尤多……終將軍施琅之世，嚴禁粵中惠、潮之民，不許渡臺。蓋惡惠潮之地素為海盜淵藪，而積習未忘也。琅歿，漸弛其禁，惠、潮民乃得越渡。（臺海使槎錄／赤崁筆談／朱逆附略：92）[55] |
| F | 覺羅滿保 | 查臺灣鳳山縣屬之南路淡水，歷有漳、泉、汀、潮四府之人，墾田居住。潮屬之潮陽、海陽、揭陽、饒平數縣與漳、泉之人語言聲氣相通，而潮屬之鎮平、平遠、程鄉三縣則又有汀州之人自為守望，不與漳、泉之人同夥相雜。六十年四月二十二日，賊犯杜君英等在南路淡水檳榔林招夥豎旗搶劫新園，北渡淡水溪侵犯南路營，多係潮之三陽及漳、泉人同夥作亂。而鎮平、程鄉、平遠三縣之民，並無入夥。（題義民效力議疏／重修鳳山縣志／藝文志：343-344） |

---

54 這句話的意思是，儘管南路淡水三十三莊「皆粵民墾耕」，但似乎還有非「粵人」存在。

55 此段文字乃係黃叔璥轉引自《理臺末議》，學者一般推測此文獻完成於康、雍之際。

# 參考文獻

不著撰人，1962，《臺灣通志》，收錄於《臺灣文獻叢刊》第 130 種。臺北：
　　臺灣銀行經濟研究室。

尹章義，1985，〈閩粵移民的協和與對立：以客屬潮州人開發臺北以及新莊三
　　山國王廟的興衰史為中心所作的研究〉。《臺北文獻》74：1-27。

王士性著、周振鶴編校，1993，《王士性地理書三種》。上海：上海古籍出版社。

王必昌，1961，《重修臺灣縣志》，收錄於《臺灣文獻叢刊》第 113 種。臺北：
　　臺灣銀行經濟研究室。

王明珂，1997，《華夏邊緣：歷史記憶與族群認同》。臺北：允晨出版社。

王　東，1996，《客家學導論》。上海：上海人民出版社。

王瑛曾，1962，《重修鳳山縣志》，收錄於《臺灣文獻叢刊》第 146 種。臺北：
　　臺灣銀行經濟研究室。

石萬壽，1986，〈乾隆以前臺灣南部客家人的墾殖〉。《臺灣文獻》37（4）：
　　69-90。

伊能嘉矩著、臺灣省文獻委員會譯，1991，《臺灣文化志》下。臺中：臺灣省
　　文獻委員會。

余文儀，1962，《續修臺灣府志》，收錄於《臺灣文獻叢刊》第 121 種。臺北：
　　臺灣銀行經濟研究室。

吳密察，1997，〈「歷史」的出現〉。頁 1-22。收錄於黃富三等編，《臺灣
　　史研究一百年：回顧與研究》。臺北：中央研究院臺灣史研究所籌備處。

吳進喜、施添福，1997，《高雄縣聚落發展史》。高雄：高雄縣政府。

周鍾瑄，1962，《諸羅縣志》，據日本大正 11 年（1922）「臺灣全誌本」重
　　新排印，收錄於《臺灣文獻叢刊》，第 141 種。臺北：臺灣銀行經濟研究室。

林正慧，1997，《清代客家人之拓墾屏東平原與六堆客莊之演變》。國立臺灣
　　大學歷史學研究所碩士論文。

林良吉，1997，《清代閩浙總督處理臺灣原住民事務之研究》。國立中央大學
　　歷史學研究所碩士論文。

邱延亮，1997，〈日本殖民地人類學「臺灣研究」的重讀與再評價〉。《臺灣
　　社會學研究季刊》28：147-174。

施添福，1987，《清代在臺漢人的祖籍分布和原鄉生活方式》。臺北：國立臺灣師範大學地理學系。

柯志明，2001，《番頭家：清代臺灣的族群政治與熟番地權》。臺北：中央研究院社會學研究所。

許雪姬，1987，《清代臺灣的綠營》。臺北：中央研究院近代史研究所。

連文希，1971，〈客家人入墾臺灣地區考略〉。《臺灣文獻》22（3）：1-25。

連　橫，1962，《臺灣通史》，收錄於《臺灣文獻叢刊》第128種。臺北：臺灣銀行經濟研究室。

陳文達，1961，《臺灣縣志》，據康熙59年（1720）刊本（美國國會圖書館藏書）攝影排印，收錄於《臺灣文獻叢刊》第103種。臺北：臺灣銀行經濟研究室。

　　　　，1961，《鳳山縣志》，據康熙59年（1720）刊本（東洋文庫藏本）重新排印，收錄於《臺灣文獻叢刊》第124種。臺北：臺灣銀行經濟研究室。

陳春聲，1996，〈嘉靖「倭亂」與潮州地方文獻編修之關係：以「東里志」的研究為中心〉。《潮學研究》5：65-86。

陳偉智，1998，《殖民主義、「蕃情」與人類學：日治初期臺灣原住民研究的展開（1895-1900）》。國立臺灣大學歷史學研究所碩士論文。

陳捷先，1996，《清代臺灣方志研究》。臺北：學生書局。

陳淑均，1963，《噶瑪蘭廳志》，收錄於《臺灣文獻叢刊》第160種。臺北：臺灣銀行經濟研究室。

陳運棟，1989，《客家人》。臺北：聯亞出版社。

陳壽祺，1960，《福建通志臺灣府》，收錄於《臺灣文獻叢刊》第84種。臺北：臺灣銀行經濟研究室。

黃叔璥，1957，《臺海使槎錄》，收錄於《臺灣文獻叢刊》第4種。臺北：臺灣銀行經濟研究室。

楊國楨，1997，〈華南農村的「一田二主」：汀州與臺灣的比較〉。論文發表於「華南農村社會文化研究工作研討會」，臺北：中央研究院民族學研究所主辦3月24-26日。

鄧迅之，1982，《客家源流研究》。臺中：天明出版社。

藍鼎元，1958，《平臺紀略》，收錄於《臺灣文獻叢刊》第14種。臺北：臺灣銀行經濟研究室。

藍鼎元，1958，《東征集》，收錄於《臺灣文獻叢刊》第 12 種。臺北：臺灣
　　銀行經濟研究室。

瀨川昌久，1993，《客家：華南漢族のエスニシティーとその境界》。東京：
　　風響社。

羅香林，1992，《客家研究導論》。臺北：南天出版社。

Shepherd, J. R., 1993, *Statecraft and Political Economy on the Taiwan Frontier*.
　　Stanford: Stanford University Press.

# 從客家族群之形塑看清代臺灣史志中之「客」：「客」之書寫與「客家」關係之探究[*]

## 林正慧

## 一、前言

何謂客家？這似乎是客家相關研究中常被問到也常難以被真正解決的問題。「客家學」自 1930 年代羅香林提出其客家界說、客家源流及遷移等見解以來，客家做為一個研究單位，常被視為是一個基本的、不變的範疇，自此而後的客家研究，多接受其說法，如客家一系形成於趙宋、客家基本分布地域為閩、贛、粵三地、客家方言傳承中原漢音等等。然而，回顧歷史發展軌跡，羅香林的客家研究是源於被汙名化後的族群自覺，於是證明客家民系與中原漢族不可分割的關係，成為羅香林客家學的重點，以致日後關於客家研究的討論，始終難以擺脫族群情結的糾葛。

如同人類學者所言，族群是一種以「文化親親性」為根基，以集體記憶與結構性健忘為工具來凝聚人群，以維護、爭奪群體利益的人類社會結群現象。[1] 族群通常是一種強調「先天身分」的區辨觀念，但是所強調之「先天身

---

[*] 本文原刊登於《國史館學術集刊》，2006，10 期，頁 1-61。因收錄於本專書，略做增刪，謹此說明。作者林正慧現任中央研究院臺灣史研究所助研究員。

1 王明珂：〈過去的結構：關於族群本質與認同變遷的探討〉，《新史學》，5 卷 3 期（1994 年 9 月），頁 120。

分」的觀念，卻不是「先天」就存在的，它是在特殊的歷史脈絡中被建構、推廣的。族群意識一旦形成，就會取得一定程度貌似「自然」的說服力，促成其文本性相對穩定，[2] 客家研究即有此傾向，最引人注目的莫過於對客家民系正統性與優越性的強調。從某種意義來看，客家民系的存在越來越像一種想像，藉以凝聚海內外客家人士的族群認同意識，因此，各種具有鮮明地域文化特色的民間文化被重新發明出來。如原本在贛南和閩西一帶，當地居民的族群認同意識原不如廣東人強烈，今卻有後來居上之勢，閩西被發明為客家祖地，贛南則為客家大本營。此種客家文化資源不斷被發掘、被重新發明的現象，其實正是某種形式的民族主義之地域性建構。[3]

## 二、從客方言人群的形塑過程看史籍中的「客」與「客家」

中國歷史上的客方言人群形塑過程如何？史籍中「客」之書寫是否即意指客方言人群？此二者為以下的討論重點。本節將分「客方言人群形成的兩個階段」、「客方言人群為的形塑過程」、「羅香林的客家再形塑」及「史籍中之客與客家」四個部分論述之。

### （一）客方言人群形成的兩個階段

客家方言人群究竟形成於何時？至今仍眾說紛紜。但若自文獻中客方言人群形塑的過程來看，大致可分為兩個階段：即文化共性形成期、客方言人群意

---

2 何翠萍、蔣斌：《國家、市場與脈絡化的族群》（臺北：中央研究院民族學研究所，2003 年），頁 8，〈導論〉。

3 劉曉春：《儀式與象徵的秩序：個客家村落的歷史、權力與記憶》（北京：商務印書館，2003 年），頁 10；劉曉春：〈民俗學問題與客家文化研究：從民間文化研究的普同性與線性視野之困境反思客家研究〉，《江西社會科學》，2004 年第 1 期，頁 118-121。

識覺醒期。所謂客家文化共性，即指共同的祖源、方言、生聚地及文化內涵等等。有學者持論，認為文化共性既已形成，即可宣告客家民系之形成。持此論者，對於客家文化共性形成的時間又有不同主張。如謝重光認為，南宋時期客家人已有穩固的共同生活地域，內部文化一致，且已形成與相鄰地區明顯差異的經濟形式、語言風俗、社會心理，故可說客家民系在南宋時已經形成。[4]

　　無獨有偶，吳松弟亦認為約在宋末，中國歷史上即已形成具有北方語言和風俗特點的客家民系，且強調北方移民帶入的影響是其所附載的北方文化，而非移民本身的血統。[5] 王東則指出客家民系的形成，是一個動態的歷史過程，以不同形態的客家先民遷入閩粵贛三省邊區大本營地區為基本前提。此過程的開端應是以北方人民大規模南遷運動中止為標誌，其完成以由大本營地區遷出之居民能在總體上保留其語言文化特色為標誌。自此角度來看，客家民系的形成，時間上限應在南宋末年至元代初年，下限則在明代中後期。[6] 蔣炳釗則認

----

4　謝重光亦指出，雖然南宋以後，客家方言本身仍在持續發展變化，但不能以客家方言在南宋以後的變化，否定南宋時客家方言的形成。至於南宋時贛閩粵邊區誕生的新民系是否已被稱為「客家」，其方言是否已稱為「客話」、「客語」，仍需進一步研究。此外，雖說客家民系在南宋已經形成，但並不意味著南宋時的贛南、閩西、粵東三片區都已完全成為客家住域。粵東客家人多數是宋元之際才從閩、贛遷去，南宋時，粵東客家人還很稀少，還未完全成為客家住區，更談不上是形成客家的中心地域。因此，討論客家民系形成時期的中心地域，著眼點應是贛南、閩西。參見謝重光：《客家形成發展史綱》（廣州：華南理工大學出版社，2001 年），頁 170、179。

5　參見吳松弟：《中國移民史》，第 4 卷，遼宋金元時期（福州：福建人民出版社，1997 年），頁 354-357。此外，房學嘉亦表示，不存在客家中原南遷史，南遷者僅是分散的流動人口，中原流人與當地人相比，都是少數。客家共同體在形成的過程中，其主體應是生於斯長於斯的本地人。客家先民不是中原移民，南方百越民族才是客家族群的祖先。

6　王東指出，自南宋末至元代初年開始，中國歷史上大規模北方漢人南遷運動基本中止，明代中葉以後，由大本營遷入其他地區的客家人，無論內地或海外，皆能在總體上保留客家民系的語言和文化特徵。只有當贛南、閩西、粵東北三區居民在總體上已達相當認同，贛南居民已基本上與湘贛系居民區分，閩西居民已與閩南居民區分，粵東北居民與潮州人和惠州人（廣府人）相區分，才能說客家民系已形成。即大本營地區居民有一個內部相互認同的過程，與周邊其他民系亦有一總體相區別的過程。王東：《客家學導論》（上海：上海人民出版社，1996 年），頁 144-145。

為客家形成的過程是入遷華南的漢人與當地畬族融合的過程。由元代閩東、浙南畬族新的聚居點之出現，反映部分畬族已從原住區向新地區遷移，以及明代畬民大規模反抗鬥爭相對減弱的情形來看，客家的形成可能始於元代，明清時期是客家發展壯大的歷史時期。[7]

以上各家的說法，對於客家民系形成的確切時間看法不一，歸納起來約在宋元明時期。此外，他們所論述的重點多放在客家文化共性的形成上，如共同的地域、生業方式、語言風俗等。持論者多認為只要文化共性形成，即可宣告客家民系即已形成。如認為「按方言與民系的形成同步的原理，當一種共同交際工具客家話在華南山區悄然誕生時，即標誌著客家民系已最終形成」。[8]

然而上述認為文化共性形成即可宣告客家方言人群之形成的說法，多將焦點放在客家文化的特色及內涵，採取一種先入為主的方式，把「客家」作為一個基本不變的研究單位，從靜態的角度來談客家源流、歷史文化，較少以批判的角度檢視「客家」並非一個由來已久的概念，忽略了「客家」的形成其實經歷了一個從「他覺」到「自覺」的發展過程。[9] 在1950年代以前，人類學者的確傾向以共同的語言、血統與文化等客觀因素界定族群，但1960年代之後，基於許多田野調查的實際經驗，逐漸體認到族群邊界的形成與維持，是人群在特定的資源競爭關係中，為了維護共同資源而產生的。學術界開始採用「ethnic group」，即以「族群」的說法來取代舊的詞彙。此詞彙的轉變標誌著學術界漸漸揚棄以本質主義（essentialism）的方式來界定或區分人群。也就是說，族群的形成與維持是在某一特定的社會、經濟生態環境中，一群人以自我認同與

---

7 蔣炳釗：〈試論客家的形成及其與畬族的關係〉，《閩臺社會文化比較研究工作研討會論文集》（臺北：中研院民族所，1994年），頁289。

8 何國強：《圍屋裡的宗族社會：廣東客家族群生計模式研究》（南寧：廣西民族出版社，2002年），頁2。

9 宋德釗：《民間文化與鄉土社會》（梅縣：花城出版社，2002年），頁5-12，〈序言〉。

相互認同，以及共同的他族意識來界定自己，之後才以宣稱共同的族名與共同的起源（文化的血緣關係）來設定及維持族群邊界。[10]

　　毫無疑問地，共同的祖先、歷史、方言和文化淵源是同一族群的基礎，即族群必須是建立在一個共同的文化淵源上，[11] 這也是所謂的客方言人群形成的客觀要素，即共同的族群文化。然而，族群認同卻必須在族群互動的基礎上發展起來，若無兩種異質文化的接觸與互動，就無從產生族群意識或認同，即先因接觸進而了解差異的存在，才會產生將自己歸類、劃界，這是認同產生及存在的基本條件。尤其值得注意的是，客方言人群不同於其他華南漢族民系以生聚地域為民系名稱，而終選擇一個具有臨時性、不確定性的「客」，作為族群或民系的稱謂，其必定先經過一個與不同族群之異質文化接觸的過程。因為「客」在成為族群自稱之前，必先有一個他族以「客」相稱的階段。換句話說，所謂的「客家」之得名，除了應有的文化共性外，必定歷經一個與不同族群接觸、磨合，進而自我定位的過程。

　　梁肇庭在 *Migration and Ethnicity in Chinese History: Hakkas, Pengmin and their Neighbors*（《中國歷史上的移民與族群性：客家、棚民及其鄰居們》）一書中，根據 Fredrik Barth 的族群形成理論，[12] 認為作為族群意義上的客家，

---

10 王明珂：〈漢族邊緣的羌族記憶與羌族本質〉，《從周邊看漢人的社會與文化》（臺北：中央研究院民族學研究所，1997 年），頁 130；王明珂：〈周人的族源與華夏西部族群邊界的形成〉，《大陸雜誌》，87 卷 2 期（1993 年 8 月），頁 53-54；楊聰榮：〈從族群關係史看臺灣客家的分類範疇與獨特性〉，發表於「臺灣史學客家研究研討會」，2004 年 5 月 26 日。

11 周大鳴：〈從「漢化」到「畲化」談族群的重構與認同：以贛南畲族為例〉，收於中南民族大學民族學與社會學學院編：《族群與族際交流》（北京：民族出版社，2003 年），頁 23。

12 Fredrik Barth 將族群視為人類群體組織的一種形式，認為在區辨不同的族群時，「邊界」（boundary）是一個更好的分析概念。正因為族群疆界是在不同族群互動關係中產生，族群疆界的主要特徵之一，即具有一種可變性。所謂的「邊界」是一種社會邊界，也是一種文化差異來維持的邊界。所謂的族群邊界，似乎是一種受許

是在與周邊其他族群的互動之中,逐步形成其明確的自我認同意識。即客家所以發展成一個社會學意義上的族群,原因在於他們對外遷移及因此產生的與周邊其他社會群體的「衝突」。客家族群的產生,空間上首先產生於嶺南地區,在時間上應是 16 至 17 世紀,先經過明代的醞釀期,至清代隨著當地經濟週期循環的起伏,與福佬、廣府人摩擦衝突,逐步藉由強化經濟力量,進而凝聚族群間的認同意識,轉型為顯著的文化群體。[13]

梁肇庭所提出的理論獲得劉佐泉《客家歷史與傳統文化》[14]、陳支平《客家源流新論》[15] 等人及其他學者的支持。[16] 儘管部分學者對於以 Fredrik Barth

---

多客觀因素影響的主觀「異族意識」,也說明族群認同只存在於族群關係之中。如 Fredrik Barth 等學者所言,許多社會與經濟生態因素造成族群邊界,這種邊界以對內的根本感情連繫及對外的異族感來維持。鍾幼蘭:〈臺灣民間社會人群結合方式的構成與發展:以臺中縣神岡鄉大社村為例〉,《閩臺社會文化比較研究工作研討會論文集》(臺北:中研院民族所,1994 年),頁 109-144;王明珂:〈漢族邊緣的羌族記憶與羌族本質〉,頁 155-159。

13 Leong Sow-Theng, Migration and Ethnicity in Chinese History: Hakkas, Pengmin and their Neighbors(臺北:南天書局,1998 年)。

14 劉佐泉:〈客家源流〉,《客家歷史與傳統文化》(開封:河南大學出版社,2003 年)。

15 陳支平認為,客家與非客家的南遷歷史相同,彼此交融頻繁,客家人的血統或南遷歷史不足以成為界定客家人的基本要素。界定客家應以方言及個人認同為據。客家在遷移的過程,由於向外發展產生的衝突,族群的自我意識變得必須且重要,漸以約定俗成的名詞,自稱客家。參見陳支平:《客家源流新論:誰是客家人》(臺北:臺原出版社,1998 年),頁 145-156。

16 趙以武亦認為「客家」之名產生於明清時期,最確鑿的時間在清初。可信的證明是,「客家」稱謂乃廣府本地居民泛稱大量湧入當地操語特殊的占籍移民,他們主要來自贛閩粵三省交界山區,因此,清初正式出現的「客家」稱謂,是討論「客家人」源頭的出發點。形成客家民系的時間,應早於清初,但上溯的斷限不能推究太遠,說是明代初期是合適的。參見趙以武:〈淺談客家研究中的幾個問題〉,《客家研究輯刊》,2000 年第 2 期,頁 30。劉勁峰則認為,當一種文化還處於封閉狀態,是不容易被意識到,只有當此文化與不同文化接觸後,其文化價值及一致性方能體現,人們會主觀將自己的文化與其他文化區別,客家民系的自我意識才得以形成,此乃清中後期之事。參見劉勁峰:〈積累與嬗變:略論客家民系的形成過程〉,《客家研究輯刊》,2001 年第 1 期,頁 12-16。

的族群邊界理論推斷客家形成於明清的說法持有質疑，[17] 但若僅言文化共性之形成即可宣告客家之形成的說法，實未能全面觀照到該方言人群以「客」為名的形塑過程。因此，在文化共性形成的階段之後，必有第二階段的客方言群意識覺醒期，之後才可確定客家方言人群之形成。

## （二）客方言人群的形塑過程

「客」之成為一族群或民系稱謂，必先有一個與「客」相對的「土」。對於稱客方言人群為「客」的「土」之人群意涵，目前學界普遍有兩種看法。一是認為「土」是原居閩粵贛邊區的原住民，即畬族等少數民族。如宋光宇認為，從華南少數民族的用語習慣來看，「客」應是與「土」相對，歷史上畬族的漢化其實就是客家化，從畬族的漢化過程可透露客家名稱由來。然宋氏所言，「客」之名係得之於原住民之「土」，卻難以解釋對少數民族而言，自中原南下之漢人皆是客，何以只用於指稱客方言人群？雖然宋氏曾解釋，對於畬族而言，客家是對與其和平相處的漢人之稱號，多少帶有親切、友善的意味，因此畬族未稱南下漳州的漢人為客家。[18] 然而單以態度友善與否來區別「客」與「非

---

17 如謝重光認為，某一人群或種族集團是否形成一套共同社會和文化特點，只取決於是否有共同的經歷、環境和生產、生活方式，與是否和別的人群發生矛盾無關，與其他人群的矛盾，可以增強人群內部的向心力和凝聚力。例如福佬人是主要分布在福建泉州、漳州至廣東潮州一帶的一支漢族南方民系。福佬人與相鄰的客家、廣府人大量接觸並產生矛盾是較晚的事。福佬人此一名稱正式見諸文獻記載，約也是在明朝以後。但不能依此認為福佬民系是明朝後才正式成立。早在唐宋時，福佬民系內部共同且有別於其他民系的社會、文化特點已形成，包括特殊的風習，較注重財富的追求，較濃郁的海洋色彩，閩南方言等。閩南方言的形成是六朝以來泉州土著與中原江淮移民長期交流的融合結果，其自唐中葉已初步形成，鞏固發展在北宋時期完成。如此，應該認為福佬人在唐宋時期已形成一套共同的社會和文化特點及價值觀念，不能認為是明代以後與其他人群發生矛盾後才形成。參見謝重光：《客家形成發展史綱》（廣州：華南理工大學出版社，2001 年），頁 172-177。

18 宋光宇：〈論客家原義〉，《客家文化研究通訊》，第 4 期（2001 年 12 月），頁 8-14。文中指出李藍在調查黔東南丹寨縣的漢語方言時，說當地苗族稱漢族為客家，漢語為客話。梁敏在談到廣西平話記時，亦言左江一帶和賓陽附近的壯族、瑤族人

客」，其理由實嫌單薄，且與客方言人群的形塑脈絡有所差異。

其實，針對與「客」相對的「土」，清嘉慶年間的徐旭曾即已言明客係相對於粵之「土」而來，其所謂之「土」，係指先移住之其他漢民系，且以廣府民系為主，非如宋光宇認為之指原居當地的少數民族。

嘉慶年間掌惠州書院的徐旭曾所作之〈豐湖雜記〉，應是羅香林奠定其客家學研究開山祖師地位之前，最早對客家方言人群之來源、範圍、文化特徵有清楚論述者。由於東莞、博羅發生土客械鬥，徐旭曾乃召集門人，告以客人來源及其語言習俗所以不與其他漢人相同之因，而此亦被視為是一篇客家人宣言，甚或是客家民系形成的標誌。[19] 此文中，呈現出客家方言人群的最初輪廓，對於了解中國歷史發展脈絡下的客家，有初步的還原作用。今摘其文如下：

> 今日之客人，其先乃宋之中原衣冠舊族，忠義之後也。……迨元兵
> 大舉南下，宋帝輾轉播遷，南來嶺表，不但故家世冑，即百姓亦多
> 舉族相隨，有由浙而閩，沿海至粵者，有由湘贛踰嶺至粵者……殆
> 如恆河數。……一因風俗語言之不同，而煙瘴潮濕，又多生疾病，
> 雅不欲與土人混處，欲擇距內省稍近之地而居之；一因同屬患難餘
> 生，不應東離西散，應同居一地也，聲氣既無間隔，休戚始可相關，
> 其忠義之心，可謂不因地而殊，不因時而異矣。當時元兵殘暴，所

民也有稱平話為客話的。即湖南、貴州、廣西的少數民族（主要是苗、瑤、壯族），都有稱漢人為客家的習慣，漢人的語言因此被稱為客話。由此可見，客是對土而言，客是外來的意思，對少數民族而言，外來人的實體內容是漢人。即閩粵贛的客家之名應是得之於「畬族」稱外來的漢人為客家之習慣，與湘黔桂相同。宋光宇並指出，從華南少數民族的用語習慣觀之，客家原係泛稱，後來用以專稱閩粵的客家為客家，可能是人多族眾之故。

19 嚴忠明：〈「豐湖雜記」與客家民系形成的標誌問題〉，《西南民族大學學報・人文社科版》，25 卷 9 期（2004 年 9 月），頁 36-39。

過成墟，粵之土人，亦爭向海濱各縣逃避，其閩、贛、湘、粵邊境，
毗連千數百里之地，常有數十里無人煙者，於是遂相率遷居該地焉。
西起大庾，東至閩汀，縱橫蜿蜒，山之南，山之北，皆屬之。即今
之福建汀州各屬，江西之南安、贛州、寧都各屬，廣東之南雄、韶
州、連州、惠州、嘉應各屬，及潮州之大埔、豐順，廣州之龍門各
屬，是也。所居既定，各就其地，各治其事，披荊斬棘，築室墾田，
種之植之，耕之穫之，興利除害，休養生息，曾幾何時，遂別成一
種風氣矣。粵之土人，稱該地之人爲客，該地之人亦自稱爲客人。
客人語言，雖與內地各行省小有不同，而其讀書之音，則甚正，故
初離鄉井，行經內地，隨處都可相通，惟與土人之風俗語言，至今
猶未能強而同之，彼土人以吾之風俗語言，未能與彼同也，故仍稱
吾爲客人。客者對土而言，土與客之風俗語言不能同，則土自土，
客自客，土其所土，客吾所客，恐再閱數百年，亦猶諸今日也。[20]

　　由以上所言觀之，可知客方言人群的自覺，其實是源自於長期以來廣東省
內廣、惠二屬土客之間，由於生存資源的爭奪，以及語言、文化、習俗間的差
異所造成之衝突而產生的族群邊界。[21] 其所論述之內容實已為日後羅香林客家
研究基本定調，如強調客家乃中原衣冠舊族、語言為中原正音等。此外，值得
注意的還有：（1）清中葉時的博羅、東莞地區，土客關係緊張；（2）在今日
被視為是客家人大本營的閩粵贛三省邊區，已有一方言人群出現，其先祖約在

---

20 徐旭曾：〈豐湖雜記〉，收於《和平徐氏族譜》，羅香林：《客家史料匯篇》（臺北：
南天書局，1992 年），頁 297-299。

21 黃宇和：《兩廣總督葉名琛》（上海：世紀出版集團、上海書店出版社，2004 年），
頁 3。

元代落居於今閩粵贛邊區；（3）該方言人群自視為「客人」，此時尚未見有「客家」自稱；（4）「客」之得名，實因別於「粵之土人」，且經過一個由他稱而自稱的過程；（5）土客之別，在於彼此風俗語言之不同，「客者對土而言，土與客之風俗語言不能同」，方言分野明顯，以致「則土自土，客自客，土其所土，客吾所客，恐再閱數百年，亦猶諸今日也」；(6) 其時已認為客之語言，近中原正音，關於此點，嘉慶年間的鄭昌時在所著《韓江聞見錄》一書中亦曾言及「其依山而居者，則說客話……而客音去正音為近」。[22] 由此，可以了解至少在清朝中葉的嘉慶年間，廣東省境內客方言人群已被明顯的區別出來。

　　值得注意的是，廣東長寧縣（今新豐縣）於明代建縣，[23] 當地方言有客家音與水源音兩種：

　　　　考長寧縣志云方言有二，一客家音，一水源音。相傳建邑時，人自
　　　　福建來此者為客家，自江右來土為水源。[24]

　　此外，早在清初康熙年間，屈大均在所著《永安縣次志》中，言及在永安縣已有被稱為「客家」的一群人存在：

　　　　縣中雅多秀氓，其高曾祖父，多自江、閩、湖、惠諸縣遷徙而至，
　　　　名曰「客家」。此屋讀誦，勤會文。[25]

22 鄭昌時：《韓江聞見錄》（香港：香港潮州會館，1979 年），頁 172-173，卷 10，「鄉
　 音同異可通韻學說備論潮音」。
23 吳松弟：《中國移民史》，第 4 卷，遼宋金元時期，頁 3。
24 溫仲和：《嘉應州志》（臺北：成文出版社，1968 年；1898 年原刊），頁 125。
25 屈大均：《永安縣次志》，收於《屈大均文集》（北京：人民文學出版社，1996 年），
　 第 6 冊，卷 14，風俗。

　　凡此，多是他者對「客家」的認知，藉此可進一步了解，在徐旭曾以「客」自居的宣告之前，中國歷史上的確經歷過一段本地人以他者的身分對來自福建，或「江、閩、湖、惠」諸縣的移民以「客」稱之的時期。

　　由王明珂對羌族族群意識的研究可知，「羌族」原非一個族群的自稱族名，而是漢族給予他們的族名。由於地理上的阻隔，以及「溝」在人類經濟生態上的自足性，被稱作「羌族」的人群，在接受自己是「羌族」之前，似乎沒有一個含括全體的「族群認同」，也沒有一個共同的「自我族稱」。[26]與羌族相似是，客方言人群的族稱，亦經過一個由他稱而自稱的過程，且在未接受以「客」為族群自稱之前，亦未有含括閩粵贛全體的族群認同，充其量只能說是相毗鄰且類同的地域文化區。

　　在族群形塑的過程中，族名之建立有其重要意涵，對於客方言人群的形塑亦如此。族名可分為「自稱族名」和「他稱族名」。自稱族名經常是一個人群自我界定的最簡單而有效的判準，而且常與「人類」同義，以此劃定能分享族群利益的「人」群的範圍。而以「他稱族名」稱呼其他人群時，常帶有「非人類」或有卑賤的含意。[27]離開原鄉流徙他地的客方言人群，在與移徙地先住族群互動或衝突過程中，初始亦常被以匪盜甚或非漢族視之。如崇禎《東莞縣志》中，即稱來居之閩、潮流人為「獠」：

　　　邑之東北都抵惠陽，山原險曲，閩、潮流人多竄居之，以種藍為生，
　　　性多狠戾，號為犵艾獠，所佃田地，復強霸不可御。[28]

---

26 王明珂：〈漢族邊緣的羌族記憶與羌族本質〉，頁 135。

27 王明珂：〈民族史的邊緣研究：一個史學與人類學的中介點〉，《新史學》，4 卷 2 期（1993 年 6 月），頁 101。

28 葉覺邁修，陳伯陶纂：《東莞縣志》（臺北：成文出版社，1967 年；1921 年原刊），卷 96，雜錄，頁 3645。

在這一段土客關係日益緊張的過程中，由於在許多發生土客械鬥的地區，客方言人群主導方志書寫的能力尚未具備，因此在許多方志文獻中，客方言人群常被稱為匪、賊，或責以健訟凌主，如嘉慶《增城縣志》「客民」所載：

客民者，來增佃耕之民也。明季……時有英德、長寧人來佃於增，萃村落殘破者居之。未幾，永安、龍川等縣人亦稍稍至，清丈時，山稅者佔業浸廣。益引嘉應州屬縣人雜耕其間，所居成聚，而楊梅、綏福、金牛三都尤夥。

客民男女俱習田功，且耐勞苦，本亦可取。其見恨於人者，在佃耕之例。其例有長批，有短批。長批預定年限，或以為永遠為期。磽瘠之土，一經承佃，輒不惜工費，以漁利，而田主莫能取盈，轉佃他人，亦必先索其值，甚至佃經數易，田主仍有不知者。短批腴壤居多，聽田主逐年招佃，然名為更招，仍不外原佃族黨，苟非其人則怙勢憑凌，爭訟隨之。至其歲納之租，其去成例，十常不及七八，田主之懦者，則其數更減，稅業被其隴斷，收息既微，不得已而賣他人，無敢售者，彼乃短勒其價而得之。此則土著所嗟嘆者也。

客民最健訟，其顛例甲乙，變亂黑白，幾於不可窮詰。大率客民與土人訟以糾黨合謀，客民與客民訟，亦分曹角勝，吏胥之積蠹，結為腹心，潮嘉之遊民，騰其刀筆，甚或抗拒符牒，挾持短長，一經天水復行，動至歲時淹久，非明決素著，鮮有不為所撓者。[29]

---

29 熊學源修，李寶中纂：《增城縣志》（臺北：成文出版社，1974 年；1820 年原刊），頁 227，「客民」。

光緒《四會縣志》則將客民附於猺之條略述：

> 邑上路各鋪多客民，土人稱之為客家，其來不知所自，雖習土音，
> 而客家話久遠不改。初來時耕山移徙，亦類猺，久乃與土著雜居平
> 壤，相親相睦，彼此無猜，故歲科試不另編客籍學額。近三十年前
> 仍有陸續來僑居者。或曰客乃「犵」之訛。……此種客民幸際承平，
> 學生日盛，溪洞不能容，乃四散于各邑開荒，力作以謀生，久乃俗
> 易風移，與齊民無異，理或然歟。[30]

曾有學者指出，「客家」一詞是 17 世紀才出現，以前的地方志並未提及此名詞，後來的文獻則不僅出現「客家」，且常是「土客」並提，[31] 造成此現象，實與明清時期人口流動的現象有關。明清時期，閩粵贛邊區人口飽和，加上清初遷海復界之後，大量客方言人群向粵東沿海或珠江三角洲一帶流徙，在互動的過程中，客方言人群的流寓與耕佃身分，漸與周邊的廣府或福佬方言人群面臨文化差異，以及現實的經濟資源的爭奪。乾嘉之後，流徙至廣府方言地帶的客方言人群，由於人口激增，勢力擴展，漸形成與土人相對競爭的局勢。如咸豐初年，郭嵩燾在調查肇慶各屬土客關係時，言及：

> 因查肇屬客民，原籍皆隸嘉應，其始墾山耕種，傭力為生，土民役
> 使嚴急，仇怨日積。咸豐四年紅匪之亂，被擾二十餘州縣，紳民多
> 被裹脅。客民應募充勇，因假公義以快其報復之私，所在慘殺，往

---

30 光緒《四會縣志》，編一，猺蛋‧客民附。

31 周振鶴、游汝杰：《方言與中國文化》（上海：上海人民出版社，1986 年），頁
　21。

往占據其田山產業，因以爲利。嗣是土客互相殘害，各該州縣勸諭
彈壓，屢和屢翻，垂六七年。[32]

陳坤〈粵東剿匪紀略〉亦言：

恩平客民乃惠、潮、嘉三府州之人，雍正年間流寓廣肇二屬各州縣
開墾住聚，自爲村落，備力營生，土民奴隸視之。[33]

當時隨著客方言人群自閩粵贛邊區往南再次移民的過程中，在廣東珠江三
角洲，乃至鄰近廣東的廣西邊區，均時有土客衝突的發生。根據傳教於廣東南
部客家人之間的瑞典籍巴色會（Evangelische Missionsgesellschaft zu Basel）傳
教士 Theodore Hamburg（韓山文）於 1854 年據洪仁玕口述所撰之〈太平天國
起義記〉中，亦可了解，自嘉應州移住廣州府（花縣），及其再西移廣西的一
群移民，不僅被廣州府的本地人稱爲「客家」，亦被廣西人稱爲「客家」。廣
西的本地人與客家人之間關係不佳，且早在道光末年即在貴縣發生嚴重衝突：

秀全之祖先由嘉應州遷此（花縣），故族人均用嘉應州方言。本地
人稱此等客籍民爲「客家」……。賊匪多由廣東或鄰省而來，即廣
西人所稱爲客家者。廣西有客家村落甚多，但不若本地村落之強大。
本地人與客家人之感情甚壞，互相仇視，一有事端發生，仇怨更

---

32 郭嵩燾：〈肇慶各屬土客一案派員馳往辦理情形疏〉，《郭嵩燾奏稿》，頁 24-25。
33 陳坤：〈粵東剿匪紀略〉，《四庫未收書輯刊》（北京：北京出版社，2000 年），
第 3 輯第 13 冊。

深。……客家人與本地人未幾發生械鬥于貴縣境內，復有許多村鄉加入戰團。戰事起於八月二十八日（1850），其始客家佔勝利，因其人好勇鬥，成爲習慣，而且大概兼有賊匪加入作戰。

但本地人愈戰愈強，經驗愈富，又以其人數較多數倍，卒將客家人擊敗，焚其屋宇，以故許多客家人無家可歸。在此患難中彼等央求拜上帝會教徒之庇護。……拜上帝會教徒多數爲客家人，兇勇耐勞，因此以少數人敢向多逾數倍之本地人進攻，雖後者有官兵爲助而仍常佔勝利。[34]

　　兩廣地區土客衝突的最高點，應是自咸豐4（1854）年開始的開平、恩平、新寧等縣的土客「分聲械鬥」，土客雙方互鬥十餘年，蔓延5、6縣，死亡百餘萬，此乃一場帶著地緣性質的方言群械鬥。械鬥先在鶴山、高明、開平、恩平等縣爆發，後延及台山。兩個不同方言群間的糾紛很快就從個別村落擴張為村與村、姓與姓的械鬥，最後甚至跨越了縣界。[35]此次大規模的分聲械鬥直至同治6年，始由廣東巡撫蔣益澧議令土客聯和，另劃赤溪一廳，互易田地，紛爭始稍告解決。但由於赤溪貧瘠，難以解決客家人的土地問題，官方乃撥款20萬兩，加上地方自籌資金，分給客家成年者每人8兩，未成年者每人4兩，各戶發執照一份，讓他們至高州、雷州、欽州、廉州請領荒地開墾。於是大批客家人或循水路沿南流江和西江入桂，或沿陸路交通入桂。[36]

---

34 洪仁玕述，Theodore Hamburg（韓山文）著，簡又文譯：〈太平天國起義記〉，收於王重民編：《太平天國（六）》（上海：上海人民出版社，2000 年），頁 837、868-869。

35 劉平：《被遺忘的戰爭：咸豐同治年間廣東土客大械鬥研究》（北京：商務印書館，2003 年）；何國強：《圍屋裡的宗族社會：廣東客家族群生計模式研究》，第 4 章，〈赤溪鎮：一個以半漁半農為主的粵中客家市鎮〉，頁 114-115。

　　綜上可知，清嘉慶年間徐旭曾對其惠州豐湖書院諸生所言，可視為因應長久以來土客緊張關係下客方言人群族群自覺意識的表現。而相較於如蠻、獠等非漢種的汙名指稱，移民歷史色彩鮮明的客方言人群，反而比較能夠接受帶有「外來的、遲來的、流寓性質」的「客」之他稱，以體現其「時時為客、處處為客」的長期遷移歷史。於是所謂的「客」乃由他稱而自稱，且進一步成為客方言人群自我認同的族群標誌。

　　此外，客方言人群的自覺由於起因於與不同人群間的互動與衝突，也因此在衝突日激的過程中，藉由一些文化共性來加強自我認同。如光緒初年，有林達泉著《客說》：

> 楚南江閩、粵、滇、黔之間，聚族而居，有所謂客家者。其稱客，越疆無殊；其為語，易地如一。……客始產於北，繼僑於南，故謂之客也。客之對為主人。主人者，土人也。故今之言土客，猶世之言主客。主客之分，即土客之分也。……至其里居之磽瘠，則以土籍於先，客籍於後，先則擇肥而棄瘠，後則取其所棄而已足，無暇於擇。故土之占籍多平原沃野，食土之毛而已，充然有餘。客之村落，依山倚壑，男女皆耕織，無敢自惰。又種竹樹以為樵販，無不盡之地利。其壯者則多備力四方，以營於衣食。蓋當客之初來，其膏腴盡為土人所墾，故有司即土人之所棄，若深林叢菁，狐狸之所居，豺狼之所嗥，俾客群聚州處，披荊斬荊，以自贍給。故客勤而辛苦於貧，土逸而恆溺於富，此先後之異也。間嘗按之史冊，詳為

---

36 王大魯修，賴際熙纂：《赤溪縣志》（臺北：成文出版社，1967 年；1920 年原刊），頁 50-51、164-171；劉平：《被遺忘的戰爭：咸豐同治年間廣東土客大械鬥研究》。

稽核，客之源流，殆託始於漢季，盛於東晉六朝，而極以南宋。何以明之，客之先皆北產也，居豐鎬河洛齊魯之交，或為帝王之胄，或為侯伯之裔，或為耕鑿之民，皆涵濡沐浴於禮樂詩書之澤，數千百年，自漢中平以還，中原雲擾，孫氏父子割據江表九郡八十一州之地，能招集賢能，北方之士多依以成名，而客於是乎濫觴焉。遞於東晉元嘉五胡亂華，冠帶數千里之區，腥羶塞路，於是乎豪傑之徒，相與挈家渡江，匡扶王室。……土客鬥奈何指客為匪。嗚乎，客自漢以來千有餘年，祖孫父子與土人並列編甿，土客之名有殊，而自朝廷觀之，胥著籍之民也。客與土鬥，客非與官仇，世之有司，聽土人之誣捏，遂因械鬥而目以叛逆，竟助土人而驅之，滅之，必使無俾易種於斯土也。嗚呼，何不溯其所由來也。故為之說，以俟哀矜者之平，其情解其怨焉。[37]

自此文中可以了解當時客方言人群處境之艱困。由於後土而至，不僅只能依山倚塹，無敢自惰，甚被土民指為匪，官方亦視「客」為叛逆，且加以驅逐之。面對如此局勢，客族士人仍積極證明客乃中原士族之後、勤耕之民。

再者，黃遵憲著〈梅水詩傳序〉亦言：

嘉應一州，占籍者十之九為客人，此客人者，來自河洛，由閩入粵，傳世三十，歷年七百而守其語言不少變，有方言廣雅之字訓詁家失其義，而客人猶識古義者，有沈約劉淵之韻詞章家誤其音而客人猶

37 林達泉：〈客說〉，《林太僕文鈔》卷上，收於溫廷敬輯：《茶陽三家文鈔》（臺北：文海出版社，1967 年），頁 133-135。

存音者，乃至市井詬誶之聲，兒女噢咻之語，考其由來，無不可筆之於書。余聞之陳蘭甫先生謂，客人語言證之周德清中原音韻無不合，余嘗以為客人者，中原之舊族，三代之遺民，蓋考之於語言文字，益自信其不誣也。[38]

清光緒年間溫仲和著《嘉應州志・方言》：

嘉應州及所屬興寧、長樂、平遠、鎮平四縣，并潮州府屬之大埔、豐順二縣，惠州府屬之永安、龍川、河源、連平、長寧、和平、歸善、博羅一州七縣，其土音大致皆可相通，然各因水土之異，聲音高下亦隨之而變，其間稱謂亦多所異同焉。廣州之人謂以上各州縣人為客家，謂其話為客話。由以上各州縣人遷移他州縣者，所在多有。大江以南各省皆占籍焉。而兩廣為最多。土著皆以客稱之，以其皆客話也。大埔林太僕達泉著客說，謂客家多中原衣冠之遺，或避漢末之亂，或隨東晉南宋渡江而來，凡膏腴之地，先為土著占據，故客家所居地，多境瘠，其語言多合中原之音韻，其說皆有所考據。[39]

清人羅翽雲在所著《客方言》的自序言：

---

38 黃遵憲：〈梅水詩傳序〉，收於張煜南：《梅水詩傳》（臺北：張穎基，1973 年；1901 年原刊）。

39 溫仲和：《嘉應州志》，卷 7，頁 121-122。

夫客之先自中原轉徙而來，凡土田肥美之鄉，水陸交通之會，皆先
為土著占據，故所居多在山僻陵谷，隔絕山川間阻，保守之力因之
益強。語音不變，此為大原矣。[40]

　　凡此，皆可視為自徐旭曾闡述客之源流後，客方言人群中的文人代表，以客家方言及中原血統為客方言人群正名之作。張應斌、謝友祥兩人曾就黃遵憲（1848-1905）所著《已亥雜詩》及相關文集探索黃遵憲的客家源流觀，認為黃遵憲客家史觀的核心有二，即中州舊族說與梅州客家元代形成說。且由黃遵憲的相關詩文中，可以看出當時「客家」稱謂尚未流行，多自稱「客人」、「客民」。據不完全的統計，黃遵憲的詩文中，「客人」凡十六見，「客民」凡四見，但沒有一例稱「客家」者。[41]

　　文獻中客方言人群自我形塑的過程中，除了表明客之由他稱而自稱的過程，更多心力在建構一套族群的文化共性，如強調中原血統，強調共同風俗，乃至標榜客方言。而這也是當時土客相爭的過程中，當嶺南地區的其他民系「以言語異廣東諸縣，常分主客，褊心者或鄙夷之，以為蠻俚，播之書史，自清末以來，二、三十年之中，其爭益劇」[42] 的歷史背景下，被視匪、賊，或蠻、獠等非漢族的客方言人群，藉由將自己與中原漢文化之間建立起正宗的聯繫，建構客家民系所有成員認同的歷史象徵，以證明客家是漢民族的一個支系。即在普遍視客家為蠻夷的大環境中，客方言人群很自然地將「中原舊族說」視為

---

40 羅翽雲：〈客方言自序〉，《客方言》（臺北：古亭書屋，1972 年；1922 年原刊），頁 17。

41 文中認為《已亥雜詩》89 首中，有 13 首涉及客家文化，3 首涉及客家史觀。參見張應斌、謝友祥：〈黃遵憲的客家源流觀〉，《汕頭大學學報（人文科學版）》，16 卷 4 期（2000 年），頁 78。

42 章太炎：〈客方言序〉，收於羅翽雲：《客方言》，頁 5。

反擊的法寶。因此當嘉應州文人走出原籍地後,在異地文化參照和啟發下,了解客家方言是可證明客家是中原舊族的有力工具之後,[43] 客家方言的強調與研究就成為客方言人群自我保護的盾牌,及內部凝聚共識的族源根據。因此,光緒溫仲和《嘉應州志・方言》、羅翽雲《客方言》等之強調客方言為中原正音的研究篇章,皆是在這樣的歷史情境下所產生的,族群自我識別的性質濃厚。於是,客方言人群形塑的過程至今,從了解土客之別,決定以客自居,更進而強調中原血流與中原正音以做為對外宣誓、對內凝聚的族群標誌,即如章太炎序羅翽雲所著《客方言》10 卷時所言「蓋自是客語大朗,而客籍之民,亦可介以自重矣」。[44]

## (三)羅香林的客家再形塑

如前所述,由於原居閩粵贛邊區客方言人群的南下流徙,使之錯落散居於不同語群與文化的廣府民系之中,兩種不同方言人群接觸之後,彼此文化的隔閡,加上現實資源利益的爭奪,土客關係日益惡化,至遲到了清中葉,客方言人群已有族群自覺,初時自稱客人、客話,之後方有「客家」之自稱。客方言人群的族群意識起於被汙名化的過程,是以選擇標榜中原血統,強調其中州正音,對抗當時其他族群所賦予的非漢蔑稱。客家族群意識形成於受辱的過程,直至清末民初一仍如此,而這也是羅香林客家學產生的環境因素。[45]

---

43 張應斌、謝友祥:〈黃遵憲的客家源流觀〉,頁 77-84。

44 章太炎:〈客方言序〉,頁 6。

45 羅香林曾將所謂的客家問題轟動學界的過程,分為四個時期,其實即為一波接著一波客家遭受汙名化,而後反汙名化的過程。第一期為自洪楊起義及西路門案二事件發生以後,至光緒 30(1904)年。此期有許多外籍人士研究客家源流或客語,林達泉著《客說》、溫仲和於《嘉應州志》關方言一編,黃遵憲述客之源流亦皆出於此期;第二期自光緒 31 年至民國 8 年(1905-1919),其發端於順德人黃節於上海國學保存會出版《廣東鄉土歷史》,其中據上海徐家匯教堂所編《中國地輿志》,謂「廣東種族有曰客家福佬二族,非粵種,亦非漢種」。客人人士對此大為不滿,乃聯絡

　　在羅香林於 1933 年通過其學術著作《客家研究導論》，將客家作為一個民系範疇正式系統地提出之前，客方言群的知識分子即已積極透過志書之撰寫為客方言人群正名，也藉以凝聚我群之認同。因此，無論是光緒末年出版的《興寧縣鄉土志》、1917 年興寧人羅翽雲主持志局、賴際熙總纂《增城縣志》與《赤溪縣志》、民國新修《大埔縣志》等，乃至 1932 年，鄒魯接掌廣東中山大學校長並兼任通志館館長，均可見清末民初之際，客家學者十分熱衷於編修志書，此正顯示出他們嘗試用各種方式建構強而有力的客家論述，不斷試著從方言、種族、文化風俗來捍衛象徵「客家」的固有價值，藉以駁斥過去對客家方言、蠻夷民族與風俗習尚的誤解。[46]

　　在羅香林以前與客家相關的論述，多始終停留在族群身分的辨析，羅香林則將爭議提升至學術層面。然而其對客家問題的研究，仍是相應於紛亂的時局而生，其研究的發端亦仍源於族群意識的自覺，凡此，均導致其日後關於客家研究的討論，始終難擺脫族群情結的糾葛。羅香林客家自我認同意識之強調，實亦形成其客家研究的盲點。[47]

---

南、韶、連、惠、潮、嘉各屬客人，設「客家源流研究會」，嘉應勸學所復發起「客族源流調查會」，當時主其事者有丘逢甲、黃遵憲、鍾用龢等人。第三期自 1920 至1930 年，發端於上海商務印書館出版西人烏耳葛德編的英文世界地理，於廣東條下，謂「其山地多野蠻的部落，退化的人民，如客家等便是」。相應於此，客屬人士乃組織客系大同會的組織，主其事者，為饒芙裳、姚雨平、周輝甫、黃鍊百諸人，及在滬留學的人士。不久汕頭有專以宣揚客家文化為目標的《大同日報》出版，1924年，復有香港《崇正同人系譜》的纂輯。第四期則始自 1930 年 7 月，廣東省府建設廳編《建設週報》第 37 期，一篇關於客家風俗的短文，謂「吾粵客人，各屬皆有，……分大種小種二類；大種語言啁啾，不甚開化，小種則語言文化，取法本地人」。經客人抗議後，始由省府主席陳銘樞幾經調處，始以降調週報編者，並更正內容及道歉後，紛爭方息。同年冬，有梅人古直出版《客人對》。參見羅香林：《客家研究導論》（臺北：南天書局，1992 年），頁 5-10。

46 唐立宗：〈敬恭桑梓：近代廣東志書的編纂活動與「客家」途述〉，「第二屆客家研究研究生論文研討會」（2002 年），頁 83-118；唐立宗：〈清代廣東方志的「客民」、「客匪」與「客家」論述〉，「第四屆青年學者論壇」（北京，2005 年），頁 93-107。

羅香林的客家學研究，一如以往，亦追溯中原正統，強調客家方言與族譜。他認為民系之形成基於外緣、天截、內演三種作用，以此，認為客家民系之成形始於宋代。[48] 針對羅香林將客家形成之前的祖先以「客家先民」稱之，且正式揭櫫提出所謂的客家五次遷移說，[49] 明確地描敘出客家先民自中原南遷華南各地的移住路線，瀨川昌久認為羅香林此種立論，其實隱含「客家」在歷史上是自黃巢倡亂後一直存在的人群實體之意。[50] 羅香林有意暗示客家早在宋代之前即已隱約成形的想法，除表現在五次遷徙說之外，亦可在其將溫仲和所提之客戶說溯源自晉代「給客制度」中略窺一二。

羅香林所提客家民系形成於宋代，其論點主要是呼應溫仲和在《嘉應州志》所提之客戶說。溫仲和的《嘉應州志》中，曾載：

> 主客之名疑始於宋初戶口冊。故寰宇記九域志所載，戶皆分主客，
> 而唐元和郡縣志載，開元元和之戶皆無主客之分，其後屢經喪亂，

---

47 賴旭貞：〈佳冬村落之宗族與祭祀：臺灣客家社會個案研究〉，中正大學歷史所碩士論文，1999 年，頁 10-12。

48 羅香林：《客家研究導論》，頁 67-72。

49 羅香林認為客家先民的南徙，以東晉南渡為始機。自東晉至隋唐，可說是客家先民自北南徙的第一時期，大抵皆循潁、汝、淮諸水流域，向南行動。第二時期的遷徙起因於唐末黃巢的造反，此次遷徙遠者由今河南光山、潢川、固始、安徽壽縣、阜陽等地渡江入贛，近者逕自贛北或贛中，徙於贛南或閩南、粵北邊地。第三時期，由於宋高南渡，元人進迫，此時期移民方向多自贛南、閩南徙於粵東、粵北，至元末，廣東東部、北部，客家移民的住地，政府已無法將主客戶分別立冊。可知廣東的客家，大半實自宋末到明初才興盛起來。第四時期的遷移，則以內部人口的膨脹為主因，多自粵東、粵北徙於粵省中部、四川東部中部，廣西蒼梧、柳江所屬各縣、臺灣彰化、諸羅、鳳山諸縣，或自贛南徙於贛西。第五期自同治六年至今，多自粵省中部東部，徙於高、雷、欽、廉各地，或更徙至海南。參見羅香林：《客家研究導論》，頁 49-64。

50 瀨川昌久：《客家：華南漢族のエスニシティーとその境界》（東京都：株式會社風響社，1993 年），頁 31。

　　主愈弱客愈強，至於元初，大抵無慮皆客。元史所載，亦不分主客，

　　疑其時客家之名已成無主之非客矣。[51]


以上所謂客家源於客戶說，已有學者加以駁斥，因為，究其實，所謂宋代的主
客戶之別，在於有無田產及有無向政府納稅服役。客戶係指無地的佃農，依附
於主戶，與官府無直接關係，沒有田產也不繳納二稅，亦稱「無稅戶」。且《晉
書‧王恂傳》「魏民給公卿已下租牛客戶，數各有差」，說明客戶之稱並不始
於宋代，且是全國性的，與客家民系毫無關係。因此，用客戶之稱來論定客家
是在宋代形成是不當的。把客家和客戶混為一談，可說是犯了一個知識性的錯
誤。[52]

　　《嘉應州志》以宋之客戶為客家之來源已是見樹不見林的偏差，而羅香林
在《客家源流考》一書中又把「客戶」從宋代前推至晉元帝「給客制度」的詔
書。認為客家的「客」字是沿襲晉元帝詔書所定，至唐宋，政府簿籍乃有「客
戶」專稱，客家一詞則是民間通稱。羅香林將客家與晉代的給客制度扯上關係
的說法，多少有些為客家溯源而無限上綱之嫌。其實，早在溫仲和之前，徐旭
曾即已言明廣東客人約係元代移至，黃遵憲諸多論及客族源流的詩文中，亦明
顯可見其主張梅州客家元代形成說。凡此，與吳松弟依據《客家資料匯編》、
《寧化客家研究》等書及所採集之族譜資料所作之分析相去不遠。由其統計中
可看出南宋末、宋元間、元代等期間內遷入廣東的家族，占全部的46.3%，可
知所謂的客家先民主要是在宋元之際和元代此一期間遷入廣東，即這些氏族對
廣東客家形成和發展產生重大作用。[53]

---

51 溫仲和：《嘉應州志》，卷7，頁121-122。

52 蔣炳釗：〈試論客家的形成及其與畬族的關係〉，頁285；陳智勇：《中國古代社
　　會治安管理史》（鄭州：鄭州大學出版社，2003年），頁185-186。

客家形成時間的不斷上推或強調血統之純正，其實也是對一直以來加諸於客方言人群汙名化的一種反擊，卻也因此模糊了客家方言人群在歷史中形塑的真正過程，造成文獻上之「客」與客方言人群間種種似是而非的糾纏。於是，自羅香林之後，許多文獻上書寫的「客」常被懷疑或被認為是客方言人群的歷史陳跡。

## （四）史籍中之「客」與「客家」

在大致了解客方言人群的形塑過程後，接下來應進一步探討史籍中的「客」與客方言人群的關係。「客」在中國文字上有其原本客觀意涵，即有「晚至」、「外來」之意。反應在明清時期的移民史上，「客民」、「客籍」又常帶有流寓、耕佃之意。明清時期客方言人群在流徙新居地時，常被當地的先住民，無論是贛省土著或廣東廣府人、潮汕人以「客民」、「客籍」、「客人」稱之，此乃因明末清初以來，閩粵贛邊區客方言人群的向外遷徙是當代中國移民史上的主要人口流動，在各移入區均有土客之爭，如江西、四川、廣東（廣州）、廣西等。

從明清時期人口流動的大趨勢看來，史籍上的「客戶」[54]或「客籍」，與客方言人群存在一定的關連性，即「客民」很有可能是客家，但卻並不能以「客民」或史籍上以「客」為名者，皆直指客家。[55]試舉一二例說明之，如乾隆 25 年上諭言當時的烏魯木齊：

---

53 吳松弟：《中國移民史》，第 4 卷，遼宋金元時期，頁 188。

54 作為附籍、寄籍性質的「客民」、「客戶」在中國歷史上很早就出現，如柳芳《食貨志》中說「人逃役者多浮寄圩閭里，縣收其名，謂之客戶」，參見《全唐文》，卷 372。

55 蔣炳釗：〈試論客家的形成及其與畬族的關係〉，頁 285。

> ……闢展各處，知屯政方興，客民已源源前往貿易，茆擔土銼，各
> 成聚落，將來阡陌日增，樹藝日廣，則甘肅等處無業貧民前赴營生
> 耕作，污萊闢而就食多，于國家牧民本圖大有裨益。[56]

再者，嘉慶年間的貴州省：

> 黔省固多客民，興義府尤其淵藪。自嘉慶年間平定苗匪之後，地曠
> 人稀，每有黔省下游及四川客民及本省遵義、思南等處之人，仍多
> 搬住，終歲不絕，亦嘗出示飭屬禁而不能止。[57]

以上所言之「客民」，皆係指外來流徙之民，與客方言人群之「客」毫無干係。此種土、客籍的分殊在邊疆少數民族地區十分普遍，因此乾隆59（1794）年貴州苗民起義時便提出了「焚殺客民，奪回田地」的口號。[58]

　　此外，許懷林在〈棚民・客籍・客家意識——義寧州客家的歷史實際〉一文中，亦發現明清之際，贛西北先住民對閩粵遷來居民，多稱之為「客民」、「客籍」，但均非意指作為漢族一民系之一的客家。在贛西北，無論官府或民間，均未使用「客家」名稱，只有「棚民」、「客民」、「客籍」，不含民族民系的差別。客民係相對於土著而言，泛指外地遷來者。客籍則是贛西北土著對已落籍本地的外來的閩粵移民之稱呼。作者並指出，如今我們認定這群客民、客籍為客家，但必須指出當時他們沒有自稱為客家，而是接受客籍的名號，

56 《清高宗實錄》，卷612，乾隆25年5月壬子。

57 賀長齡：〈復奏漢苗土司各情形折〉，《耐庵奏議存稿》，卷5。

58 張世明、龔勝泉：〈另類社會空間：中國邊疆移民社會主要特殊性透視（1644-1949）〉，《中國邊疆史地研究》，2006年第1期，頁78-88。

即客家意識對這群移民而言是非常淡薄的。[59]

　　再者，我們必須了解的是，客家話成為現代客家方言的專稱，是近代百數年間的事。是以，相關文獻、典籍上所提之「客語」不一定指現代的客家方言，即文獻上的「客」用以形容某種方言，其實亦有其因時因地演變的歷史脈絡，與後來被定義為客家族群所使用的方言毫不相涉。[60] 如《天下郡國利病書》引《太平寰宇記》記述粵西雷州一帶的族群與方言：

> 俗有四民，一曰客戶，居城郭，解漢音，業商賈；二曰東人，雜處鄉村，解閩語，樂耕種；三曰深，居遠村，不解漢語，惟耕墾爲活；四曰蜑戶，舟居穴處，亦能漢音，以採海爲生。[61]
> ……
> 語音州城惟正語，村落語有數種：一曰東語，又名客語，似閩音；一曰西江黎語，即廣西梧、潯等處音；一曰土軍語，一曰地黎語，乃本土音也。其儋崖及生黎與蜑、瑤番等人，語又各不同，或間雜胡語。[62]

---

59 許懷林：〈棚民・客籍・客家意識：義寧州客家的歷史實際〉，《嘉應大學學報（哲學社會科學）》，18 卷 2 期（2000 年 4 月），頁 100-101。此外，趙以武在〈淺談客家研究中的幾個問題〉一文中亦言，史籍所見的「客」、「蔭客」、「客戶」等專用語，並非指「客家」，概念上絕不是一回事。趙以武：〈淺談客家研究中的幾個問題〉，頁 29-31。

60 李新魁：《廣東的方言》（韶關：廣東人民出版社，1994 年），頁 475。

61 顧炎武：《天下郡國利病書》7（臺北：四庫善本叢書館，1959 年，四部叢刊三編史部），廣東，頁 49。

62 顧炎武：《天下郡國利病書》7，廣東，頁 68。

文中解漢音之「客戶」，應是五代時從中原、北方遷徙來的移民。而「客語」
又名「東語」，實係閩音，並非後來所認知的客方言。海南島的《感恩縣志》
載「感語有三種：曰軍語、客語、黎語。軍語與正音相通，客語似閩音，瓊屬
最多此語」，可知此之客語指屬於閩方言的海南話。《崖州志》亦有相同說法，
「曰客語，與閩音相似」。[63]

「客語」除了曾被認知為近閩音外，在廣東電白，由於最早來此的是操閩
方言系統（今稱黎話、海話）來自潮汕、福建的移民，在當地形成狹長閩方言
帶。即電白境內先有閩方言民系，次有客方言民系，粵方言民系最晚。由於粵
方言民系最遲來到，所以成為「客」，其語言為「客話」。「客話」指粵方
言，[64]此例雖極罕見，亦可聊備一說。

總之，在明清方志中，「客民」、「客籍」、「客語」、「客話」之書，
不及備載，史籍或文獻上的「客」應還其在中國移民史上的原來面貌。此外，
客方言人群的形塑有其歷史背景，加上由於反汙名化後的族群自我識別意識在
此過程中發揮主要凝聚動力，因此，現今的客家相關研究當中，若欲自文獻尋
找客方言人群的身影，必須小心斟酌，審慎地回歸歷史原本的脈絡，而非見獵
心喜，見「客」即認為是客方言人群的歷史過往。此一態度，不僅在處理中國
華南客家民系的源流，及其與各民系間的關係時需要如此，在處理清代臺灣漢
人族群關係時更復如此。

---

63 李新魁：《廣東的方言》（韶關：廣東人民出版社，1994 年 10 月）。
64 黃淑聘：《廣東族群與區域文化研究》（廣州：廣東高等教育出版社，1999 年），
　　頁 95。

## 三、清代臺灣史志中的客與客家

　　本節的主要重點，在接續以上從客方言人群在歷史上的形塑過程中，檢討華南地區史籍記載的「客」與客方言人群間實際關係的基礎上，進一步了解清代臺灣史志中「客」之書寫與客方言人群間的關係。因此，本節將先針對清代臺灣史志中「客」之意涵加以分析，後再試著將之與華南地區的情形相較，希望能以此為出發點，釐清以往將清代臺灣文獻上之「客」或「粵」逕指為客方言人群的可能誤解。

### （一）清代臺灣史志中的「客」

　　如今對清代臺灣「客蹤」之追索，普遍有兩種識別方法：一是將志書等文獻上「客」之書寫抽離文獻原本應有的脈絡與意義，使其成為清代臺灣客家研究最重要的材料來源。[65] 甚至有學者認為，文獻上的「客」即是指客方言人群，而非「客籍」之意。[66] 二是逕將文獻上的「粵」籍漢人等同於「客家」，因此清代文獻上常見的「閩粵械鬥」，很自然地被詮釋為客家與福佬兩個不同方言人群的衝突。基於以上兩種認知，文獻書寫中的「客」與「粵」就成為建構清代臺灣客方言人群史的主要素材。

　　然而，清代臺灣相關文獻中所書寫之「客」到底有何意涵，是否真能等同於我們今日所認知的客方言人群？大陸學者劉麗川在分析清代粵臺兩地客民稱謂異同時，認為清代臺灣典籍中「客」在指稱上兼有二重性，其中「山客」、「客仔」或「客子」和「客人」等是專門指稱客語族群。因為「渡臺的粵人主

---

65 李文良：〈清初臺灣方志的「客家」書寫與社會相〉，《臺大歷史學報》，第 31 期（2003 年 6 月）。

66 尹章義：〈臺灣移民開發史上與客家人相關的幾個問題〉，《中國海洋發展史論文集（四）》（臺北：中研院三民主義研究所，1991 年），頁 280-281。

要就是客家人」，且其之所以被稱為「客」，是由於閩人先於粵人入臺，乃稱之。其餘的，行文中須依上下文意來確認其所指。並指出在終清一朝的臺灣典籍中均不曾見有「客家」一詞的記載。[67] 然而，其卻未指出何以證明「渡臺的粵人主要就是客家人」，而且清代臺灣文獻中的「客」是否真出於閩先粵後之別，也需進一步釐清。

　　若就已知的文獻資料加以歸納分析，清代臺灣史志中的「客」，其所指涉的人群內涵的確可以分為兩個不同的層次來說明。第一層次中，「客」係指別於土著，故閩粵皆「客」；第二層次則是別於土著皆為客之閩粵移民中，復因省籍不同而分別出閩主粵客。但其中專用以指稱粵東移民的「客」卻未必是客方言人群。茲略析如下。

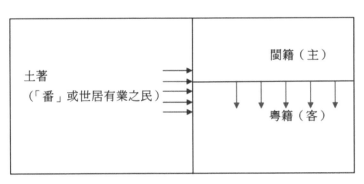

圖1：清代臺灣史志中「客」之人群意涵示意圖

67 劉麗川：〈論清代粵臺兩地客民稱謂之異同〉，《深圳大學學報（人文社會科學版）》，
　21 卷 2 期（2004 年 3 月），頁 99-103。

　　首先，就別於「土著」之「客」而言。觀諸清代臺灣相關文獻中，其別於「客」之「土著」，有兩種不同的人群意涵。一是指臺地的原住民，其次則是指已在臺地落籍定居，有田廬家室者。據悉，「土著」一詞，在中國史書典籍中，原本是用作描述少數民族，指其定居且農耕的生存狀態與生活方式。至後期方漸演變成今日廣泛認知之相對於「浮寄」、「客籍」之「世居本地之人」之意。[68] 而此兩種對「土著」的詮釋，在清代臺灣史志中皆可見相關事例。

　　將「土著」視為臺地原住民的情形（參表 1），如清領臺之初，擔任諸羅知縣的季麒光即曾說「臺灣，海中小島，……土番其土著也」。[69] 康熙 36（1697）年為採礦事走訪臺地的郁永河亦曾言「臺之民，土著者是為土番，言語不與中國通」；[70]「諸羅、鳳山無民，所隸皆土著番人。番有土番、野番之別」。[71] 文獻中在提及番與客民的關係時，則有「番地番田，皆為客民所占」、「生番居十之六，餘皆客民」、「臺東本番地，土著皆番人；……客民則閩、粵人」等記載。

表 1：指「番」為「土著」之史料舉隅

| 引文內容 | 出處 | 原刊時間 |
|---|---|---|
| 臺灣初入版籍，土著之民惟知耕獵；奸胥猾弁，往往侵之。 | 清奏獻類徵選編，頁 640／朱宏祚。 | 1692? |
| 臺盡番地也……以臺地士庶，盡閩之漳泉、粵之惠潮，無長子孫以世居者；諸番迺土著之民，其今有司撫恤之。 | 臺海使槎錄，頁 94／番俗六考。 | 1722 |

---

68 賈叢江：〈釋「土著」〉，《西域研究》，2005 年第 4 期，頁 106。
69 季麒光：〈條陳臺灣事宜文〉，收於陳文達：《臺灣縣志》（文叢第 103 種，1961 年；1720 年原刊），藝文志十・公移，頁 227。
70 郁永河：《裨海紀遊》（文叢第 44 種，1959 年），頁 9。
71 郁永河：《裨海紀遊》，頁 32。

表1：指「番」為「土著」之史料舉隅（續）

| 引文內容 | 出處 | 原刊時間 |
|---|---|---|
| 臺灣生番，性雖蠻野，卻極馴順……何可擯絕不受，坐視客民強佔虐使，留為肇之端？ | 左文襄公奏牘，頁13／籌辦臺灣吏事兵事請責成新調鎮道經理摺（同治5年10月5日）。 | 1866 |
| 臺中番社，徭役最繁，官有調發，彼無不從。且聞近歲以來，番地番田，皆為客民所占，艱難固苦，無以自存，竊思均為赤子，豈可獨令向隅？是番民當加之撫卹也。 | 福建通志臺灣府，頁818／國朝儒林傳／福州府閩縣。 | 1871 |
| 本部堂查臺灣全地，久隸我國版圖。雖其土著有生熟番之別，然同為食毛踐土已二百餘年，猶之粵、楚、雲、貴邊界猺、獞、苗、黎之屬，皆古所謂我中國荒服羈縻之地也。 | 甲戌公牘鈔存，頁43／閩浙總督李照會日本國中將並箚行臺灣道。 | 1874 |
| 臺地向分閩、粵二籍，考試各童，閩八粵二，番籍雖係土著，應考無多。 | 劉壯肅公奏議，頁300／恭報南北考試完竣摺（光緒15年5月21日）。 | 1889 |
| 案恆邑莊民，均係閩之漳、泉，粵之潮、嘉等處渡海而來；最久者，亦不過三、四世。開治以後，來者較多，土著則皆番民也。 | 《恒春縣志》（文叢第75種），頁129／戶口（民番）。 | 1893 |
| 李云：生番居十之六，餘皆客民。貴大臣提及臺灣，想遂有往踞之心；不願停戰者，因此？但英國將不甘心，前所言恐損他國權利，正指此耳。臺灣不守，則又如何？ | 馬關議和中之伊李問答，頁17／問答節略。 | 1895 |
| 臺無土著。土著者，熟番與生番而已。其民人五方雜處，漳、泉流寓者為多，廣東之嘉應、潮州次之，餘若福建之興化府、福州府，全臺合計兩府之人流寓臺地者，不過萬人而已。外此，更寥寥無幾焉。 | 安平縣雜記，頁23／住民生活。 | 1895-? |

表1：指「番」為「土著」之史料舉隅（續）

| 引文內容 | 出處 | 原刊時間 |
|---|---|---|
| 臺東本番地，土著皆番人；以居平地，稱「平埔番」。客民則閩、粵人，自前山來者居多；北路，則宜蘭人居多。 | 臺東州采訪冊，頁49／風俗（附番語）。 | 1896 |

　　其實，清代臺灣史志中之「土著」，用以指稱臺地原住民者的情形占相對少數。清朝政府對於臺灣住民的分類，常是將「番」別於「民」之外，[72] 史志中的「土著」較多用於「民」的範疇，指稱「有室、有家，父而子、子而孫」、[73] 「其來既久，農服先疇，賈有世業；有田可耕，有貨可貿，室家既寧，邱墓在是」之民。[74] 然而清領臺之初，由於甫經戰亂，加上住民多已被迫內徙，因此實處於「素無土著」、「土著鮮少」、「民非土著」（參見表2），而成為閩粵移民墾殖的新天地。

表2：指臺地「素無土著」、「土著鮮少」之史料舉隅

| 引文內容 | 出處 | 原刊時間 |
|---|---|---|
| 臺灣自紅彝僭竊以來，因仍草昧，鄭氏父子相繼，民非土著，逋逃之淵藪，五方所雜處，未盡同風而易俗。 | 臺灣府志，頁91／風俗（附土番）。 | 1696 |

---

72 楊聰榮曾指出，清政府對治下人群的分類，第一層次是原漢關係，第二層次才是漢民的地緣祖籍關係。因此如《安平縣雜記》的記述中，會在「生番即其土著」之前加上「臺灣本無土著」，表示其「民」的概念是將「番」排除在外的。參見楊聰榮：〈從族群關係史看臺灣客家的分類範疇與獨特性〉。

73 高拱乾：《臺灣府志》（文叢第65種，1960年；1696年原刊），頁186，風土志／漢人風俗。

74 謝金鑾：《續修臺灣縣志》（文叢第140種，1962年；1831年原刊），頁144，政志／論曰。

表 2：指臺地「素無土著」、「土著鮮少」之史料舉隅（續）

| 引文內容 | 出處 | 原刊時間 |
|---|---|---|
| 土著既鮮，流寓者無期功強近之親，同鄉井如骨肉矣。 | 諸羅縣志，頁 145 ／風俗志／漢俗／雜俗。 | 1717 |
| 臺民素無土著，皆內地作奸逋逃之輩，群聚閭處，半閩、半粵。 | 平臺紀略，頁 67 ／經理臺灣疏。 | 1724? |
| 閩浙總督調任兩廣那蘇圖奏：「……臺灣一府孤懸海外，並無土著，半屬游惰……。」 | 清高宗實錄選輯，頁 38 ／乾隆 9 年。 | 1744 |
| 而四民雜處，無土著。 | 使署閒情，頁 101 ／董夢龍／臺灣風土論。 | 1746 |
| 本無土著，浮槎泛梗而至，漳、泉、潮、惠為多。番與民、閩與粵，性習又各岐。 | 使署閒情，頁 118 ／褚祿／「重修臺灣府志」跋。 | 1746 |
| 四十年來，休養生息，衍沃富饒。顧土著鮮少，火耨草闢，多閩、粵無賴子弟；地廣易以叢奸，民雜則易以召亂。 | 重修臺灣府志，頁 663 ／蔡世遠／安海詩序。 | 1746 |
| 臺灣孤懸海外，為東南四省藩籬；番、漢雜處，民無土著，率皆粵之潮惠、閩之漳泉游手好閒之流偷渡來臺，各分黨羽，好利輕生。 | 清奏獻類徵選編，頁 824 ／白瀛。 | 1747 |
| ……該地流寓，而土著少。流寓之人俱係粵東惠潮閩省漳泉等府人氏。 | 宮中檔乾隆朝奏摺，第 1 輯，頁 21，乾隆 14 年 3 月 12 日。 | 1749 |
| 民非土著，大抵漳、泉、惠、潮之人居多；故習尚與內地無甚異。 | 重修臺灣縣志，頁 397 ／風土志／風俗。 | 1752 |
| 臺灣一郡，孤懸海外，人民煙戶，土著者少，流寓者多，皆係閩之漳泉，粵之惠潮，遷移赴彼。 | 宮中檔乾隆朝奏摺，第 12 輯，頁 478。乾隆 20 年 9 月 11 日，福建巡撫鐘音揍奏摺。 | 1755 |
| 憤冒籍之縱橫，於甲戌春，僉稟縣主徐批：「查定例：入籍三十年有廬墓、眷、產者，方准考試。臺地土著者少，流寓者多，冒籍之弊，致難稽察。……。」 | 臺灣南部碑文集成，頁 384 ／嚴禁冒籍應考條例碑記（乾隆 20 年）。 | 1755 |

表 2：指臺地「素無土著」、「土著鮮少」之史料舉隅（續）

| 引文內容 | 出處 | 原刊時間 |
|---|---|---|
| 蓋民鮮土著，則有輕去之思；人有室家，各謀久安之計。 | 續修臺灣府志，頁727／吳士功／題准臺民搬眷過臺疏。 | 1760 |
| 臺灣一郡，除番子之外，絕無土著之民，俱係外來流寓，內閩人約數十萬，粵人約十餘萬。熟番統計百十社，不及萬丁……。 | 軍機處檔・月摺包，10889 號。乾隆 34 年 9 月 24 日，閩浙總督崔應階奏摺錄副。 | 1769 |
| 再查臺灣地方本無土著，以全郡而論，漳、泉、廣東三處民人居其大半；而福州、汀州、興化等府民人寄籍者亦多。 | 欽定平定臺灣紀略，頁804-805／乾隆 53 年 1 月 4-11 日。 | 1787 |
| 奏稱：臺灣為五方雜處之區，本無土著，祗因地土膏腴易於謀生食力，民人挈眷居住日聚日多。 | 臺灣采訪冊，頁63／大學士九卿議覆公中堂福議奏。 | 1788 |
| 臺灣一郡……五方雜處，民不土著而無恆產。 | 海濱大事記，頁46／楊廷理／東瀛紀事／序。 | 1790 |
| 然而正民之難，莫臺灣為甚矣……民非土著、經界不一，賦役所施，難易靡常。 | 續修臺灣縣志，頁59／政志。 | 1807 |
| 臺民土著者少、客籍者多，萬祥加意撫綏，各得其所。 | 碑傳選集，頁333／王萬祥／太子少保敏壯王公傳。 | 1821- 1850? |
| 竊照臺灣孤懸海外，民無土著，俗本輕浮，素有內地游民，偷越私渡。 | 道咸同光四朝奏議選輯，頁 1／趙慎畛、孫爾準查辦臺灣清莊事宜疏（道光 5 年）。 | 1825 |
| 臺灣民無土著，皆閩、粵之人寄居，學校向有閩籍、粵籍之分。 | 清耆獻類徵選編，頁1525／史致儼。 | 1826 |
| 乾隆十四年……時縣治新設，居民尚少土著，自內地寄籍者，十之六七，每慮死無葬地。 | 彰化縣志，頁101／官秩志／列傳。 | 1830 |
| 臺地民情浮動，居民皆非土著，向有漳、泉各府之人往來寄寓……。 | 清文宗實錄選輯，頁25／咸豐 3 年。 | 1853 |

表 2：指臺地「素無土著」、「土著鮮少」之史料舉隅（續）

| 引文內容 | 出處 | 原刊時間 |
|---|---|---|
| 臺地民非土著。泉之人行乎泉，漳之人行乎漳，江浙兩粵之人行乎江浙兩粵，未盡同風。 | 福建通志臺灣府，頁 203／臺灣府／風俗（歲時氣候附）。 | 1871 |
| 臺舊為荷蘭所闢，土著絕尠，僑此者多泉、漳二郡人。 | 後蘇龕合集，頁 365／陳游戎墓志銘。 | 1894 |

　　清領臺灣後，移墾臺地的漢移民以閩、粵二籍為主，因此就相對於「土著」（不論是原住民或「世居之民」）之「客」而言，係指外來移民，故其所指稱的人群意涵，實包括閩粵二籍移民。換言之，不僅「粵東惠潮」，連「閩省漳泉」亦被視為「流寓」、「客民」或「客籍」（參見表 3）。在閩粵移民世居臺地二、三代之後，史志中仍可見指稱「非定居本地的外來移民」的「客」之書寫，尤其是在編查保甲的過程中，常見有「客民」、「客籍」的記載，如「凡客民在地方開張貿易，或置有產業者，與土著一例順編；其往來無定商賈，責令客長查察」。[75]「近因逆犯逃亡，奉文嚴查保甲，以為逐戶排搜之計，則山中五方雜處，客民甚多」。[76]「惟淡水所轄終屬幅員寬闊，雖有聚居之村落，寔無連接之鄉庄，編造戶口冊籍，殊難驟期周遍，又兼客籍居多，遷徙靡定，其查造不易之情形」等，[77] 不一而足，其所指稱的人群意涵，亦非客方言人群。因為相對於「土著」而言，「迫於饑寒，即屬犯罪脫逃，單身獨旅，寄寓臺灣，居無定處，出無定方，往往不安本分，呼朋引類，嘯聚為奸」[78] 的「客」之人群

---

75 臺灣銀行經濟研究室編：《臺灣私法人事編》（文叢第 117 種，1961 年），頁 335，編查保甲條款。

76 臺灣銀行經濟研究室編：《臺灣私法人事編》，頁 345，保甲事宜。

77 「淡水分府陳星聚呈報同治十二年保甲清冊所以未克造送之因並呈送同治十三年分編查之戶口清冊」，《淡新檔案》，國立臺灣大學藏，檔號：12403.47。

意涵不僅可能來自閩、粵二省，亦可能包含使用客方言或閩南方言的人群。

表3：閩粵皆「客」之史料舉隅

| 引文內容 | 出處 | 原刊時間 |
|---|---|---|
| 臺郡古荒遠地，所聚廬托處者，非有祖貽孫承世其家業也；大抵漳、泉之人來居之。此外，或自福興而至，或自惠、潮而來，雖各循土風，而大端亦不甚遠焉。 | 鳳山縣志，頁79／風土志／漢俗。 | 1720 |
| 佃丁係漳、泉、潮、惠客民，因貪地寬可以私墾，故冒險渡臺。 | 新竹縣志初稿，頁219／尹秦／臺灣田糧利弊疏（雍正5年）。 | 1727 |
| 該地流寓多，而土著少，流寓之人，俱係粵東惠、潮，閩省漳、泉等府人氏。 | 宮中檔乾隆朝奏摺，第1輯，頁21，乾隆14年3月12日，福建巡撫潘思奏摺。 | 1749 |
| 據蚶江通判陳惇、廈門同知劉嘉會等稟報：「鹿仔港一帶現有泉州、興化、廣東客民各書『義民』字樣，共相守護。」 | 清高宗實錄選輯，頁319／乾隆52年1月。 | 1787 |
| 臺灣流寓，本多福建漳、泉、廣東惠、潮無業之民，各分黨翼，械鬥成風，以致糾眾不法。 | 欽定平定臺灣紀略，頁34／御製詩。 | 1788 |
| 臺灣鎮總兵武隆阿奏懇來京陛見一摺：……現雖洋面肅清，漳、泉客民鬥案，亦俱完結。 | 福建通志臺灣府，頁27／嘉慶16年2月上諭。 | 1811 |
| 值耿氏開藩福建，海禁弛；乃招徠客民，漳、泉、惠、潮習水者趨地利，泛海寄居也。 | 清初海疆圖說，頁119-120／俞正燮／臺灣府屬渡口考。 | 1812 |
| 臺灣一島，……其客民多漳、泉、潮、嘉剛猛耐苦之人。 | 同治甲戌日兵侵臺始末，頁264／11月辛亥兩江總督李宗羲奏。 | 1874 |

---

78 臺灣銀行經濟研究室編：《臺案彙錄己集》（文叢第191種，1964年），頁131-132，巡臺御史覺羅柏修等奏摺，雍正11年3月3日。

表3：閩粵皆「客」之史料舉隅（續）

| 引文內容 | 出處 | 原刊時間 |
|---|---|---|
| 臺灣……土著者寥寥，潮、嘉、漳、泉客民居之甚夥。 | 臺灣海防並開山日記，頁72／方濬頤／臺灣地勢番情紀略。 | 1874 |
| 按臺民皆客籍，各樹黨類，漳與泉仇，漳泉合又與粵仇，勺眾忿，鳳山最甚。 | 臺游日記，頁127／光緒18年7月。 | 1892 |
| 龜仔角山，在縣城南二十里……旁有番社，名曰龜仔角社。閩、粵客民，寄居其間。 | 恒春縣志，頁253／山川／山。 | 1893 |
| 道光十二年，嘉義客民閩人陳辦與粵民爭牛起釁，糾眾攻雙溪口。 | 雲林縣采訪冊，頁39／斗六堡／兵事／土寇。 | 1893-1894 |
| 李云：臺灣係潮州、漳、泉客民遷往，最為強悍！ | 馬關議和中之伊李問答，頁17／問答節略。 | 1895 |
| 觀音山……兩相環抱，昔人每引此以嘲流寓不返者。蓋閩、粵客籍，每贅於臺人養童媳之家，歸國十無一、二焉。 | 臺灣詩鈔，頁302／林景仁／東寧雜詠一百首。 | 1924-1925？ |

　　其次，別於閩主而粵客。清代臺灣相關文獻中，除了上述別於「土著」之「客」外，另有許多諸如「山客」、「客仔」或「客子」和「客人」等之記載，此係長期以來最容易被直接視為客方言人群的部分，然其所指涉的人群意涵究竟為何？在了解近代客家意識的形塑過程之後，則文獻書寫之「客」＝客方言人群，如此不辯自明的說法，似乎有進一步釐清之必要。

　　關於「客人」、「客仔」、「山客」、「客莊」等記載，最早係大量出現在康熙末年諸羅、臺灣、鳳山三縣的志書當中。歸納來看，其所指稱的「客庄」，係由於潮人「名曰客人」，故「莊亦稱客庄」，漳、泉人則稱之曰「客仔」。就清領臺之初「客仔」、「客莊」的分布而言，當時的臺灣縣沒有客莊，「其比戶而居者，非泉即漳」。客莊主要分布於臺灣縣「南、北二路之遠方」，就其北路的諸羅縣境而言，在下加冬至斗六門間，客莊與漳泉人相半，斗六門

以北客莊愈多。就其南路的鳳山縣境而言，則自淡水溪以南「客人尤夥」。

表 4：指粵東移民為「客」之史料舉隅

| 引文內容 | 出處 | 原刊時間 |
|---|---|---|
| 佃田者，多內地依山之獷悍無賴下貧觸法亡命，潮人尤多，厥名曰客；多者千人、少亦數百，號曰客莊朋比齊力，而自護小故，輒譁然以起，毆而殺人、毀匿其尸……及客莊盛，盜益滋莊主多僑居郡治，借客之力以共其狙；猝有事，皆左袒。……諸羅自急水溪以下，距郡治不遠，俗頗與臺灣同。自下加冬至斗六門，客莊、漳泉人相半，稍失之野；然近縣故畏法。斗六以北客莊愈多，雜諸番而各自為俗，風景亦殊郡以下矣。 | 諸羅縣志，頁 136-137／風俗志／漢俗。 | 1720 |
| 各莊佃丁，山客十居七、八，靡有室家；漳、泉人稱之曰客仔。客稱莊主，曰頭家。頭家始藉其力以墾草地，招而來之；漸乃引類呼朋、連千累百，饑來飽去，行兇竊盜，頭家不得過而問矣。田之轉移交兌，頭家拱手以聽，權盡出於佃丁。初，臺人以客莊盛，盜漸多，各鑄鐵烙牛，以其字為號，便於識別。盜得牛，更鑄錢，取字之相似者覆以亂之。牛入客莊，即不得問。 | 諸羅縣志，頁 148-149／風俗志／漢俗／雜俗。 | 1717 |
| ……以上所載歲時，多漳、泉之人流寓者。客莊亦大略相似。 | 諸羅縣志，頁 153／風俗志／漢俗／歲時。 | 1720 |
| 臺無客莊（客莊，潮人所居之莊也。北路自諸羅山以上、南路自淡水溪而下，類皆潮人聚集以耕，名曰客人，故莊亦稱客莊每莊至數百人，少者亦百餘，漳、泉之人不與焉。以其不同類也），比戶而居者，非泉人、則漳人也；盡力於南畝之間。……客人多處於南、北二路之遠方；近年以來，賃住四坊內者，不可勝數。 | 臺灣縣志，頁 57、60／風俗／雜俗。 | 1720 |

表 4：指粵東移民為「客」之史料舉隅（續）

| 引文內容 | 出處 | 原刊時間 |
|---|---|---|
| 鳳山自縣治北抵安平鎮等處，俗略與郡治同。由縣治南至金荊潭一帶，稍近喬野。自淡水溪以南，則番、漢雜居，而客人尤夥；好事輕生，健訟樂鬥，所從來舊矣。 | 鳳山縣志，頁 80 ／風土志／漢俗。 | 1720 |
| 至於客莊，亦多內郡之人；故儀文不至大相遠云。 | 鳳山縣志，頁 87 ／風土志／歲時。 | 1720 |
| 南路賊首杜君英於是日遣楊來、顏子京率其眾百人之一貴所，稱君英在下淡水檳榔林招集粵東種地傭工客民，與陳福壽、劉國基議共掠臺灣府庫。 | 平臺紀略，頁 2 ／康熙 60 年 4 月。 | 1723 |
| 臺民素無土著，皆內地作奸逋逃之輩，群聚閭處，半閩、半粵。粵民全無妻室，佃耕行傭，謂之「客子」，每村落聚居千人、百人，謂之「客莊」客莊居民，結黨尚爭，好訟樂鬥，或毆殺人，匿滅跡，白晝掠人牛，莫敢過問，由來舊矣。 | 平臺紀略，頁 67 ／經理臺灣疏。 | 1723 |
| 朱一貴以飼鴨鄙夫，狨焉倡亂。杜君英以傭工客了，肆其狂謀。遂合兩地賊兵，膽造滔天罪孽。 | 東征集，頁 6 ／六月丙午大捷攻克鹿耳門收復安平露布。 | 1723 |
| 汝等漳泉百姓但知漳泉是親，客莊居民又但知客民是親；自本鎮道府視之，則均是臺灣百姓，均是治下子民，有善必賞，有惡必誅，未嘗有輕重厚薄之異。即在汝等客民，與漳泉各處之人，同自內地出來，同屬天涯海外、離鄉背井之客，為貧所驅，彼此同痛。 | 東征集，頁 81 ／諭閩粵民人。 | 1723 |
| 今與汝民約：從前之事盡付逝流，一概勿論；以後不許再分黨羽，再尋仇釁。漳、泉海豐、三陽之人經過客莊，客民經過漳、泉村落，宜各釋前怨，共敦新好，為盛世之良民；或有言語爭競，則投明鄉保耆老，據理勸息，庶幾興仁興讓之風。 | 重修臺灣府志，頁 633-634 ／諭閩粵民人（代）。 | 1723 |

表 4：指粵東移民為「客」之史料舉隅（續）

| 引文內容 | 出處 | 原刊時間 |
|---|---|---|
| 廣東饒平、程鄉、大埔、平遠等縣之人赴臺傭雇佃田者，謂之客子。每村落聚居千人或數百人，謂之客莊客莊居民朋比為黨。……凡牛入客莊，莫敢向問；問則縛牛主為盜，易己牛赴官以實之。官莫能辨，多墮其計。此不可不知也。……客莊居民，從無眷屬合各府、各縣數十萬之傾側無賴遊手群萃其中，無室家宗族之係累，欲其無不逞也難矣。 | 平臺紀略，頁 51、52／與吳觀察論治臺灣事宜書。 | 1724 |
| 連日風聞臺灣復有小警。北路土番作孽，南路客子豎旗同謀，拒敵官兵。此異事也。南北路相去遙遠，民番情性不相聯屬；何以北路土番不軌，而南路客子即肯豎旗遙應？或者起釁之處不在土番，而在北路客子，所以南路豎旗，似因北路官兵討逆，未先慰安無罪，訛傳惶惑之所致也。……廣東潮惠人民，在臺種地傭工，謂之客子。所居莊曰客莊。人眾不下數十萬，皆無妻孥，時聞強悍。然其志在力田謀生，不敢稍萌異念。往年渡禁稍寬，皆于歲終賣穀還粵，置產贍家，春初又復之臺，歲以為常。辛丑朱一貴作亂，南路客子團結鄉社，奉大清皇帝萬歲牌與賊拒戰，蒙賜義民銀兩，功加職銜。墨瀋未乾，豈肯自為叛亂？愚意北路起釁，必繫一二無知客子，作奸拒捕，自料法網難逃，誆誘土番混擾分罪，造出盡勦客子之謠言，傳播煽惑，使在臺客子畏死惶亂，群相響應，是以南路無知有豎旗同謀之舉。 | 平臺紀略，頁 63／粵中風聞臺灣事論。 | 1732 |
| 又見淡水客民來得很多，大家紛紛逃走。小的走在半線地方被拏的。 | 臺案彙錄己集，頁 44／吳福生等供詞。 | 1732 |
| 澹水以南，悉為潮州客莊；治埤蓄洩，灌溉耕耨，頗盡力作。 | 臺海使槎錄，頁 53／赤崁筆談／物產。 | 1736 |

表 4：指粵東移民為「客」之史料舉隅（續）

| 引文內容 | 出處 | 原刊時間 |
|---|---|---|
| 南路澹水三十三莊，皆粵民墾耕。辛丑變後，客民（閩人呼粵人曰客仔）與閩人不相和協。再功加外委，數至盈千，奸良莫辨；習拳勇，喜格鬥，倚恃護符，以武斷於鄉曲。 | 臺海使槎錄，頁 93／赤崁筆談／朱逆附略。 | 1736 |
| 雍正五年，前任督臣高其倬題請清釐臺灣學政疏內，⋯⋯其時在臺民人，因原疏內並未聲明閩、粵一體字樣，遂以粵人為客民，始終攻揭，至今未得與考，誠屬缺典。 | 臺案彙錄丙集，頁 209／閩浙總督德沛題本。 | 1741 |
| 賊有杜君英者，粵客人也；藉稱一貴在其家，招集徒眾。 | 重修福建臺灣府志，頁 475／雜記／祥異。 | 1742 |
| 邑無客莊（客莊，粵人所居之莊也。北路自諸羅山以上，南路自淡水溪而下，類皆潮人聚集以耕，名曰客人，故莊亦稱客莊），比戶而居者，非泉人，則漳人也。 | 重修臺灣縣志，頁 401／風土志／風俗。 | 1752 |
| 閩恆散處，粵悉萃居，勢常不敵。南路賴君奏等所糾大莊十三、小莊六十四，並稱客莊，肆毒閩人而永定、武平、上杭各縣之人，復與粵合，諸泉、漳人多舉家被殺被辱者。六月十三日，漳、泉糾黨數千，陸續分渡淡水，抵新園、小赤山、萬丹、濫濫莊等處，圖併客莊王師已入安平，不之知也。⋯⋯十九日，客莊齊豎「大清」旗，漳泉賊黨不鬥自潰。 | 重修臺灣縣志，頁 558／祥異／兵燹。 | 1752 |
| 二十五日，即有漳泉莊民遞呈三十六紙，皆指名具控粵人客莊管事藉義民名色，率眾焚搶之事，已發道查辦。閩粵各莊，素有仇隙。 | 臺案彙錄己集，頁 67／福建巡撫鄂寧摺。 | 1768 |
| 據劉麟遊供：⋯⋯原籍嘉應州鎮平縣人⋯⋯總是粵人，在臺應試，原是客籍，但要實有產業，就算有根底入籍的了，大家都許考試，從不攻擊，所以里管族鄰都肯出結，就是地方官也無從查察的⋯⋯乾隆三十七年十月初三日 | 臺案彙錄丙集，頁 216／吏部題本。 | 1772 |

表 4：指粵東移民為「客」之史料舉隅（續）

| 引文內容 | 出處 | 原刊時間 |
|---|---|---|
| 臺地素無土著，皆漳、泉、廣三郡之人徙居焉。地分南北，廣人實居其南，別以主客之名，而莊以立（漳泉人呼粵莊曰客莊）此疆彼界，判然畛域。 | 臺陽筆記，頁 3 ／翟灝／粵莊義民記。 | 1805？ |
| 又有非僧非道者，以其出於粵客，名「客子師」……。 | 噶瑪蘭廳志，頁 191 ／風俗／民風。 | 1807 |
| 按全臺大勢，漳、泉之民居十分之六七，廣民在三四之間。以南北論，則北淡水、南鳳山多廣民，諸、彰二邑多閩戶；以內外論，則近海屬漳、泉之土著，近山多廣東之客莊廣民驕悍騰銳，器械精良，閩民亦素畏之。 | 清經世文編選錄，頁 17 ／鄭光策／上福節相論臺事書。 | 1827 |
| 其村落，閩曰閩社，粵曰粵莊。閩呼粵人為「客」，分氣類積不相能，動輒聚眾持械鬥。 | 內自訟齋文選／內自訟齋文選，頁 31 ／周凱／記臺灣張丙之亂。 | 1834？ |
| 查臺地人民，約分五類：西面瀕海者，閩漳泉人為多，興化次之，福州較少；近山者則粵東惠、潮、嘉各處之人，號為客民……。 | 月摺檔，光緒 7 年 2 月 3 日，福建巡撫勒方錡奏摺抄件。 | 1881 |
| 李喬基，……嘉應州人……廣東嘉應、平遠、鎮平僑寓者謂之客人，南、北路各百餘莊。 | 碑傳選集，頁 556 ／吳蘭修／李喬基傳。 | 1893 |
| 有所謂客莊；客人者，皆粵人也。莊如西門外之保力、統埔、四重溪、內埔等及城內之客人街是。……其閩籍者，則不繫以客，亦不與番同處云。 | 恒春縣志，頁 9 ／疆域。 | 1894 |
| 臺灣本無土著，生番即其土著。然自閩之漳泉、粵之惠潮嘉，自內地徙居，歷年已久，悉成土著。而臺地所稱客莊者，乃指粵人所居而言，是閩又以粵為客矣。其土風不同，俗尚互異。 | 鳳山縣采訪冊，頁 13 ／附修志事宜十四條。 | 1894 |

表4：指粵東移民為「客」之史料舉隅（續）

| 引文內容 | 出處 | 原刊時間 |
|---|---|---|
| 福人（粵稱閩人曰福老，謂福建人也）競渡而逃西（下淡水在縣境之東，逃西者，謂西渡淡水溪來歸縣治也），客子循溪而逐北（客子指粵人，以其籍隸廣東，與我閩有主客之分也）。 | 鳳山縣采訪冊，頁427-428／鄭蘭／勦平許逆紀事。 | 1894 |
| 近山之莊曰客莊，粵籍人也。風俗與漳、泉之移民小異。女不裹腳，男喜沐浴，語音獨別，均是潮、惠鄉譯。 | 安平縣雜記，頁9／風俗。 | 1897 |
| 臺地四面皆海，閩人為主籍，粵人為客籍，山外為熟番，山內為生番。 | 清經世文編選錄，頁26／鄒鳴鶴／上楊中丞書。 | 1897 |

此外，康熙60（1721）年朱一貴事起後，隨從兄南澳總兵藍廷珍統師赴臺的藍鼎元，在其所著之《東征集》與《平臺紀略》中，對康雍年間臺灣的「客子」、「客莊」、「客民」等亦留下相當多的文字記載。藍鼎元對「客子」的解釋是「廣東饒平、程鄉、大埔、平遠等縣之人赴臺傭雇佃田者」、「廣東潮惠人民，在臺種地傭工，謂之客子」，又「粵民全無妻室，佃耕行傭，謂之客子」，其所居莊曰「客莊」，且又將「客莊居民」稱為「客民」。

康熙末年的三縣志書及康雍年間藍鼎元的著作之後，清代臺灣相關文獻中零星出現有關「客仔」或「客莊」等描敘，多係引自上述資料。而這些即構成了後世將「客」視為客方言人群的主要資料來源。對於當時史志中所論述的「客仔」或「客莊」，其實可以歸納出一些共性，如同屬粵籍、耕佃身分，[79] 且以

---

79 李文良：〈清初臺灣方志的「客家」書寫與社會相〉，《臺大歷史學報》，第31期，頁144。

負面批評居多，諸如「從無眷屬」、「結黨尚爭」、「引類呼朋、連千累百，饑來飽去，行兇竊盜」、「牛入客莊，即不得問」、「好事輕生，健訟樂鬥」等。而官方對渡臺潮惠移民此類負面的觀感與評價，在康雍年間有了轉變。其中的關鍵，在於朱一貴亂起後，當時下淡水客庄「團結鄉社，奉大清皇帝萬歲牌與賊拒戰，蒙賜義民銀兩，功加職銜」，此後，臺地粵民屢有以義民身分助官平亂之舉。因此，藍鼎元在後期，對於粵民流徙特質的說法，不若以往的批判語氣，而以客觀的文字指出其「往年渡禁稍寬，皆于歲終賣穀還粵，置產贍家，春初又復之臺，歲以為常」。康雍之後，清代臺灣文獻中也少見有「客人」、「客莊」、「客仔」等形容粵民流徙生事的負面記載。

　　值得進一步了解的是，當時被指為「客」之人群意涵，有其寬窄不同的定義，由大到小來看，有「粵民」、「廣東潮惠人民」、「潮人」、「廣東饒平、程鄉、大埔、平遠等縣之人」等。而這些被指為「客」的一群人是否即是今日我們普遍認知的客方言人群？究其實，清初臺灣方志中的「客」，雖已具有指涉有同樣的祖籍、維生方式和文化形態的一群人的性質，但其共同性只是文獻上的表現而已，其內部卻可能存在語言、文化的異質性。[80] 關於這個部分，康熙末年朱一貴亂平之後，閩浙總督覺羅滿保〈題義民效力議效疏〉，對清領臺之初渡臺粵民之人群屬性留下非常珍貴且細緻的記錄：

　　查臺灣鳳山縣屬之南路淡水，歷有漳、泉、汀、潮四府之人，墾田居住。潮屬之潮陽、海陽、揭陽、饒平數縣與漳、泉之人語言聲氣

---

[80] 李文良在〈清初臺灣方志的「客家」書寫與社會相〉文中雖觀察到清初志書中的「客」內部存在語言、文化的異質性，但卻又直接將方志中的「客」直接指稱為客家，似乎有些矛盾。李文良：〈清初臺灣方志的「客家」書寫與社會相〉，頁144。

相通，而潮屬之鎮平、平遠、程鄉三縣則又有汀州之人自為守望，不與漳、泉之人同夥相雜。六十年四月二十二日，賊犯杜君英等在南路淡水檳榔林招夥豎旗搶劫新園，北渡淡水溪侵犯南路營，多係潮之三陽及漳、泉人同夥作亂。而鎮平、程鄉、平遠三縣之民，並無入夥。三縣義民……糾集十三大莊、六十四小莊，合鎮平、程鄉、平遠、永定、武平、大埔、上杭各縣之人，共一萬二千餘名於萬丹社，拜叩天地豎旗，立「大清」旗號，供奉皇上萬歲聖旨牌。[81]

就以上覺羅滿保的觀察可知，當時粵籍移民當中，存在著不同方言人群的分類情形。其中，其所言之「潮屬之鎮平、平遠、程鄉三縣」即今我們所認知的客方言人群，但同屬粵省之「潮屬之潮陽、海陽、揭陽、饒平數縣」之人則與「漳、泉之人語言聲氣相通」。

　　清初臺地粵籍移民內存在不同方言人群的情形，一直以來常為後世研究者所忽略，而此或許也是後人容易遂將文獻上用以指稱粵東移民的「客」等於同「客方言人群」的原因之一。若自粵省移民的原鄉來看，明清之際廣東省廣府、福佬、客家三大方言人群即已版塊分明。其中潮汕平原及粵東沿海，包括揭陽、潮陽、海陽、饒平、惠來、澄海、普寧、揭西、南澳等縣，屬於粵省的福佬文化區。此區居民主要來自福建，幾乎全部使用閩南語，故有「福佬」之稱。[82] 粵省福佬與閩省之關係非常密切，早在宋代，即已有人觀察到潮州「雖境土有閩廣之異，而風俗無潮漳之分」，「土俗熙熙，無福建廣南之異」，「有廣南福建之語」，可知宋代福建移民及其後裔已是潮州人的主體部分，閩語是潮州

---

81 覺羅滿保：〈題義民效力議效疏〉，收於王瑛曾：《重修鳳山縣志》（文叢第 146 種，1962 年；1764 年原刊），頁 343-344。

82 司徒尚紀：《廣東文化地理》（韶關：廣東人民出版社，1993 年），頁 394。

的主要語言，潮州已成為福建文化區的一部分。[83] 因此，乾隆末年因林爽文亂至臺的松江提督藍元枚即曾觀察到「臺灣語音與廣東之潮州相同」。[84] 也由於方言及風土文化之類同，因此清代臺灣常見有「潮雖粵而亦黨漳」之情形。[85]

　　若要進一步了解清代臺灣史志中的「客」是否係指稱客方言人群，此粵屬福佬方言人群的身分如何被識別與區分是一個非常重要的面向。承上述可知，康、雍年間臺灣史志中頻頻出現的「客人」、「客仔」、「客民」、「客莊」等記載，係用於指稱「粵民」、「廣東潮惠人民」、「潮人」、「廣東饒平、程鄉、大埔、平遠等縣之人」等人群意涵，而此「客」之人群意涵是否有區別出同屬粵省的客方言與福佬方言人群？答案似乎是否定的。因為覺羅滿保所言之與「漳、泉之人語言聲氣相通」之粵省福佬方言人群，如原籍潮州府海陽縣的杜君英，[86] 被稱為「傭工客子」、「粵客人」；潮陽、揭陽、海陽等縣移民，藍鼎元亦一視同仁地稱為「粵東種地傭工客民」。[87] 即清代臺灣史志中「客子」、「客人」、「客民」等歷史稱謂，實含括兩種不同的方言人群，即粵省內不論客方言或福佬語系的人群，由於同屬粵籍，皆一律被視為「客」。因此，清初臺灣史志上之「客」之書寫，是否能用於指稱客方言人群，即如今所認知的客家，就值得懷疑了。

　　清代臺灣方言人群的分類，除上述粵屬潮民附閩外，亦可見同屬客方言人群的閩屬汀州移民附粵的情形，即如上引覺羅滿保〈題義民效力議效疏〉中載

---

83 吳松弟：《中國移民史》，第 4 卷，遼宋金元時期，頁 185。

84 臺灣銀行經濟研究室編：《欽定平定臺灣紀略》（文叢第 102 種，1961 年），頁 149，正月 27 日至 2 月初 5 日。

85 姚瑩：《東槎紀略》（文叢第 7 種，1957 年），頁 110-111，答李信齋論臺灣治事書。

86 臺灣銀行經濟研究室編：《臺案彙錄己集》（文叢第 191 種，1964 年），頁 18，〈朱一貴謀反殘件〉。

87 藍鼎元：《平臺紀略》，頁 2。

明當時下淡水地區的「潮屬之鎮平、平遠、程鄉三縣則又有汀州之人自為守望，不與漳、泉之人同夥相雜」。汀民附粵的相關觀察，除康熙末年的覺羅滿保外，在道光年間的相關文獻中亦屢屢可見。如道光 6（1826）年閩浙總督孫爾準奏稱：

> 臺灣土著之民，皆閩粵兩籍寄居，粵則惠、潮兩府，嘉應一州；閩則漳、泉、汀三府，汀人附粵而不附閩。粵人性直而知畏法，為盜者頗少，惠、潮兩處之人聯為一起，嘉應則好訟多事，與惠、潮時合時分。閩人既與粵人不睦，而漳人與泉人又互相仇隙。[88]

又，道光 13（1833）年，臺灣北路淡水廳一帶發生的分類械鬥事件，其敵對的兩個陣營即「閩籍漳州」與「粵籍惠潮及附粵之汀州」。[89]因此，我們可以了解，清代臺灣漢人在人群分類的過程中，確實存在有同屬客方言人群的跨省結合。然而，值得進一步思考的是，此種客方言人群的跨省認同與結合，是否曾反映於史志上所記載的「客」？即閩屬的客方言人群，在清代臺灣是否亦被視為「客」之一部分？

關於這個部分，可由清代在臺粵民參與科舉考試的權利問題進一步觀察。雍正 5（1727）年，閩浙總督高其倬奏請清釐臺灣學政疏，由於疏內並未聲明閩、粵一體字樣，造成省內閩人以「粵人為客民，始終攻揭」，終至粵民始終未得與考。[90]乾隆 5（1740）年巡視臺灣御史兼學政楊二酉即因「粵民流寓入

---

88 「閩浙總督孫爾準奏摺抄件」（道光 6 年 11 月 14 日），《外紀檔》，國立故宮博物院藏。

89 臺灣銀行經濟研究室編：《清宣宗實錄選輯》（文叢第 188 種，1964 年），道光 13 年，頁 133-134。

籍，均有戶冊可稽，閩童恐其佔籍，攻擊惟嚴」，故奏請另編新字號應試獲准。此後在臺粵民亦准考試，分其卷為粵籍，[91] 於四縣各取二名，附入府學。[92] 道光年間，粵字號額中舉人一名，但貢生仍和入閩籍，一體選取。對於當時臺地「歷科拔貢，有閩無粵」的情形，臺灣道徐宗幹的說法是，「非粵人無可選，閩人多而粵人少，且究係寄籍，不能不先儘閩人」，由此可見，由於閩主粵客，使得閩、粵二省移民在參與科舉考試的權利地位明顯不同。[93]

曾有學者指出，清代在實行攤丁入畝後，農民與土地的人身依附關係從法律上有很大程度的削弱，但法律制度作為一個體系，因牽涉學額等問題，使「土籍」與「客籍」的界限往往仍然橫亙其間。[94] 清代臺灣，在未獨立設省之前，一直屬福建省所轄，因此渡臺之閩、粵移民，在參與科舉考試的權利上，閩主粵客的界線即涇渭分明。如乾隆 37（1772）年原籍嘉應州鎮平縣人的劉麟遊即言「總是粵人，在臺應試，原是客籍」。[95] 因此，即使「汀州雖閩郡，近粵情無歧」，[96] 在人群的分類上也時有「附粵不附閩」的情形發生，但在諸如學額等資源的分配上，閩主粵客的明顯界線卻造成閩、粵二省客方言人群有著迥然不同的歷史處境。

綜上而論，清代臺灣史志中「客」之意涵，有依時遞變的過程，在時序上

---

90 臺灣銀行經濟研究室編：《臺案彙錄丙集》，頁 209，〈閩浙總督德沛題本〉。

91 朱仕玠：《小琉球漫誌》（文叢第 3 種，1957 年），頁 52，海東賸語（上），粵籍。

92 蔣師轍：《臺游日記》（文叢第 6 種，1957 年），頁 18，光緒 18 年 4 月。

93 徐宗幹：〈學政議〉，收於丁曰健：《治臺必告錄》（文叢第 17 種，1959 年），頁 340。

94 張世明、龔勝泉：〈另類社會空間：中國邊疆移民社會主要特殊性透視（1644-1949）〉，《中國邊疆史地研究》，2006 年第 1 期，頁 78-88。

95 臺灣銀行經濟研究室編：《臺案彙錄丙集》，頁 216，吏部題本。

96 丘逢甲：《嶺雲海日樓詩鈔》（文叢第 70 種，1960 年；1937 年原刊），頁 326，〈曉滄惠香米兼以詩貺賦此為謝並送之汀州〉。

可看出其流徙到定著的過程。初始，對於「客」之描寫，多述及其候鳥型的移墾方式與佃耕身分，甚或是好訟樂鬥的負面形象。時序愈往後，史志中「客」之意涵，已少了以上形象的描述，但粵民仍被稱為「客」，其人群的分界線主要以省籍為主。如乾、嘉年間，翟灝言「漳、泉人呼粵莊曰客莊」；[97] 道光年間，周凱言「閩呼粵人為客」；[98] 鄒鳴鶴於〈上楊中丞書〉中，亦言「閩人為主籍，粵人為客籍」；[99] 光緒末年之《鳳山采訪冊》中，亦載「客子指粵人，以其籍隸廣東，與我閩有主客之分也」。[100] 由此可見清代臺灣「客」之人群意涵，實未將閩省的客方言人群含括在內，客與非客的界限明顯是在省籍，而非方言之異同。

　　綜上可知，在近代族群或方言人群的認知尚未成形之前，清代的史志紀錄是以籍貫為分類界線，因此有閩粵之分，也會有嘉潮惠之分。[101] 文獻中「客」之書寫，一直以來都只是官方或漳、泉移民的他稱，是當時官員或閩人以粵人隔省流寓，由粵至閩屬臺灣墾殖，故稱其為「客」，乃以省籍差異使然，不必然以方言為判定的標準。從另一個角度來看，在清代臺灣被指稱為「客」的粵民，其自我認同的邊界仍是省籍，故時以「粵人」或「粵民」自稱。如乾隆52（1787）年下淡水地區的山豬毛義民，向閩浙總督常青連名呈稱懇准令隨征時，即自言：「粵民等祖父，自康熙六十年、雍正十年，逆匪朱一貴、吳福生等先後倡亂，屢從征勦，皆邀議敘職銜。」[102] 咸豐4（1854）年，中港閩人與

---

97 翟灝：〈粵莊義民記〉，《臺陽筆記》（文叢第 20 種，1958 年；1793-1808 年間刊本），頁 3。

98 周凱：〈記臺灣張丙之亂〉，《內自訟齋文選》（文叢第 82 種，1960 年；1840 年原刊），頁 31。

99 鄒鳴鶴：〈上楊中丞書〉，《清經世文編選錄》（文叢第 229 種，1966 年），頁 26。

100 盧德嘉：《鳳山縣采訪冊》（文叢第 73 種，1960 年；1894 年原刊），頁 428。

101 楊聰榮：〈從族群關係史看臺灣客家的分類範疇與獨特性〉。

附近的田寮庄粵民因牛隻引發分籍械鬥，卻因此向北擴散至中壢一帶，新社、六張犁、番仔陂、大湖口、楊梅壢等地無一倖免，當時淡水粵民為分類械鬥自清的陳情書，亦屢屢自稱「粵庄」、「粵人」、「全粵」。[103] 由此可知，即使粵民在清代臺灣屢被以「客」稱之，且渡臺粵民之大部分確為後世所認知的客方言人群，但其自我認同的族群邊界，形之於文字時，仍是省籍，而非方言。

　　另一個可以再思考的面向是，「客」在中國文字的使用上有其原本含義，在近代帶有族群定義，以方言群為邊界的客家意識尚未形成之前，清代臺灣文獻上的「客」應不可能用以指稱使用客方言的族群。此或可由原籍廣東嘉應州，於清道光年間隨父渡臺謀生而家於淡水的吳子光，在同治年間仍不解為何閩粵贛三省邊區居民之方言，會被稱為「客籍語」的情形中略窺一二：

> 至閩、粵、江右三省，本鄰境也，若閩之延建邵汀、粵之嘉應大埔豐順龍川、江右之南贛等處，謂為客籍語，不知何據。豈因戶有主客之分，主則土著、客則行國，本其始言之，後遂一成不變歟？[104]

由以上吳子光對「客籍語」的疑惑可知，雖然嘉慶年間在粵省惠州地區已有徐旭曾之客方言人群的自我認同宣言產生，但遲至同治年間，自客方言原鄉渡海來臺的吳子光卻仍無法了解為何「客」可以用以指稱方言人群。

　　前文曾指出，清代臺灣文獻中的「客」與「粵」為建構清代臺灣客方言人

---

102 臺灣銀行經濟研究室編：《欽定平定臺灣紀略》（文叢第 102 種，1961 年），頁573，9 月 7 日至 12 日。

103 羅來錦：〈為全淡粵冤事上書〉，未刊稿，1854 年，轉引自羅烈師：〈客家族群與客家社會：臺灣竹塹地區客家社會之形成〉，收入徐正光編：《聚落、宗族與族群》（臺北：中央研究院民族學研究所，2001 年），頁 115-152。

104 吳子光：《臺灣紀事》（文叢第 36 種，1959 年），頁 97，犯猺客民。

群史的主要素材。若文獻中之「客」係指閩主粵客的省籍之別，則引粵為客（方言人群），則可能是因為認為文獻書寫之「客」＝「客」方言人群，而逕將被稱為「客仔」、「客民」的「粵民」、「廣東潮惠人民」、「潮人」、「廣東饒平、程鄉、大埔、平遠等縣之人」視為「客」方言人群。然而，將文獻書寫之「客」、「粵」逕視為「客」方言人群，容易形成研究上的盲點。其一，若視「客」之書寫等同於「客」方言人群，容易因此忽略閩省汀州府，甚或漳州府中同樣使用客方言的人群；其二，將文獻上的「粵」直接解釋為「客」方言人群，則又可能誤將使用福佬方言的粵省潮州人含括進來。因此，惟有還原清代與臺灣相關歷史文獻上「客」與「粵」的真正意涵，才不致在錯誤的基礎上進行研究。

## （二）清代臺灣的主客之別與廣府地區的土客之別

　　明清時期，使用客方言的人群紛紛自閩粵贛邊區之大本營向外發展，北往贛南，西向四川，南下廣東珠江三角洲或粵省沿岸，甚或渡海至臺灣或東南亞各地。這一波由原居地向外移墾的客方言人群，在移住地皆面臨不同的土客或主客問題。近代的客家意識形成於廣東省境內與廣府人的土客衝突過程中，被稱為「客」的一群人，由於其方言、風土相似，且同是外來者的身分，因此在與先住民的互動過程中，找到族群的邊界，將「客」視為自我族群身分的命名，也將「客」用以稱呼自我族群使用的方言。換言之，具有現代族群意識的客家意識，是客方言人群與廣府人互動的結果，如今客家的英文拼法「hakka」即是以廣東話發音而來，[105] 換言之，「hakka」一詞的出現有其特殊的時空背景，而其本身即可充分說明客家意識形成的歷史脈絡。

　　我們必須了解，客家族群論述發軔的地點並不是發生在號稱客家大本營的

---

105 楊聰榮：〈從族群關係史看臺灣客家的分類範疇與獨特性〉。

閩粵贛邊區，而是發生在離散客家與廣府本地人的族群邊界，其客家意識形成
的經過，也未必是放諸四海而皆準的。客方言人群自閩粵贛地區外移，在廣東
省境內因與廣府人互動折衝而產生客家意識的同時，生活在閩粵贛地區的居
民，既不知道也無從認同自己是客家人。因此，康熙《程鄉縣志》、乾隆《嘉
應州志》等客方言人群原鄉的志書中，皆無以「客」做為族稱的記載。[106] 道
光年間嘉應州鎮平人黃釗撰《石窟一徵》，全書亦未提到「客家」一詞，由其
論述內容可知，當時梅州人的身分認同是粵人，並未自稱我群為客家。[107] 除
了客方言人群原鄉的居民無從認同於客家意識外，外移至其他地區，面臨不同
的土客或主客衝突的客方言人群亦復如此，皆有其不同的歷史脈絡與時空環
境，未必能以與廣府族群互動而成形的客家意識不由分說地加以定義之。

其實，針對明清時期客方言人群各移住地中，相關文獻中「客」之書寫與
後來「客家」二者間糾纏不清且曖昧難明的關係，已逐漸有反省與嘗試釐清的
傾向。如大陸學者饒偉新對清代以來贛南地區「客佃」、「客籍」等稱謂與「客
家」關係的析論，即可以提供我們很好的參考。他認為清代贛南文獻中提到的
「客佃」、「客籍」，與近代以來所謂的「客家」，實屬不同的兩個歷史範疇。
前者是清代移墾過程和戶籍制度背景下的歷史產物，代表一個與「土著」、「土
籍」對稱的移民範疇，主要指當時流寓在贛南山區佃耕墾種，且在戶籍制度上
身處「客籍」地位的福建和廣東流民。後者作為晚清以來廣東地區社會文化變
遷背景下的歷史產物，是一個具有近代種族和血統意義的民系範疇。因此，即
使清代贛南文獻中偶有稱閩粵移民為「客家」的情形，如康熙 50（1711）年
興國知縣張尚瑗言「興邑地處山陬，民多固陋，兼有閩廣流氓僑居境內，客家

---

106 楊聰榮：〈從族群關係史看臺灣客家的分類範疇與獨特性〉。
107 高怡萍：〈徘徊於聚族與離散之間：粵東客家的族群論述與歷史記憶〉，國立清華
　　大學人類學研究所博士論文，2004 年，頁 197-200。

異籍，禮儀罔聞」，然而根據當時的戶籍制度背景以及這句話的上下文語境，其所稱之「客家」其實是指「客籍」之意。就其觀察，具有民系意義的「客家」在贛南之出現，是最近幾十年由於「客家熱」風潮而產生的。此後對贛南「客家」的認知，已不同於清代及民國贛南文獻中「客」之人群意涵，因為後來所稱之「客家」不僅指原本文獻上的「客」，還包括明清以前就定居在贛南的早期土著居民之後裔。[108]

就清代臺灣相關文獻中用以指稱粵東移民的「客」與廣府地區「土客之爭」的「客」相較，我們也可以發現，二者所代表的人群意涵及歷史脈絡亦不盡相同，其明顯的相異處有三，略述如下。

其一，由閩粵贛邊區外移的客方言人群，在贛南、廣東等地皆面臨嚴重的土客衝突。在此，與「客」相對之「土」，非指原住地的少數民族，而係指先一步開墾落戶的其他漢族民系，即如朱希祖所言：「廣東之客家，不與土著之民相齟齬，乃與其鄰近先來之客相齟齬，先來之客，忘其己之為客，而自居於主」。[109] 清代臺灣文獻上用以指稱粵東移民的「客」，則非別於先住民或本地人之「土」，而是別於福建本省之「主」。由於清領臺之初，臺地除了原住民族外，「素無土著」，因此，閩粵移民皆被視為流徙之「客民」，即閩粵之間並不存在先來後到的土客之別。但由於清代臺灣屬福建省轄，故即使閩粵移民抵臺時間互有先後，但粵民始終屬於隔省流寓的身分，閩主粵客的情形於焉產生。

其二，清代華南地區的土客關係，除了是先住民與後住民、本地與外來者

---

108 饒偉新：〈區域社會史視野下的「客家」稱謂由來考論：以清代以來贛南的「客佃」、「客籍」與「客家」為例〉，《民族研究》，2005 年第 6 期，頁 92-110。

109 朱希祖：〈客家研究導論序〉，收於羅香林：《客家研究導論》，頁 1。

之分類外,由上節的討論可知,方言之不同亦是土客族群界線之所在。如增城土著對自己所講方言與客民方言的看法是「語言與番禺無甚異,近山者剛而直,近水者清而婉。……。至若客民隸增者,雖世閱數傳,鄉音無改,人耳嘈嘈,不問而知其為異籍也」。[110] 亦如《赤溪縣志》中所言:

> (赤溪)縣屬居民其先世俱於清初康、雍間來自惠潮嘉各州縣,所說亦客語也。……至咸豐四年,開、恩兩縣土客因事失和,釀成分聲械鬥……夫無論土民、客民,皆黃農裔也,只因方音不同,積年尋仇劇鬥,兩敗俱傷,為禍之烈,一至於此,雖由民俗勇於私鬥使然,亦在彼此語言扞格,易失感情,有以致之。[111]

贛客方言人群相對於該地區之「土」而言,皆是客,使用同一方言,社會經濟的處境有一定的共性。相較於華南地區土客之別與方言界線相吻合,清代臺灣的主客之別,則與方言界線呈現交錯的情形。清代臺灣省籍與方言兩條界線割裂出的四種省籍與方言人群的組合,即閩屬福佬(漳、泉)、閩屬客家(汀州)、粵屬福佬(潮州)、粵屬客家(嘉應州)。[112]

其三,清代華南地區因客方言人群外移而起的土客衝突中,其先住民多蔑

---

110 民國《增城縣志》,卷 1,風俗。

111 王大魯修,賴際熙纂:《赤溪縣志》(臺北:成文出版社,1967 年;1920 年原刊),卷 1,輿地下・方言。

112 以上所言之四種省籍與方言人群的組合雖然實際存在,但卻未必能與州府層級的行政區劃相吻合。因為,清代移民臺灣的漢人原鄉,其方言與行政區劃的界線即未必吻合。移民臺地之漢人原鄉中,方言區與行政區劃相吻合的有「泉州府—閩南(福佬)方言」、「嘉應州、汀州府—客家方言」,而漳州府與潮州府則是以閩南方言為主,但部分地區散布客家方言。此外,嘉應州係於清雍正 11 年方自立為州,之前其地分屬於廣東省潮州、惠州二府,故清領臺之初渡臺之粵民,多被以「潮惠民人」稱之。

稱外來移民為客民，並一直強調其負面形象。近代客家意識的形成，即由於被汙名化的過程。清代臺灣的情況則不盡相同，文獻中對於「客仔」、「客莊」負面評價多出現於康、雍年間。臺地粵民自朱一貴事件之後，屢有從官平亂之舉，常扮演穩定社會，保衛鄉里的義民角色，與廣東西路之客方言人群被汙名化，被蔑稱為蠻族，非漢種的處境迥異。反映在文獻上，有稱「粵人性直而知畏法，為盜者頗少」[113] 者，亦常見有將閩粵移民相互比較，強調粵民之安定社會的角色者，如乾隆 14（1749）年福建巡撫潘思奏稱：

> ……流寓之人，俱係粵東惠、潮，閩省漳、泉等府人氏。惠、潮之人，列庄而居，戶多殷實，不致流於匪僻；漳、泉之人，窮窘而散處，或代人傭作，或佃人地畝，或搭蓋寮廠，養鴨取魚以資生，甚至覬覦生番田土，侵墾番界，大抵不肖生事之輩，多出於漳、泉。其土著熟番，素為安分。[114]

又，乾隆 34（1769）年閩浙總督崔應階亦奏稱：

> 粵民多屬耕種為活，但貪得好勝，衛護同鄉，眾心齊一，間有並無恆產游手好閒者，亦十居二、三，既無恆業，易致為匪。至於在臺閩民，多半好勇鬥狠，聚散無常，惟利是務，恩不可結，法不可威，所謂狼子野心，最難約束。[115]

---

113 「閩浙總督孫爾準奏摺抄件」（道光 6 年 11 月 14 日），《外紀檔》，國立故宮博物院藏。

114 「福建巡撫潘思奏摺」（乾隆 14 年 3 月 12 日），見國立故宮博物院編：《宮中檔乾隆朝奏摺》（臺北：國立故宮博物院，1982 年），第 1 輯，頁 21。

綜上可知,清代移墾臺灣的客方言人群不同於廣府地區面臨土客衝突的客方言人群的處境,當時渡臺之客方言人群係跨閩粵二省,在閩主粵客的客觀條件,加上粵民的義民角色,在省籍與方言界線的交錯中,皆使客方言人群難以找出立場一致的認同邊界。因此,我們很難相信清代臺灣的客方言人群在嘉慶年間論及客人源流及方言前的清領臺之初,即已將「客」視為方言識別的界線,無論是他稱或是自稱。因為,直至同治年間,原籍嘉應州的吳子光仍不解「客籍語」之由來。誠然,清代臺灣在省籍與方言群交錯的四種屬性的人群中,粵屬客家的確是清代臺灣文獻上「客」之大部分,但卻不能因此逕將文獻上的「客」視為客方言人群,因為其二者間實具有不同的歷史脈絡與人群意涵。

## 四、結論

客家方言人群的形塑有其階段性,可視為中國歷史上移民運動中,不同文化共性人群因互動而區別出來的認同意識。在明清時期,自閩粵贛邊區流徙各地的客方言人群,雖然是明清華南地區移民運動的最大多數,但不應逕將史籍中的「客」全用以解釋客家源流或客方言人群之歷史經驗,即如饒偉新所言,我們應該打破「起源偶像」,放棄以往客家學界迷戀於歷史文獻中帶有「客」字歷史稱謂的歷史淵源之討論模式,必須回到各自歷史時空的脈絡下重塑或理解當時的族群關係。藉由本文之討論,我們似乎能更清楚的了解,清代臺灣史志中「客」所代表的人群意涵有兩種層次,即別於土著之客,及別於閩主而粵客。其中別於閩主而粵客之「客」,其所代表的人群意涵,亦與後世所認知的客家不盡相同。即使見諸於文獻中的「客」,有很大一部分就是後來我們認知

---

115 「閩浙總督崔應階奏摺錄副」(乾隆 34 年 9 月 24 日),《軍機處檔・月摺包》,國立故宮博物院藏,第 2771 箱,71 包,10889 號。

的客家，但卻不應如此簡單地等同視之，因為清代臺灣史志中的「客」實含括了使用福佬方言的粵省潮州人，卻未包括使用客方言的閩省汀州府人。

不論是明清的華南地區，或是清代臺灣史籍中的「客」，其意涵有相似與相異之處。相似處在於皆意指後至之流徙之民、耕佃身分，也一樣面臨土客（或主客）與主佃衝突，須為爭取自身權益而努力。但其相異處在於清代臺灣由於省籍與方言界線的交錯，閩主粵客面對衝突時，客方言人群很難就方言群界線去全面凝聚共識；加上清代對人群的識別多以籍貫或地緣原則，因此，形諸於文獻，常見的反而是省籍的閩粵之分。清代臺灣「客」與「非客」方言人群間的分類實情，由於與省籍界線交錯，在追究上，或應細緻到省級以下的州縣別或村鎮別的地域意識中，才可區分出來。往後對於清代臺灣漢人族群關係的相關研究，若能避免逕以文獻上「客」之書寫等同於客家民系，及能跳脫出「閩即福，粵即客」的迷思，應較能描繪出更貼近事實的歷史實相及族群關係。

# 參考文獻

## 一、檔案

《月摺檔》，（臺北國立故宮博物院藏），光緒 7 年 2 月 3 日，福建巡撫勒方錡奏摺抄件。

《外紀檔》，（臺北國立故宮博物院藏），道光 6 年 11 月 14 日，閩浙總督孫爾準奏摺抄件。

《軍機處檔・月摺包》，（臺北國立故宮博物院藏），乾隆 34 年 9 月 24 日，閩浙總督崔應階奏摺錄副。

《軍機檔道光朝》，（臺北國立故宮博物院藏），058972，道光 7 年 12 月 12 日。

《淡新檔案》，（臺北國立臺灣大學藏），編號 12203、12403。

## 二、史料、方志

丁曰健，1959，《治臺必告錄》，文叢第 17 種。臺北：臺灣銀行經濟研究室。

丁紹儀，1957，《東瀛識略》，文叢第 2 種。臺北：臺灣銀行經濟研究室。

六十七，1961（1746 年原刊），《使署閒情》，文叢第 122 種。臺北：臺灣銀行經濟研究室。

王大魯修，賴際熙纂，1967（1920 年原刊），《赤溪縣志》。臺北：成文出版社。

王元穉，1959，《甲戌公牘鈔存》，文叢第 39 種。臺北：臺灣銀行經濟研究室。

王必昌，1961（1752 原刊），《重修臺灣縣志》，文叢 113 種。臺北：臺灣銀行經濟研究室。

王　東，1996，《客家學導論》。上海：上海人民出版社。

王瑛曾，1964（1764 年原刊），《重修鳳山縣志》，文叢第 146 種。臺北：臺灣銀行經濟研究室。

丘逢甲，1960（1937 年原刊），《嶺雲海日樓詩鈔》，文叢第 70 種。臺北：臺灣銀行經濟研究室。

左宗棠，1960，《左文襄公奏牘》，文叢第 88 種。臺北：臺灣銀行經濟研究室。

朱仕玠，1957，《小琉球漫誌》，文叢第 3 種。臺北：臺灣銀行經濟研究室。

吳大猷，1968（1896 年原刊），《四會縣志》。臺北：成文出版社。

吳子光，1959，《臺灣紀事》，文叢第 36 種。臺北：臺灣銀行經濟研究室。

周　凱，1960（1840 年原刊），《內自訟齋文選》，文叢第 82 種。臺北：臺灣銀行經濟研究室。

周鍾瑄，1962（1717 年原刊），《諸羅縣志》，文叢第 141 種。臺北：臺灣銀行經濟研究室。

周　璽，1962（1830 年原刊），《彰化縣志》，文叢第 156 種。臺北：臺灣銀行經濟研究室。

姚　瑩，1957（1829 年原刊），《東槎紀略》，文叢第 7 種。臺北：臺灣銀行經濟研究室。

＿＿＿＿，1960，《中復堂選集》，文叢第 83 種。臺北：臺灣銀行經濟研究室。

施士浩，1965，《後蘇龕合集》，文叢第 215 種。臺北：臺灣銀行經濟研究室。

柯培元，1961（1835 年原刊），《噶瑪蘭志略》，文叢第 92 種。臺北：臺灣銀行經濟研究室。

范　咸，1961（1746 年原刊），《重修臺灣府志》，文叢第 105 種。臺北：臺灣銀行經濟研究室。

郁永河，1959，《裨海紀遊》，文叢第 44 種。臺北：臺灣銀行經濟研究室。

倪贊元，1959，《雲林縣采訪冊》，文叢第 37 種。臺北：臺灣銀行經濟研究室。

唐贊袞，1958，《臺陽見聞錄》，文叢第 30 種。臺北：臺灣銀行經濟研究室。

徐宗幹，1960，《斯未信齋文編》，文叢第 87 種。臺北：臺灣銀行經濟研究室。

高拱乾，1960（1696 年原刊），《臺灣府志》，文叢第 65 種。臺北：臺灣銀行經濟研究室。

國立故宮博物院編，1982，《宮中檔乾隆朝奏摺》，第 1、12 輯。臺北：國立故宮博物院。

屠繼善，1960，《恒春縣志》，文叢第 75 種。臺北：臺灣銀行經濟研究室。

張煜南，1973（1901 年原刊），《梅水詩傳》。臺北：張穎基。

陳文達，1961（1720 年原刊），《臺灣縣志》，文叢第 103 種。臺北：臺灣銀行經濟研究室。

＿＿＿＿，1961（1720 年原刊），《鳳山縣志》，文叢第 124 種。臺北：臺灣銀行經濟研究室。

陳國瑛等，1959，《臺灣采訪冊》，文叢第 55 種。臺北：臺灣銀行經濟研究室。

陳淑均，1963（1807 年原刊），《噶瑪蘭廳志》，文叢第 160 種。臺北：臺
　　灣銀行經濟研究室。

賀長齡，1968（1881 年原刊），《耐庵奏議》。臺北：成文出版社。

黃叔璥，1957（1722 原刊），《臺海使槎錄》，文叢第 4 種。臺北：臺灣銀
　　行經濟研究室。

溫仲和，1968（1898 原刊）《嘉應州志》。臺北：成文出版社。

溫廷敬輯，1967，《茶陽三家文鈔》。臺北：文海出版社。

葉覺邁修，陳伯陶纂，1967（1921 年原刊），《東莞縣志》。臺北：成文出版社。

熊學源修，李寶中纂，1974（1820 年原刊），《增城縣志》。臺北：成文出版社。

翟　灝，1958，《臺陽筆記》，文叢第 20 種。臺北：臺灣銀行經濟研究室。

臺灣銀行經濟研究室編，1959，《同治甲戌日兵侵臺始末》，文叢第 38 種。
　　臺北：臺灣銀行經濟研究室。

――――，1959，《安平縣雜記》，文叢第 52 種。臺北：臺灣銀行經濟研究室。

――――，1959，《馬關議和中之伊李問答》，文叢第 43 種。臺北：臺灣銀行
　　經濟研究室。

――――，1960（1896 年原刊），《臺東州采訪冊》，文叢第 81 種。臺北：臺
　　灣銀行經濟研究室。

――――，1960，《福建通志臺灣府》，文叢第 84 種。臺北：臺灣銀行經濟研究室。

――――，1961，《欽定平定臺灣紀略》，文叢第 102 種。臺北：臺灣銀行經濟
　　研究室。

――――，1961，《臺灣私法人事編》，文叢第 117 種。臺北：臺灣銀行經濟研
　　究室。

――――，1961，《臺灣私法商事編》，文叢第 91 種。臺北：臺灣銀行經濟研究室。

――――，1963，《臺灣私法物權編》，文叢第 150 種。臺北：臺灣銀行經濟研
　　究室。

――――，1962，《清初海疆圖說》，文叢第 155 種。臺北：臺灣銀行經濟研究室。

――――，1963，《臺案彙錄丙集》，文叢第 176 種。臺北：臺灣銀行經濟研究室。

――――，1964，《臺案彙錄己集》，文叢第 191 種。臺北：臺灣銀行經濟研究室。

――――，1964，《清高宗實錄選輯》，文叢第 186 種。臺北：臺灣銀行經濟研
　　究室。

＿＿＿＿＿，1964，《清宣宗實錄選輯》，文叢第 188 種。臺北：臺灣銀行經濟研究室。

＿＿＿＿＿，1964，《清文宗實錄選輯》，文叢第 189 種。臺北：臺灣銀行經濟研究室。

＿＿＿＿＿，1965，《海濱大事記》，文叢第 213 種。臺北：臺灣銀行經濟研究室。

＿＿＿＿＿，1966，《清經世文編選錄》，文叢第 229 種。臺北：臺灣銀行經濟研究室。

＿＿＿＿＿，1966，《臺灣南部碑文集成》，文叢第 218 種。臺北：臺灣銀行經濟研究室。

＿＿＿＿＿，1967，《清耆獻類徵選編》，文叢第 230 種。臺北：臺灣銀行經濟研究室。

＿＿＿＿＿，1970，《臺灣詩鈔》，文叢第 280 種。臺北：臺灣銀行經濟研究室。

＿＿＿＿＿，1971，《道咸同光四朝奏議選輯》，文叢第 288 種。臺北：臺灣銀行經濟研究室。

劉良璧，1961（1741 年原刊），《重修福建臺灣府志》，文叢第 74 種。臺北：臺灣銀行經濟研究室。

蔣師轍，1957，《臺游日記》，文叢第 6 種。臺北：臺灣銀行經濟研究室。

鄭鵬雲、曾逢辰編，1959，《新竹縣志初稿》，文叢第 61 種。臺北：臺灣銀行經濟研究室。

鄧傳安，1958，《蠡測彙鈔》，文叢第 9 種。臺北：臺灣銀行經濟研究室。

盧德嘉，1960（1894 年原刊），《鳳山縣采訪冊》，文叢第 73 種。臺北：臺灣銀行經濟研究室。

錢儀吉，1966，《碑傳選集》，文叢第 220 種。臺北：臺灣銀行經濟研究室。

謝金鑾，1962（1831 年原刊），《續修臺灣縣志》，文叢第 140 種。臺北：臺灣銀行經濟研究室。

藍鼎元，1958，《東征集》，文叢第 12 種。臺北：臺灣銀行經濟研究室。

＿＿＿＿＿，1958，《平臺紀略》，文叢第 14 種。臺北：臺灣銀行經濟研究室。

羅大春，1972，《臺灣海防並開山日記》，文叢第 308 種。臺北：臺灣銀行經濟研究室。

羅翽雲，1972（1922 年原刊），《客方言》。臺北：古亭書屋。

顧炎武，1959，《天下郡國利病書‧七‧福建、廣東、廣西》，四部叢刊三編史部。臺北：四庫善本叢書館。

## 三、專書

王重民等編，2000，《太平天國（六）》。上海：上海人民出版社。

司徒尚紀，1993，《廣東文化地理》。韶關：廣東人民出版社。

江立華、孫洪濤，2001，《中國流民史‧古代卷》。合肥：安徽人民出版社。

何國強，2002，《圍屋裡的宗族社會：廣東客家族群生計模式研究》。南寧：廣西民族出版社。

何翠萍、蔣斌，2003，《國家、市場與脈絡化的族群》。臺北：中央研究院民族學研究所。

吳松弟，1997，《中國移民史》，第 4 卷，遼宋金元時期。福州：福建人民出版社。

宋德劍，2002，《民間文化與鄉土社會》。梅縣：花城出版社。

李如龍，2000，《福建方言》。福州：福建人民出版社。

李新魁，1994《廣東的方言》。韶關：廣東人民出版社。

汪毅夫，1994，《臺灣社會與文化》。福州：海峽文藝出版社。

周振鶴、游汝杰，1986，《方言與中國文化》。上海：上海人民出版社。

屈大均，1996，《永安縣次志》，收於《屈大均全集》，第 6 冊。北京：人民文學出版社。

陳支平，1998，《客家源流新論：誰是客家人》。臺北：臺原出版社。

陳智勇，2003，《中國古代社會治安管理史》。鄭州：鄭州大學出版社。

黃宇和，2004，《兩廣總督葉名琛》。上海：世紀出版集團、上海書店出版社。

黃淑聘，1999，《廣東族群與區域文化研究》。廣州：廣東高等教育出版社。

劉　平，2003，《被遺忘的戰爭：咸豐同治年間廣東土客大械鬥研究》。北京：商務印書館。

劉佐泉，2003，《客家歷史與傳統文化》。開封：河南大學出版社。

劉曉春，2003，《儀式與象徵的秩序：個客家村落的歷史、權力與記憶》。北京：商務印書館。

鄭昌時，1979，《韓江聞見錄》。香港：香港潮州會館。

謝重光，2001，《客家形成發展史綱》。廣州：華南理工大學出版社。

羅香林，1992，《客家史料匯篇》。臺北：南天書局。

＿＿＿＿，1992，《客家研究導論》。臺北：南天書局。

瀨川昌久，1993，《客家：華南漢族のエスニンティ―とその境界》。東京都：株式會社風響社。

Leong Sow-Theng，1998，*Migration and Ethnicityin Chinese History: Hakkas, Pengmin and their Neighbors*。臺北：南天書局。

## 四、論文

尹章義，1991，〈臺灣移民開發史上與客家人相關的幾個問題〉，《中國海洋發展史論文集（四）》。臺北：中央研究院三民主義研究所。

＿＿＿＿，1999，〈臺灣族群關係與地方開發比較研究法：以臺北及高屏地區為例〉，《客家文化研究通訊》，第 2 期。

王明珂，1993，〈民族史的邊緣研究：一個史學與人類學的中介點〉，《新史學》，4 卷 2 期。

＿＿＿＿，1993，〈周人的族源與華夏西部族群邊界的形成〉，《大陸雜誌》，87 卷 2 期。

＿＿＿＿，1994，〈過去的結構：關於族群本質與認同變遷的探討〉，《新史學》，5 卷 3 期。

＿＿＿＿，1997，〈漢族邊緣的羌族記憶與羌族本質〉，收入中央研究院民族學研究所，《從周邊看漢人的社會與文化》。臺北：中央研究院民族學研究所。

王　東，2003，〈「贛閩粵邊：一個方言群的歷史與神話」研究計劃〉，《客家文化研究通訊》，第 5 期。

池子華，2000，〈土客衝突的文化學考察：以近代江南地區為例〉，《河北大學學報（哲學社會科學版）》，25 卷 1 期。

宋光宇，2001，〈論客家原義〉，《客家文化研究通訊》，第 4 期。

李文良，2003，〈清初臺灣方志的「客家」書寫與社會相〉，《臺大歷史學報》，第 31 期。

周大鳴，2003，〈從「漢化」到「畲化」談族群的重構與認同：以贛南畲族為例〉，收入中南民族大學民族學與社會學學院編，《族群與族際交流》。北京：民族出版社。

林正慧，2005，〈閩粵？福客？清代臺灣漢人族群關係新探：以屏東平原為起點〉，《國史館學術集刊》，第 6 期。

唐立宗，2002，〈敬恭桑梓：近代廣東志書的編纂活動與「客家」途述〉，發表於「第二屆客家研究研究生論文研討會」。

＿＿＿＿，2005，〈清代廣東方志的「客民」、「客匪」與「客家」論述〉，發表於「北京第四屆青年學者論壇」。

高怡萍，2004，〈徘徊於聚族與離散之間：粵東客家的族群論述與歷史記憶〉，國立清華大學人類學研究所博士論文。

張世明、龔勝泉，2006，〈另類社會空間：中國邊疆移民社會主要特殊性透視（1644-1949）〉，《中國邊疆史地研究》。

張應斌、謝友祥，2000，〈黃遵憲的客家源流觀〉，《汕頭大學學報（人文科學版）》，16 卷 4 期。

許懷林，2000，〈棚民‧客籍‧客家意識：義寧州客家的歷史實際〉，《嘉應大學學報（哲學社會科學）》，18 卷 2 期。

陳　坤，2000，〈粵東剿匪紀略〉，《四庫未收書輯刊》，第 3 輯第 13 冊。北京：北京出版社。

陳春聲，2005，〈清末民初潮嘉民眾關於「客家」的觀念：以《嶺東日報》的研究為中心〉，收入陳支平、周雪香編，《華南客家族群追尋與文化印象》。合肥：黃山書社。

鈔曉鴻，1998，〈晚清時期陝西移民入遷與土客融合〉，《中國社會經濟史研究》，第 1 期。

楊國安，2004，〈主客之間：明代兩湖地區土著與流寓的矛盾與衝突〉，《中國農史》，第 1 期。

楊聰榮，2004，〈從族群關係史看臺灣客家的分類範疇與獨特性〉，發表於「臺灣史學客家研究研討會」。

賈叢江，2005，〈釋「土著」〉，《西域研究》，第 4 期。

趙以武，2000，〈淺談客家研究中的幾個問題〉，《客家研究輯刊》，第 2 期。

劉勁峰，2001，〈積累與嬗變：略論客家民系的形成過程〉，《客家研究輯刊》，第 1 期。

劉曉春，2004，〈民俗學問題與客家文化研究：從民間文化研究的普同性與線性視野之困境反思客家研究〉，《江西社會科學》，第 1 期。

劉麗川，2004，〈論清代粵臺兩地客民稱謂之異同〉，《深圳大學學報（人文社會科學版）》，21 卷 2 期。

蔣炳釗，1994，〈試論客家的形成及其與畬族的關係〉，收入《閩臺社會文化比較研究工作研討會論文集》。臺北：中央研究院民族學研究所。

賴旭貞，1999，〈佳冬村落之宗族與祭祀：臺灣客家社會個案研究〉，中正大學歷史所碩士論文。

鍾幼蘭，1996，〈臺灣民間社會人群結合方式的構成與發展：以臺中縣神岡鄉大社村為例〉，收入《臺灣與福建社會文化研究論文集（三）》。臺北：中央研究院民族學研究所。

羅烈師，2001，〈客家族群與客家社會：臺灣竹塹地區客家社會之形成〉，收入徐正光編，《聚落、宗族與族群》。臺北：中央研究院民族學研究所。

嚴忠明，2004，〈「豐湖雜記」與客家民系形成的標誌問題〉，《西南民族大學學報・人文社科版》，25 卷 9 期。

饒偉新，2005，〈區域社會史視野下的「客家」稱謂由來考論：以清代以來贛南的「客佃」、「客籍」與「客家」為例〉，《民族研究》，第 6 期。

# 社會運作機制

# 清代一個務實拓墾家族的研究：
## 以新竹姜朝鳳家族為例[*]

吳學明

## 一、前言

　　臺灣史上重要家族之崛起，均有其共通之處，而其為後人所熟知樂道者，則在於其家族之特色。如板橋林家、霧峰林家、新竹鄭家、高雄陳家，甚或稍晚之基隆顏家、鹿港辜家等，各有其家族特色。近年來臺灣家族史研究頗受重視，屢有佳作，如黃富三之研究霧峰林家、許雪姬之研究龍井林家等均是。

　　新竹姜朝鳳家族，雖然不如前述家族舉臺聞名，但卻有其重要性與獨特色。連橫《臺灣通史》姜氏族人有三人入傳。一是姜朝鳳，附於〈王世傑列傳〉。一是姜秀鑾，列有〈姜周列傳〉專傳。一是姜紹祖，列有〈吳、徐、姜、林列傳〉。[1]其中姜朝鳳、姜秀鑾因土地拓墾入傳；姜紹祖因抗日入傳。姜紹祖所領導之義軍，其先人多屬大隘的拓墾者，其武力基礎與拓墾有關。此外，姜氏族人尚有多人，為地方性志書所樂載，如姜勝智被稱為「拓墾九芎林庄（今新

* 本文原刊登於《臺灣史研究》，1995，2 卷 2 期，頁 5-52。因收錄於本專書，略做增刪，謹此說明。作者吳學明現任國立中央大學歷史研究所、客家語文暨社會科學系合聘教授。

1 連橫，《臺灣通史》卷 31，列傳三；卷 32，列傳四；卷 36，列傳八（臺北；幼獅文化事業公司，1978 年三版）。

竹縣芎林鄉）始祖」。可見姜家在臺灣史上，是以土地拓墾的成就為後人所重視。

　　姜家之發展，是以土地拓墾為主軸而形成。他們從事土地拓墾之過程為何？以土地拓墾為主軸的發展方式，對姜家有何影響？又他們如何成為地方上之望族？發展歷程有何影響？均值得再深入探討。姜家之墾業並不因為日本之統治而結束，但其拓墾主流已過，所以本文討論時間以日本領臺為下限。

## 二、姜氏族人的墾業

　　在討論姜氏家族墾業之前，首先說明姜家在臺的遷徙狀態。根據《姜氏族譜》等資料顯示，姜朝鳳家族來臺之後曾經過兩次遷徙。他們在乾隆初來到臺灣，於紅毛港樹仔林庄一帶從事農耕，成為翠豐庄墾戶汪仰詹之佃農。至乾隆40年左右，姜朝鳳七子中有四房，遷往當時墾潮正盛之九芎林庄一帶發展。其中姜勝智甚且擔任九芎林庄之佃首，成為九芎林庄墾業之主導者，使姜家獲致良好之發展機會。後來姜秀鑾乙房，又以九芎林為基地，向鄰近地區求發展，終至成為開墾大隘地區墾隘之實際負責人，使姜家的發展達到顛峰。隨著大隘地區之開墾完成，姜家乃於咸豐四年將家族遷往今北埔定居。姜家又領導墾民，以大隘地區為基地，向內層山地發展。本節即以紅毛港、九芎林及北埔為重心，分成三個時段討論姜氏族人墾業之發展，及財富累積之情形。

### （一）紅毛港時期之墾業

　　連橫《臺灣通史》謂：「姜朝鳳……以乾隆二年，往墾紅毛港附近。」[2]因此後來之論者，即以姜朝鳳家族於乾隆2年渡臺從事拓墾。但根據《姜氏族譜》顯示，姜朝鳳父親姜仕俊之三兄弟（大伯仕賢、叔仕傑）均渡臺，朝鳳之

---

2 連橫，《臺灣通史》，頁621。

祖父景輝育有三子，均渡臺謀生。而且景輝之大哥九輝，其四個兒子中亦有三房來臺。[3]可見姜氏家族在同時期有多人渡臺討生活。而且姜氏家族之來臺，並不是始於姜朝鳳，或許姜朝鳳係與其父親及伯叔同時渡臺。根據族譜記載，姜朝鳳出生於康熙 32 年（1693 年），乾隆 2 年入墾紅毛港時姜朝鳳已年過40；如果朝鳳之父仕俊先朝鳳渡臺，則其時間當在雍正年間，而仕俊兄弟之來臺當在其前後，甚或同時。總之，姜氏家族之來臺，其時間當在雍正年間或乾隆初年。

　　姜氏家族在紅毛港墾耕了 40 年，在姜朝鳳過世之後有了重大之轉變。根據《姜氏族譜》之記載，姜朝鳳死於乾隆 43 年（1777 年），享年 85 歲。但鑑諸其他資料，可發現仍有諸多疑點。如其七位兒子在乾隆 40 年 10 月所立之鬮書，即明載「父親遺有家業水田壹所，帶瓦屋參間、茅屋並牛稠七間。」[4]顯見當時姜朝鳳已經死亡；但姜家史料中有乾隆 53 年 10 月，以姜朝鳳為名義向「竹塹墾戶汪仰詹」給出「樹林荒埔拾甲」之墾單。[5]因此，姜朝鳳過世之年代當存疑義，但以分家鬮書所載推定姜朝鳳死於乾隆 40 年之前應較可靠。族譜記錄錯誤為常有之事，以先人名義承墾土地亦非特例。何況乾隆 40 年以後，朝鳳諸子中已開始典賣祖業，或為他遷以求發展之故。[6]

　　朝鳳父子時期之紅毛港，早已為墾民所入墾。根據資料顯示，紅毛港一帶地區，遲至雍正年間，已為竹塹社「番人」賣與汪淇楚，即後來之汪仰詹墾號。[7]因此姜家移民只得向汪家承給土地墾耕，成為汪家之佃農。而姜朝鳳等

---

3 姜氏族譜編委員會編，〈始祖世良公派下系統圖〉，《姜氏族譜》（新竹：姜氏族譜編委員會，1970 年），頁 3。

4 乾隆 40 年 10 月姜阿妙等同立分家鬮書。（新竹北埔姜家史料）。

5 乾隆 53 年 10 月莘豐庄墾戶汪仰詹給與姜朝鳳墾單。（新竹北埔姜家史料）。

6 乾隆 46 年 10 月姜勝智立典當田契字；乾隆 43 年 10 月姜妙立山埔園地契字。（新竹北埔姜家史料）。

所承墾之地在紅毛港樹林仔,即今新豐鄉下坑村一帶。

（二）九芎林時期之墾業

　　姜家在九芎林地區之墾業可分成兩大部分加以說明,一是佃首姜勝智之拓墾九芎林,一是姜秀鑾之往九芎林南勢地區之開墾。姜朝鳳育有七子,擁有豐沛之勞動力,具發展潛力。但紅毛港地區可墾土地已為大墾戶所佔有,耕地取得困難。較具進取積極精神,不以佃農為滿足者,前往開墾第一線尋找發展機會,是極為正常之現象。姜家子弟後來有四房（即勝捷、勝賢、勝略、勝智等）,遷往九芎林地區,其遷居時間當在乾隆 30、40 年代。[8] 當時之九芎林,為漢墾民向內層山區開墾之第一線,墾民全力開墾九芎林,後來並以九芎林為據點向鄰近地區開墾,成為竹塹地區開墾事業之中繼站。[9]

　　遷至九芎林之四位兄弟中,以勝智表現最為突出。他在政府設置番屯時出任「九芎林庄佃首」,初負責督收屯租。故福康安奏摺中載稱:「佃首姜勝智,經理九芎林租務,年給辛勞穀六十石,折銀六十元。」[10] 九芎林劃歸屯租之田園埔地經丈計 154 甲,其中部分已由漢佃墾成田園,部分仍為未墾之荒埔。部分未墾荒埔,後來准姜勝智招佃開墾。此由姜勝智所給出之「招佃墾耕字」可詳細得知,茲引錄如次:

　　　　立招佃墾耕字,竹塹九芎林庄佃首姜勝智。緣九芎林庄田園,於乾

---

7 拙著,《金廣福墾隘與新竹東南山區的開發（1835-1895）》（臺北:國立臺灣師範大學歷史研究所,國立臺灣師範大學歷史研究所專刊 14,1986 年）,頁 46-48。

8 姜氏族譜編委員會編,〈始祖世良公派下系統圖〉,《姜氏族譜》,頁 3;姜振驤撰,《北埔姜氏族譜》（手稿本無出版時間與頁碼）,契字資料。

9 拙著,〈清代頭前溪中上游地區的土地開墾〉,《臺北文獻》直字第 108 期（1994年／6 月）,頁 73-120;直字第 109 期（1994 年／9 月）,頁 19-67。

10 臺灣銀行經濟研究室編,《清代臺灣大租調查書》（臺北:臺灣銀行經濟研究室編印,臺灣文獻叢刊第 152 種,以下簡稱「臺銀文叢」,1963 年）,頁 1050。

隆五十三年，經蒙泉州府憲徐奉文勘丈歸屯，舉智充當佃首，按年
催收屯租完繳，所有該處未墾餘埔，亦蒙丈報准另招佃墾耕在案。
但九芎林庄田園乏水，深慮屯租有誤。欲開圳引灌，工本浩大，無
項可出，茲將丈報餘埔招佃開築水圳墾耕，俾各田園得以接水灌溉，
實屬兩全其美。[11]

　　可知姜勝智原來只是以佃首身分負責催收屯租，進而轉變成為負有招佃開
墾以供屯租之責的「墾戶」，並與劉承豪同被譽為「拓墾九芎林之始祖」。由
於資料之限制，姜勝智何以被徐夢麟挑選為「九芎林庄佃首」，今已不可考，
但可推測姜勝智當為活躍、富領導力，與官府關係良好之地方領導人物。[12]

　　姜勝智除主導九芎林之土地拓墾外，為確保屯租之穩定，他又從事「開圳
引灌」之水利工程。姜勝智發出的招佃墾耕字即載：「但九芎林庄田園乏水，
深慮屯租有誤。欲開圳引灌，工本浩大，無項可出，茲將丈報餘埔招佃開築
水圳墾耕，俾各田園得以接水灌溉，實屬兩全其美。」[13] 可見姜勝智除招佃開
墾之外，亦積極修築水利工程。根據資料所載姜勝智所領導修築之灌溉埤圳計
有：高梘埤圳（又名五股林圳，乾隆 54 年姜勝智、劉承豪等 16 人開濬，灌溉
田 30 餘甲。）、下山埤圳（乾隆 50 年 2 月姜勝智、劉承豪等共同開設，灌溉
下山庄田 75 甲。）、九芎林圳（道光初年姜勝智開濬，灌溉田 400 餘甲。）、
五塊厝圳（道光初年姜勝智開濬，灌溉田 18 甲。）[14]

---

11 乾隆 57 年正月九芎林庄佃首姜勝智立給招佃墾耕字。（新竹北埔姜家史料）。

12 本文初成於中研院臺灣史研究所籌備處舉辦之研討會時，承評論人溫振華指出在歸
　屯之前姜勝智應已在九芎林地區開墾，任命他為佃首是承認現實。施添福則認為姜
　勝智出任佃首，可能是乾隆 40 年代，姜勝智即與中部之岸裡社建立良好的關係，而
　且九芎林屯租部分撥歸岸裡社之麻薯舊社，因此被任命為佃首。然姜勝智出任圳首
　的時間在嘉慶元年，晚於其出任佃首十餘年，其因果關係為何，實難據以推斷。

13 乾隆 57 年正月九芎林庄佃首姜勝智立給招佃墾耕字。（新竹北埔姜家史料）。

姜勝智以佃首身分，將丈報餘埔招佃開墾，到底開墾了多少土地，已難加考證。姜勝智曾遭竹塹社土目潘文起舉控「混給」，竹塹社收回混給的荒埔，另行招漢佃劉承德開墾。[15] 除了竹塹社的競爭之外，姜勝智在九芎林地區之發展，似乎也遭到來自今竹北林家之競爭與挑戰。現存文獻留有「佃首姜勝智、林國寶等混給爭墾，因而互控。」經淡水同知薛志亮於嘉慶 15 年，「前來清丈九芎林屯租足額，將姜勝智混給墾批吊銷」的記錄。[16] 如此，似可推測姜勝智在九芎林地區的拓墾，竹北林國寶家族是另一競爭者。

姜勝智擔任九芎林庄佃首，負責墾務與屯租催收，因而對九芎林的荒埔有部分開墾支配權，但姜家各房是否因此而得到發展機會，值得注意。就姜勝智派下而言，他們在墾區內獲得之土地似乎相當有限。除嘉慶 10 年姜勝智之子，曾以姜懷岳、懷馥及懷精之名，向佃首姜勝智承給九芎林一帶之埔地外，未見其他給墾之記錄。而且該份資料與姜勝智給與他佃之墾字迥異，其真偽值得注意。[17]

二房勝賢之子懷齊，曾於乾隆 58 年向佃首姜勝智給出九芎林埔地開墾。嘉慶 17 年（1812），姜懷齊又向竹塹社土目潘文起，給出九芎林燥坑內節坑北之埔地。[18] 可見姜勝智任佃首期間，姜家各房多少得到發展之機會，惟姜家

---

14 黃奇烈，〈芎林鄉文獻採訪錄〉，新竹文獻委員會《新竹文獻會通訊》第 11 期（1954 年／2 月），頁 4；波越重之，《新竹廳志》第二編建置（臺北：臺灣日日新報社，1905 年），頁 52。

15 嘉慶 14 年 4 月竹塹社土目潘文起立給墾批字。竹東頭重里林振乾提供。

16 臺灣銀行經濟研究室編，《清代臺灣大租調查書》，頁 399-400。

17 嘉慶 10 年 2 月九芎林庄佃首勝智立招墾耕字。（新竹北埔姜家史料）。契載嘉慶 10 年 2 月姜勝智將九芎林庄旱溪內埔地一所給與懷岳、懷馥、懷精等三人自備工本前去實力開墾。本契與姜勝智所發出的招墾字略有不同，乾隆年間姜勝智給出的墾契為木板印之空白契填入佃人姓名、埔地四至，在時間上亦刻上乾隆二字，年份另填；給與其三子之招佃契則為毛筆書寫，所鈐「九芎林庄佃首姜勝智」戳記，文字雖然相同，但其字體明顯不合。

因而得到多少土地，事已不可考。姜勝智佃首地位，隨著其過世而結束。姜家在九芎林一帶之墾業，因而沉寂。另一波拓墾浪潮，正在醞釀中，帶動此一浪潮者為姜秀鑾。姜秀鑾出生於乾隆 48 年（1783），為勝智長兄勝捷之孫子，其父祖在墾業上，並無特殊之記錄。

姜秀鑾參與墾務，應該始於道光 8 年。該年 8 月，姜秀鑾以 300 元資金，參與石壁潭坑洲一帶土地之開墾（今芎林鄉石潭村）。先是陳驕向竹塹社廖家承給九芎林石壁潭坑洲一帶埔地開墾。之後陳驕「情因無力開闢，轉退與弟陳振合、厘觀頂墾。又因洪水沖壞，工力浩大，又近山林，生番擾亂，不能墾成，又再托中退賣一半與范宏斌、奇山兄弟津本合夥，作為四股共墾，前去招佃貼隘口糧，漸開成田。」「至于甲申年（道光 4 年）南片大坑水勢已傷，各股要均銀員築塾工費泰多，陳厘觀叔侄商議，情願將自己股分，叔侄分內之田園一半出賣，托中招到林秀春、金逢泰出首承買。田園壹半依然與舊范宏斌、奇山共股共墾之業，遞年均納大租、加減隘租口糧。」[19]

此一墾業乃成為范宏斌、范奇山、金逢泰、林秀春等四人所共有。范宏斌、范奇山等所應得壹半之業，是范元志、范阿水、范奇山、范萬姜兄弟合股承買的共業，「因立契以後，價銀不敷，爰再托中招得姜秀鑾，備出價銀參佰元正，湊足其數議將此承買之業均作五股，姜秀鑾得壹股，范元志得壹股，范阿水得壹股，范奇山、范奇海兄弟得壹股，范奇萬、范奇富兄弟得壹股，合共伍大股分。」[20]

此項墾業至道光 9 年 10 月，姜秀鑾與范家兄弟拈鬮分管。姜秀鑾分得第

---

18 乾隆 58 年 10 月九芎林庄佃首姜勝智立給招佃墾耕字；嘉慶 17 年 8 月竹塹社土目潘文起等立給墾批字。（新竹北埔姜家史料）。
19 道光 11 年 12 月竹塹社番廖發生立給丈單永定大租字。（新竹北埔姜家史料）。
20 道光 8 年 10 月范宏斌、范奇山、姜秀鑾等同立合約字。（新竹北埔姜家史料）。

一圖，由於係承購荒埔開墾，尚有餘埔尚未墾成，故約定「猴洞口及溪南片尚有埔地未分，乃係五股公共之業，日後再作五股均分。」而且「尚有未墾埔地，倘日後要墾成田者，所有圳路水源，任從下份人開築，上流下出，不得以鬮分後，故意截流勒索股夥等情。」[21] 這是現存資料所見，姜秀鑾首次參與墾務工作行列，而且頗為成功。姜家所經營之「源豐號」，更利用此一機會向「竹塹社白番」廖發生取得該處番大租之典讓權，典期五年。[22] 姜家可能因而取得該地之番大租權。

姜秀鑾有了石壁潭之墾務經驗後，對墾務工作逐漸感興趣，而其墾務經驗亦為鄰近地區墾戶之注意，尤其是姜秀鑾當時又擔任九芎林庄總理。這樣的條件，使他在後來的墾務上展露才華，不但使姜家的墾業更上一層樓，而且帶動了新竹沿山地區的拓墾潮，金廣福墾隘隨之組成。

姜秀鑾在籌組金廣福墾隘之前，一項重要之拓墾事業為參與「員山南重埔」一帶（今新竹縣竹東鎮二、三重里）的開墾。道光 12 年林秋華等「邀齊眾佃按田均派銀元，向得竹塹社通事衛金生、土目潘文起等給出南勢三、四重埔為牧牛草地。」並以生番出擾，趕去牛隻為由，建議淡水同知准予移隘並加派隘丁，獲得官府同意，並發給曉諭。[23] 事實上，從九芎林南下之移民潮，早已進入此區。道光 13 年 9 月漢墾民即以林垂裕為首，向竹塹社承墾員山南重埔。[24] 前述移隘及增派隘丁，實為因應員山南重埔一帶地區開墾需要而運作之結果。

具名向竹塹社承給墾單的林垂裕為何人，已無可考。或為竹北林家公號，

---

21 道光 9 年 10 月姜秀鑾、范元志、范阿水等立分鬮字。（新竹北埔姜家史料）。
22 道光辛卯（11）年 10 月竹塹社白番廖發生立典加隘大租契。（新竹北埔家史料）。
23 道光 14 年 11 月 7 日淡防分府李嗣鄴給發貼曉諭。（新竹北埔姜家史料）。
24 道光 13 年 9 月竹塹社屯番廖阿財等立給墾批字。（新竹北埔姜家史料）。

或為其他之在地墾戶。他結合了劉阿若、范阿台、鄧廷芳、范阿祿、羅昆山、林慶猛、林慶恩、林民安等人，以合夥之方式向竹塹社承墾埔地。並聘得范振德、范阿庚等為隘首。除隘首及竹塹社免出股本之外，其所需費用，由立約股夥按股均攤。[25]

此一拓墾工作雖然設有隘首，且竹北林家也津本參與（林慶忍、林慶猛均為竹北林家之人），但股夥轉讓情形頻繁，且每股股金不高，可知參與者多為親墾之小農，因資金不足而中途退出。隘務雖責成隘丁首負責，但要在「生番」出擾必經之地設隘防番，誠非一般小墾民所能承擔者。要董辦新墾事務，需要「起造隘寮、招募隘丁把守地方，鳩派隘糧及築開坡圳，招佃墾闢田園、建造庄屋、設立庄規」，此實非一般性格之人所能承辦。故「夥內人等不能董辦諸事」，因此由林慶忍出首具名，邀得姜秀鑾前來助辦隘務。[26]姜秀鑾所董辦者，並非單純之隘務，而是一項武裝移民拓墾的工作。除隘防、墾務之外，尚需建造庄屋，設立庄規。主事者要具備墾荒地的領袖性格，還需要與官府熟稔，才易於與官府洽辦諸事。道光14年11月，淡水同知李嗣鄴之所以頒發曉諭同意增丁移隘，應是姜秀鑾、林秋華努力的結果，九芎林姜家與竹北林家在此區之墾業，扮演著重要的領導角色。

姜秀鑾介入三、四重埔地區之墾務，取得此區拓墾之主導權，實與姜秀鑾具備拓荒開墾領袖的性格，且為九芎林庄總理，與官府關係密切有關。承墾後股夥變化甚大，且竹北林家在道光11年林秋華中武舉人之後，在南重埔一帶之拓墾與防番工作表現顯得積極。道光17年三、四重埔地區分管土地，即由姜秀鑾及林秋華主導。無疑的，姜秀鑾的介入是此區成功墾成的原因之一，同

---

25 道光13年10月林垂裕等立合約字。（新竹北埔姜家史料）。
26 道光13年12月林慶恩等同立邀請助份字。（新竹北埔姜家史料）。

時也為姜家再進一步發展奠下基礎，金廣福墾區的開墾即由此切入。

## （三）北埔時期的拓墾

### 1. 領導金廣福墾隘

　　姜秀巒擔任金廣福墾隘粵籍墾戶首，實際負責第一線墾務工作。關於金廣福墾隘的拓墾工作，筆者歷來多所討論，不再贅述。於此以姜家在金廣福墾區內之抱隘、借隘，來探討姜家的拓墾事跡。戴炎輝指出「抱隘」即是出抱人（墾戶或隘首）「本應自行設隘而不自設，將隘務包與他人辦理而貼納隘費之意。」[27] 也就是將一切隘務責成承抱人辦理，由承抱人募丁建隘防守，保護耕種樵牧，以免番害；相對的，出抱人應給與幫貼隘糧。承攬隘務之人，其目的不在於單純隘糧之支配，而是在於移隘開墾取得耕地；原出抱人則在於新墾地隘糧大租之收取。

　　根據《金廣福墾隘給墾號簿》所載，金廣福墾號埔地之給出，除了股夥分管，墾民承墾荒埔之外，尚有抱隘乙項。金廣福墾內抱隘發生之時間，主要在咸豐 4 年至咸豐 8 年，分別為「金聯成」之抱墾社寮坑、「金福和」之抱墾坑南大份林、「金協和」之抱墾番婆坑、「金福源」之抱墾北埔角，以及同治五年姜殿斌，抱隘開墾大南坑一帶。新竹北埔姜家所留史料，對抱隘規定得相當詳盡，可印證前述隘務抱出者及承抱者之權利義務關係。茲將其中有關金協和抱隘之相關規定摘錄如次以供參考：

　　咸豐陸年丙辰歲十一月，給出番婆坑，就福原隘外移入內層龍崗，

　　直透金聯昌隘寮相接，遷建炮櫃，招佃開墾，一可以連絡把守，又

---

27 戴炎輝，〈隘制及隘租〉，收入氏著《清代臺灣之鄉治》（臺北：聯經出版公司，1979 年初版），頁 592。

可以就地加徵。其給出界址，東至……自經給出之後，其給墾界內
山林埔地，即付新墾號金協和股夥等，前以移建炮櫃，招佃開闢成
田，永為己業。即日言明……共計八年為限。限滿成田之日，聽墾
戶依例丈明，按甲科租，給出丈單。每甲田隘糧大租，照金聯成規
例供納。其隘丁隘糧及山面不測等事，原歸福自行發給支理清白，
不干新佃之事，至山場出息什費等項，概行係歸新佃戶金協和自行
向佃抽取，以抵遣隘需費。此乃兩相允悅，各無反悔。今欲有憑，
立給墾批字一紙付照。[28]

前述抱隘除姜殿斌係以個人名義之外，其餘四件由其名稱觀之，均屬合股
之型態。抱隘是經由向內層山區移建隘寮，取得埔地開墾，可見其地當不屬於
平坦之區，而且「番害」必定嚴重，欲墾成耕地實屬不易。為糾得更多資金，
多採合股方式，但仍難以奏效。以金福源墾號而言，該墾號於咸豐8年9月間，
向金廣福墾隘抱隘開墾，但至同年12月股夥才同立合約。此事屬不尋常，因
為8月既以該墾號為名承抱，可見該墾號應於8月之前即組成，何以12月再
訂立合約。此一問題或可由12月之合約得知一二。

緣咸豐八年九月間，彭寶源五股等仝立墾號金福源，向得總墾戶金
廣福給出山林埔地壹所，土名北埔角。其界址年限，以及隘丁隘糧
山面一切等事，悉載墾約聲明。因山面崎嶇，生番又出沒無常，實
艱以墾闢，爰招得姜殿邦自己出身籌劃。當日眾股夥言定將此承給

---

28 咸豐6年11月金廣福給出墾批字，載《金廣福墾隘給墾號簿》。（新竹北埔姜家史
　　料）。

> 之業配爲十大股，姜殿邦自得五股，彭寶源貳股半，溫有恭壹股，
> 陳良恭半股，邱同興半股，曾友昌半股，計共拾股，津派本銀合付
> 金福源，將承給界內移建炮櫃、撫賞生番及各款要用需費。[29]

可見金福源墾號原先只有彭寶源等五股，後來「因山面崎嶇，生番又出沒無常，實艱以墾闢」，墾務無法推展，才請姜殿邦出面籌劃，並給予一半之股權。原有股夥中溫有恭曾爲金廣福墾隘之管事，[30] 彭寶源屬埔尾彭三貴家族，均富於墾務經驗。憑他們之經驗與實力，乃無法使墾務順利推展，可見抱隘並非易事。因此金福源墾號墾務之順利完成，有待身爲金廣福墾戶首，墾務經驗豐富的姜家。由於姜殿邦之參與，自己「出身籌劃」，對原住山胞採取恩威並用之政策，一方面「移建炮櫃」實力防患，一方面「撫賞生番」，墾務因而順利有成。金福源墾號在同治 7 年將北埔角一帶土地加以鬮分，其中姜榮華（時姜殿邦已去世）應得五股，鬮得小土名大湖庄等處土地。[31] 金協和墾號於咸豐 6 年 11 月，向金廣福墾號抱隘開墾番婆坑一帶山林。初組成時姜家並未參與，至咸豐八年姜殿邦又參與金協和墾號之墾務。至同治 5 年股夥分管埔地，姜家分得其二股半之產業（總數十五股）。[32] 姜殿邦參與金協和墾號之背景、過程，是否與金福源墾號相同，已不可知，但從姜家所持有之股數，當可推知姜家在此一抱隘開墾過程中的重要地位。

總之，金廣福墾區內之抱隘工作，是大隘地區得以再向內層拓展的主要因素。資料顯示，由於山面崎嶇可墾平地狹小，「番害」又極爲嚴重，抱隘是危

---

29 咸豐 8 年 12 月金福源股夥彭寶源、溫有恭等同立合約字。（新竹北埔姜家史料）。

30 拙著，《金廣福墾隘與新竹東南山區的開發》，頁 169。

31 同治 7 年 6 月姜榮華、彭寶源等同立鬮書分管字。（新竹北埔姜家史料）。

32 同治 9 年 3 月彭陳養立歸管山林田業字；同治 5 年 9 月姜榮華、貴同立分管墾底山林埔地股份字。（新竹北埔姜家史料）。

險且不易達成目標之工作。姜家以其墾戶首之地位，與長期參與內山拓墾之經驗，為有意抱隘拓墾者之注意。所以咸豐年間之抱隘拓墾工作，姜家均居重要地位，甚至可以說姜家介入，是抱隘得以成功之主因。

姜氏家族除了積極投注金廣福墾區內之抱隘工作，對於鄰近地區墾號之抱隘亦積極參與。

咸豐8年樹杞林隘首彭錦恭、吳阿乾等組成「金福成」墾號，向樹杞林（今新竹縣竹東鎮）墾戶金惠成，及南興庄墾戶金廣福借出隘丁，「在該處山面自建隘寮，把守地方，以便佃人耕種蕉〔樵〕採。」由於防番及墾務之需要，請墾戶首姜榮華出首幫理隘務8年，每年貼與姜榮華辛勞谷參拾伍石正。[33]

姜殿邦曾出任咸菜甕墾戶首，因此鄰近地區之抱隘拓墾工作，亦積極參與。咸豐9年隘首金泰安，「設建隘寮，調撥隘丁把守地方，兼之開墾田地」，因用費日繁，隘丁口糧租不足，還需陸續修築炮櫃，無力承擔。於是請得徐榮興、徐元龍、溫燕京等出首同津資本，合號「金捷發」舖，以代墊給發各項隘費並向墾戶姜殿邦及鍾盛興、黃慶興、蕭鳴皋等三墾戶借隘開墾，遞年共計工、食鉛藥穀貳仟伍佰零捌碩正。[34]借隘期限8年。咸豐9年之合約字所載隘首「金泰安」之經理人為宋國安，到次年金泰安之請帖資料，其經理人已為姜殿邦所取代。又該份請帖銓有「給四方林等處墾戶黃慶興記」、「給大坪庄墾戶鍾盛興長行戳記」等戳記。[35]根據《淡水廳志》所載，四方林在今新竹縣關西鎮之北方，大坪則在更內層。[36]蕭鳴皋為霄裡社蕭家第四代，其家族墾地主要在銅

---

33 咸豐7年8月彭錦恭、吳阿乾立請帖字。（新竹北埔姜家史料）。

34 咸豐9年11月隘首金泰安墾戶姜殿邦同立合約給發隘糧對租字。（新竹北埔姜家史料）。

35 咸豐10年8月墾戶金泰安立請帖。（新竹北埔姜家史料）。

36 陳培桂，《淡水廳志》，卷三志二建置志（臺北：臺灣銀行經濟研究室編印「臺銀文叢」第172種，1963年），頁49。

鑼圈（今桃園市龍潭區），[37] 約內股夥「蓮座山」，即今桃園市大溪區之蓮座山觀音寺。可見北埔姜家對墾務投入程度，而且不以金廣福墾隘地區為限，即使今桃園內山地區之拓墾，亦由姜家來綜理隘務工作。可見姜家在墾務上之表現，廣受內山地區拓墾者之尊重，而姜家也樂於第一線之墾務工作。其積極冒險、不斷尋找墾地之精神表露無遺。

2. 組「廣泰成墾號」拓墾大湖罩蘭

關於「廣泰成」墾號之開墾大湖、罩蘭（今苗栗縣大湖鄉、卓蘭鎮），已有專文討論。[38] 本節僅就姜氏家族參與廣泰成墾號之意義加以討論。

根據《淡新檔案》之資料顯示，嘉慶年間已有漢人陸續入墾罩蘭地區；大湖則在咸豐 11 年始有吳定貴兄弟入墾。[39] 其地原屬原住民泰雅族的領域，引起反抗，拓墾效果不彰。劉銘傳裁隘後，歸撫墾局改由官辦，但歷經多年仍無具體成績。廣泰成稟請立案時指稱：「罩蘭、大湖一帶山場，九分青山一分曠埔，以前民間私墾三、四十年，固屬拋荒未闢；自光緒十一年以來官辦，歷年各墾戶未能仰承德意，荒廢猶昔。實因人力貲本難以湊集，而山多田少，施工亦甚難為」，可見此地之難墾。[40] 劉銘傳在光緒 12 年 8 月之〈督兵剿中路叛番並就近巡閱地方摺〉，指出罩蘭、大湖等處附近之蘇魯及馬那邦各社「生番」，與前往採煎樟腦居民之間相互殺戮嚴重，在林朝棟等全力會剿時，結合鄰近各社強力抗拒。[41] 罩蘭、大湖一帶之難墾由此可推知一二。

---

37 張素玢，〈龍潭十股寮家蕭：一個霄裡社家族的研究〉，1994 年中央研究院臺灣史研究所籌備處主辦「平埔族群研究學術研討會」會議論文，頁 13。

38 黃卓權，〈臺灣裁隘後的著名墾隘：「廣泰成」墾號初探〉，1987 年臺灣史蹟研究中心主辦《臺灣史研究暨史料發掘研討會》論文集，頁 105-140。

39 《淡新檔案》，中央研究院傅斯年圖書館藏微卷，編號 17339。

40 《淡新檔案》，編號 17339–23。

41 劉銘傳，〈督兵剿中路叛番並就近巡閱地方摺〉，《劉壯肅公奏議》（臺北：臺灣銀行經濟研究室編印「臺銀文叢」第 27 種，1958 年，頁 209-210。

　　由於罩蘭一帶墾業難成，雖然由官府負責強力推展多年，仍毫無起色。「山埔坦平之地，鑿圳則窘於無貲；林木叢茂之區，燒伐則苦於無力；人心則參商不一」，以致在光緒 13 年 6 月曾對「罩蘭認墾各地一律勘丈」，但仍不敢遽發墾單與墾民。為徹底解決，政府以為「該處墾務，非改弦易轍，勢難望其有成也。」[42] 在執行劉銘傳裁隘政策之後，官府主動促成新墾號之成立，勢在必行。

　　光緒 15 年 9 月黃南球、姜紹基等四大股東同立的合約載明：

> 因仰奉中路撫墾局梁諭飭大湖等處平原沃野至今拋荒未闢，皆緣前承墾各戶未能得力。後奉中路營務處總辦撫墾事宜，詳奉爵撫憲劉批准招令入山集股墾闢，僉議公號曰廣泰成。……公同議作四大股墾闢，黃南球應得一股，姜紹祖應得一股，林振芳應得一股，陳萬青、溶波共得一股，每股津出七二洋銀參仟元，四股共集本銀壹萬貳仟元。奉憲令公舉黃南球墾闢專主經理……墾內田園埔地，佃戶耕樵牧採栳寮蔗　紙寮枋料竹木山工。[43]

　　參與廣泰成墾號之黃南球，在岑毓英執行撫番政策中崛起，授與「新竹總墾戶黃南球戳記」。劉銘傳執行裁隘政策之初，代替政府向沿山諸隘收取隘租，在沿山地區極具影響力，且與梁成枏等人關係良好。故當官府決定將墾務交與民間承辦時，黃南球乃成為首先考慮之對象。[44]

　　林振芳為例貢生，授五品同知，其子春寶、春友具為生員。明治 29 年時

---

42 《淡新檔案》，編號 17339–1、17339–2、17339–35。

43 光緒 15 年 9 月黃南球、姜紹基等四大股同立合約字。（新竹北埔姜家史料）。

44 連橫，《臺灣通史》，卷三十五列傳七，頁 767。

擔任棟東上堡之總理，一家 200 多口合住，為今豐原、神岡一帶之富豪，每年享有 7 萬石租。曾主持地方團練及保甲局，明治 30 年授與紳章，時年 66 歲，[45] 在地方具影響力。由於資料限制，無法做深入觀察，但有可能因地緣關係，且與林朝棟之關係，而投入廣泰成墾號。在總契所載「林振芳應得一股」，實際上是由各小股聚資而成，以林振芳之名訂立總契字。林振芳實際出資 500 元，之後轉賣與辜顯榮。[46]

就地緣關係而言，大湖、罩蘭離北埔甚遠，姜家何以參與廣泰成之墾業，值得注意。墾內田園埔地及樟腦等山工之收入，向來為姜家所重視。但兩地之距離實在太遠，固然姜家與黃南球家關係良好，但其更重要之因素應為姜家與政府關係的考慮。[47] 自清末政府實施裁隘政策，姜家首當其衝，姜家為保護其利益，抗拒裁隘政策，而影響姜家與官府之關係。從長遠考慮姜家確應改善與政府之關係，而廣泰成之參與正是其機會。此由《淡新檔案》所保存之資料或可得知，因為姜家之入股是由林朝棟所招募的，以姜紹基名義入股三千元，占初募資金四分之一，且其資金由姜家自籌。[48]

初議參與廣泰成墾號時，北埔姜家之負責人為姜紹基。但在未正式簽約時姜紹基旋即死亡。所以在光緒 15 年 9 月股夥簽立四大股墾闢合約字時，姜家以年方十五之姜紹祖之名參與。雖然姜家歷來具豐富之「防番」經驗，但畢竟姜紹祖年少，是故廣泰成墾號之經營權由黃南球經理。由於姜家無法掌控廣泰成墾號，影響了姜家之意願，因此在廣泰成因資金不足而需加派時，姜家並不積

45 間引自吳文星，《日據時期臺灣社會領導階層之研究》（臺北：正中書局，1992 年），頁 73。

46 張素玢，〈龍潭十股寮家蕭：一個霄裡社家族的研究〉，頁 117。

47 黃卓權，〈黃南球先生年譜初稿〉，《臺灣風物》33 卷第 3 期（1987 年），頁 199。

48 《淡新檔案》，編號 17329–1、17329–2。

極，所以始終未再增資。廣泰成墾號經營至日治時期，並於明治38年8月分管埔地，姜家分得南湖庄南湖坑一帶（今苗栗縣大湖鄉南湖村）之土地。[49]

姜家參與廣泰成墾號，雖然不是出於主動，並積極投入。但林朝棟之所以遊說姜家加入，是對姜家歷來領導沿山地區「防番」、拓墾事業，獲致具體成就肯定之表現。

3. 主導「金協和」拓墾五指山地區

光緒八年大隘地區墾民，曾均本合組「金協和」墾號，包辦金惠成墾號隘務，在「五指山頂等處，建設銃櫃，並請流隘把守，農耕墾闢成業。」[50]但因「本少糧乏」，以致在短短的時間內即解組退辦。「金協和」墾號雖然解散了，但原來股內人等仍認為「其山勢平坦，地亦肥饒，可供耕作」。光緒10年再招26股承接，仍以金協和名義向金惠成借隘接辦，[51]並請姜家負責人姜紹基出首協辦墾務，後因「隘糧稀少，所入不供所出」，經過兩次加派增資，並將原隘移上五指山頂。[52]

光緒16年冬金協和的墾業已有所成，股夥乃集議鬮分埔地。在鬮分土地之前，曾抽出「山林埔地一段，送與姜義豐為業，以為酬勞之資。」其原因是「自開闢以來，數年間屢蒙姜義豐出首幫辦墾務，襄成義舉。但念有功於前，當報於後。」「另抽出山林埔地一段，送與姜義豐為業，以為酬勞之資。」[53]姜義豐為北埔姜家之公號，當時之主事者為姜紹基。充分反應出「姜義豐」對

---

49 明治38年8月「開墾土地分管契約承認證書抄謄謄本」。（新竹北埔姜家史料）。
50 光緒8年10月公號金協和股夥同立合約津本墾闢青山夥內字。（新竹北埔姜家史料）。
51 光緒10年7月公號金協和股夥同立合約湊夥津本墾闢青山字。（新竹北埔姜家史料）。
52 光緒11年2月立加三本銀收單字。（新竹北埔姜家史料）。
53 光緒16年12月金協和立抽分管山林埔地字。（新竹北埔姜家史料）。

金協和墾號在處理墾隘事務上之貢獻,甚至可推測,姜家的協助是金協和成功的重要原因之一。[54]姜家投資金協和墾號,並實際參與墾務而獲致成就,固然為姜家增加相當之財富,但更顯示姜家積極進取之一面。姜家自遷臺以來,對土地開墾之高度參與展露無遺。當時姜家已擁有相當財富,距姜秀鑾入墾金廣福墾隘以來已至第四代,其後人仍親臨開墾之第一線。姜家不斷向新墾區尋找新墾地之精神由此可見。

## 三、地方公共事務的參與與地方領導地位的建立

由前述可知,姜家是以參與土地拓墾而起家之家族。在臺灣土地開拓過程中,墾首是開墾活動之策劃者、領導者,他們因墾務而累積財富,擁有大量耕地,掌握地方經濟大權;同時具約束佃農、指揮隘丁之權力,在地方上遂擁有極大的勢力,成為領導地方公共事務之主要人物。[55]姜家領導人自姜秀鑾至姜紹基,向來為金廣福墾隘實質的、在地的領導人物,其在地方上各項表現值得注意。[56]以下分從姜家財富累積、墾戶首地位運用及地方公共事務之參與等項,討論姜家在地方領導地位建構的途徑。

### (一)地方公共事務參與之經濟基礎——財富累積

姜秀鑾族人來臺,始於姜仕俊,仕俊生有七子,其中以朝鳳在墾務上聞名。仕俊、朝鳳兩代均在紅毛港從事墾務,當時紅毛港屬翠豐庄汪仰詹之墾區,姜仕俊父子成為汪家之佃戶。經二代之努力,姜家已有些基礎。根據乾隆40年

---

54 清末劉銘傳裁隘後,在內山加強國家力量,當為另一重要因素。

55 蔡淵絜,〈清代臺灣基層政治體系中非正式結構之發展〉,《歷史學報論文集》(臺北:臺灣師範大學歷史研究所,1994年),頁453。

56 拙著,《金廣福墾隘與新竹東南山區的開發》,頁170-172。

姜朝鳳的分家鬮書所載，姜家此時家業雖不豐碩，但已抽出六十石租穀做為祖田。其產業如下：

> 父親遺有家業水田壹所，帶瓦屋三間，茅屋牛稠七間共拾間；埔園壹所、菜園壹坵、鐵鈀參張……將此田屋園等議價共伍佰壹拾員，各分七份均分，捉鬮為定。其樹林仔庄前水田壹所，另四界帶地屋壹所瓦屋共五間，菜園參坵魚池貳口，〔？〕圍竹木家伙什物等項。公抽出為祖田貳所，每年議　小租谷共陸拾石存為祖內費用。[57]

　　姜朝鳳七子分家之後，或留在紅毛港繼續從事農業，但勝捷、勝賢、勝智等四房即遷往九芎林地區發展。勝智曾出任九芎林屯租之佃首，進而從事九芎林地區之墾闢事業。然由於前往新墾區需用資金，故姜勝智兄弟姪等，於乾隆46年，將承父遺下紅毛港樹林仔祖業，以貳佰陸拾大員典與邱仁進。[58]

　　姜勝智出仕九芎林佃首，負責催納屯租並招佃開墾荒埔，也投資興修水利工程設施。姜勝智擔任佃首期間取得多少土地，今不可考。但從資料所顯示，姜勝智乙房之財富並未增長，且屢屢出典祖業。[59] 道光12年姜勝智五子所立分產業鬮約字，所載錄之財產僅有「姜彭氏承夫遺下有山坑埔地一所，址在燥坑內節」，可見姜勝智後人財力並如預期富厚。[60] 其餘勝韜乙房之祖產亦有出典之現象。

　　使姜家墾業大放異彩者為勝捷（大房）乙房，勝捷終身未娶，以二房勝賢

---

57 乾隆40年姜阿妙兄弟同立分家鬮書。（新竹北埔姜家史料）。

58 乾隆46年10月姜勝智立典田契字。（新竹北埔姜家史料）。

59 嘉慶9年8月姜勝智立典契字。（新竹北埔姜家史料）。

60 道光10年12月姜彭氏立鬮分字。（新竹北埔姜家史料）。

次子懷雙為嗣。懷雙有秀鑾、秀福二子，其中以秀鑾之表現為人所注目。根據道光12年3月姜秀鑾及姜秀福兄弟之分家鬮書可見「兄弟承父所遺，僅有屋前之田、屋後之山竹果等項，餘者數處之田併山崙等業，係鑾兄弟粒積。」兄弟「所創之業，前後竭創共有柒千零元之業價，及人上典借去銀壹千餘元，又上年在公館街開張豐源號乾粿彩白生理，又湊開典鋪，用本銀壹千有奇，查點店內所存錢銀貨項器皿，併人上所欠數賬共銀壹千肆百零元。」雖然鬮書又載及其家道在「兄弟前後創置，每次只因銀元不敷，暨行借湊。況此數年以來收成不順，數賬難取，家費浩繁，倏忽積欠人上陸千餘元，是以爰請族戚人等前來相商，予等兄弟共思情愿分火各爨之計。」[61] 雖然姜家兄弟經營之業，不甚順利，但此時他們不是單純從事力田之業。他們一方面從事農耕與開墾，一方面在九芎林公館街開豐源號從事乾粿彩白生意，並開設典當業。可見已採多元經營方式，姜家崛起之潛在力量已在積釀之中。姜氏兄弟分家次年（道光13年）12月，姜秀鑾即參與「員山南重埔」（今竹東鎮二、三重里）之墾業；道光14年以「九芎林總理」名義，活躍於九芎林南勢「番害」嚴重之區。隨金廣福墾隘組成，姜秀鑾為粵籍墾戶首，實際負責墾務之推展。姜秀鑾於道光26年2月23日去世。其子殿邦、殿斌因「年間缺欠，隘糧不敷」，故具推諉不願接任金廣福墾戶首。其產業由鬮書載列有公業12項（含長孫業一項），可推知此時姜家已具相當的財富。總觀姜家產業中除大小租權外，尚有糖廍股份、土地開墾墾業股份、坡塘以及九芎林公館街之「恆茂堂藥材行」。[62]

姜家自殿邦、殿斌分管財業之後，經歷姜榮華、榮富等一代，紹基、紹祖等一代，振乾、振驤等一代，清漢等一代，合計四代。至大正4年（1915）才

---

61 道光12年3月姜秀鑾、姜秀福立分約鬮書字。（新竹北埔姜家史料）。
62 道光27年3月姜殿邦、姜殿斌分家鬮書。（新竹北埔姜家史料）。

再度鬮分祖業。此時姜家產業先以榮華、榮富兩房加以鬮分，根據「富」字號鬮書所載，該房計有田園六百餘甲外，另有「臺灣製材會社」、「新竹製帽公司」、「臺灣殖產會社」、「臺灣劇場株式會社」等股券，計值九千七百八十七元；南庄之墾號「同興公司」開墾之股份九分之一，上坪庄「金協和」之墾業六股半應得一股；分設於北埔街、南庄、新竹街等處店宇數座。[63]就財富而言，姜家已為新竹地區主要富豪之一。

　　姜家不斷參與土地開墾，因參與土地開墾而分得之土地數目無法考證，但姜家財富的增長並不全部來自土地開墾。如前所述姜家在大力參與土地開墾之前即投入商業活動，而伴隨著金廣福墾隘開墾工作的展開，腦、籐等山工之利會為姜家帶來相當的利潤，對其財富的累積應有幫助。姜家的財富除了來自土地拓墾的獲利外，與商業投資亦有一定的關係。姜秀鑾與秀福兄弟曾經營豐源號從事乾粿彩白生意、恆茂堂藥材行並開設典舖。姜秀鑾領導拓墾金廣福大隘後，墾民日常用品的商機，姜家理應不會輕易放棄。因此除了投資九芎林「協順號」的經營，從事土地投資以及油、糖、米穀的生意外，且以九芎林「協順號」的資金在北埔金廣福公舘右畔開設「金廣茂」，津本發隘。至於樟腦的利潤本來就是閩粵兩籍人士投資金廣福的動機之一，北埔街也以腦市著名，姜家對樟腦的經營應有相當的經驗。淡新檔案即留有姜紹祖在竹塹城從事樟腦買賣的記錄。到臺灣割日前夕，姜家仍在北埔街經營「金廣運」腦棧。[64]此外，姜家與竹塹的商人在峨眉街開設「金義茂」菸舘。凡此，展現姜家的商業性格，並為姜家累積相當的財富。

　　姜家經由土地開墾所帶來的利潤，購得大量的土地。姜家史料中有「田契

---

63 大正 4 年姜榮華、榮富分家鬮書，富字號。（新竹北埔姜家史料）。
64 《淡新檔案》，中央研究院傅斯年圖書館藏微捲，編號 14312-3。
65 統計姜家史料《田契抄簿》而成。（新竹北埔姜家史料）。

抄簿」乙冊，抄錄 76 件自道光 2 年至明治 36 年間，姜家分管或承買土地契字之抄本。其中因開墾分管之契字計 25 件，其中參與石壁潭一帶開墾分管者有 3 件；與南勢山三重埔一帶開墾有關者 5 件；參與金協和、金協順等墾號有關者四件；其餘 13 件均與金廣福墾隘拓墾有關，或給與姜秀鑾任墾戶首之酬勞田，或加派 1,770 元之分管字，或均派加二八銀分管字；或向金廣福承墾、抱隘所得土地之契字。此外 50 件為姜家承買田園之買契，其買入金額合計 41,817 元。[65] 足見姜家的財力。

## （二）地方公共事務參與之政治基礎──墾戶首職位之運用

姜勝智因配合政府政策需要，擔任九芎林庄佃首「經理九芎林租務」，負責「按年催收屯租完繳，所有該處未墾餘埔，亦蒙丈報准另招佃開築水圳墾耕」。可見姜勝智之佃首地位不僅負責屯租之催收，還負責九芎林地方土地之招墾工作。但姜勝智所給發之「招佃墾耕字」，並未出現約束墾民、維護新墾地區治安之規定。因此佃首與墾民間之關係，是否單純建立在催收租稅與放墾埔地上，無法進一步分析。

姜秀鑾在領導金廣福墾務之前，即為九芎林庄總理。清代臺灣地方官吏為加強對地方的控制，增進基層政治體系中非正式結構的效能，以維持社會之安定，自嘉慶年間開始推行「總理制」。總理制中各種鄉職人員負責調解地方民間糾紛、管理公共事業、維持地方治安及宣導政令等工作。總理制雖然不是正式的地方行政組織，但地方政府透過驗充、給戳、斥退等程序，賦與地方領袖處理地方公務之職權。因此，總理是介於非正式政治結構與正式的地方行政組織之間的地方領導人物。[66] 也就是說，姜秀鑾出任九芎林庄總理一職，經由官方認定的程序，使姜秀鑾取得介入地方事務的法定地位，使其在地方之領導地

---

66 蔡淵洯，〈清代臺灣基層政治體系中非正式結構之發展〉，頁 461。

位更加鞏固。在姜秀鑾擔任九芎林庄總理之際，他積極參與地方公務，曾為「生番黑夜焚燒」，妨及耕佃安全而稟請淡水廳准其增丁移隘，「以禦生番出入，護衛田廬庄人」，淡水同知李嗣鄴並准其所請。[67]

金廣福墾隘組成，姜秀鑾任粵籍墾戶首，負責實際開墾事務。金廣福墾隘給出之墾批，除規定所承墾之埔地，該佃應趕緊墾成田業，不得延誤，以免延誤隘糧之外，尚規定該佃「自當安分守己，不得窩匪聚賭等弊，一經查出定行稟官，決不徇情稍縱」，所發給之丈單亦有同樣之規定。[68] 光緒 5 年設置臺北府分設新竹縣，新竹縣知縣李郁階諭令金廣福墾隘換戳，其諭文載曰：「墾戶隘首墾耕隘地，既應募丁防守生番，亦應督丁截拏匪類，責任攸關。」[69] 可知金廣福墾戶首在官府中之定位，具處理墾區內行政事務之權力，姜秀鑾、姜殿邦、姜榮華及姜紹基等四代，先後擔任金廣福粵籍墾戶首。道光 26 年淡水同知黃開基因金廣福隘糧不足，故將咸菜甕（今新竹縣關西鎮）在內之部分田園應納充公屯租撥歸金廣福墾戶，每年九十三元。道光 30 年起咸菜甕墾戶衛榮宗積欠不完，經稟官追究，官諭「各佃自向姜殿邦完納」，[70] 隨後姜殿邦出任咸菜甕墾戶，兼管該庄墾業，[71] 因此姜殿邦時期姜家身兼大隘地區及咸菜甕之墾戶。

墾戶首的地位賦與姜家處理墾區內公共事務的權力，而且其權力遠在街庄總理之上。光緒 12 年 12 月北埔地方生監、鄉耆及殷紳舖戶等推舉何廷輝為北埔等庄「總理」乙案可得知姜家之地位。因為該案「事涉公務，地方攸關」，

67 道光 14 年 11 月初七日淡防分府給發貼曉諭。（新竹北埔姜家史料）。

68 金廣福墾號給出墾批字均載有此規定。（新竹北埔姜家史料）。

69 光緒 5 年新竹縣知縣給姜紹基諭。（新竹北埔姜家史料）。

70 咸豐 4 年 8 月南興庄墾戶金廣福、咸菜甕墾戶衛榮宗等同立合約；咸豐 4 年 11 月 20 日淡水廳分府丁給總墾戶姜殿邦諭。（新竹北埔姜家史料）。

71 咸豐 5 年 2 月衛榮宗退辦墾戶合同。（新竹北埔姜家史料）。

故具稟「懇憲准飭辦理」，然為金廣福墾戶首之姜家未聯名保結，故知縣方祖蔭批示「應否添設總理之處，候諭飭金廣福墾戶姜紹基等查明，稟覆核辦」。待姜紹基稟覆「此何廷輝，在昔原係基館內辦事之人，公事頗為諳練，為人正直。今眾議舉為總理，與其等幫辦諸務，亦甚妥當」，經姜紹基稟文到縣，方祖蔭才批准並發給總理戳章。[72]足見姜家以金廣福墾戶首之身分，在墾區內享有相當的權力。

金廣福墾隘之運作，屬於武裝移民。以武力為後盾驅逐「生番」，取得荒埔供墾民開墾，平時又須以武力防患「生番」反抗。因此在入墾之初，廣設隘寮，雇募隘丁，常川巡防，以保墾民安全。待原住民向內層山區遷居，墾民再往內層墾闢，面臨強大的泰雅族抗拒。到了晚期，墾區內之隘丁除了防止原住民反抗之外，多以種地、抽籐、熬腦、狩獵為生。[73]所以金廣福墾隘之隘丁，一方面是墾民安全之屏障，也是開墾之先鋒。在金廣福墾隘設有隘首管帶隘丁，而隘首又受墾戶首之調配。居於「防番」的需要，隘丁多配有「鳥鎗」，山區的活動相當危險，故多敏捷體健，成為一支強大之武力。有清一代地方行政，由於轄區地廣事繁，人力又單薄；在武備上營汛之兵力又極其薄弱。金廣福墾隘之隘丁乃成為地方官員重要之奧援，咸豐6年金聯昌墾號向金廣福墾隘抱隘移墾時，所立契字即約定「凡遇緊急公務，當聽墾戶呼喚調回，募隘人不得抗違」。同治13年姜榮華稟稿亦說明金廣福「係屬官隘，地方有事丁聽調遣」。[74]故連橫《臺灣通史》稱「統率隘勇數百，拓墾撫番，權在守備以上」。[75]此說法雖嫌誇大，但金廣福墾隘隘丁的武力，官府加以運用之事實

---

72 臺灣銀行經濟研究室編，《淡新檔案選錄行政篇初集》（臺北：臺灣銀行經濟研究室編印「臺銀文叢」第295種，1971年），頁571。

73 《淡新檔案》，編號17110–13。

74 同治元年8月12日黃載立、彭三貴等立甘願交還隘丁隘糧字；同治13年姜榮華稟稿。（新竹北埔姜家史料）。

甚多。茲引其中一二，略述如次：

　　道光年間中英鴉片戰爭之戰火波及淡水、雞籠。道光 20 年 8 月 14 日英艦犯淡水被卻，18 日復窺雞籠，其間淡水同知曹謹「諭飭團練壯勇隨往剿捕夷船，鑾遵諭團練壯勇一百五十名，親自帶赴雞籠口，極力隨同擊沈夷船，並拏獲逆夷多口」，姜秀鑾子殿邦因而獲賞軍功六品銜。[76]

　　咸豐 10 年元月 22 日，淡水同知寧長敬欲往竹南貓裡街銅鑼灣一帶（今苗栗縣苗栗市、銅鑼鄉）公幹，為派隨轅壯勇，乃諭飭金廣福墾號職員姜殿邦，「立即挑選精壯隘丁三十名，攜帶鳥鎗，由該職員管帶，限二十一日齊赴轅署，以憑隨帶調遣」。[77]

　　咸豐 10 年 6 月，蚵殼港到有夾板船一隻，載私鹽幾千擔，有粵人一百數十人執銃械，用牛搬運私鹽，亦有閩人向夾板船買私起運上岸，囤積在沿海各鄉民家內，經哨丁巡見阻止，該私梟等恃眾抗拒。寧長敬一面會營親臨查拏，一方面諭令姜殿邦「立即約束庄民，恪守法紀，毋得與夾板船勾結，車運私鹽登岸」。[78]

　　咸豐 10 年 9 月艋舺內港一帶，因漳籍紳士林國芳起佃肇叛，鄰近各庄漳人均為所惑，以致紛紛焚毀港仔嘴等處（今新北市板橋區江翠里一帶）同安人村庄，淡水同知寧長敬恐釀成巨禍，飛飭「金廣福職員」姜殿邦，「剋日管帶隘丁三十名，隨帶鳥鎗馳赴艋舺，以憑調遣」。[79]

　　咸豐 11 年 8 月 23 日，竹塹社番九芎林等處義首潘榮華，以九芎林內牛鬥

---

75 連橫，《臺灣通史》，頁 659。

76 道光 22 年 6 月立姜殿邦等敘獎抄稿。（新竹北埔姜家史料）。

77 咸豐 10 年元月 22 日淡水廳寧分府諭墾戶姜殿邦。（新竹北埔姜家史料）。

78 咸豐 10 年 6 月淡水廳寧分府諭墾戶姜殿邦。（新竹北埔姜家史料）。

79 咸豐 10 年 9 月淡水廳寧分府諭墾戶姜殿邦。（新竹北埔姜家史料）。

口、九芎坪等處地方青山，生番潛藏，經常出擾九鑽頭等庄，殺斃多人，墾民竄逃，以致隘糧無著。因此稟請於牛鬥口等處地方，募丁設隘把守，以免生番突出殺人。時淡水同知秋日觀，乃於 10 月 14 日，諭令九芎林等庄各總保及墾戶姜殿邦等，立即查明牛鬥口地方，有無生番出害庄民，應否設隘，糧從何出。潘榮華何時充當義首？保結何人？設隘是否實為防番，抑或藉隘以科派口糧？經姜殿邦查明稟覆，認為「潘榮華係冒充義首，妄請設隘希圖混佔，殊屬玩法」。秋同知接獲稟報，隨即飭差吊戳究辦。[80]

同治 3 年咸菜甕庄民邱阿慶、林阿元、林阿金等因藉索不遂而毀埤、搶穀、搶牛，遂發生列械滋鬥事件，時淡水同知鄭元杰諭令墾戶姜殿邦等「立著林阿元等搶去牛十三隻，先行交還邱阿慶，一面協差彈壓諭止，不准二比列械滋鬧，如違絪解赴轅，以憑斷訊」。[81]

同治 3 年戴萬生之役，淡水同知秋日觀被害，彰化繼陷。北路一帶地方無主，人皆驚擾。塹城眾紳共舉張世英為同知廳丞，姜殿邦等受諭，與其子姜榮華等率隘勇，直抵大甲，協同閩、粵各義勇，駐守城內，每日與敵接仗。待丁曰健統兵渡臺，姜殿邦所帶領隘勇即隨丁曰健征剿逆賊，遂克復大甲、彰化等地。同治 11 年淡水同知向壽賞給「奉公勤奮」匾額，並賜姜殿邦五品候補都閫府，賞戴藍翎。[82]

同治 4 年中壢街（今桃園市中壢區），發生糾黨強搶案件，淡水同知王鏞即諭令墾戶姜殿邦等，「立即協力購拏案匪陳江振一名到案」，如果「能竭力拏獲解辦，自當從優獎賞，決不食言」。[83]

---

80 咸豐 11 年 10 月 14 日淡水廳秋分府諭姜榮華。（新竹北埔姜家史料）。
81 同治 3 年 11 月 19 日淡水廳鄭分府給墾戶姜殿邦諭。（新竹北埔姜家史料）。
82 陳朝龍、林百川等，《樹杞林志》（臺北：臺灣銀行經濟研究室編印「臺銀文叢」第 63 種，1960 年），頁 90。
83 同治 4 年 7 月 3 日淡水廳寧分府諭義首姜殿邦。（新竹北埔姜家史料）。

　　光緒 10 年清法安南之役，法兵侵擾雞籠（今基隆市），姜紹基奉臺北知府陳星聚諭令率領壯勇赴援，敗逐法軍，旋奉命移守臺北府城。新竹縣知縣徐錫祉於光緒 10 年 9 月賞給「義聯枌社」匾額。[84]

　　前舉九例，或參與鎮壓地方械鬥、平定民變；或受徵調投入禦外侮之行列；亦或受官委任，調查地方事務，調查結果都受官府採納。可見姜家歷代以墾戶地位受重於地方政府，他們因擔任金廣福墾戶首，不但藉以擁有眾多社會資源，並積極與政府合作。而金廣福隘丁力量之支配，經由率領隘丁應地方政府公務之需要，建立姜家在官方之地位，並藉以獲得軍功或獲頒殊榮，因其與官府之良好關係，強化姜家在地方的影響力。

## （三）地方公共事務之參與

　　地方公共事務大抵可分為兩大類，一為公利事業，如造橋鋪路、文教及地方救濟等；一為領導地方宗教活動。紅毛港時期之姜家，其家族初渡臺灣，或忙於生計，未曾有地方公共事務參與之資料。九芎林時期之姜家，姜勝智擔任佃首，為地方頭人。除了土地開墾之需要，領導水利工程之開濬外，初墾社會之宗教活動為其凝聚人群的重要途徑。就資料顯示，今芎林鄉石壁潭之福昌宮，崇祀三山國王，為本地客籍人士之守護神，此廟即為乾隆 57 年由當時佃首姜勝智所倡建。[85] 姜秀鑾以後姜家在地方之影響力大增，相關之活動相對增多。關於姜家此後之地方活動即分公利事業及宗教活動等兩項加以說明。

　　姜秀鑾參與地方公共事務，首見於嘉慶年間。九芎林街廣福宮，保有同治

---

84 姜振驤，《姜義豐に關する沿革の概要》，手稿無碼頁；陳運棟，〈姜義豐嘗沿革〉，未出版無頁碼，1983 年。

85 黃奇烈，〈芎林鄉文獻採訪錄〉，新竹縣文獻委員會編《新竹文獻會通訊》，11 號（1954 年／2 月），頁 7。

6 年之「示禁碑」，載「前嘉慶二十餘年，有棍徒將赤柯寮龍脈擅行斬鑿，時幸姜秀鑾、錢茂祖阻止」。[86] 錢茂祖為竹塹社土目，姜秀鑾與其共同出面阻止，可見姜秀鑾在嘉慶 20 餘年，在地方即已具影響力，且積極參與地方事務。

大正 4 年（1915 年）榮華、榮富兩房分家鬮書中載「故有之渡船、橋樑、茶亭，概或修繕、或施茶⋯⋯以上諸般費用，皆係姜義豐公嘗租內支出應用」。[87] 此一資料可發現，長期以來姜家對於地方上之渡船、橋梁等公共事務視為其家族之職責，故於分家鬮書中明定此類公務經費之來源。其具體事實尚可考者如道光初竹塹城紳商、舖戶等建議捐資修築竹塹城，時姜秀鑾題捐城工銀七十兩；[88] 道光 18 年，淡水同知婁雲以轄內河川，春夏雨盛，「或溪面廣闊、或急湍洶湧，皆迫鄰海汊，亦危險莫測」，故集紳士郊商耆庶捐輸，於大甲奚、房裡溪、中港溪、鹽水港等處或設義渡，或架搭木橋。姜秀鑾亦捐洋一百元。[89]

此外，值得討論者為「姜紹基之母胡氏，慨然捐買番界田畝，合計田價銀均在千兩以上」，請旨建坊，經光緒皇帝硃批給予「急公好義」字樣，因係「有力之戶」，故令其「自行建坊，毋庸給與坊銀」乙案。[90]

本案起於光緒 12 年，新籐坪番社土目夏流明等，要求金廣福墾號將新籐坪、十四份等地歸還，方允歸化。[91] 然夏流明等所要求歸還之地，已為漢移民所墾，故大隘仕紳以為「界定既久，乞恩准予照舊管業，毋再變更」。他們指

86 陳朝龍，《新竹縣采訪冊》（臺北：臺灣銀行經濟研究室編印「臺銀文叢」第 145 種，1962 年），頁 200。

87 大正 4 年姜榮華、榮富分家鬮書，富字號。（新竹北埔姜家史料）。

88 臺灣銀行經濟研究室編，《淡水廳築城案卷》（臺北：臺灣銀行經濟研究室編印「臺銀文叢」第 171 種，1963 年），頁 110。

89 陳朝龍，《新竹縣采訪冊》，頁 197。

90 光緒 14 年 3 月 23 日新竹縣正堂方諭候選縣丞姜紹基。（新竹北埔姜家史料）。

91 《淡新檔案》，編號 17330–3。

出「金廣福於光緒八年勸諭生番薙髮歸化，給出青山埔地一所，址在南坑尾，週圍立石定界，給有墾批交番執據，四界分明，四界之外如大坪、長坪子、六股、九芎坪、十分坪、新籐等處，先時已給就近居民」，而且所給與化番之土地足以供其墾成「豐衣足食」之區。[92] 雙方爭執不下。劉銘傳立即派典史傅若金會同都司鄭有勤、墾戶黃南球確實清查。[93] 經於12月7、8、9等日履勘，發現：

> 該民番等稟爭之九芎坪，再入七八里許，即該民番等稟爭之大坪、長坪，惟大坪已爲金廣福紮隘，其間並有墾佃八家開種田土。細詢其故。緣大坪爲後山生番出草必經之路，化番朱打馬等丁單莫敵，因請金廣福隘丁移入該處以壯聲援，厥後守禦漸堅，生番漸與通好，應用犒番牛酒，無處取資，遂將大坪、長坪、九芎坪等處賣與金廣福招墾爲業，藉得地價，以充犒賞之需，此番地之所以變歸民墾也。

方祖蔭裁定由番向墾民酌抽番租，但「眾番交相索地，嘖嘖不休，若令退地還番，非特金廣福地價無歸，各墾佃生業頓失。」正疑難間，姜紹基之母胡氏稟稱：「現蒙爵帥勤勞招撫保衛民生，吾儕踐土食毛，應深感激。盡請捐備原價向金廣福買出大坪、長坪、九芎坪等處番地，歸還該番。庶各化番從此衣食有餘，漸興禮義。」因而化解紛爭，方祖蔭以姜胡氏本係青年守節，尤復好義樂捐，故建請准予請獎。[94] 劉銘傳以「姜紹基之母胡氏捐買大坪、長坪、九芎坪等處地畝，歸還番業，以免民番爭地仇殺，實屬尚義樂輸，應准照例請獎，

---

92 《淡新檔案》，編號 17330–4。

93 《淡新檔案》，編號 17330–6。

94 《淡新檔案》，編號 17330–7。

並先由爵部院給與『尚義可風』匾額，以示獎勵」。[95]並獲頒「急公好義」字樣，准以建坊表彰。

金廣福墾區自拓墾至日本領臺，其間僅 60 年，屬新闢之區。但墾區內之民風「溫且良」，早為文人墨客所稱道。其原因除了地方富庶之外，當與地方文教之提倡有關。首先於大隘地區倡設文教者為墾首姜秀鑾，他於道光 24 年，在北埔慈天宮延師設塾，規勸當地居民子弟就學，所聘之西席分別為戴立坤及彭清蓮，兩人雖非名師通儒，但對地方文教之提升功不可沒。[96]待咸豐 4 年，姜殿邦將其族人從九芎林舊居遷到北埔之後，又聘秀才呂應鍾在北埔設塾，使墾區內文教略具規模。[97]前後二次設塾均由金廣福墾戶首出面負責，之後至咸豐 11 年才有其他家族在墾區內設塾，可見姜家對金廣福墾區文教之提倡，有相當之貢獻。[98]

同治 6 年淡水同知嚴金清「倡義倉義學善舉，城鄉各處均已設塾延師授徒訓讀」。至同治 8 年陳培桂繼任，特諭「大隘南興庄紳董姜榮華」，「即行分舉塾師，照章設籌經費，明春即行舉辦，俾免貧寒子弟，從學無由」，並規定「一切經費籌辦不易，務宜撙節支用，造冊報查，毋許浪費浮開，致干罰究」。[99]詳請具奏，另撥捐穀三千六百零石為義塾經費。

同時嚴金清倡捐廉銀一千圓，購穀一千石；並紳商業戶所捐，共穀四萬九千石。有關義倉之設置，責成地方紳董辦理。身為墾戶之姜家自然成為主要負責人，而且父子相承。大隘地區等庄之義倉，於同治 6 年由嚴金清諭派董

---

95 《淡新檔案》，編號 17330–9。

96 北埔公學校編，《鄉土誌》（新竹：新竹北埔公學校，昭和九年），頁 147。

97 北埔公學校編，《鄉土誌》，頁 8；不著撰人，《北埔開闢百年祭典手冊》，昭和八年，無頁碼。

98 北埔公學校編，《鄉土誌》，頁 149。

99 同治 8 年 12 月 21 日淡水廳陳分府給姜榮華諭。（新竹北埔姜家史料）。

事江大賓、姜榮華、黃德福、彭三貴、范阿貴等捐穀五百五十石，又續捐穀八十五石，共計穀六百三十五石。全數收齊，分由各捐戶存儲；遞年糶舊換新，以備青黃不接。其中姜家共收儲義粟一百零九石。[100] 由於姜殿邦曾出任咸菜甕墾戶，因此奉諭以姜殿邦名義捐穀新埔、咸菜甕等庄義倉。[101] 有關義倉義塾的設置，筆者已有他文加以討論，於此不再贅述。[102] 無論義倉或義塾之設立，地方領導仕紳均居於被動，由官方主導。但無論其經費之來源或與官府文書之往來，均由姜家出面代表。凡此，不但加強姜家與地方政府之關係，對姜家在地方領導地位之建立或鞏固，均有正面之影響。

　　宗教活動對臺灣社會之重要性論者已多，於此不多作說明。姜家參與領導地方宗教活動由來已久，而且姜家所涉及者，小自一角頭之祭祀活動，大到整合廣大區域之祭祀組織，姜家均扮演著重要的角色。

　　姜家所領導之大隘地區，雖然在光緒 3 年才加入枋寮義民廟十四聯庄輪祀，但早在姜秀鑾時，即已成為枋寮義民廟的重要領導人物。可由道光丁未（27年）4 月林茂堂、劉維翰等人所立之請帖，可知枋寮義民廟採輪流經理的創意，即始於姜秀鑾，初由各舖號輪流經理，復改為四大庄輪祭。該請帖甚具意義，茲將其部分重點引錄如下：

　　　立請帖字人林茂堂、劉維翰、吳清華、曾騰爲經理粵東義民蒸嘗
　　　事。……自道光壬寅（二十二年）九芎林姜秀鑾等具帖請得新埔榮

---

100 光緒 16 年 9 月竹北一堡金廣福各庄職員姜紹組、監生黃榮和等稿底。（新竹北埔姜家史料）。光緒 17 年 9 月職員姜紹祖具收儲義倉谷結狀。（新竹北埔姜家史料）。
101 陳朝龍，《新竹縣采訪冊》，頁 65。
102 拙著，〈日本殖民統治下臺灣鄉村社會變遷：以新竹北埔為例〉，《臺北文獻》直字第 107 期（1994 年／3 月），頁 35-37。

和號、雲和號、金和號、錦和號、振利號、慶和號等輪流經理，至
公無私。……但日久事煩，我粵東人皆當分理，以恢先緒，因鬮分
為四大庄，僉議每庄輪流交遞。丁未四月四大庄公議拈鬮，大湖口
等庄拈第壹鬮，石岡子等庄拈第二鬮，九芎林等庄拈第三鬮，新埔
街等庄拈第四鬮輪流分理，四大庄人等聯名具帖請得大湖口等庄人
葉阿滿……等經理，至三年滿足，然後換帖請第二鬮經理，其第
三鬮、第四鬮依次輪流，至輪理足後另行公議，今欲有憑，爰立請
帖字壹紙，付第一鬮經理人收執爲炤。[103]

　　在金廣福墾區內居民之宗教信仰，初受地形及交通之限制，各有其中心。
墾區內之廟宇多與開墾有關，而姜家為墾首，於建廟時，或施地基，或提供大
量資金，領導建設廟宇。村民為感念姜家之出錢出力，於廟內為姜秀鑾或姜榮
華等設置長生祿位，如北埔慈天宮設有建廟有功之李嗣業、姜秀鑾、姜榮華三
人之長生祿位；峨眉隆聖宮則設姜秀鑾之長生祿位。可見姜家在地方宗教活動
的重要性。

　　以北埔慈天宮而言，所供奉的「觀音」神像，就是姜秀鑾自原鄉所帶來的，
姜秀鑾在開墾之初奉之入大隘，成為來往之隘丁、墾民祭拜之對象。由於姜家
之關係，「觀音」神像乃由私人神祇轉化成為墾區之公共神祇。道光 26 年建
廟奉祀，其經費由姜秀鑾提供，咸豐 3 年重修，惜無資料保存。同治 13 年由
姜榮華倡議，北埔、中興、富興、赤柯坪、大壢等庄庄民共同捐資改建，慈天
宮已成為跨村落之寺廟。[104]

---

103 道光 27 年九芎林姜秀鑾等立請帖。（蔡淵洯教授提供）。
104 北埔公學校編，《鄉土誌》，頁 149。

　　將北埔慈天宮轉換成大隘墾區的信仰中心，應在同治 3 年 7 月。墾戶首姜榮華倡設大隘南興庄五角頭（北埔、南埔、草山、月眉、富興），輪流主辦慈天宮中元普渡，形成以慈天宮為中心之大隘中元普渡祭祀圈。慈天宮中元普渡之總領導人為姜家。每年慈天宮中元祭均以「姜義豐」（姜家之公號）為總爐主，而爐主則由五角頭七個家族 6 年一輪，其中姜家輪辦 2 年。不論那一角頭負責辦理，姜義豐均固定撥穀 2000 斤充當祭費，不足之數由各爐主負責。[105] 透過祭祀費用之提撥，姜家可與墾區內其他六大家族建立良好關係。

　　經由姜家之引導，很自然的將金廣福墾區整合成一祭祀圈。但金廣福墾區內屬「頂寶山」之寶斗仁、大崎、雙溪、新城等處，在姜秀鑾率眾入墾之前已有部分漢人前來開墾，這些村落並未納入大隘慈天宮中元普渡活動內。惟此區內之住民多屬粵籍，且部分經由九芎林遷移入大隘地區，墾首姜家尤其是姜秀鑾曾出任枋寮義民廟經理，再加上日治以前北埔地區對外交通多以九芎林為主（今竹東至新竹之鐵、公路均在日治以後修成）。由於與九芎林關係密切，大隘地區墾民參與枋寮義民廟祭祀為自然之現象。而帶領大隘地區墾民成為義民廟「十四聯庄」祭祀圈之一環者為姜榮華，其時間在光緒 3 年。尤其重要的是此次參與義民廟祭祀活動，還包括了原先不在慈天宮中元普渡活動之內的「頂寶山」。[106] 大隘地區住民之祭祀活動，由初期各角頭之出現、北埔慈天宮中元普渡祭典輪祀之成立，到再度整合參與北臺灣粵籍住民大祭祀活動之過程，姜家均出錢出力，扮演主導者之角色。傳統時代，宗教信仰為鄉民認同之主要指標，姜家大力投入領導宗教活動，扮演社會領袖之角色，同時也經由宗教活動之掌控，更加鞏固在地方之領導地位。

---

105 拙著，《金廣福墾隘與新竹東南山區的開發》，頁 282-283。
106 拙著，《金廣福墾隘與新竹東南山區的開發》，頁 285。

　　討論臺灣社會發展，宗族為不可或缺之一環，臺灣有「祖公會」與「丁仔會」兩大類型。姜家在這方面的情況，筆者於他書中已有討論，不再贅述。[107]總之，姜家所處之九芎林或北埔大隘地區，其住民多為粵籍人民，姜家又有墾戶首地方領袖身分，不但擁有隘防武力，且與官方關係良好。故對「祖公會」之興趣不高；但為照顧近支族人，並料理族內公共事務，「丁仔會」較受重視，其嘗號名稱後來竟成為姜家之代稱。

## 四、姜氏家族發展之限制

　　姜家渡臺由佃民向墾戶承墾土地，在數代之內發展成一方之富，固在於領導人具前瞻之見識與能力，配合政府政策之需要，積極參與，以與官府建立良好關係。而且姜家子弟不但態度積極，能刻苦耐勞，秉持簡樸精神，不染富家子弟惡習，故能常保積極進取朝氣，不斷進入開墾第一線，冒險親與開墾工作，因而不斷獲得發展之機會。姜家有豐富的內山拓墾經驗，也擁有相當的財富，但畢竟未能發展成全臺性之大家族，可見姜氏家族之發展仍有其限制性。一個家族發展之條件，涉及層面甚廣，有屬家族內在條件者，如家族領導人之性格、能力，及其所採取之發展策略；有外在影響因素，如國家政策等，均關係家族之發展。以下即就此類問題，觀察姜家發展之限制。

### （一）人丁稀少且多英年早逝

　　姜仕俊率七子渡臺，姜朝鳳妻楊氏又生七子。在初墾地區青壯男子是勞動力之主要來源，姜家渡臺初期有了豐沛之勞動力，實為紅毛港時期之姜家發展之主力，因此姜家不斷向翠豐庄墾戶汪仰詹承墾埔地，奠定了姜家發展的基

---

107 拙著，《金廣福墾隘與新竹東南山區的開發》，頁 295-299。

礎。姜勝智與勝捷、勝賢、勝略等四房遷居當時正待開墾之九芎林庄，姜勝智並取得「九芎林佃首」之地位，主導九芎林地區之開墾，為姜家取得有力之開墾條件。但此後姜氏族人不再具有優勢之人力。

　　勝捷為姜家長房，但他本人並未結婚，立二弟勝賢次子懷雙為嗣（勝賢育有三子），懷雙即姜秀鑾之父，生秀鑾、秀福二人。雖然人力單薄，但秀鑾、秀福兄弟仍有相當發展機會。此或與姜秀鑾個人的能力有關，《新竹通訊》對姜秀鑾曾有以下之描述：

> 某日淡水同知李嗣鄴，曾親自率隊下鄉至九芎林辦案，庄民畏懼逃逸一空，獨有庄農姜秀鑾者回自田間，出婉詞道殷勤接待，應答之間，同知見其膽識過人勇於負責，乃不惜將嗣後庄中大小糾紛委其處理，果然成績斐然。及防番之議告急，同知心目中惟有姜秀鑾者最堪倚畀，叩其對番經驗及設隘興墾意見，秀鑾侃侃條陳，頗多獻策，同知益深信賴。[108]

　　就事實而言，姜秀鑾出任總理，處理村中大小糾紛之時間早於此時，此一記載固有諸多可議之處，但以「膽識過人勇於負責」，說明姜秀鑾之性格，應屬妥當。

　　是故，姜秀鑾頻頻出首參與地方公務，如在嘉慶20餘年與錢茂祖阻止「棍徒將赤柯寮龍脈擅行斬鑿」，道光14間建請淡水同知李嗣鄴，於九芎林南勢山一帶移隘並增設隘丁防番等。一方面積極發展家業，或設舖經商；或入股參

---

108 郭芝亭，〈記金廣福大隘：興墾竹塹東南廂〉，新竹縣文獻委員會編《新竹文獻會通訊》第13號（1954年／4月），頁1。

與石壁潭之墾務；或中途投入原來開墾股夥無能力董辦之墾務。因負責「起造隘寮，招募隘丁，把守地方，鳩派隘糧及築開陂圳，招佃墾闢田園，建造庄屋，設立庄規」等工作，而獲得墾權，免派資費，以為姜秀鑾辛勞之業，姜秀鑾籌辦墾務能力，在在顯露無遺。[109] 是「英武勇猛，仗義疏財，敢於冒險犯難，能為民先鋒」之開墾領導人物。[110] 此種性格與能力，是姜家後來在內山地區發展之最佳條件。待金廣福墾隘組成，姜秀鑾一則負責籌募資金，一則親冒危險，實地領導墾民入山開拓土地，並建造隘寮派丁防守，充分顯現其長才，肇建姜家發展之基業。

此後繼起之姜殿邦、姜榮華更鞏固了家族之基業。以姜殿邦而言，他於壯年接管姜家，並擔任金廣福墾戶首。他曾透過「金福源」墾號，向金廣福抱隘，使金廣福之墾務再度興起，墾民再向內層山區前進。而姜家也因而以抱隘開墾方式，獲得大量土地。此外，他又利用向咸菜甕地區佃民收取隘租之便，成為咸菜甕庄之墾戶，使姜家之影響力經由金廣福墾隘之運作，而擴大到咸菜甕地區，進而參與銅鑼圈（今桃園市龍潭區）一帶之土地開墾工作。

姜榮華管理姜家之時間雖然僅有 7 年，但亦有相當成就，如北埔慈天宮之改建、帶領大隘地區居民參與枋寮義民廟祭典，成為義民廟十四聯庄之一，均在姜榮華時期。他在其父親生前即與大隘地區其他股戶另組墾號，以抱隘方式向金廣福取得內層山地之開墾權，向內層開墾，因而取得耕地。其中「金福成」墾號之抱隘，姜榮華尚且在有隘首之情況下被延請幫理隘務 8 年。「金協和」墾號之抱隘開墾番婆坑一帶，姜榮華亦得二股半之墾權（總計 15 股）。足見姜榮華時期，姜家在墾業上仍蒸蒸日上，姜家經由抱隘方式在金廣福墾區取得

---

109 道光 13 年 12 月林慶恩等同立邀請助份字。（新竹北埔姜家史料）。

110 李國祁，〈清代臺灣社會的轉型〉（臺北：臺灣史蹟源流研習會 1978 年冬令青年自強活動講議），頁 8。

多筆土地。此對姜家財富之累積固有助益，但由於參與抱隘者多為在地粵籍墾民，參與捐資之金廣福閩籍墾戶的態度如何實值得注意，因為經由抱隘之方式，金廣福墾區之可墾埔地遂轉入粵籍墾民手中，雖然可藉以增加隘租收入，但金廣福股夥並未因而受益，故借隘可視為金廣福墾權轉移之一種方式。惜無此一方面資料可供討論，誠為憾事。但就姜家而言，經由抱隘開墾而使家族財富增加，對地方影響力提升，是不爭之事實。秀鑾、秀福兄弟於道光 12 年分產各自創業；殿邦兄弟於道光 27 年析分家產，各自經營。姜榮華於壯年過世，其弟榮富又於次年亡故，長子紹安又早亡，年紀較長之紹基亦僅 15 歲，實難擔當重任，故姜家產業即先後由殿邦妻張氏，及榮華妻宋氏主持，至日治大正 4 年才分家。所以在姜紹基成年之前，姜家實難有大發展。在姜紹基成年之後亦曾積極參與墾務，如「金協和」墾號之拓墾五指山一帶，即在姜紹基之努力下而墾成。「廣泰成」墾號之參與亦始於姜紹基之時，惟尚未正式簽約，姜紹基即已過世。雖以其弟紹祖之名參加，但時紹祖年方 14 歲，對廣泰成之墾務當然難以使力。可見姜家自光緒 3 年以後，一直缺乏年長男子在既有基礎下繼續經營，其間正逢國家對臺政策重大改變。凡此，對姜家之發展自然產生不利的影響。姜家在臺灣史上的重要性，不能再更上一層樓，或與此有關。茲將姜家歷年負責人生卒及享年，條列如次。[111]

姜秀鑾生於乾隆四十八年（1783 年），死於道光二十六年（1846年），享年六十四歲，死時長子殿邦三十九歲。

姜殿邦生於嘉慶十三年（1808 年），死於同治九年（1870 年），享年六十三歲，死時長子榮華三十九歲。

---

111 姜振驤，《北埔姜氏族譜》，（1922 年手稿本無頁碼），契字資料。

姜榮華生於道光十二年（1832 年），死於光緒三年（1877 年），
得年四十六歲，死時長子金發（即紹安）已亡，次子紹基十五歲。
弟榮富亦於次年過世，得年三十二歲。

姜紹基為榮華妹婿梁昌之子，入嗣為榮華次子，生於同治元年（1862
年），死於光緒十五年（1889 年），得年二十八歲。紹基死亡時弟
紹祖十四歲。

姜紹祖生於光緒二年（1876 年），死於光緒二十一年（1895 年），
得年二十歲，留遺腹子振驤。

## （二）不斷向新墾區發展忽略高級功名

姜家之渡臺旨在取得耕地以便安身立命，因此他們在紅毛港成為翠豐庄墾
戶之佃農。然而此時紅毛港一帶之發展空間已相當有限。因此姜朝鳳七子中有
四房移往當時正為開墾第一線之九芎林地區，尋找新天地。其中第五房勝智，
成為九芎林之佃首，為姜家找到絕好之發展機會，姜秀鑾即承續此一方向而得
到發展良機，他主要工作在於土地拓墾，而其成就亦在於此。在組金廣福墾隘
前，他一方面從事農耕，也經營商業，但其關注的卻在土地拓墾上。所以他參
與石壁潭的墾業，分得土地。進而投入開墾的前線，經營新墾區之諸項工作，
終至成為金廣福墾務第一線之負責人。自仕俊遷臺至姜紹祖，前後已經歷八
代，每代均投入墾務工作。可見姜家來臺之後即不斷在尋找新墾地，並置身於
其間，而獲得相當之成就。姜家在土地上之投注，為姜家之地方領導地位奠下
經濟基礎，但其不斷向新墾區發展，似乎也限制了姜家之發展。

姜氏族人自姜秀鑾起，其子弟（特別是殿邦一房）大多獲有功名，姜秀鑾
之取得功名始於「道光 10 年因地方賊匪滋鬧，鑾幫同辦理」，首度獲得頂戴，
「道光 13 年間，因張逆滋事，蒙上憲查辦南北路焚搶各案，蒙李前廳憲諭飭

鑾充義首，團練壯勇巡查防堵，又獲犯伍名，以上在事出力，經蒙前憲廳憲李詳奉欽差大臣將軍瑚、總督部堂程賞給軍功七品職銜，付箚執照。」[112] 道光20年又率其子殿邦參與抗拒英軍之役，姜殿邦因而獲賞六品頂戴。咸豐9年3月閩粵衝突，姜殿邦受命「彈壓居民歸庄，拴拏要犯，出力有功在案，蒙給五品頂戴」，並蒙「保奏補實五品職銜」。姜榮華於「咸豐七年遵籌餉例，捐輸從九品頂戴」，後來同年又因「拏獲要犯，出力有功，賞給八品頂戴」；咸豐8年因「自備資斧拴拏要犯廖旺才等，出力有功，蒙賞六品頂戴，一面申請補實」。[113]

　　戴潮春之役，姜殿邦率子榮華及大隘丁勇，協助彰化大甲防務，獲頒「奉公勤奮」匾額。姜紹基於光緒4年4月，時年17歲，捐納取得監照；24歲時，「遵海防例，捐銀五百六十一兩六錢，准以縣丞雙月選用」；[114] 25歲時「由五品軍功雙月選用縣丞，遵海防經費事例，捐銀壹仟兩，願得藍翎」；[115] 清法安南之役，姜紹基曾率隘勇墾民效命疆場，獲頒「義聯枌社」匾額。姜紹祖捐納出身，於乙未年抗拒日軍領臺，捐軀犧牲。足見姜家自姜秀鑾以下，均以武力效力地方，而獲得軍功，活躍於竹塹地區。姜榮華等四人雖以捐納出身，但受地方重視者為軍功之表現。茲將秀鑾、秀福兩房男子在科舉功名上之表現如表1。

---

112 道光22年6月立姜殿邦等敘獎抄稿。（新竹北埔姜家史料）。
113 道光22年6月立姜殿邦等敘獎抄稿。（新竹北埔姜家史料）。
114 光緒4年4月23日國子監發給姜紹基監照。（新竹北埔姜家史料）。
115 光緒11年12月16日臺灣總糧道收據。（新竹北埔姜家史料）。

表 1：姜秀鑾家族科舉功名一覽表

| 姓名 | 出身 | 最高職銜 | 享年 | 婚姻狀況 | 備考 |
|------|------|----------|------|----------|------|
| 姜秀鑾 | 軍功 | 七品軍功 | 64 | 藍氏（73） | |
| 姜殿邦 | 武生員 | 五品軍功 | 63 | 張氏（72） | |
| 姜榮華 | 捐納 | 例授州同五品 | 46 | 胡氏（57）<br>宋氏（80） | |
| 姜榮富 | 捐納 | 例授宣德郎 | 32 | 林氏（23）<br>莊氏（52） | |
| 姜紹安 | | | 18 | 王氏（73） | |
| 姜紹基 | 捐納 | 例授五品縣丞 | 28 | 曾氏（65） | |
| 姜紹祖 | 捐納 | 例授州同 | 20 | 陳氏（40） | |

資料來源：姜振驤，《北埔姜氏族譜》，手稿無頁碼；姜振驤，《姜義豐に關する沿革の概要》，手稿無頁碼。

　　由表 1 可發現姜家只有姜殿邦、殿斌兩位屬正途出身，且均屬武秀才，姜秀鑾純為軍功出身，其餘均為捐納並輔以軍功。此種現象或可視為移墾武質社會走向商業發展之墾熟社會的結果。姜秀鑾投入墾業，至姜紹祖四代間仍是一務實之拓墾家族，未脫離土地開墾之第一線。雖然累積相當之財富，但仍以捐納方式晉身為仕紳。此固與開墾前線文風不盛，難以培養高層科舉功名有關；亦或與姜家在土地拓墾上獲得巨大利益，因而忽略求取高層科舉功名有關，值得注意。

　　道光 27 年姜殿邦、姜殿斌之分家鬮書，載列將五股林大小租穀三十八石，磧地銀五十元之水田做為學穀，「若有子孫新進者，照名均分」。[116] 此一學租額，相對於當時竹塹城新興起之周鼎瑞家，於分家鬮書規定「科歲考入學及

---

116 道光 27 年 3 月，姜殿邦、姜殿斌分家鬮書。（新竹北埔姜家史料）。

未入學者，貼銀四十元；鄉試文學武學及武監生者，貼銀五十元；會試不論文武，貼銀二百元」，[117] 相去甚遠。當時周家為新興起之家族，而姜家已具相當產業，而雙方在鼓勵子弟進學之差異甚大，可知彼此對其子弟科舉功名重視之程度明顯不同。但姜家之分家鬮書另有「議將公銀抽貼兩百員，預先備出佛銀一百元交才（居才即殿斌）收支，餘有銀一百元，俟日後才捐監生之日抽貼」之規定。當可推知姜家對子弟科舉功名之取得並非不加注意，而是姜家不斷向內山進墾，當時之文風，不論是居九芎林或北埔，均難以經由正途取得高級科舉功名，為確保姜家與官府之密切關係，透過捐納或軍功，反而較為實際。所以姜家對子弟科舉功名之處理方式，或可解釋為基於現實利益考量之務實作法。

## （三）地理環境之限制

姜家由九芎林發跡，乾隆中期九芎林為新墾地，且成為墾民向內層山地進墾之據點。隨著鄉近山區之陸續開墾，九芎林乃發展成「大市總聚」，商業最為發達。大隘地區墾民在日治之前，北埔與新竹城間之交通尚未大開，住民與九芎林街仍維持一定之商業往來關係。金廣福墾號組成之初，主事者即已注意所謂「山工之利」，因此在合約中載明「就本山採取磺、籐、什木、柴炭、桂項，稍資補貼」，並議「勸出本銀，經營生理，兼收山利」。[118] 就事實而言，山工利潤之取得，為人民進入山區墾作、守隘之主要誘因，因此金廣福墾隘設有隘店，從事山工之販運銷售，足見初墾時負責諸人已注意商業之重要。雖然缺乏資料佐證，但應可推論隨著山林埔地的不斷開墾，確曾為大隘地區帶來相當之利益。姜家身為金廣福墾隘在地經營之墾戶首，當亦蒙受其利。同治年間

---

117 道光 27 年 10 月，周子文等同立分家鬮書。（新竹城周鼎瑞家史料）。
118 拙著，《金廣福墾隘與新竹東南山區的開發》，頁 38。

劉仕連、張貽青、蕭立榮、胡國爾、梁榮昌、姜榮華等合夥津本，在北埔庄公館右畔，建築有店宇一座，係坐北朝南，以為開張生理，店號「金廣茂」。[119] 就資料顯示金廣茂之資金，合約二千七百元。[120] 金廣茂在同治年間，曾得九芎林街「協順號」之支持，津本發陞。九芎林街之「協順號」於咸豐9年春組成，其股夥包括姜榮華在內，合計六股半，合夥生理，從事土地投資、油、糖及米穀等生意。[121] 北埔街之商號與九芎林商號間關係密切。此外，姜家與竹塹城之閩籍商舖亦有合資關係。同治年間某年癸桂月21日，竹塹城鄭劍波（信函上銓有「吉利圖記」印），曾致函與姜榮華，稱及「前表兄在日與列位合夥生意」，篆號「金義茂」，於月眉庄（今峨眉鄉）經營菸店。[122] 惟根據同治12年，金義茂股夥陳水生（應為鄭劍波之姪輩）所立收回本銀字可知其父所出之本僅130元，[123] 其資本額不大。北埔街在光緒12年至少有20家以上之舖戶，[124] 當時北埔以腦市、米市、柴市及炭市最為著名，屬每日市，商品均由附近農村提供。[125]

　　北埔市街固然興盛，姜家也積極參與商業活動，但其發展仍有其限制。金廣福大隘地區，在日治初屬樹杞林堡，根據《樹杞林志》所載：

　　　　樹杞林堡為新竹轄地，無港口往來船隻，故無郊。然該地所出之栳、

---

119 光緒6年2月劉仁魁立收清歸管生理店宇字（新竹北埔姜家史料）。
120 新竹北埔姜家史料。
121 光緒11年元月同立分析協順生理股底田業憑約字。（新竹北埔姜家史料）。
122 癸桂月21日，鄭劍波給姜榮華信，年代不詳。（新竹北埔姜家史料）。
123 同治12年9月陳水生立收回本銀字。（新竹北埔姜家史料）。
124 臺灣銀行經濟研究室編，《淡新檔案選錄行政篇初集》，頁569-572。
125 陳朝龍，《新竹縣采訪冊》，頁103；諸家，《新竹縣志初稿》（臺北市：臺灣銀行經濟研究室編印「臺銀文叢」第61種，1959年），頁21-22。

茶、米、糖、豆、麻、苧、菁等項，商人擇地所宜，雇工裝販，由
新竹配船運大陸者甚夥，運諸各國者亦復不少；布、帛、雜貨則自
福、泉、廈返配；甚有遠至寧波、上海、乍浦、天津、廣東，亦為
梯航之所及者。各商各為配運，名曰散郊戶。[126]

　　相對於竹塹城之郊商、舖戶，北埔市街之規模甚小。蓋儘管北埔市街繁
盛，但其人口畢竟有限。根據明治 38 年日本國勢調查資料顯示，當時北埔庄僅
152 戶，2,010 人；樹杞林街 342 戶，1,961 人；九芎林庄 163 戶，1,962 人。
而新竹街有住民 855 戶，15,011 人。[127] 居住於沿山地區住民多以務農為業，
其購買力自然無法與竹塹城居民相較。況且竹塹地區的貨物皆由竹塹城運送至
鄰近地區，為鄰近地區商業的中心，進出口物質之轉運站。因為「番界」的開
拓，各種山工產品如樟腦，皆以竹塹為大集散地處理，經由舊港運送至對岸，
其利潤甚大。來自大陸之輸入品，從舊港運到竹塹，並以之為大集散市場，進
而配分到大湖、苗栗、南庄、三灣、月眉、北埔、樹杞林、九芎林、新埔等小
市場。[128] 故姜家所處之北埔街或稍早之九芎林街，均為竹塹城之進出口產品
之轉運站之一。也就是說竹塹地區之商業活動仍以竹塹城商人為主軸，壟斷鄰
近地區之經濟利益。因此儘管姜家在九芎林和大隘地區居於領導人之地位，但
其商業利益，實難以和竹塹城之商人相比擬；與地方政府之關係亦較遜色，姜
家受地理環境之限制由此可見。

126 臨時臺灣舊慣調查會，《臨時臺灣舊慣調查會第二部調查經濟資料報》下卷（東
　　京：島連太郎，明治 38 年；臺北：臺北文岡圖書公司影印版，1979 年），頁
　　98。
127 臨時臺灣戶口調查部，《臨時臺灣戶口調查統計表》（臺北：明治 38 年調查、明
　　治 40 年出版），頁 56-61。
128 陳朝龍，《新竹縣采訪冊》，頁 103；諸家，《新竹縣志初稿》，頁 21-22。

　　歷來紳商與地方政府關係已為學者廣泛討論，地方紳商經由地方公共事務之參與，與地方政府建立良善之關係，對地方事務享有發言權。竹塹地區之紳商舖戶以竹塹城之閩籍人士為主，他們經由商業活動所累積之財富，成為參與地方事務之資本。其具體影響因篇幅之故，無暇討論，但他們與鄰近之粵籍紳商的關係，應是建構在合作與競爭之關係上。無論是土地之開墾，或商業活動均是，此種關係對姜家之發展亦產生相當程度的影響。金廣福墾號是在閩粵合作之基礎下出現的，但對立之情形也經常出現，如早期閩籍股夥對資金用度之不信任而抵制，招致淡水同知之出面干預。[129] 閩籍墾戶在分得耕地之後，陸續將土地轉賣而為姜家收購，是否亦反應了某些訊息。《淡新檔案》中存有光緒年間，新竹鄭家因抗繳金廣福隘糧大租，經金廣福墾戶首姜紹基告官之案例。[130] 在劉銘傳裁隘之後，金廣福墾隘經營權結束，其財產歸屬問題，也引起閩籍股夥之不滿，經控官後，於光緒 13 年由官府裁定，姜家取得金廣福餘埔之經營權。為了給閩籍股夥補償，「蒙斷賠還佛銀二仟員」，閩籍「眾夥不願瓜分」，即將此款捐建金山面長清禪寺（今科學園區之金山寺）。[131] 由這些事例，可見姜家與竹塹城紳商舖戶之間，似乎存在某種程度之利益衝突。這些問題不完全建構在閩粵之族群畛域上，實際利益之確保應為主要考量。然而姜家之商業利益，卻與竹塹城紳商密不可分。因此這種合作與競爭關係的存在，對姜家之發展是有影響的。

---

130 道光 21 年 2 月 9 日姜秀鑾稟稿；道光 21 年 3 月姜秀鑾周邦正等同立合約字。（新竹北埔姜家史料）。

130 《淡新檔案》，編號 17338–1。

131 1986 年受中原大學建築研究所林會承教授之邀，參與《臺灣區第二級古蹟新竹市金山寺修復研究》〈歷史篇〉撰寫時，曾承陳運棟告知曾見過原始文獻，惜未尋著。至 1998 年承新竹市金山里前吳慶杰惠贈〈光緒十四年歲次戊子正月董事林汝梅、李聯萼、鄭如蘭、高廷琛、陳濬芝全具捐建長清禪寺序〉原件影本。謹此致謝。

## 四、國家政策的因應

　　金廣福墾隘之組成與淡水同知基於地方安全考慮關係密切，故當時同知李嗣鄴給予千元為經費，並於道光 15 年初諭令附近沿山諸隘貼糧以助之。對墾務防務極為支持，所以在北埔慈天宮設有李嗣鄴之長生祿位。

　　遇有墾民抗租現象，一經金廣福墾戶首告官；或閩粵墾戶首間之糾紛，官方均積極介入，或出示曉諭告佃民繳納隘租以免延誤隘糧；或親臨其地調節。此一現象到光緒年間有了顯著的變化。金廣福墾隘入墾大隘地區之前，該地為原住民聚族居住之處，經常出擾竹塹城及樹杞林一帶地區，因此官方極力支持墾戶，藉以解決「番害」問題。經過 40 餘年，原大隘地區之原住民，或與漢人混同為一，或退入五指山內層山區，成為漢人與泰雅族間之中間勢力，部分尚且成為金廣福墾隘之隘丁，一面狩獵一面「防番」，甚有從事農耕者。就「防番」的角度而言，金廣福墾隘已完成其階段目標。隨著「番害」的減弱，金廣福墾隘之重要性也因而減退。尤其在劉銘傳為財政理由裁隘而代以營勇，形勢更加不利。

　　劉銘傳為使臺灣財政獨立，增加稅收為其首要方法，在土地政策上，一方面「力裁業戶」，一方面實施「裁隘撤丁」，隘糧歸官政策。在此一政策考量下，墾戶首、隘首成為打擊對象，因此對墾戶、隘首不利的見解不斷被提出。認為隘首「向來藉公肥己，抽收隘租，所養隘丁，多係自家墾丁，勒派地方完租，武斷一鄉」。[132] 其所墾闢之區域則「轉屬虎狼盜賊之鄉」。[133] 對於隘租，劉銘傳有計劃的處理，「自十二年（光緒）起全數移作撫番經費，俟清丈事竣，

---

132 《淡新檔案》，編號 17329–34。
133 劉銘傳，《劉壯肅公奏議》，頁 233。

一律按則陞科，再行裁隘」。[134] 對於地方安全則「派勇填紮隘口處所，並議酌留番丁，……編入營伍，不得散漫無稽，此項經費即在隘租項下發給」。[135] 也就是以官方正式組織之力量替代非正式之民間組織，而將原本流入隘首、墾戶首手中之好處歸諸政府。

金廣福墾隘為沿山最大之墾戶，為官府首要打擊之對象；就金廣福墾戶而言，裁隘對其利益傷害最大，故其抗拒也最大。光緒12年9月大隘墾戶金廣福等曾聯合沿山各墾戶，具稟說明「沿山墾隘係稟官給戳，自行招股津銀，披荊斬棘，設隘防番，以極力墾成之糧，養極力墾成之隘」。力圖說明墾首對墾務與地方之貢獻，以及隘勇設置仍無法周延，不足以保護墾民，隘丁若撤除，勢必造成「生番」出擾，墾民四散，形成嚴重之問題。[136] 姜家為金廣福墾隘粵籍墾首，實際掌控金廣福墾隘之營運，官府此一措施，對姜家影響最大，故極力抗拒之。光緒13年5月南埔庄徐丙旺，赴縣呈報其兄徐阿苟，在金廣福界內新藤坪耕種為活，5月21日在埔園剗草，為生番殺斃割去頭顱，認為新藤坪尚無兵勇把守，生番連日猖獗，居民難免受其荼毒。因而呈請官府「派撥精選勇丁駐防堵禦」，否則「佃民惶恐躲避紛紛」。[137] 姜紹基亦將前情具文稟報新竹知縣。對於此案劉銘傳卻認為是姜紹基居中撥弄，抗拒政府裁隘政策。於光緒13年6月批示：不意前墾戶姜紹基，年輕浮躁，因裁隘懷恨撫番人員，一聞化番殺人，喜不復寐，百般播弄，邀約該民人赴縣控告，捏稱金廣福墾地埔園剗草，任意牽扯挾制營縣，為隘稱租，緩宕地步，居心實不可問，且該墾戶名目早經奉裁，……總之姜紹基以裁隘為不樂之事，遇事生波，希冀

---

134 《淡新檔案》，編號 17333–8。

135 《淡新檔案》，編號 17328–31。

136 《淡新檔案》，編號 17329–34。

137 《淡新檔案》，編號 17110–1。

將來死灰復燃。[138] 但姜家似乎未感受到其嚴重性，進而調整對策。姜紹基再度聯合各墾戶聯名具稟，「以生番疊出擾害不可一日無防，請即撥勇按隘填紮，即可遵諭撤隘繳租」。因而激怒劉銘傳，嚴詞批曰：

> 墾戶藉養隘丁，私收隘租肥己，積習已久，一旦清查歸官勢必多方
> 阻撓。查前山生番業已一律歸化，新竹全境特派林道所部全嚴密分
> 防，以後遇有需兵填紮之處，即由該墾戶等稟請林道察酌派兵防守，
> 一面嚴飭該墾戶趕繳隘租，不得藉詞違抗，如有把持不遵，即查明
> 提究勒追，毋稍瞻徇。

可見劉銘傳由光緒 7 年企圖借重姜家的防番經驗，而諭令姜紹基招安番社，到姜家抗拒裁隘，轉而不信任，甚至對姜家懷有敵意。[139]

劉銘傳是當時臺灣最大的當權派，姜紹基為其家族利益而與之對抗，當然要吃虧。所以姜家不但無法施展其長久經營山地之經驗與實力，在官憲執行開山撫番政策中獲利，反而受害。顯然姜家基於己身利益考量，未能洞視國家政策變化及本身調適之道，而喪失一有利的發展時機。

## 五、結論

姜氏家族自姜仕俊來臺（其時間約在 18 世紀 30 年代），至明治 36 年（1903年），前後經歷約 170 年。其間姜氏家族一直參與第一線之土地拓墾。先是在

---

138 《淡新檔案》，編號 17110–13。

139 《淡新檔案》，編號 17329–12；臺灣銀行經濟研究室編，《劉銘傳撫臺前後檔案》
　　（臺北：臺灣銀行經濟研究室編印「臺銀文叢」第 276 種，1969 年），頁 38。

紅毛港，成為當地墾戶汪仰詹之佃農。之後，為了尋找新墾地，而搬遷至當時漢墾民開墾第一線之九芎林地區。在九芎林地區姜家得到了好的發展機會，姜勝智成為九芎林庄之佃首，被尊為開墾九芎林庄之始祖；姜秀鑾則在九芎林醞積了實力與經驗，凝聚發展之潛力。金廣福墾隘之拓墾事業，使姜家之墾闢事業達到巔峰，累積相當之財富。姜家子弟並未因為擁有龐大財富，而侵蝕其前往開墾第一線尋找墾地之強烈企圖。因此又以北埔為據點，以先前所累積之經驗、聲望與財力，再出發前往鄰近沿山地區開墾。

姜家不斷向新墾地前進，使姜家不斷獲致發展機會；但過度重視土地之取得，影響子弟之教育。蓋開墾之前線，向來文風不盛，遑論與商業發達文風興盛之竹塹城相比。再者土地之拓墾，為姜家帶來相當之財富，也因掌握「防番」武力，使姜家安全無虞，且積極發揮「防番」武力的資本，使姜家藉以建立在官府之地位。經由土地拓墾，姜家已成為極具影響力之地方領導家族。所以姜家子弟，似乎不必致力科舉功名之追求，即能使姜家穩定成長。此固然表現出姜家務實之一面，但似乎也限制姜氏家族之發展。

又姜家一直頗為人丁稀少所苦，自姜榮華以後兩代都英年早逝，使姜家之發展大受影響。不是由婦女主持家務，就是主持人年少，缺乏經驗。而此時正是臺灣局勢巨大轉變之際，尤其是政府的裁隘政策。因應不當對家族發展會有不利影響，姜家抗拒裁隘，是對臺灣大局認識不清，所為之錯誤決定。雖然後來姜家極力設法彌補，以姜紹基之母胡氏之名義，出資購買大南坑一帶土地捐與「化番」，以解決官方難解之問題。甚或出資三千元，投資廣泰成墾號，拓墾距北埔甚遠之大湖、罩蘭等地。均可視為姜家主動向政府示好之善意表示，但是其效果如何，實值得懷疑。

姜氏家族為一務實拓墾家族，族人不斷前往新墾區尋找發展機會，以墾戶首地位與官方建立良好關係；並以其在地方領導人之地位，積極參與地方公共

事務，以鞏固家族在地方之影響力。不斷投入第一線的土地拓墾，使姜家成為地方權力家族，但也限制家族更進一步的發展。姜家不斷向新墾地前進，以獲取利益的現象，正是清代臺灣漢人企業精神之表現。[140]

# 參考文獻

不著撰人，《北埔開闢百年祭典手冊》，昭和 8 年，無頁碼。

北埔公學校編，《鄉土誌》，新竹：新竹北埔公學校，昭和 9 年。

李國祁，〈清代臺灣社會的轉型〉，臺北：臺灣史蹟源流研習會 1978 年冬令青年自強活動講義。

吳文星，《日據時期臺灣社會領導階層之研究》，臺北：正中書局，1992 年。

吳學明，《金廣福墾隘與新竹東南山區的開發（1835-1895）》，臺北：國立臺灣師範大學歷史研究所，國立臺灣師範大學歷史研究所專刊 14，1986 年。

_____，〈日本殖民統治下臺灣鄉村社會變遷：以新竹北埔為例〉，《臺北文獻》直字第 107 期（1994 年／ 3 月）。

_____，〈清代頭前溪中上游地區的土地開墾〉，《臺北文獻》直字第 108 期（1994 年／ 6 月）；直字第 109 期（1994 年／ 9 月）。

波越重之，《新竹廳志》，臺北：臺灣日日新報社，1905 年。

姜振驤，《姜義豐に關する沿革の概要》，手稿無碼頁。

_____，《北埔姜氏族譜》（手稿本無出版時間與頁碼），契字資料。

姜氏族譜編委員會編，《姜氏族譜》，新竹：姜氏族譜編委員會，1970 年。

連橫，《臺灣通史》，臺北：幼獅文化事業公司，1978 年三版。

---

140 溫振華，〈清代臺灣人的企業精神〉，《歷史學報論文集》（臺北：臺灣師範大學歷史研究所，1994），頁 445。

郭芝亭，〈記金廣福大隘：興墾竹塹東南廂〉，新竹縣文獻委員會編《新竹文獻會通訊》第 13 號（1954 年／4 月）。

張素玢，〈龍潭十股寮家蕭：一個霄裡社家族的研究〉，1994 年中央研究院臺灣史研究所籌備處主辦「平埔族群研究學術研討會」會議論文。

陳培桂，《淡水廳志》，臺北：臺灣銀行經濟研究室編印，臺灣文獻叢刊第 172 種，以下簡稱「臺銀文叢」，1963 年。

陳朝龍，《新竹縣采訪冊》，臺北：臺灣銀行經濟研究室編印「臺銀文叢」第 145 種，1962 年。

陳朝龍、林百川等，《樹杞林志》，臺北：臺灣銀行經濟研究室編印「臺銀文叢」第 63 種，1960 年。

陳運棟，〈姜義豐嘗沿革〉，未出版無頁碼，1983 年。

黃奇烈，〈芎林鄉文獻採訪錄〉，新竹文獻委員會《新竹文獻會通訊》第 11 期（1954 年／2 月）。

黃卓權，〈臺灣裁隘後的著名墾隘：「廣泰成」墾號初探〉，1987 年臺灣史蹟研究中心主辦《臺灣史研究暨史料發掘研討會》論文集。

_____，〈黃南球先生年譜初稿〉，《臺灣風物》33 卷第 3 期（1987 年）。

溫振華，〈清代臺灣人的企業精神〉，《歷史學報論文集》，臺北：臺灣師範大學歷史研究所，1994 年。

臺灣銀行經濟研究室編，《清代臺灣大租調查書》，臺北：臺灣銀行經濟研究室編印「臺銀文叢」第 152 種，1963 年。

_____，《淡水廳築城案卷》，臺北：臺灣銀行經濟研究室編印「臺銀文叢」第 171 種，1963 年。

_____，《淡新檔案選錄行政篇初集》，臺北：臺灣銀行經濟研究室編印「臺銀文叢」第 295 種，1971 年）。

_____，《劉銘傳撫臺前後檔案》，臺北：臺灣銀行經濟研究室編印「臺銀文叢」第 276 種，1969 年。

諸家，《新竹縣志初稿》，臺北市：臺灣銀行經濟研究室編印「臺銀文叢」第 61 種，1959 年。

劉銘傳，《劉壯肅公奏議》，臺北：臺灣銀行經濟研究室編印「臺銀文叢」第 27 種，1958 年。

蔡淵洯，〈清代臺灣基層政治體系中非正式結構之發展〉，《歷史學報論文集》，臺北：臺灣師範大學歷史研究所，1994 年。

臨時臺灣舊慣調查會，《臨時臺灣舊慣調查會第二部調查經濟資料報》下卷，東京：島連太郎，明治 38 年；臺北：臺北文岡圖書公司影印版，1979 年。

臨時臺灣戶口調查部，《臨時臺灣戶口調查統計表》，臺北：明治 38 調查明治 40 年出版。

戴炎輝，《清代臺灣之鄉治》，臺北：聯經出版公司，1979 初版。

《淡新檔案》，中央研究院傅斯年圖書館藏微捲，編號 14312-3。

＿＿＿＿＿，中央研究院傅斯年圖書館藏微捲，編號 17110-1。

＿＿＿＿＿，中央研究院傅斯年圖書館藏微捲，編號 17110-13。

＿＿＿＿＿，中央研究院傅斯年圖書館藏微捲，編號 17328-31。

＿＿＿＿＿，中央研究院傅斯年圖書館藏微捲，編號 17329-1。

＿＿＿＿＿，中央研究院傅斯年圖書館藏微捲，編號 17329-2。

＿＿＿＿＿，中央研究院傅斯年圖書館藏微捲，編號 17329-12。

＿＿＿＿＿，中央研究院傅斯年圖書館藏微捲，編號 17329-34。

＿＿＿＿＿，中央研究院傅斯年圖書館藏微捲，編號 17330-3。

＿＿＿＿＿，中央研究院傅斯年圖書館藏微捲，編號 17330-4。

＿＿＿＿＿，中央研究院傅斯年圖書館藏微捲，編號 17330-6。

＿＿＿＿＿，中央研究院傅斯年圖書館藏微捲，編號 17330-7。

＿＿＿＿＿，中央研究院傅斯年圖書館藏微捲，編號 17330-9。

＿＿＿＿＿，中央研究院傅斯年圖書館藏微捲，編號 17333-8。

＿＿＿＿＿，中央研究院傅斯年圖書館藏微捲，編號 17338-1。

＿＿＿＿＿，中央研究院傅斯年圖書館藏微捲，編號 17339。

＿＿＿＿＿，中央研究院傅斯年圖書館藏微捲，編號 17339-1。

＿＿＿＿＿，中央研究院傅斯年圖書館藏微捲，編號 17339-2。

＿＿＿＿＿，中央研究院傅斯年圖書館藏微捲，編號 17339-23。

＿＿＿＿＿，中央研究院傅斯年圖書館藏微捲，編號 17339-35。

## 未刊史料

乾隆 40 年 10 月姜阿妙等同立分家闔書。（新竹北埔姜家史料）。

乾隆 43 年 10 月姜妙立山埔園地契字。（新竹北埔姜家史料）。

乾隆 46 年 10 月姜勝智立典當田契字。（新竹北埔姜家史料）。

乾隆 53 年 10 月莘豐庄墾戶汪仰詹給與姜朝鳳墾單。（新竹北埔姜家史料）。

乾隆 57 年正月九芎林庄佃首姜勝智立給招佃墾耕字。（新竹北埔姜家史料）。

乾隆 58 年 10 月九芎林庄佃首姜勝智立給招佃墾耕字。（新竹北埔姜家史料）。

嘉慶 9 年 8 月姜勝智立典契字。（新竹北埔姜家史料）。

嘉慶 10 年 2 月九芎林庄佃首勝智立招墾耕字。（新竹北埔姜家史料）。

嘉慶 14 年 4 月竹塹社土目潘文起立給墾批字。（竹東頭重里林振乾提供）。

嘉慶 17 年 8 月竹塹社土目潘文起等立給墾批字。（新竹北埔姜家史料）

道光 8 年 10 月范宏斌、范奇山、姜秀鑾等同立合約字。（新竹北埔姜家史料）。

道光 9 年 10 月姜秀鑾、范元志、范阿水等立分闔字。（新竹北埔姜家史料）。

道光 10 年 12 月姜彭氏立闔分字。（新竹北埔姜家史料）。

道光辛卯（11）年 10 月竹塹社白番廖發生立典加陞大租契。（新竹北埔家史料）。

道光 11 年 12 月竹塹社番廖發生立給丈單永定大租字。（新竹北埔姜家史料）。

道光 12 年 3 月姜秀鑾、姜秀福立分約闔書字。（新竹北埔姜家史料）。

道光 13 年 9 月竹塹社屯番廖阿財等立給墾批字。（新竹北埔姜家史料）。

道光 13 年 10 月林垂裕等立合約字。（新竹北埔姜家史料）。

道光 13 年 12 月林慶恩等同立邀請助份字。（新竹北埔姜家史料）。

道光 14 年 11 月初 7 日淡防分府李嗣鄴給發貼曉諭。（新竹北埔姜家史料）。

道光 21 年 2 月初 9 日姜秀鑾稟稿。（新竹北埔姜家史料）。

道光 21 年 3 月姜秀鑾周邦正等同立合約字。（新竹北埔姜家史料）。

道光 22 年 6 月立姜殿邦等敘獎抄稿。（新竹北埔姜家史料）。

道光 27 年九芎林姜秀鑾等立請帖。（蔡淵絜教授提供）。

道光 27 年 3 月姜殿邦、姜殿斌分家闔書。（新竹北埔姜家史料）。

道光 27 年 10 月，周子文等同立分家闔書。（新竹城周鼎瑞家史料）。

咸豐 4 年 8 月南興庄墾戶金廣福、咸菜甕墾戶衛榮宗等同立合約。（新竹北埔姜家史料）。

咸豐四年 11 月 20 日淡水廳分府丁給總墾戶姜殿邦諭。（新竹北埔姜家史料）。

咸豐 5 年 2 月衛榮宗退辦墾戶合同。（新竹北埔姜家史料）

咸豐 6 年 11 月金廣福給出墾批字，載《金廣福墾隘給墾號簿》。（新竹北埔姜家史料）。

咸豐 7 年 8 月彭錦恭、吳阿乾立請帖字。（新竹北埔姜家史料）。

咸豐 8 年 12 月金福源股夥彭寶源、溫有恭等同立合約字。（新竹北埔姜家史料）。

咸豐 9 年 11 月隘首金泰安墾戶姜殿邦同立合約給發隘糧對租字。（新竹北埔姜家史料）。5

咸豐 10 年元月 22 日淡水廳寧分府諭墾戶姜殿邦。（新竹北埔姜家史料）。

咸豐 10 年 6 月淡水廳寧分府諭墾戶姜殿邦。（新竹北埔姜家史料）。

咸豐 10 年 9 月淡水廳寧分府諭墾戶姜殿邦。（新竹北埔姜家史料）。

咸豐 10 年 9 月墾戶金泰安立請帖。（新竹北埔姜家史料）。

咸豐 11 年 10 月 14 日淡水廳秋分府諭姜榮華。（新竹北埔姜家史料）。

同治元年 8 月 12 日黃載立、彭三貫等立甘願交還隘丁隘糧字。（新竹北埔姜家史料）。

同治 3 年 11 月 19 日淡水廳鄭分府給墾戶姜殿邦諭。（新竹北埔姜家史料）。

同治 4 年 7 月 3 日淡水廳寧分府諭義首姜殿邦。（新竹北埔姜家史料）。

同治 5 年 9 月姜榮華、貴同立分管墾底山林埔地股份字。（新竹北埔姜家史料）。

同治 7 年 6 月姜榮華、彭寶源等同立鬮書分管字。（新竹北埔姜家史料）。

同治 8 年 12 月 21 日淡水廳陳分府給姜榮華諭。（新竹北埔姜家史料）。

同治 9 年 3 月彭陳養立歸管山林田業字。（新竹北埔姜家史料）。

同治 12 年 9 月陳水生立收回在本銀字。（新竹北埔姜家史料）。

同治 13 年姜榮華稟稿。（新竹北埔姜家史料）。

光緒 4 年 4 月 23 日國子監發給姜紹基監照。（新竹北埔姜家史料）。

光緒 5 年新竹縣知縣給姜紹基諭。（新竹北埔姜家史料）。

光緒 6 年 2 月劉仁魁立收清歸管生理店宇字（新竹北埔姜家史料）。

光緒 8 年 10 月公號金協和股夥同立合約津本墾闢青山夥內字。（新竹北埔姜家史料）。

光緒 10 年 7 月公號金協和股夥同立合約湊夥津本墾闢青山字。（新竹北埔姜家史料）。

光緒 11 年元月同立分析協順生理股底田業憑約字。（新竹北埔姜家史料）。

光緒 11 年 2 月立加三本銀收單字。（新竹北埔姜家史料）。

光緒 11 年 12 月 16 日臺灣總糧道收據。（新竹北埔姜家史料）。

光緒 14 年歲次戊子正月董事林汝梅、李聯萼、鄭如蘭、高廷琛、陳濬芝全具捐建長清禪寺序。（新竹市金山里吳慶杰里長提供）

光緒 15 年 9 月黃南球、姜紹基等四大股同立合約字。（新竹北埔姜家史料）。

光緒 16 年 9 月竹北一堡金廣福各庄職員姜紹組、監生黃榮和等稿底。（新竹北埔姜家史料）。

光緒 16 年 12 月金協和立抽分管山林埔地字。（新竹北埔姜家史料）。

光緒 17 年 9 月職員姜紹祖具收儲義倉谷結狀。（新竹北埔姜家史料）。

明治 38 年 8 月「開墾土地分管契約承認證書抄謄謄本」。（新竹北埔姜家史料）。

大正 4 年姜榮華、榮富分家鬮書，富字號。（新竹北埔姜家史料）。

姜秀鑾家族《田契抄簿》。（新竹北埔姜家史料）。

癸桂月 21 日，鄭劍波給姜榮華信，年代不詳。（新竹北埔姜家史料）。

# 隘糧與大租：
## 清代竹塹地區合興莊的隘墾事業與閩粵關係[*]

### 陳志豪

## 一、前言

　　由於今日客家族群的形成，來自於歷史過程中不同族群的互動，例如在清代族群之間的互動多圍繞在土地開墾的課題，所以清代臺灣土地開墾是以什麼方式展開，常常也牽涉到族群之間會以什麼姿態展開互動（李文良 2011）。不過，清代臺灣的土地開墾制度在各時期甚至各地區往往不盡相同，例如，18世紀南臺灣客家族群活動的屏東平原，其開墾方式係透過請墾制度展開並形成閩主粵佃的族群關係，而 19 世紀桃竹苗客家族群活動的淺山丘陵，則係透過番屯、隘墾制度的進行，故其族群關係又與其他地區有所不同。為了進一步說明清代土地制度的運作，對於族群關係帶來的影響，本文擬以新竹頭前溪中上游流域的隘墾事業為例，具體說明淺山丘陵的隘墾制度與粵族群關係的發展。

　　目前關於清代臺灣隘墾事業的研究成果相當豐富，自 1950 年代以來王世慶（1956：7-26）、戴炎輝（1958：38-73）、吳學明（1986）、施添福（1990：1-68）等學者均已針對隘租與隘防運作、隘墾事業的推展、隘墾組織的構成等

* 本文原刊登於《全球客家研究》，2015，第 4 期，頁 1-30。因收錄於本專書，略做增刪，謹此說明。作者陳志豪現任國立臺灣師範大學臺灣史研究所助理教授。

問題進行翔實的研究。黃卓權（2002：24-42）也特別指出隘墾事業的發展特色，係「客家優佔區」形成的重要關鍵。由此可見討論隘墾事業的課題，是有助於釐清清代臺灣的族群關係，並了解客家族群的形成。但是，本文認為清代隘墾事業的研究，長期受到日治時期的「大租／小租」分類架構所影響，將隘墾事業的墾戶與佃戶，以土地租佃的關係來加以理解，並將隘糧視為大租，逕稱為隘糧大租，而這樣的想法低估了隘糧與大租之間的區隔意義。一方面，現有的研究其實已經指出日治時期的「大租」分類架構，只是為了殖民統治者簡化土地行政而進行的詮釋，因不同時期的詮釋，所以逕自將隘糧視同「大租」，很容易掉進日治時期的分類架構（西英昭 2005a：1246-1251、2005b：1379-1405；柯志明 2008：31-79），另一方面，只要檢視歷史文獻，便可以發現清代有關隘墾事業的契約，常常是將大租與隘糧分開抄寫，特別是關於大租數額的部分，常以木板印刷方式表現，而隘糧卻多以毛筆另行添寫。甚至，早在明治 36 年（1903）5 月 11 日臺灣覆審法院的判例中，即有一案是佃戶主張自己繳納的大租屬於隘糧，所以應該在光緒 12 年（1886）裁隘以後即不必再繳。儘管最後覆審法院的判官裁定佃戶不得抗納大租，但法院的見解也同意大租、隘糧實為不同的地租類型，只是此案佃戶抗納的並非隘糧而是大租（臺灣慣習研究會 1904b：40-42）。想來，無論是從現有研究的發展或是史料的解讀來看，隘糧與大租之間的區隔，有必要重新加以釐清，才能有效理解隘墾事業的運作情形以及閩粵族群在參與隘墾事業所扮演的角色。

　　本文為了具體討論隘糧與大租的區隔問題，將以清代竹塹地區的合興莊為中心，探討文獻中隘糧與大租不同的表現方式，重新觀察隘墾事業的運作特色，嘗試提供往後討論閩粵關係不同想法。

## 二、墾莊的墾戶與隘首

　　本文討論的合興莊位於今日新竹地區的頭前溪中上游流域，行政區域上約是新竹縣芎林鄉、橫山鄉與關西鎮交界的位置（見圖1），係嘉慶25年（1820）由閩籍墾戶陳長順向淡水廳稟請設隘開墾成功後始設立的墾莊（吳學明 1998：85-86）。關於合興莊的墾戶陳長順，過去的研究已經指出陳長順係泉州晉江人，原居竹塹城往返兩岸從事貿易活動，嘉慶25年（1820）後才進入淺山丘陵參與隘墾事業，並與九芎林的佃首姜勝智家族建立婚姻關係（呂佩如 2009；陳志豪 2012）。從陳長順的背景來看，這個原於竹塹城內經商的合興莊墾戶，大概不會在成為墾戶後，突然就可以統率大批武裝隘丁，並在離城數十里的淺山丘陵固守隘寮。所以，墾戶維持隘防的真實情況，或許是將實際的隘防發包給當地的武裝集團，由地方人士在沿山要衝處搭建隘寮、僱募隘丁守隘。

　　這樣的推想，來自於目前合興莊收租執照的記載。根據目前可以見到的合興莊收租執照顯示，道光初年的執照僅有墾戶陳長順的私章（墾戶陳長順圖記），但至晚在道光16年（1836）後，執照上蓋的戳記又多了一個由官府核發給隘首姜長福的戳記。隘首姜長福正是原九芎林莊佃首姜勝智之侄姜秀鑾、姜秀福的公號，且姜長福直到同治13年（1874）仍是合興莊隘首，顯見合興莊的隘務長期掌握在姜家手上。[1]

---

1 目前留下了許多徵收合興莊隘租的執照，都是由隘首姜長福發出的，由此可知隘租的實質徵收，有一大部分是交由隘首自理的。參見國立臺灣圖書館藏古文書（1874）、新竹北埔姜家文書（1841）長福使用的戳記有兩個，分別是道光16年（1836）淡水廳同知婁雲核發的；另一個則是咸豐10年（1860）淡水廳同知甯長敬核發，可見姜家長期擔任合興莊隘首一職。

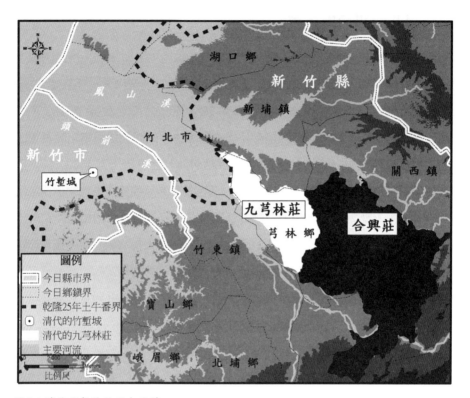

圖1：清代竹塹地區的合興莊

　　不僅如此，筆者懷疑即使初期收租執照上僅有陳長順的私章，但陳長順可能也不是實際管理隘務的人，因為執照上使用的並非官府核發給他的墾戶戳記而僅是一個私章。從這點來想，初期陳長順可能是委託他人來辦理隘務，所以只讓隘務管理者使用私章來核發收租執照。但是，由於道光16、17年間（1936-1837）淡水廳同知婁雲曾對沿山各隘做了一番清查，故合興莊為因應官府的清查行動，正式編制隘首一職，並由姜家以姜長福的公號正式向官府請

領隘首戳記（李文良 2006：107-109）。[2] 也就是說，本來是隱藏在墾戶私章背後的隘務負責人，可能到了此時才正式浮上檯面，成為所謂的隘首。很簡單的道理來想，合興莊建立的原因是為了設隘防番，故隘務肯定早在隘首一職正式出現前存在。因此，道光 16 年（1836）以後出現的隘首戳記，與其說是合興莊的組織有了一個新的變化，倒不如看成是合興莊原有的隘務負責人，在此時因應官府整頓而申辦了一個隘首身分而已。這樣想下來的話，在合興莊負責第一線建隘防守工作的，從來都不是來自竹塹城的墾戶陳長順，而是那些早已活躍於地方的粵籍佃戶，即姜秀鑾等人。

　　姜家包攬合興莊隘務的情況也非少見的特例，根據「淡新檔案」的訟案資料顯示，光緒年間合興莊的隘務曾交由金惠全、鍾增祿（鍾石妹）等集團包辦隘首一職。特別的是，鍾增祿不只包辦合興莊隘首，同時也包辦緊鄰合興莊的聯興莊隘首，可說是頭前溪中上游流域相當活躍的隘務承攬者。同治 13 年（1874）官府發給聯興莊墾戶金合興的公文提到：

　　賞戴花翎特授臺灣北路淡水分府隨帶加七級記大功五次，陳為當堂給發諭戳以專責成事。案據橫山聯興庄鍾運生、徐春元、余振達等呈稱，緣該地墾戶金和興即徐榮章獨力難支，倩請徐元官辦理隘務，因與吳永福爭較三灣田業，嗣於同治十年間颱風大作，沿山銃櫃倒壞，無處容身，隘丁四散，每被生番擾害。爰是公舉新福成即鍾石妹等，向墾戶金和興領得隘丁二十名，立約付據，督收銃櫃，

---

2 就目前的文獻來看，婁雲任內十分積極整頓地方鄉職，他進行的工作包括訂定莊規、積極辦理清莊，甚至也針對隘寮進行整頓。例如，位於今日新北市深坑區的萬順寮隘，便在婁雲任內撤廢，重新進行整頓。

募丁把守，對佃收租，以資隘糧。呈請給發諭、戳，以資奉公等
情……合行當堂給發諭、戳。（臺灣總督府及其附屬機構公文類纂
1912a）

上述墾戶將隘務轉包給隘首的情形，說明了這些獲准承充墾戶一職的閩籍
人士，未必真得需要親自負責隘防，他們大多是將隘務交給地方上的有力之家
包辦。到了光緒 5 年（1879）聯興莊墾戶改由竹塹城內的紳商鄭用錫家族（金
全和墾號）接辦後，隘務也非鄭家自己設隘把守，而是發包給金協福充任隘首
（鄭華生、鄭炯輝，2005：102）。從這點看來，這些竹塹城的城居仕紳雖常
承充沿山墾戶，但其實很少直接經營隘務。光緒 13 年（1887）間金全和墾號
的代表鄭如磻向官府說明隘務時，也特別提到官員認定城紳無法辦理隘務之
事：

具稟。治下廩生鄭如磻爲遵斷卸辦，據情上達，懇乞飭提隘（首）
追繳事。緣因橫山墾户與鍾增祿互控等情一案，蒙前陳府憲委員勘
定界址，嗣因祿狡圖翻案，串同該處佃户，橫將光緒玖、拾兩年隘
租列械洗搶，生無奈赴（縣）、府具呈，未見追還顆粒，旋蒙前府
憲陳札委徐前縣憲，以生係城紳不能辦理隘務，將隘首由官給舉，
斷令堂繳番銀壹仟元，每年抽出谷壹百貳拾石以貼墾底費，案卷可
查……。（淡新檔案 1887）

竹塹城內的官員們很清楚城居仕紳沒有辦法在淺山地區設隘，與其由這些
城居墾戶自行招募隘首，不如由官府來重新選定隘首人選。當然，地方上可以
包攬隘防的武裝集團大概有好幾個，例如金全和接替聯興莊墾戶一職後，並沒

有繼續委由鍾增祿包辦隘務，而是另外雇請名為金協福的武裝集團來守隘，而這也引起了鍾增祿的不滿，為此與墾戶金全和纏訟多年。想來，這些有意承包隘務的集團之間大概也是十分競爭，而這正好意味著：對於這些來自竹塹城的墾戶來說，武裝防禦的工作或許並非墾戶最重要的業務，重要的是維持一個墾莊體系到底有那些收益。

## 三、墾莊內的管事與隘糧、大租

根據光緒 14 年（1888）大嵙崁撫墾局委員的報告，合興莊墾戶每年收的租谷總計約有 3,221 石，這筆租谷除了運用於僱請隘丁以外，也用於墾戶管理墾莊的行政開銷以及交通、祭祀等各種公共事務，茲將租谷支出情況整理如表 1。

表 1：19 世紀晚期合興莊的租谷支出情況

| 科目 | 數額 | 佔總額比例 | 費別 |
|---|---|---|---|
| 隘丁口糧 | 2,400 石 | 74.51% | 隘務 |
| 廚丁雜費、柴米油火、年節 | 384 石 | 21.24% | 行政費用 |
| 管事薪資 | 156 石 | （684 石） | |
| 館丁工食 | 144 石 | | |
| 五塊厝等處渡船 | 10 石 | 4.25% | 地方事務 |
| 本莊各處普渡 | 76 石 | （137 石） | |
| 三官廟香油 | 6 石 | | |
| 義民爺祭祀 | 20 石 | | |
| 觀音祠、福德祠香油 | 13 石 | | |
| 鹿寮坑聖母廟香油 | 12 石 | | |
| 合計 | 3,221 石 | | |

資料來源：改編自李文良（2006：101）

　　根據表 1 的內容可知，合興莊每年收的租谷總額中，約有 21.24% 是用於
墾戶底下的行政團隊開銷，也就是替墾戶處理各項行政業務的管事人等。其
中，表 1 的「廚丁雜費、柴米油火、年節」一項為 384 石，以穀每兩石折米一
石，且每一石米又可折銀 1.76 元來計算的話，那麼可以估算出合興莊墾戶每
年大概要花 337.92 元來維持行政團隊的伙食費。[3] 這個數字，大約等於同一時
間新竹縣衙門的戶、稅、糧三房胥吏每年的廚丁、伙食開銷，因為照《淡新檔
案》的記載，這三房胥吏每年的伙食費為 396 元（淡新檔案 年代不詳）。可
見若由伙食費開銷的費用來推估，則合興莊墾戶底下的行政團隊與家丁等，可
能約有接近半個衙門的規模，而這樣的數字也反映出合興莊隘墾事業的運作，
除了墾戶、隘首、隘丁以外，其實還需仰賴一個相當龐大的行政團隊。

　　合興莊行政團隊中的管事，可能是最重要的職務，因為管事常與墾戶同時
出現在招墾批之中，看起來應是土地招墾業務中的關鍵角色。目前筆者可以找
到由合興莊墾戶發出的墾批共有八張，其內容整理如下表 2。

表 2：合興莊墾戶歷年核發墾批及其管事名字

| 時間 | 地點 | 承墾佃戶 | 管事 | 墾戶大租 | 供貼隘糧 |
|---|---|---|---|---|---|
| 道光 4 年（1824） | 水坑尾 | 彭阿義等 | | 田每甲 6 石園每甲 3 石 | 3 石 |
| 道光 6 年（1826） | 下橫坑 | 曾天賜 | 徐世恭 | 田每甲 6 石園每甲 3 石 | 3 元 |

---

3 根據王世慶的研究，光緒初年北臺灣米價上漲，每一石米約折銀 2.4 至 2.5 兩，若以
　官用庫平銀比率的 72 銀來折算，則約為 1.76 元。且光緒 11 年以後，米價數據又稍
　高於此一價格，惟並無實質數據可以推算，故本文以 1.76 元來做較為保守的估計。
　參見王世慶（1984：78）。

表 2：合興莊墾戶歷年核發墾批及其管事名字（續）

| 時間 | 地點 | 承墾佃戶 | 管事 | 墾戶大租 | 供貼隘糧 |
|------|------|----------|------|----------|----------|
| 道光 8 年（1828） | 上橫坑 | 范汝舟 | 徐世恭 | 田每甲 6 石<br>園每甲 3 石 | |
| 道光 8 年（1828） | 上橫坑 | 陳河助 | 徐世恭 | 田每甲 6 石<br>園每甲 3 石 | |
| 道光 14 年（1834） | 大平崁 | 羅朝富 | 江書月 | 田每甲 6 石<br>園每甲 3 石 | 一九五抽的 |
| 咸豐 3 年（1853） | 上橫坑 | 陳阿福 | 何江□ | 田每甲 12 石<br>園每甲 3 石 | |
| 咸豐 3 年（1853） | 大平莊 | 張林生 | 何江□ | 田每甲 12 石<br>園每甲 3 石 | |
| 咸豐 6 年（1856） | 大平地 | 陳立傳 | 萬科秀 | 田每甲 12 石<br>園每甲 3 石 | |

資料來源：吳學明（1998：167）、臨時臺灣土地調查局（1903a、1903b）、臺灣總督府及其附屬機構公文類纂（1912b、1912c、1912d）、劉澤民（2003：88）、（關西老社寮文書 1834）、（張仁發家族文書 1853）。

　　這些由墾戶及管事共同列名的墾批，大都是由木板印刷而成，給墾後再以毛筆填入承墾佃人姓名、承墾位置以及供貼隘糧之數。又，依時間不同分為道光、咸豐兩個版本，內容上十分相近，惟咸豐年間刊印的墾批，大租由每甲 6 石改為 12 石。以下，先以道光年間的版本為例，說明墾批內容（本文以粗體字來標示墾批中以毛筆另外添寫的內容）：

　　　立給墾批字。合興庄墾戶陳長順，緣為該處毗連番屯之業，疊遭番
　　擾難堪，累賠課租，爰是眾庄議立章程，呈請憲示，諭令順備資在
　　于該庄建隘募丁把守，招佃就地墾取丁糧。茲招得佃人曾天賜自備

工本前來墾闢下橫坑內小沙坑山窩壹處，丈名○○，東至山嶺分水流內爲界……其地訂限參年開荒，凡有墾種，依照庄規聽順抽的，資給隘糧。如逾限墾成田園，聽順丈量甲數，另給丈單，永爲己業。每田壹甲納租陸石、每園壹甲納租參石，每至早季，挑運到倉交納，給出完單，自給之後，趕緊墾成征租，如延搪未墾，屆限任順弔回，不得私卸，亦不得窩藏匪類各等情。今欲有憑，立給墾批壹紙，付執爲炤。

批明：自給之後每年供貼隘糧銀參元正，再照。

管事：【印：徐世恭】

道光陸年貳月 日立給墾 【印：淡分府給合興莊墾戶陳長順戳記】

（劉澤民 2003：89）

　　過往對於隘糧的理解，一般受到戴炎輝的影響，認爲隘糧即是所謂的「隘糧大租」（戴炎輝 1979：588-591）。但就上述引用的墾批來看，隘糧與大租在合興莊中應該是有所區別。事實上，戴炎輝用來證明隘糧大租一詞的文獻之一，正是一份由合興莊墾戶陳福成提出的稟文，其內容節錄如下：

具稟。新竹縣竹北一保合興庄墾戶陳福（成）爲籲懇憐憫，按谷恩卹，以全憲法事。緣成父陳長順于嘉慶二十五年，奉前廳憲諭著自備工本，設隘募丁禦番，開闢合興庄一帶山林。從前數十年隘糧不敷，疊開疊廢，家貲三萬餘金傾盡，闔邑周知，疊次辭退不准。至光緒初年始得開成，每年隘糧二千四百石，交隘首給發，因前墊給血本無歸，又公館薪分伙食，一切經費莫措。此近年來再行招佃進山開闢，加收大租八百零石，只夠敷衍辦公經費，尚不能望彌補血

本萬一……虧成傾家蕩產之血本無歸，現在一家廿餘口嗷嗷待哺，
勢亟粘抄節畧，懇乞爵帥大人憐憫，俯賜按谷恩卹，賞給多少薄
粥，以免全家盡作餓莩。萬代公侯，陰騭參天。沾叩。（淡新檔案
1887）

　　由這份稟文內容來看，真正被墾戶陳福成視為隘糧的，其實只有 2400 石
交隘首給發的部分，剩下的 821 石則被陳福成視為大租。前述引用道光年間
（1821-1850）陳長順給出的墾批，大致呼應了陳福成的說法，墾批中載明給
墾後佃人即須供貼隘糧 3 元（抑或 3 石），俟墾成後佃人又須繳納田、園每甲
各 6 石、3 石的大租。可見佃戶貼納隘糧是一回事，開墾完成後繳納大租又是
另一回事，所以墾戶才會在木板印刷的墾批中，另以毛筆逐行加註隘糧的數
字，而非預先刊印隘糧數額。但這也意味著，墾戶能實際掌握只有這些預先規
定的大租，但是還有更龐大的土地利益由地方勢力掌握。因為隘糧的租率雖然
低於大租，可是最後合興莊能收到隘糧的數量卻遠遠大於大租，換言之，肯定
有很多徵收隘糧的地方並沒有繳納大租，所以若佃戶想要定居於隘墾戶的請墾
範圍，他最重要的並非向墾戶取得墾批，而是繳納這些並非由墾戶所支配的隘
糧。甚至，從前述表 2 的情況來看，墾戶對於隘糧具體數據的掌握大概也是非
常有限，因為不少墾批根本沒登載隘糧的數額。佃戶與隘首對於隘糧的協定，
常常是在墾批以外的文獻，例如「殺番賞」等。想來，從墾戶為中心展開對於
隘墾制度的歷史觀察，可能還有些值得思考之處。

　　此外，這裡也必須說明，雖然陳福成的稟文提到光緒初年開墾完成後，隘
糧全由隘首給發，但實際上至晚在道光年間（1821-1850）隘首已負責徵收隘
糧的工作，目前可以見到多份隘首徵收隘糧以後給發的執照（新竹北埔姜家文
書 1841）。所以，稟文的內容並不是指光緒初年合興莊的隘糧才開始交由隘

首給發，而是指光緒初年以後，由隘首給發的隘糧數目共有 2,400 石。至於大租的部分，則由墾戶底下的管事負責徵收，所以墾戶雖然不必徵收隘糧，但仍必須維持一個以管事為首的行政團隊，來收取墾莊內的大租收入。這說明沿山的閩籍墾戶雖然總宣稱負擔隘防非常吃力，但實際上他們或許沒有真的承擔隘防的經費問題，甚至他們只要在隘防還能維持的情況下，就可以持續的向佃人收取定額的大租，而這些大租也未必是用來支付隘防的開銷。

這種情況不是只有合興莊如此，吳學明（1986）在金廣福墾隘的研究中雖然沿用戴炎輝的隘糧大租說法，卻也指出金廣福底下的墾地在開墾初期即須貼納隘糧，且大多是按二八抽的「抽的租」（即按實際收成比例抽租）。吳學明蒐集到金廣福發出的木板印刷墾批，亦與合興莊的墾批相當類似：

> 立給墾批字。總墾戶金廣福、墾户首姜秀鑾、周邦正，情因塹南壹帶地方，屢遭番擾，慘不勝數……嗣因隘費、丁糧，兩無所出，復著遵諭招佃開墾，就地取糧以資發給。今有佃人溫成美前來，給出富興庄左片山林……其地訂限伍年開墾，凡有栽種山園，面議定供貼隘糧銀貳拾伍元。遞年每至秋收之日，完納交清，如屆期年之後墾成田園，照以眾例聽墾戶丈量，按甲供納，給出丈單。每田壹甲供納大租○粟碩，每園壹甲輸租○碩。每至旱季捶運倉口交納，給出完單……今欲有憑，立給墾批字壹紙付執為照。（新竹北埔姜家文書 1839）
>
> 代筆 【印：王國文記】
>
> 管事 【印：姜秀連記】
>
> 道光拾九年拾月 立給墾批【印：淡水分府道光十八年給竹北一保南興庄閩粵總墾戶金廣福戳記】、【印：淡水分府給南興庄墾户首姜

秀鑾長行戳記】、【印：淡水分府給南興庄墾戶首周邦正長行戳記】

　　透過這兩份不同墾戶發出的墾批，可以發現墾批中的隘糧與大租應該是不同的概念。大租通常是依木板印刷好的固定租率，隘糧則是根據各佃情況，另以毛筆添寫，例如，合興莊早期的隘糧多以每佃貼納 3 石為主。特別說明這點，是因為不論合興或南興莊刊印的招墾契中，管事一詞通常也是預先刻好的字樣，置於墾批末端，就格式看來，管事顯然是為了後續墾戶抽收大租一事而存在的職位。由於這些取得墾批的佃戶，通常在拓墾年限到了以後，還會再向墾戶領一份丈單，用來記載佃戶完成開墾後共需要繳多少大租，而這類丈單也和墾批一樣，皆由木板印刷製成。道光 14 年（1834）合興莊墾戶陳長順發出的丈單格式與內容如下：

　　立給丈單。合興庄墾戶陳長順緣前年遵奉憲示，准順該庄建隘募丁，就地墾取丁糧等情。順遵將該地按段招佃徐麟鳳前來承墾太平崁庄背左畔土名拾陸藔坑地山林埔地壹所。東西四至等款，悉載原墾約內。茲已屆限稍成田疇，爰集眾佃議將斯地界內丈明水田○甲肆分伍厘壹毫，年應征租○拾貳石伍斗貳升○合。至于埔園山峯，凡有墾種，議約逐年壹九抽的，計應供納隘租若干石，遞年挑到倉口交納，給出完單執憑。仍丈餘埔○甲壹分○厘，務須趕緊開闢，再限貳年，聽其丈明征租，方爲己業，不得延悞隘糧。合給丈單，付執爲炤。
　　批明：即議該處踏出車路○尺□仍議庄中凡有公事，依照庄規業佃按甲勻攤，均不得違約，立批再照。【印：□□】
　　管事

道光拾肆年伍月　日立給丈單【印：合興庄墾戶陳長順圖記】（張仁
發家族文書 1834）

　　與墾批相同之處，在於管事同樣是被預先刊印好的詞，並置於丈單末端的
署名。由管事被預先刊印在丈單、墾批中的情況，便可知所謂的管事，主要就
是替墾戶管收大租而非隘糧的行政人員。當然，筆者也懷疑這種特別將隘糧、
大租劃分開來的情況，有可能是因應 19 世紀初期竹塹城內商戶與鄉村佃戶合
作建隘而形成的區分，這些塹城商戶在一開始就很清楚，隘丁與隘糧的運作並
非他們所能介入，他們真正想要控制的土地開發利益，只是完成開墾以後的大
租收入以及其他衍生出來的利益。

　　那麼，隘糧、大租分離的型態，是否能適用於所有的民隘，又是否一直維
持到光緒 12 年（1886）劉銘傳裁隘前夕？這點或許還需要更多的個案討論。
但即使如此，過往將合興莊、南興莊等墾莊的隘糧、大租混為一談，顯然是無
法呈現出竹塹地區隘墾事業的發展脈絡與特色。

## 四、墾莊的交通與市場網絡

　　進一步討論表 1 所列的開銷項目，可以發現合興莊墾戶的大租收入總共有
821 石，其中有 156 石是給管事的薪資，約佔大租總額的 19%，墾戶實際能支
配的大租約只有 665 石。問題是，從表 1 的記載來看，這 665 石的大租幾乎全
數都用於公館的伙食開銷、地方公務等，墾戶似乎沒有因此得到絲毫利潤。情
況似乎就像陳福成所說：「從前數十年隘糧不敷，疊開疊廢，家貲三萬餘金傾
盡，闔邑周知。」過往的研究者大多也同意陳福成的說法，認為墾戶累賠家資
後才得以建立了墾業。但仔細來看，這些數據與說詞基本上都是來自於墾戶本
身，顯然也未必是真的實際情況。

　　由於考慮到這是一份由墾戶自行提出的說詞，所以墾戶的開銷情形，必然會跟他自己宣稱的累賠家資相呼應。也就是說，表1的開銷內容與其說是墾戶經營的實況，倒不如看成是墾戶對外的宣稱，至於墾戶其他獲利的項目，因為沒有向官府公開的必要性，也不可能據此向官府爭取更多的利益，自然也就不可能在這種情況下被說出來。但墾戶沒有說，不代表墾戶沒有其他的營業項目。過去的研究通常只以土地開墾的獲益來衡量墾戶的經營，而忽略掉土地開墾事業以外的營業項目，但筆者懷疑這些被忽略掉的項目，很可能才是這些閩籍墾戶的營運重點。進一步來說，既然合興莊的隘務看起來並非由墾戶主導，那麼，表1有關隘務的開銷其實不太需要討論，筆者認為表1中值得討論之處，反倒是渡船的維持費用。表面上，合興莊墾戶每年的開支有一小部分是用於渡船的維護，這很容易被認為是單純的善舉（呂佩如 2009：51）。可是仔細讀下來卻會發現墾戶支持的渡口並不在合興莊，而是在九芎林（今日新竹縣芎林鄉）。儘管從當地的水文情形可以知道，合興莊境內因位於頭前溪的中上游地區，所以無法設置渡口，但墾戶支持儿芎林的渡口，對於墾莊內的租谷收入或隘務沒有關連性。所以，筆者推測墾戶對於九芎林渡口的支持，主要是考慮貿易活動的需求。根據光緒20年（1894）編輯的《新竹縣采訪冊》所載，九芎林一帶的渡船口有以下三處：

> 五座屋渡，在縣東十五里九芎林北溪，爲縣城適九芎林之所。兩岸相距二十餘丈，民渡船一，渡船錢四文。
>
> 九芎林義渡，在縣東十八里九芎林溪，爲九芎林適二重埔、樹杞林各莊之所。兩岸相距五十餘丈，義渡船一，咸豐間設。光緒十九年，紳士鄭獻瑞、彭殿華、劉如棟等倡捐置買義田，年收租穀四十三石；每年除給渡夫工食穀四十石外，尚賸三石存作修船、修路諸費。

石壁潭渡，在縣東二十五里九芎林溪之上游、土名石壁潭嵌下，為
樹杞林適石壁潭各莊之所。兩岸相距四十餘丈，民渡船一，道光間
設，渡船錢四文。（陳朝龍、鄭鵬雲，1962：127）

　　雖然渡口通常只是河流兩岸住民的往來，但是方志記載五座屋等三處渡口
時，卻格外強調九芎林與縣城（竹塹城）的聯繫，顯見這三處渡口的重要性可
能在於城外與九芎林之間的交通。至於上述的五座屋渡，即表 1 的五塊厝渡，
因為當時五塊厝與五座屋兩個地名往往是混用的。「淡新檔案」一起牽涉五座
屋地業的案件中，即有民人清楚表示五座屋就是五塊厝：「而五座屋就是五塊
厝同（童）叟週知，庄眾可詢，閩籍貫寫五塊厝，粵籍立為五座屋無疑矣」（淡
新檔案 1883）。由此可以更加確定，表 1 中提到的五塊厝等處渡口，就是采
訪冊中的五座屋等三處渡口，差別只是閩籍墾戶對於地名的語言表達與粵籍居
民稍有不同。

　　根據《新竹縣采訪冊》所載，義渡每年的開銷是 43 石，其中 40 石是要給
船夫的伙食工錢，剩餘的 3 石是維修船隻與道路的費用，這樣坐船者就完全不
必負擔任何交通費。但是，九芎林義渡一開始並非免費，在咸豐年間（約 19
世紀中葉）創立之初，義渡與其他渡口一樣，使用者每次都要花四文的渡船錢，
而這四文渡船錢，就是用來支付船夫的伙食工錢。19 世紀末編纂的《樹杞林
志》又提到：

謹按樹杞林堡渡船，惟上堡有六渡而已。其在九芎林街崁下者，稱
為義渡，富民共立有田產，為渡夫辛勞之資，往來行人不消一文花
費。其餘五渡皆係民渡，渡夫到各街莊捐題，或穀或銀，由人樂助；
又有向過人取之，或數十文、或幾文，多少不等。（林百川、林學
源 1898）

　　奇怪的是，這些記載雖然提到渡夫的薪資係使用者付費，卻沒有提到過往的渡口維修費用從哪裡來。從九芎林義渡的記載來看，渡口每年還是需要 3 石的例行維修經費，九芎林這三處主要渡口合計每年約需 9 石，惟前述方志的記載皆未提到維修費用是由誰來支付。因此，筆者推測過往九芎林渡口的維修費用大概不是由使用者付的渡船費來支應，而是來自於合興莊墾戶每年抽出的10 石渡船費用。因為五塊厝等渡口既然並非義渡，合興莊墾戶支付五塊厝等渡口的費用就不是為了贊助搭乘者的渡船費，應該是用於渡口的年度維修與保養。這種情況大概到了光緒 12 年（1886）劉銘傳全面裁撤民隘及墾戶以後，地方上才開始自行集資維護渡口，且進一步讓它變成免費的義渡。

　　由於九芎林一地並非合興莊的墾區範圍，其公共事業照理與合興莊無涉，所以合興莊墾戶積極經營九芎林地區的交通，肯定不是為了建立自己在合興莊的聲望，而是看重九芎林的市場網絡與貿易轉運位置。就《新竹縣采訪冊》所載，整個竹塹地區共有米市、柴市、草市、炭市、魚市、菜市、果市這七大市集，這七大市集的分布情況如下：

> 米市。一在縣城內北鼓樓外；一在縣東二十里九芎林街；一在縣東南二十五里樹杞林街；一在縣東南三十二里北埔街。皆城廟舊戶及各材莊農人用竹籃挑運到此，排設街中為市。每日辰時畢集，日晚則散。
>
> 柴市。一在縣署口，每日巳、午二時為市；一在縣城北門外外天后宮口，每日未、申二時為市；一在縣東二十里九芎林街，每日辰、巳二時為市：一在縣東南二十五里樹杞林街，每日辰、巳二時為市；一在縣東南三十二里北埔街，每日辰、巳二時為市。
>
> 草市。一在縣城南門外，俗名草埕，每日辰、巳二時為市．一在縣

城北門外，外天后宮口，每日未、申二時爲市。

炭市。一在縣署口，每日巳、午二時爲市；一在縣城西門內內天后宮口，每日巳、午二時爲市；一在縣城北門外外天后宮口，每日未、申二時爲市；一在縣東二十里九芎林街，每日辰、巳二時爲市；一在縣東南二十五里樹杞林街，每日辰、巳二時爲市；一在縣東南三十二里北埔街，每日辰、巳二時爲市。

魚市。一在縣城內太爺街，溪魚每日下午爲市，海魚無定時，大約下午爲盛；一在縣城北門內，視太爺街稍稀。

菜市。一在縣署口。一在城內太爺街。一在縣城內南門街。一在縣城北門內。一在縣城北門外，外天后宮口。

果市。一在縣東二十里九芎林街，每日辰、巳二時爲市。一在縣東南二十五里樹杞林街，每日辰、巳二時爲市。（陳朝龍、鄭鵬雲1962：103-104）

　　上述七大市集之中，米市、柴市、炭市、果市四個市集不僅在竹塹城內有交易處，在九芎林街也有交易處。根據《樹杞林志》的記載，新竹沿山一帶所有的市集原本都聚集於九芎林街，九芎林街也是最熱鬧的聚落，但19世紀中葉以後九芎林水患頻傳，加上樹杞林街（今日新竹縣竹東鎮）也出現了市集，使得九芎林的市集活動漸趨衰微（林百川、林學源1898）。金廣福墾號的出現，除了代表界外拓墾活動日趨熱烈、姜家逐漸崛起等意義，更重要的是，金廣福大規模的拓墾活動，其實也讓頭前溪流域的貿易體系有了改變。20世紀初期臺灣慣習研究會所寫的〈金廣福大隘〉一文，已經指出這一波開墾對於社會帶來最大的影響，即是樹杞林、北埔、月眉、南庄連成了一個新的貿易體系，且這個貿易體系壓過了九芎林（臺灣慣習研究會1904：48-52）。換言之，樹杞

林街興起的歷史轉折，正好反映出九芎林在 19 世紀中葉以前應是竹塹城外最大的市集集散地，而九芎林及其背後延伸出來的商業網絡與利益，或許是吸引陳長順投資隘墾事業的誘因之一。畢竟，這個來自竹塹城的晉江籍商戶，比較擅長的大概還是貿易而非土地拓墾。

　　除了市集以外，另一個很難被文獻記載的產業活動，可能是私鹽的販賣。嘉慶 20 年（1815）後投入界外開發的惠安籍商人，很重要的一項生意就是販賣私鹽，竹塹城內著名舉人郭成金（惠安籍），其家族除了參與塹城東南山區金山面隘的開墾，也曾遭官府疑為私鹽商人（郭韻鑫 1952：3-4）。不僅如此，19 世紀晚期新竹縣的衙門檔案中，多起於香山港（今日新竹市香山區，頭前溪南岸一帶）查獲販賣私鹽的案件中，皆直指惠安頭北商人為經銷商，且私鹽的販賣對象則為「內山客民」，也就是在界外從事土地開發的粵籍住民（陳冠妃 2010：60-65）。例如，光緒 12 年（1886）竹塹鹽館委員沈繼曾的報告便提到：

> 竊查竹塹香山港至中港一十五里，沿海居民惠安縣頭北人十有其九，結群聯黨，專以接販私鹽為務，其間即有駕船為生者，無不暗中夾帶，惡習相沿，巡緝不易……卑職伏思，內山私鹽之多，皆由沿海居民勾接興販而往。目前杜私之法，惟有禁其勾接，勾接無則內山私鹽不禁自盡，猶之弭盜首貴除窩也。[4]（淡新檔案 1886）

　　上述內容雖然只提到 19 世紀晚期香山港的惠安頭北商人，控制了私鹽貿易，但頭北商人恐怕不是 19 世紀晚期才開始出現在這一帶。根據韋煙灶（2008：

---

4 「淡新檔案」中不乏類似記載，例如編號 14235 一案中也提到：「訪聞內地惠安頭北私鹽，連檣接纜，絡繹而至，甚至明目張膽，勾引內山客民，轉賣各鄉，幾致遍地皆私，殊屬有礙鹽務。」

41-71、49-83）整理的祖籍資料顯示，香山港沿海地區的閩人多為晉江、南安兩縣的移民，且這些移民早在 18 世紀晚期便已長期定居於此。從這點來想，筆者認為晉江、南安縣的商人在 19 世紀初期投入界外的土地開發事業，與其說是著眼於土地生產的利益，倒不如說是為了建立另一個貿易管道，將沿海食鹽銷售給所謂的「內山客民」。不僅如此，19 世紀晚期樹杞林（今新竹縣竹東鎮）鹽館成立時，合興莊墾戶陳福成、中興莊墾戶劉子謙與樹杞林富戶彭殿華共同被推為「局紳」，協助食鹽銷售業務。陳福成出任「局紳」的原因，大概也不是因為他的墾戶身分，而是陳福成早已十分熟悉頭前溪中上游流域的食鹽網絡（淡新檔案 1885）。種種的跡象顯示，這些來自竹塹城內的「三邑」籍墾戶，很可能在城外貿易上扮演著極為關鍵的角色，且這些貿易可能不只是頭前溪北岸農、林產品的流通（竹塹城至九芎林），還包括了頭前溪南岸食鹽的流通（香山港至樹杞林等內山墾莊）。此外，依據韋煙灶（2015：1-34）對於清代新竹漢籍世居宗族的地理空間分布情形的說明，泉州同安籍人士大致聚居於西門與北門內外，但泉州「三邑」籍人士主要則聚居在南門與東門（尤其是南門內外），這種空間情況亦可補充說明竹塹地區「三邑」籍商人與其他泉州商人實有區別。

## 五、小結

由上述的討論可知，隘糧與大租在隘墾事業的運作上，應該被看成是兩個不同的系統，不應該將隘糧與大租混為一談。本文特別指出這點，主要因為若將隘糧與大租混為一談的話，恐怕無法從隘墾事業的運作中，了解閩粵族群關係的展開基礎，從而無法了解隘墾事業背後的社會相。

此外，由於目前有關內山各墾戶的公、私文書，大部分都是與土地開墾或官府往來的記錄，例如吳學明在新竹北埔姜秀鑾家族收集到的姜家文書。所

以，一般對於山區墾戶的研究與討論，重點都放在土地開發或是武裝防衛，甚至是原漢或閩粵合作的族群關係。但是，必須提醒一點，姜秀鑾家族作為一個在地的粵籍墾戶，其業務確實是以土地開發、隘務維持為主，惟這種現象或許並非可以推估適用於內山所有的墾戶。過往所謂的閩粵族群合作，一般想成是土地開發上的合作，這裡筆者必須指出另一種可能：墾戶與佃戶在土地開發與貿易流通這兩件事情上，恰好形成各自分工的型態。只是因為經營貿易的活動並不牽涉隘防或墾地的安排，也不必向官府做任何的交代，以致於無法在現有的官方文獻中看到具體的記載，難以清楚貿易流通的歷史過程。

# 參考文獻

王世慶，1956，〈臺灣隘制考〉。《臺灣文獻》7（4）：7-26。

_____，1984，《清代臺灣社會經濟》。臺北：聯經出版事業公司。

西英昭，2005a，〈土地をめぐる「舊慣」と「臺灣私法」の関係について（一）・——「不動産權」部分のテキスト分析を手掛かりに－〉。《法学協会雑誌》122（7）：1246-1251。

_____，2005b〈土地をめぐる「舊慣」と「臺灣私法」の関係について（二）・——「不動産權」部分のテキスト分析を手掛かりに－〉。《法学協会雑誌》122（8）：1379-1405。

吳學明，1986，《金廣福墾隘與新竹東南山區的開發：1834-1895》。臺北：臺灣師範大學歷史所專刊。

_____，1998，《頭前溪中上游開墾史暨史料彙編》。新竹：新竹縣立文化中心。

呂佩如，2009，〈清代竹塹內山地區的拓墾：以合興庄為主軸的探討（1820-1895）〉。新竹：國立交通大學客家社會與文化碩士在職專班論文。

李文良，2006，〈十九世紀晚期劉銘傳裁隘事業的考察：以北臺灣新竹縣為中心〉。《臺灣史研究》13（2）：87-122。

———，2011《清代南臺灣的移墾與「客家」社會》。臺北：國立臺灣大學出版中心。

林百川、林學源（輯），1898，《樹杞林志》。手抄本，國立臺灣大學圖書館藏。

施添福，1990，〈清代臺灣竹塹地區的土牛溝和區域發展：一個歷史地理學的研究〉。《臺灣風物》40（4）：1-68。

柯志明，2008，〈視而不見：地稅改革下的岸裡社番小租〉。《臺灣史研究》15（1）：31-79。

韋煙灶，2008，〈新竹沿海地區的地理環境變遷與區域發展〉。《海洋文化學刊》8：41-71。

———，2015，〈新竹地區閩、客族群祖籍分布之空間分析〉。發表於交通大學客家文化學院舉辦「新竹客家研究工作坊」，1月8日。

韋煙灶、曹治中，2008，〈桃竹苗地區臺灣閩南語口音分布的區域特性〉。《地理學報》53：49-83。

國立臺灣圖書館藏古文書，1874，〈同治13年合興莊隘首姜長福給發執照〉。臺北：國立臺灣圖書館藏。

張仁發家族文書，1834，〈道光14年合興莊墾戶立給丈單〉。張蘭妹提供。

———，1853，〈咸豐3年合興莊墾戶陳長順立給墾批〉。張蘭妹提供。淡新檔案，1883，〈黃企為堂斷親勘理宜凜遵乞迅飭暫行封儲以免爭較事〉。臺灣：臺灣大學典藏數位化計畫，第22512案14號。

———，1885，〈新竹縣知縣彭為諭飭查明照葶事〉。臺北：臺灣大學典藏數位化計畫，第33212案5號。

———，1886，〈臺北鹽務總局沈為札飭密葶事〉。臺北：臺灣大學典藏數位化計畫，第14209案2號。

———，1887a，〈[抄稟]〉。臺北：臺灣大學典藏數位化計畫，第17337案1號。

———，1887b，〈廩生鄭如磻為遵斷卸辦據情上達懇乞飭提隘首追繳事〉。臺灣：臺灣大學典藏數位化計畫，第17331案4號。

———，年代不詳，〈[清單]新竹縣戶糧稅房進出各款〉。臺北：臺灣大學典藏數位化計畫，第11406案2號。

郭韻鑫，1952，《怡齋堂郭氏族譜》。新竹：編者自印。

陳志豪，2012，〈清帝國的邊疆治理及其土地制度：以新竹頭前溪中上游地區為例（1790-1895）〉。臺北：國立臺灣大學歷史所博士論文。

陳冠妃，2010，〈清代臺灣鹽務行政下的國家與地方社會：以竹塹鹽務總館為例（1868-1895）〉。臺北：國立臺灣大學歷史所碩士論文。

陳朝龍、鄭鵬雲纂，1962，《新竹縣采訪冊》。臺北：臺灣銀行經濟研究室。

黃卓權，2002，〈清代北臺內山開墾與客家優佔區的族群關係〉。頁 24-42，收錄於國立臺灣師範大學地理系編，《第六屆臺灣地理學術研討會論文集》。臺北：國立臺灣師範大學地理系。

新竹北埔姜家文書，1839，〈道光 19 年金廣福墾戶立給墾批〉。吳學明提供。

＿＿＿＿＿，1841，〈道光 21 年合興莊隘首姜長福給發執照〉。吳學明提供。臺灣慣習研究會（編），1904a，〈金廣福大隘〉。《臺灣慣習記事》5（7）：48-52。

＿＿＿＿＿，1904b，〈隘租負擔ノ為メ大租ノ消滅スルモノニアラス〉。《臺灣慣習記事》4（11）：40-42。

臺灣總督府及其附屬機構公文類纂，1912a，〈同治 13 年淡水廳同知陳星聚給發曉諭〉。南投縣南投市：國史館臺灣文獻館藏。

＿＿＿＿＿，1912b，〈道光 8 年合興莊墾戶陳長順立給墾批〉。南投縣南投市：國史館臺灣文獻館。

＿＿＿＿＿，1912c，〈咸豐 6 年陳長順立給墾批〉。南投縣南投市：國史館臺灣文獻館。

＿＿＿＿＿，1912d，〈桃園廳開墾地業主權認定及池沼ヲ開墾地トシテ整理方認可〉，11 月 1 日。南投縣南投市：國史館臺灣文獻館藏，2030 冊 1 號。

劉澤民（編），2003，《關西坪林范家古文書集》。南投：國史館臺灣文獻館。

鄭華生、鄭炯輝（編），2005，〈光緒 5 年墾戶金全和仝立合約字〉。《新竹鄭利源號典藏古文書》。南投縣南投市：國史館臺灣文獻館藏。

戴炎輝，1958，〈清代臺灣之隘制與隘租〉。《臺灣銀行季刊》9（3）：38-73。

＿＿＿＿＿，1979，《清代臺灣的鄉治》。臺北：聯經出版事業公司。

臨時臺灣土地調查局（編），1903a，〈道光 6 年合興莊墾戶陳長順立給墾批〉。《土地申告書：桃仔園廳竹北二堡》，國立臺灣圖書館藏。

_____，1903b，〈咸豐 3 年陳長順立給墾批〉。《土地申告書：桃仔園廳竹北二堡 》，國立臺灣圖書館藏。

關西老社寮文書，1834，〈道光 14 年合興莊墾戶陳長順立給墾批〉。吳學明提供。

# 臺灣中部「客仔師」與客家移民社會：
## 從文獻到田野所作的考察 *

李豐楙

## 一、前言

　　有關臺灣的宗教、習俗史料，由於修史的地方官與士人對它採取的是傳統儒家的心態，因而讓現在的治史者常有簡略不足之感，這是研究臺灣三百年宗教、風俗史頗感缺憾之處。唯其中類似「客仔師」的民俗事跡，卻被多數的方志所紀錄，對於理解臺灣移民社會中的信仰習俗，確是彌足珍貴的宗教學、民俗學資料。由於臺灣的歷史文化歷經不同階段的移民過程，因而處於社會政經的劇烈變化中，信仰習俗也隨之發生變化。因此要解讀這些與客仔師相關的習俗遺存，勢必運用文獻及口述資料，從移民史的歷史脈絡理解其中所蘊含的豐富意義。

　　對於客仔師的俗信現象及史料記載，劉枝萬博士早在其民間信仰的研究中既已注意及此。[1]從臺灣移民的空間分布言，客家人優佔區是在北部和南部的丘

---

* 本文原刊登於《臺灣史田野研究通訊》，1993，27 期，頁 60-78。因收錄於本專書，略做增刪，謹此說明。作者李豐楙現任中央研究院中國文哲所兼任研究員。

1 劉枝萬在〈閭山教之收魂法〉中提及潮州籍的客仔教，《中國民間信仰論集》（臺北，中研院民族所，1974），頁 208。

陵、台地或近山的平原地帶；而本文則以中、南部地區（嘉義、雲林、彰化及
臺中）為主要的考察範圍，因其為客家人遷移、變動較明顯的區域，經由歷史
文獻及現存的客仔師個案，可以觀察客仔師習俗在社會變遷中的文化變化。而
從民俗療癒的觀點，客仔師與移民社會的關係自有其社會功能，因此從史的立
場，嘗試解說在臺灣不同階段的閩客關係上，「客仔師」這一名稱所象徵的時
代意義，如何與客莊、客仔聯結，即是臺灣宗教、風俗史上具有意義的符號。[2]

## 二、康熙末葉志史料中的「客仔師」及其意義

康熙中葉以來清廷禮部奉旨檄催各省設局黨修方志，唯最早完成的兩種
《臺灣府志》——首任知府蔣毓英及繼任者高拱乾督修者，約在康熙 23 年至 27
年及 33 年編成出版，修志的士人均未敘及客家人及有關客仔師的習俗記事。
[3] 類此現象除了可能是史料採錄未周外，更可能反映當時的客家移民者還少，
或尚未形成「客仔師」存在的社會條件。到了康熙末葉，有關諸羅、鳳山及臺
灣的三部縣志，分別記述了地方民俗史料，其中只有《諸羅縣志》敘及「客仔
師」，卷八〈風俗志〉從移民與風俗的關係作考察，在「漢俗」的總述及「雜
俗」等條目中兼敘客家人的移民狀況，乃是考述客家移民史早期史料中珍貴的
少數一批資料。在「雜俗」項中的最後一則記事，既云：

尚且，疾病輒令禳之。又有非僧、非道，名客仔師；攜一撮末，往

---

2 作者另有一篇〈做獅的儀式及其宗教世界〉，將另行發表，為相關之作。

3 蔣毓英及其所修《臺灣府志》的編成問題，近人論著頗多，其中風俗部分，高志彬
考為「季麒光原纂稿所有」。蔣志有中華書局影印，上海圖書館藏，康熙年間刊本
（1984），頁 95-99。高文，《臺灣府志創修考》，《臺灣史研究暨史蹟維護研討會
論文集》（臺南：成大歷史系、臺南市政府，民國 79 年），頁 156。

占病者，謂之米卦，稱說鬼神。鄉人爲其所愚，倩貼符行法而禱於
神；鼓角喧天，竟夜而罷。病未愈，費已三、五金矣。不特邪說惑人，
亦靡財之一竇也。


　　《諸羅縣志》是在知縣周鍾瑄支持下，委由陳夢林總纂修，他曾修《漳浦
縣志》、《漳州府志》，熟悉漳人的生活習慣，其餘參與的林中桂、陳慧俱為
諸羅貢生，都是熟悉地方志的儒生。[4]因此在記述縣內的客莊、客俗時，難免
出現以閩籍的、傳統儒家的立場來記錄另一族群、文化的觀察角度，並有頗為
明顯「詆毀」客家人及其文化的微意。[5]由此就可解讀有關客仔師習俗的豐富
意涵：即是何種立場所給予的名稱？二是「客仔」為何是籍貫的自稱或他稱？
三是「鄉人」指何種聚落及鄉貫？解讀此類疑問，需與撰史士人的思想、立場
結合。從臺灣移民史考察，即可理解祖籍不同，也就表現文化的差異性：包括
語言、宗教信仰及風俗習尚等。由此始能理解當時不同的移民群與風俗習慣的
關係，在臺灣初墾的階段，實具深刻的社會文化意義。
　　從康熙 23 年（1684）起至末葉，諸羅縣的行政區域極其遼闊，而且土地
肥沃；縣志卷七〈兵防志〉描述：「淡水以南至半線三百餘里，水泉沃衍，多
曠野平林」、「今半線以至淡水，水泉沃衍，諸港四達，猶玉之在璞」。類此
優厚的開發誘因，自能吸引各籍移民前來。對於康熙末葉的開發、移民的情況，
「總論」部分有清楚的敘述，凡分三階段：首一階段「自蔦松、新港至斗六門
一百八十餘里」，凡四里九保，漢人有室家、田產以樂其生，諸番也頗染政教；

---

4 周鍾瑄、陳夢林，《諸羅縣志》（文叢 41，民國 51 年）。有關陳夢林等人的修志貢獻，
　有方杰人先生〈修志專家與臺灣方志的纂修〉，《方豪六十自訂稿》（臺北市：學生
　書局，民國 56 年），頁 656。
5 方杰人先生在所撰〈臺灣語言典文化傳統〉一文，曾就語言與屬籍的關係指明這一問
　題，參前引書，頁 768。

自斗六門至雞籠山後八百餘里，則為險遠的溪谷，「流移開墾之眾，極遠不過斗六門」；第二階段從康熙35年到43年，原本寄居佳里興的官吏奉文歸治後，「流移開墾之眾已漸過斗六門以北」；第三階段則自49年設淡水分防千總、增大甲以上七塘後，數年間而「流移開墾之眾又漸過半線大肚溪以北」。類此流移開墾之眾中，到底有多少粵籍客民？在「水陸防汛」的附語中，有一段明確的說明：「今流民大半潮之饒平、大埔、程鄉、鎮平，惠之海豐。」這是較早載明粵籍移民所自的移民史料，應是總結康熙中葉到末葉的移民形勢。

根據近人的研究指出：在康熙25、26年，既有嘉應四縣（鎮平、平遠、興寧、長樂）人隨閩人渡海抵府城，又迫於耕地早被開墾，乃南下到下淡水河、東港溪流域。[6] 不過初期的人數不會太多，由於施琅嚴禁「粵中惠、潮之民不許渡臺」，直到其卒後（康熙35年），而「漸弛其禁，惠、潮之民乃得越渡」[7]，越渡的原因在客民能適應自然地理環境，養成勤勞的性格。在清初男子既能習於行賈四方，販賣米鹽；乃有見於臺地的優厚條件：諸如墾區的廣闊、官吏及墾首的招徠、鄉人的鼓勵成行等，[8] 就採取正式或非正式方式（如偷渡）來臺。在一批批湧至者中，閩、粵兩省兼而有之，所以康熙五十年知府周元文即察知「閩、廣之梯航日眾，綜稽簿籍，每歲以十數萬計。」[9] 其中當有不少是粵籍客家移民。由於土地早已被施琅屬下佔有，先到的漳、泉人也多設法取得墾照，請得番租地，開闢荒野，稱為草地。縣志卷六「賦役志」說諸羅田少園多，田

---

6 連文希，〈客家之南遷東移及其人口的流布〉，《臺灣文獻》23（4）（民國61年），頁4。

7 黃叔璥，《臺海使槎錄》卷四〈赤嵌筆談〉朱逆附略條，所引夏之芳〈理臺末議〉（文叢4，民國46年），頁92。

8 有關客家移民的論著凡有多種，如施添福，《清代在臺漢人的祖籍分布和原鄉生活方式》（師範大學地理系，民國76年），頁156-176。

9 周元文，《續修臺灣府志》卷十藝文志收〈申請嚴禁偷販米穀詳稿〉（文叢66，民國49年）。

園之主有四：官莊（文武各官招墾）、業戶（紳衿士民自墾納賦或承買收租）、管事（鄉人耕而交稅）及番社。前兩種常需要招徠勞力，粵籍客民即為此類佃丁的來源之一。

《諸志》就在「漢俗」及「雜俗」中分別論列客莊、客仔的情形，說明風俗的形成與社會的密切關係：

> 佃田者，多內地依山之獷悍、無賴、下貧、觸法、亡命，潮人尤多，厥名曰客；多者千人、少亦數百，號曰客莊。
>
> 各莊佃丁，山客十居七、八，靡有室家；漳、泉人稱之曰客仔，客稱莊主曰頭家。頭家始藉其力以墾草地，招而來之；漸乃引類呼朋，連千累百，饑來飽去，行兇竊盜，頭家不得過而問矣。田之轉移交兌，頭家拱手以聽，權盡出於佃丁。

修志士人觀察紀錄了當時的情況，從彼此的語言運用在相對稱呼上，也彰顯出閩客的協同、對立關係：莊主與佃丁、頭家與客仔，如「漢俗」中說：「莊主多僑居郡治，借客之力以共其租」，也就是潮、惠等客家人都成群聚居草地，居於斯墾於斯，成為「客莊」。這一情況，在此之前既已相當普遍：「臺屬原有官莊產業，是佃丁半屬粵人。」[10] 應是當時移民社會的實際情況。

對於閩客的關係及其居處方式，夏之芳及王瑛曾俱提到「閩恆散處，粵悉萃居」，[11] 粵客在原鄉既已培養出「團結互助，習武自衛」的性格，[12] 及抵漳、

---

10 張伯行，〈申飭臺地行事宜條款檄〉，《清經世文編選錄》（文叢229，民國60年），頁63。

11 王瑛曾，《重修鳳山縣志》（文叢146，民國51年），頁276。又黃叔璥前引書，頁92，夏之芳亦有此一說法。

12 施添福前引書，頁170。

泉人為主的臺灣、諸羅等縣，更易形成數百人乃至千人的聚居方式。類此緣於客家人採取客莊的聚居方式，較易維持原鄉習俗、生活方式的傳承性。而閩籍散居的漳、泉寄籍者，根據陳夢林在「漢俗」一開始就說：諸羅實具五民，「唯是閩、粵各省之輻輳，飲食、居處、衣冠、歲時伏臘，與中土同」，所以從風俗史考察，仍屬「內地化」的階段。[13]在移民社會中亟需文化認同感、族群認同感，尤其面對先住民及其「番俗」時，一方面基於中原文化的優越感， 一方面則有初步分籍的意識。所以陳夢林較詳述漳泉風俗，而對於客俗則多少是從漳、泉籍觀點予以敘述：「唯潮之大埔、程鄉、鎮平諸山客，其俗頗異；禮節皆以簡為貴，略去者十之六、七。」其下只雜記四條「客莊之俗」，在末條的禁祭條末，因其異於漳泉而評之為「惑」，有關客仔師即在儒家理性立場下的惑俗之一。

關於「客仔」的名稱應有雙重涵意：一是原鄉所使用的「客家人」，為原始意；但在臺灣則被賦予另一層新意，即是田莊作「客」──佃田之客。類此情況實與其保守「外出謀生、歸以養家」的習慣有關，而頭家也藉此外客的勞力維續其莊主的身分。所以近人傾向於採取「季節性或週期性的移墾方式」，解說這一地區客家人變動特大的主因。[14]而史家所載漳泉人形成的印象是：「今佃田之客，裸體而來，譬之飢鷹，飽則颺去，積穀數歲，復其邦族。」因而從「厥名曰客」，到「漳泉人稱之曰客仔」，其實是具有新移民社會所賦予的新意。也因此「客仔師」在這期間出現，即是一種他稱，為閩人、閩籍士人對於另一外來、新來族群的信仰習俗的稱呼，具有不同祖籍的族群意識、分籍意識

---

13 關於「內地化」的觀念，在此指早期方志有意強調臺地風俗「與中土同」，後期則不再使用，而另有「本地化」此一觀念，詳參李豐楙〈臺灣送瘟、改運習俗的內地化與本地化〉，許俊雅編《第一屆臺灣本土化學術研討會論文集》（臺北市：臺灣師範大學文學院、人文教育研究中心，1994）。

14 施添福前引書，頁 64。

的時代意義。不過就客莊內的「鄉人」言，他們遠離故鄉、家眷隻身在此，既有閩人頭家、又與「番人」參錯的生活中，隨時面對瘴癘、水土不服及族群紛爭等移民者困境。在集體生存的危機中，對內除愈加團結萃居的客莊生活，借此維繫與原鄉具有地緣、文化緣關係的民俗、習慣，成為與內地、內郡相同而具有一體感的擬似情境。一旦遇到生命發生危厄時，屬於同一文化體系的「客仔師」就容易形成心理、生理需求的文化療癒。

　　從醫療人類學的角度考察客仔師與客莊中的鄉人，其間存在的醫療者與求醫者的關係，即建立在同一民俗的文化體系上。他們具有同一宇宙觀、文化觀，對於「疾病」──不管是生理上或心理的失調、抑或一種社會文化的反應，都有相同的疾病觀。這是經由同一文化圈、生活圈的長久認同，在社會化的學習過程中，對於疾病的名稱、描述的語言及狀態既有共同的認知。所以在療癒方法上，採取米卦的占卜、符法的神秘靈力及吹角通神的效用，都是在共同建立的表達、認知過程中，使宗教性儀式成為超越物質、理性的一種神聖、神秘性體驗。在民俗療法中，這些師公除了嫻熟同一文化內相關機制的運作，通常也精熟於草藥及望聞問切的傳統醫療知識，尤其對於不同情況下的求醫者的生理、心理擁有豐富的經驗；所以對於心身症（Somatization）的療癒效果，其療癒與否，自有一套解釋系統，這是從事中國人民俗醫療研究者所承認的理論。[15] 在人類學家的方法論中，師公對於米卦、符法及儀式過程的秘密，自有其主位（emic）的瞭解；而鄉人在遭遇生命危厄的關卡時，虔誠請求作法，縱使所費不貲，也屬於客位（etic）的理解，因此神秘的作法會產生不可思議的

---

15 有關醫療人類學，參閱 George M. Fostor and Barbara G. Anderson, *Medical Anthropology*，有中川繼監譯本，東京，株式會社リブポート，1987；又張珣，《疾病與文化》（臺北市：稻鄉，民國 78 年）；林克明，〈中國傳統醫學與精神疾病及精神醫學的關係〉，《文化與行為》（香港：香港中文大學，1990）。

效應。但作為觀察者的史家、或是不屬於客家文化圈的閩籍漳泉人,對所有客仔師習俗的文化現象,他們則是客位的瞭解,尤其傳統儒家和理性主義者在夾敘夾議中,批判其為「愚」、「邪說」,即是一種文化差異現象,尤其以優勢族群自居的觀察與批判,對客仔、客仔師自是缺少一種同情的瞭解。

《諸志》之後,陳文達所修的《鳳山縣志》對南路客家人及客俗,記載簡略,也未見客仔師的記事。乾隆 29 年,知縣王瑛曾在《重修鳳山縣志》中雖引述《諸志》,也仍不及客仔師的習俗;而《臺灣縣志》既云「臺無客莊」(卷一),也就沒有客仔師的記事。范咸在乾隆 10、11 年(1745、1746)修《臺灣府志》,卷十三風俗志「附著」中引述注明《臺灣縣志》三條,第三條雖是客仔師事,其實原志並無此條,疑是採自《諸志》而刪略「不特邪說」以下的批判文字──這是較客觀的態度。從陳夢林等述及客仔師習俗後,確是深刻影響及後來的修志者,凡是境內有客家的,就必須考察有無此一現象,所以史志的相互參考、襲用,有時也不只是文字的抄襲而已,而是對同一現象的重覆查考,在臺灣的方志修纂上是一件有意義的事。

## 三、雍乾至割臺前客家移民與客仔師習俗

從康熙末葉以後,客仔師的名稱及其作用,在社會文化的變遷中,對於臺灣中部客家移民的大變動, 其因革、調適就有值得深入探討之處。在臺灣的開發史上,從康熙末葉以後到光緒 21 年臺灣割讓前,可分作前、後兩大階段:前七十餘年各籍移民經歷了共同開墾的協同合作,在中部地區完成了彰化平原、臺中平原的開發;並在土地大致開墾之後,基於土地利益的需求、墾拓人口的增加,而開始各分氣類、分籍械鬥,進行移民與土地的再分配;然後進入後一階段,各籍移民社會逐漸趨於穩定。粵籍客民在經歷這段大變動後,原本曾有多數佃戶的客莊呈現大幅退出、減少的現象,在業主多漳泉籍的形勢下,

客籍佃戶常因移墾方式而不易大量定居，其餘少量的客莊居民則因與漳、泉籍雜處而逐漸福佬化。彰化縣境原由閩客豪族招徠佃戶開發，客族也因人數較少，而被迫遷居於少數鄉鎮或近山地帶。類此客屬移民社會的變動，均會影響客仔師的分布及其活動區域。

　　諸、鳳、臺三志後，直到周璽，始在道光年間（7-14年）修成《彰化縣志》，又注意及轄區內的客仔師習俗，並多少敘及客民的移民情況。[16] 其間客民的移居、遷徙，早期是與清廷開放客民遷臺的政策有關，後期則與分籍械鬥有關。對於粵籍客民有較深刻瞭解的首推藍鼎元，一再敘及客莊、客子的原鄉及來臺以後的生活，諸如：「廣東饒平、程鄉、大埔、平遠等縣之人赴臺傭雇佃田者，謂之客子；每村落聚居千人或數百人，謂之客莊。」「廣東潮惠人民，在臺地傭工，謂之客子。所居莊田客莊，人眾不下數十萬，皆無妻孥，時聞強悍。然其志在力田謀生，不敢稍萌異念。往年，渡禁稍寬，皆于歲終賣穀過粵，置產贍家。春初又復之臺，歲以為常。」[17] 他總結當時客家移民的人口在急遞增加中，較能解說客莊的始來、客子的佃僱，也是影響客家風俗存在的條件，可說是雍正初葉珍貴的一批史料。當時夏之芳在〈理臺末議〉提議粵民為義民、良民，何以禁其渡海移民？到乾隆末、嘉慶初，翟灝在臺十年（1793-1805），推許粵民的「倡義」，粵莊之人「安居樂業，協力同心」；反而致疑於漳泉義民，乃「有所為而為，有所為而後當為」、「安得謂之義也哉？」[18] 在當時清廷與移民中閩客族群的矛盾，粵客如何處理與清廷的對待關係？而清廷如何利用不同族群的矛盾，因而形成所謂「義」的問題。

---

16 周璽，《彰化縣志》（文叢 156，民國 51 年），頁 279。

17 藍鼎元，《鎮平縣圖說》，引自伊能嘉矩《臺灣文化志》中卷，前引書，頁 142。

18 夏之芳所論，見前註 8 所引文，翟灝有〈粵莊義民論〉、〈漳泉義民論〉兩短文，收於《台陽筆記》（文叢 20，民國 47 年）中，頁 314、317。

　　雍、乾時期臺灣中部的大舉開發，乃是當時有識官吏基於實際的考察，歷經多次的建議後才逐次解禁，並逐漸採行相應的政策。從周鍾瑄任職至藍鼎元的實地瞭解，都一再承認當時「臺北、彰化縣，地多荒蕪，宜令開墾為田，勿致閒曠。」此即在半線（彰化）需另設一縣以便開發、管轄的主因。粵籍客民大舉移入，並組成客莊，正是掌握了這一大好契機。不過這段時期內，漳、泉籍閩人也紛紛在此開墾，形成參錯而居的情形。范咸在乾隆 10、11 年（1745、1746）撰修《臺灣府志》卷十三〈風俗志〉曾引《舊志》，說彰化縣「邑新設未久，而願耕於野、藏於市者，四方紛至，故街衢巷陌漸有可觀，山海珍錯之物亦無不集，但價值稍昂，其風頗彷郡城。」[19] 大概各籍人士前來，有如前序所說：「閩之漳、泉；粵之潮、惠，相攜負耒，率參錯寄居，故風尚略同內郡。」也就是分籍而居、參錯於這塊新墾地上。關於彰化一帶後來經歷的再分配，則是另一階段的大變動。

　　割臺前彰化縣轄區內的客家人變動最大，原先分布、遷移的情況，仍遺存於莊社、街市等保存了當時的客莊地名，及有關三山國王廟的記錄與廟數。配合濁大流域的區域研究，可以理解目前彰化、臺中地區的移民變動情況，由此即可證明客仔師的存在問題。由《彰化縣志》卷二〈規劃志〉所遺存的粵東地名，及劉技萬博士在民國 48、49 年所作寺廟調查中的三山國王廟，推知當時曾有不少客莊。道光時期的街市、保，在光緒年間劃入雲林縣的有海豐保，海豐港保、街，西螺保有永定厝、廣興莊、饒平厝，布嶼稟保有惠來厝、潮洋厝等，半線東西保有饒平厝（今饒平村），馬芝遴上下保有惠來厝（今惠來村），蒸霧上下保有大埔厝（今員林鎮大埔里），大武郡東西保有香山莊、鎮平莊（今福興鄉鎮平、三和等村）、大埔心（今埔心鄉東門、埔心、義民、

---

19 范咸，《臺灣府志》，中華書局據北京圖書館相林寺分館藏本，頁 206-209。

泗車等村）、惠來厝（今秀水鄉惠來村），深耕保有大埔莊、饒豐厝，大肚上
下保有客莊、海豐厝，東螺東西保有梅州莊、饒平厝（今田尾鄉饒平、陸宜等
村）、海豐崙（今田尾鄉陸豐、海豐等村）、內潮洋厝（今溪州鄉潮洋、張厝、
莘公等村），貓霧捒東西上下保有大埔厝（今臺中縣潭子鄉大豐村）、潮洋厝
（今臺中市南屯區潮陽里）、惠來厝（今南屯區惠來里）、永安厝（今南屯
區永定里），貓羅保有海豐厝、大埔莊。類似的地名都顯示當時曾有客莊、客
人的存在。

　　三山國王廟為客屬聚落的指標之一，中部彰化為主要分布區：在彰化縣內，
永靖有四座、竹塘有三座；彰化市、員林、埔鹽、埔心各有兩座；溪湖、社頭、
田尾、溪州各有一座，分布頗廣。其中建立時間較早、廟數較多的：諸如員林
廣寧宮，建於雍正 13 年；而彰化福安宮、埔心霖鳳宮及霖興宮（祖廟為鹿港
霖肇宮）、社頭鎮安宮，均成立於乾隆年間，凡此均可證明粵籍客民曾在彰化
的開墾事業上有其貢獻。

　　根據當時族群分籍意識的出現，到乾隆末期就有械鬥事件——47 年漳、
粵械鬥；51 年林爽文事變中，牛罵頭（今清水）一帶居少數人的粵籍客民，
也紛紛遷往南坑（今豐原市）、葫蘆墩、東勢角。類此紛爭對立曾持續了一段
長時期，在雍、乾年間，東螺西堡（今彰化縣境）粵籍客民被迫外移；而道光
初年以後的閩客械鬥，也使大墩一帶的客家人遷往葫蘆墩、東勢角；道光 6 年
閩客械鬥，武西堡（今彰化縣境）一帶粵人也紛紛遷入大埔心（今彰化縣埔心
鄉）、關帝廳（今彰化縣永靖鄉）等處；24 年漳泉械鬥，也迫使北莊（今神岡）、
神岡的粵人遷往葫蘆墩、東勢角。在這種族群紛爭、遷移的行動中，使葫蘆墩、
東勢角一帶近山丘陵地成為粵籍客人的主要聚集區，所容納的客家人，來自大
安溪以南、大肚溪以北台地及其南（今彰化）土地墾拓完成後被迫遷移的。

　　在分籍聚居、甚而族群械鬥時，客仔師的習俗、語言及宗教信仰等都具有

凝聚、整合功能，在經歷客籍移民的大變動後，據《彰化縣志》卷九〈風俗志〉，其雜俗注明資料取自《諸羅舊志》，保存了客仔師，文字略加更易、補充：

> 俗素尚巫。凡疾病輒令僧道禳之，曰進錢補運。又有非僧非道，以紅布包頭，名紅頭司，多潮人為之。攜一撮米，往占病者，名占米卦。稱神說鬼，鄉人為其所愚，倩貼符行法，而禱於神，鼓角喧天，竟夜而罷。病未愈，而費已十數金矣。不特邪說惑人，亦靡財之一竇也。

除襲用文字外，關鍵詞「客仔師」則代以「紅頭司」，表明其籍屬「多潮人為之」；同時也從原來的「三、五金」，實錄當時的費用已是「十數金」，可見客屬移民確是傳承了同一信仰習俗。

諸羅縣的轄區在林爽文事變後，於乾隆 60 年被褒名為「嘉義」，轄有今嘉義、雲林附近。從《嘉義管內采訪冊》所紀錄的，光緒 21 年割臺前客民所遺存的人數及事跡：打貓西堡有海豐莊（今嘉義縣鹿草鄉豐稠村），北堡有大莆林街，南堡有海豐仔莊（今嘉義縣溪口村、海瀛村），東下堡、東頂堡則未之見。在大莆林街有一座三山國王廟（道光元年建），此一區域應是遺存客仔師習俗的地方。[20] 在打貓西、北、南堡，有客家人地方的均有記載，如西堡「雜俗」云：

---

20 不著撰人，《嘉義管內采訪冊》（文叢 58，民國 48 年）。周憲文在出版弁言中，舉例由明治紀年、文字欠圓潤證明，為光緒 23 年 5 月至 27 年 11 月內編成。可對照兩冊中：嘉冊（頁 10-13）、雲冊（頁 27-29），其中的居處、衣服、土習、雜俗等項，可以發現前者反較完備、流暢；而後者較簡略，文字也大體相同。所以頗疑嘉義冊原稿較雲林冊早出，倪氏等曾參用；至日治初期，臺南打貓辨務署又據原稿增益為今本。

俗又尚巫。凡人有疾病，或請道以禳災，或延僧以解厄，而最可用
者紅頭司，以紅布包頭，土神安胎更應□。一時鼓角喧天，跳舞動
地，安符作法，隨解而安。大則進錢補運，祈安植福，當天請神念
經，香案茶品潔淨，虔誠祈禱，無事不靈。是邪說惑人，拐騙財物，
甚多婦女信之，至若文明之士則不然也。

從敘述文字中可以發現紀錄者雖受《諸羅縣志》的啟發，但補充敘述的部
分，則較明確指出客仔師也稱「紅頭司」，其形象「以紅巾包頭」，作法則有
土神、安胎、進錢補運等法術，也表明祈安植福的吉祥願望。信奉者則多婦女，
應與安胎及替家人求福有關。

北堡一條的文字也襲自《諸羅縣志》而略加刪略：「必有事焉，或請道以
禳災，或延僧以祈福；安符作法，進錢補運，是邪說惑人，莫此為甚。」雖未
明言客仔師，但從作法習慣及與西堡一樣的「進錢補運」，應是大莆林一帶的
客家風尚。南堡也見於「雜俗」項下，乃是一條頗為有用的記事：

俗尚巫術，動輒深信巫言。每年八月十五日，令其設臺禳災解厄，
進錢補運，勅符作法，鼓角喧天，手舞足蹈，約費白金十餘元，俗
曰「過關度限」。邪說惑人，村民多為所迷。又有非僧、非道，以
紅布包頭，曰「紅頭司」，其術與巫同。

其中「紅頭司」與「客仔師」的關係昭然可見，又確定其法術性質近於巫
法，稱為過關度限，「村民」即指海豐仔莊中的客民；其次比較康熙末的「三、
五金」，此時已需「白金十餘元」，均可見其花費價格的改變。

雲林縣原分隸嘉、彰兩縣，至光緒13年才設縣，但其轄區按倪贊元在光

緒 20 年所編的《雲林縣采訪冊》，其中有部分也在今南投、彰化縣境。[21] 在此一區域內曾是閩、客參錯而居，在斗六首堡列有「風俗」，其餘各堡均註明「與斗六首堡同」；在客莊項下說：「籍本粵東，俗尚互異，因與土著雜處既久，言語、起居多效漳人。」可知原本斗六的客莊之人，不是移墾他遷，就是逐漸福佬化。斗六首堡凡有海豐崙、海豐崙塚、海豐崙陂及海豐崙陂圳，並有三山國王廟，「為粵籍九莊公建」，其地在今斗六鎮八德、鎮北等里，曾是客家族群的聚居所在。其他諸堡則大糠榔東堡有海豐莊、尖山堡有海豐莊；又有海豐堡，隔中條、濁水、大溪與彰化分界，在麥寮街（乾隆中成市）西北有海豐港，區內與北港同為大商船寄椗之處。因此在麥寮街設有海豐汛，當時也是可通外洋的港灣，港口水深丈餘，在康熙末既已開闢使用，此時已漸多沙線。他里霧堡為古坑分割台地西麓的古沖積扇，有漳人與平埔族人雜居，不過曾有惠來厝莊（今虎尾鎮惠來里）。西螺堡則為客屬活動的重要區域，尚見饒平厝、大埔尾、永定厝（今二崙鄉永定、定安等村，為汀州客居地）之名，曾屬彰化縣轄區。白沙墩堡有客仔厝莊；溪州堡有饒平莊、大埔尾；打貓北堡舊屬嘉義縣，境內有鎮平莊；布嶼東堡有潮陽莊、西堡有潮洋厝莊（今褒忠鄉潮厝村），在這些莊、厝之名下有客家人活動的遺跡。

從陳夢林等曾紀錄康熙末葉的移民分布情況，斗六尚為閩客相半，以北則愈多客莊，這些客莊後來是否因移墾而他遷，或與土著漳人雜處，言語起居多效漳人而逐漸福佬化？但生活習慣的「效漳」現象應只是部分，而信仰習俗則仍會保存下來。斗六堡內三山國王廟建於粵籍人士之手，曾一再重修，或「今損壞」，[22] 確實顯示光緒中葉客人漸少的情況，而「雜俗」中也保存了客仔師記事：

---

21 倪贊元，《雲林縣采訪冊》（文叢 37，民國 48 年），根據周憲文所作的弁言，指出倪贊元在光緒 20 年編輯。

　　俗尚巫，凡疾病輒令僧、道禳之。又有非僧非道，以紅布包頭，名
　　紅頭司，鄉人為所愚。倩其貼符作法，鼓角喧天，跳舞達旦，曰進
　　錢補運，動費十餘金。邪說惑人，婦女尤信。

這段文字襲用了《諸羅縣志》，但也與《嘉義管內采訪冊》有關。關鍵處都是
不明言客仔師而說「紅頭司」，其餘有客莊遺存且尚有客俗的地區，也可類推
「與斗六首堡同」，都有為客籍「鄉人」、「婦女」作法的習俗。

　　根據地名研究移民的情況，此乃緣於懷鄉或作為族群的標幟作用。其中客
家人從原鄉帶來的，潮州府較具代表性的，凡有大埔、惠來、潮陽（洋）、潮
安（州）、饒平、澄海；惠州府的海豐；嘉應州的鎮平，此外還有平遠、興寧；
及相鄰閩西的汀州府永定。其實閩南漳州府的詔安、平和與大埔、饒平相鄰，
也是閩客交錯的區域。客家人常因長期與漳籍人雜處而逐漸福佬化，經歷數
代之後，語言、風俗習慣也有同化的傾向，而類似紅頭法卻仍能持續地存在。
在彰化平原上的客屬聚居地，以埔心、永靖及部分員林地區為主，其他鄰近的
永靖、田尾、埔頭、溪州、竹塘等，則為閩（漳）客混居區，剛好銜接隔濁水
溪相對的西螺、二崙等，其情形也相似。在濁大流域的區域研究中，仍可發現
埔心等地的居民分布，正是祖籍粵東潮州府饒平縣的黃姓、張姓；[23] 而主要仍
集中於臺中盆地旁的東勢、豐原一帶。雲林縣的泉、漳籍分布頗廣，客家人除
了在中間平陸開墾外，近海的地區，包括今麥寮、口湖及褒忠、東勢諸鄉，也
曾有客莊的遺跡，尤以海豐港之名最為奇特。凡此都可證明早期客家人並非全
部聚居於丘陵地帶，後期的丘陵墾居，應是分籍械鬥及移墾方式的結果。

---

22 同上，頁 16。
23 陳其南，《家族與社會》第二章〈臺灣漢人移民社會的建立及其轉型〉（臺北，聯經，
　　民國七十九年），頁 81-84。

## 四、日治期至戰後客仔師的衍變及其現況

　　從日治期至戰後，客家人在中部的聚居情況，其實已大體趨於穩定：其中臺中縣東勢、石崗及豐原最多，彰化埔心也多客屬優佔區，鄰近的員林、永靖、埤頭、竹塘等則為閩客混居區。在雲、嘉地區，雲林縣從西螺到二崙主要有廖姓聚居區、崙背為李姓聚居區，均屬詔安客優佔區，也已逐漸福佬化。類此區域固然仍能保存部分詔安客語及習俗，唯福佬化傾向較為明顯，但至今仍能保持客家人的紅頭法傳統。因此從客家移民聚落與客仔師的關係，在此一區域內可以發現傳承久遠的客仔師習俗。從光緒 21 年日本統治臺灣以來，為了推行殖民政策，日本官方機構及民間組織曾採取有計劃的採錄，也分別保存了各類民俗資料，唯並未直接紀錄中部地區的客仔師習俗。不過在廣泛記錄臺灣風俗時，也曾敘及其他地區或相關的客仔師習俗，可視為日治時期所錄存的田野資料。此處則以當前所遺存的世傳道法壇為主，紀錄雲林、彰化、臺中三縣遺存的客仔師現象。

　　按照臺灣的道法分布情況言，北部的臺北縣市、桃園中壢及新竹、苗栗（加上東部的宜蘭亦有少數），都曾有紅頭師存在；中部地區則基於地域（地方的交陪關係）、交通（以前來往不便，也曾請新竹道士來幫忙）及風俗等因素，由於長期形成的地方傳統，使中部自成一區「紅頭師公」，既與北部較少聯繫，也自外於區內閩籍的泉漳屬「烏頭師公」。類此分別使得中部的道教科儀成為獨特的現象，就是閩、客二系並存──北部目前建醮、作三獻，多為客系或相關的詔安、平和系；而南部（臺南、高雄及屏東等大部分，雲林有部分）則為泉、漳系烏頭師公。一般而言，詔安及粵籍客系的道士也能以道教科儀見長，從事三至五朝的慶成祈安福醮、清醮，從日治時期直至民國時期，都視為難得的殊榮。而平常從事、運用的則是小法性質俱多，而「做獅」等大改運由於花費較大（方志均強調三、五金至十數金），目前也是較少作，乃是逐漸在消失

中的法術，因此值得調查其淵源，並記錄其移居及現存情況。

　　根據有關閩、粵地區的道教考察，在豐富而多樣的正一派（以江西龍虎山為本山）諸支派中，漳州與廣東接界數縣（包括平和、秀篆及詔安等）及粵東潮州、嘉應州等地，在純客縣或閩客混合區，形成以客語或閩南語（潮汕話亦包括在內）為主的系統，從道教科儀書及誦詠、後場音樂，都可發現與泉州、漳州系不同。[24] 在清朝康熙以後的移民風潮中，隨著渡臺，其流行區與客家人的遷移有關的，除了目前的客屬優佔區（桃園、新竹部分及苗栗等）外，在臺北、宜蘭及中部均曾發現在閩人社會中也有這一系的道壇。由於道、法的傳承關係，行使法師職能時例需以紅巾纏頭，其法術運用通常多與消災解厄的生命禮俗有關：包括生育求改性別的「移花換斗」，或入花園栽花、清花欉；祈求平安類，凡有安太歲、添元辰燈或作替身；治療疾病類，有收驚、翻土祭改，方志中所描述的就是這一類法術活動。

　　在北部的方志記載中，有同治 10 年《淡水廳志》，卷十一〈風俗考〉只略云：「客師，遇病禳禱，曰進錢補運。金鼓喧騰，晝夜不已」，為眾多雜俗之一的簡要記事。[25] 其實此一區域內包含原未移出臺北盆地的客民，及北部部分桃園、新竹及苗栗的客屬優佔區，採取如此簡略的記事實未盡其責，導致後來光緒 19 年沈茂蔭修《苗栗縣志‧風俗考》，及鄭鵬雲等人修《新竹縣志初稿》卷五〈風俗考〉，也多襲用這條簡缺不足的文字。[26]

　　移民到東郡的客民習俗反而較為詳盡，乃由陳淑均在咸豐 2 年修纂《噶瑪蘭廳志》所紀錄，其後柯培元據之修撰《噶瑪蘭志略》卷十一〈風俗志〉「民

---

24 有關福建、粵東的田野考察，有勞格文（John Lagirwey）、呂鍾寬、林振源等的調查，
　　筆者亦曾作過查證。

25 《淡水廳志》（文叢 172，民國 52 年）。

26 《新竹縣志初稿》（文叢 61，民國 48 年）。

風」，<sup>27</sup> 也列出此一條詳盡的記事：

> 俗尚巫，疾病輒令禳之。又有非僧非道者，以其出於粵客，名「客
> 子師」；又以其頭纏紅布，名「紅頭師」；拈一撮米往占病者，謂
> 之「米卦」。稱說鬼神，鄉人爲其所愚，情貼符行法而禱於神，鼓
> 角喧天，竟夕而罷，病未嘗減而費已三、五金矣。大抵村俗，病甫
> 臥褥，不思飲食，輒進以山東甜粉湯，稍愈（癒），則以一盞米泡
> 九盞水煮食，名曰「九龍糜」；否則食以雛雞，苟不再起，則做紅
> 頭師矣。至符咒無所施，於是請佛，佛更不靈，遂乃磨刀向豬，與
> 棺槨衣衾而齊備。迨其亡也，弔客臨門，而豕亦就屠矣。

這條資料反映客家人在乾、嘉時期中部地區分籍械鬥時，遠遷到多漳籍的噶瑪
蘭平原地帶，也帶去了客仔師的習俗。由於詳述村俗中不同情況的作法，故知
為記實而非抄襲。

日治時期片岡巖在大正 10 年（1921）的《臺灣風俗誌》並未敘及，<sup>28</sup> 而
伊能嘉矩廣搜史志所作的縱的歷史探討，在《臺灣文化志》卷七也只是徵引、
彙集同一類材料，並清楚指出為源自粵客的紅頭師公，其他並未實際紀錄。<sup>29</sup>
一直等到昭和 9 年（1934）鈴木清一部所著《臺灣舊慣冠婚葬祭と年中行事》
第一編，所紀錄的才有臺北地區粵東、閩西一系為主的「道法二門」，<sup>30</sup> 其
實地採訪紀錄的補運法，就是臺北地區的「做獅」。在這一難得的史料中，實

---

27 柯培元，《噶瑪蘭志略》（文叢 92，民國 50 年）。
28 片岡巖，《臺灣風俗誌》。今有陳金田中譯（大立，民國 70 年），頁 525。
29 伊能嘉矩前引書，中卷，頁 273-274 辨之甚詳；又道教事，見頁 245-246。
30 鈴木清一郎，《臺灣舊慣冠婚葬祭と年中行事》，臺灣古亭書屋翻印本。

際包括了作法因由（重病）、法場布置（懸掛三清、閭山、王母、左頭陀、右頭陀、五番牌）、法場樂器（銅鑼、鼓、笛等），其中左右頭陀有些疑問，應是盧太保、盧二娘；而後場樂器應是嗩吶（俗稱噯仔）。最重要的是列出十三項作法程序，並有簡要的說明：（1）請神（2）安社（3）安井（4）走文書（5）作法（6）祭送（7）敕符制煞（8）翻土押煞（9）祭五猖（拔碗卦）（10）送火（11）收魂轉竹（12）請三界（13）送神。在說明中提及的法器：凡有五雷令、獅刀、寶劍（即七星劍），並有五猖像（應為捲成一卷，並非掛著）。當中並未提及用米可卜的，即前述「米卦」，應已包含其中。這一詳列的程序、作法，較諸目前仍遺存的「做獅」為同一現象。

　　根據北部地區所作的補運法，與方志所載者相近。過去通常在午後開始作到半夜，甚或從夜間至天明，也即是「竟夕」。屬於大改運作法，通稱「做獅」，其程序包括請神、安灶君、申文奏狀、拋法、點兵敕符、翻土、打天羅地網（收大魂）或關合竹收魂、送火（中有藏魂），請天公三界、過限、祭五猖兼拔（卜）碗卦、謝壇；其中尚有台五營、犒軍、送外方等。方志中提到以一撮米卜「米卦」，就是入房內以米置於藥罐，邊誦唸邊讓米進入罐內，打開後依其象來卜吉凶，所以稱作「米卦」，與漳、泉人所作的確有不同。至於貼符行法則是敕符令，以便問事者可以貼於家門、房內。法師作法所用的法器，除了師刀、法索等，讓人印象深刻的就是牛角（或用錫角），表示龍角，其聲嗚嗚可達天門。請神時，一開始就誦唸：「三聲鳴角鬧猜猜，天門神門法門一齊開；三聲鳴角猜猜，天門地府一齊開」；然後「吹角」，由於角聲嗚嗚，在暗暝中幽幽傳來，遠處均可聽聞。此外後場的通鼓、嗩吶等，金鼓喧騰，也有讓人印象深刻之處。[31]所以對於客仔師的相關描述，應指此類大改運「做獅」。

---

31 部分情況，筆者已撰〈臺灣儀式戲劇中的諧謔性：以道教、法教為主的考察〉，《民俗曲藝》71 期（施合鄭民俗文化基金會，民國 80 年 5 月），頁 174-210。

在雲林所採訪的個案中，有典型的道法世家「威振壇」，根據其家譜，田家祖籍為漳州府詔安縣頂社鄉中社，原本即為閩客混居區，為一世代祖傳的道法世家，至今已是十九代。開臺祖田若珍（譜載十三代，渡臺首代）偕妻及二子（水保、水城）於乾隆33年遷居雲林二崙鄉三塊厝，其間經歷數度遷移，目前本壇仍在二崙鄉，長子田學藤（來臺七代）分壇在虎尾鎮，而由次子貴湘主持並傳下道法，目前已是二十代榮字輩。田家保存了家傳抄本科儀書及口教符咒秘訣，家族中也有十數人能在道場擔任前後場的法務；[32] 而在法場方面，也能作「打天羅地網」的大改運。雲林的西螺、二崙及崙背為詔安客分布區，目前仍多客屬移民。田家籍本詔安，從《獻請科儀》的流傳祖師表，可以看出與目前詔安、平和一帶操詔安客話的法脈同系，渡臺後也以詔安語在同籍聚落中從事道法業務。所以法場屬於客仔師，所使用的語言、作法情況則是紅頭師，適合乾隆中葉以來的當地情況。目前該地區除了漳籍移民群外，尚有為數可觀的詔安客民：諸如西螺、二崙一帶的廖姓；崙背地區的李姓。迄至於今，這一區域的廟宇慶成作醮仍會請田家前往擔任醮事，採行正一派的作法，而不一定採用另一種靈寶派科儀。唯大改運目前已極少舉行，由於適應多漳籍又有客籍雜居的移民社會需求，所以平常多使用「閩南話」——即福佬話，但在區域內也會使用詔安客話。

由於當前社會文化的劇烈變遷，加以客屬移民為少數，因而多數聚居於彰化縣員林、埔心一帶；或散居於埤頭附近鄉里，而有閩南化（福佬化）現象。因此道法習俗也就會作適度的調整：諸如蔡家鎮興壇，其世籍本漳州南靖，壇設於埤頭竹圍村，從四代前蔡屯學法，經蔡楊柳、聯析，傳到開啟，目前在西

---

32 田家威振壇的道法傳承，訪問時多蒙田貴湘道長解說，並以族譜、抄本印證。田道長已於民國78年過逝。

螺立壇。另蔡屯又傳田尾黃國行，黃家經黃奇楠傳到黃叔銘。蔡家曾與田家一起合作舉行醮事，黃叔銘也曾隨田貴湘學法，他們曾應邀參與同系的臺中廣安壇（林梯燦、瑞東）擔任大甲五朝祈安醮的法務。[33] 不過平常都以小法為生，也能作補運、入地府及打天羅地網等，唯後者已少有機會舉行。蔡、黃兩家常與附近區域內的道壇合作，從事較大的慶成醮，表現典型的「道法二門」風格。

　　臺中縣、市的道法傳承也有客籍道士一支，主要淵源於豐原市曾姓「道法二門」世家的廣應壇。曾家祖籍潮州揭陽（現歸大埔），從家譜所顯示的渡臺時間約在乾隆年間，先往東勢角一帶，目前祖祠也仍在東勢，後來又遷往葫蘆墩，此後並未再遷往他處；此處正是客籍移民的主要活動區，顯示道士、法師的宗教業務與社群有密切的關係。不過豐原市處於閩客籍接壤的市區，戰後已由客家人優佔區轉變為閩人漸多的情況，目前曾家已部分福佬化，能操流暢的閩南語，並與社區廟宇、北管戲等常民生活結合。從壇內珍藏的道書抄本《靈寶正一清晨啟請玄科》，在啟請「祖傳道派宗師」時，曾姓先祖至少有十一代從事道士這一行，時間早在渡臺之前，所傳承的道教系統正是流傳於粵東、閩南與廣東接界的平和、秀篆及詔安一帶，當地也是客家及閩客混居的區域。[34] 其日常所作的多以祭改法術為主，在家族內部流傳的法術傳說中，也以先祖擅於符咒著稱於客屬社會，所以從曾和週（俗稱萬枝仙）起，臺中西屯黃贊臣（廣安壇）、北屯徐慶祿（應生壇）都前來拜師；和週子榮結也傳授曾子鈺、賴雲塔、羅阿墩等，都是臺中市有名的道壇掌壇人，他們都能以閩南語在閩籍社會中從事宗教業務，由此可證客仔師在社會文化變遷中的調適情況。

---

33 大甲建醮專輯，筆者於戊辰科醮典時，對於前來從事科儀的道士團曾有多次採訪，並於事後再作印證。詳參拙撰，〈大甲鎮瀾宮建醮記〉，收於大甲鎮瀾宮戊辰年《慶成祈安清醮專輯》（民國 77 年），頁 258-277。

34 有關曾氏廣應壇的田野資料，多次蒙豐原市曾滄溪道長（法名大信）幫忙，出示相關的抄本，並口述其移居情況。

在臺灣的信仰習俗研究中，本地研究者對於道教的研究情況，在日治末期諸如曾景來在昭和 13 年（1938）所撰的《臺灣宗教と迷信陋習》，曾對道士作烏頭、紅頭的分類與職司，頗為明確。在兩者都從事的「度生」項下，列出祈福祈平安（建醮、謝神、作三獻）；驅邪押煞（安胎、起土、補運等）；[35] 而光復以後的這類介紹，除了吳瀛濤《臺灣民俗》加以襲用，劉枝萬在民間信仰的分類法中，進而明確分出「道士」與「法師」，還有童乩、尪姨。不過他以為紅頭師公可包含於烏頭師公名下，又另以「紅頭法」作為法師、法教的性質，下括閭山教、徐甲教及潮州的「客仔教」，則是目前較清楚的分類法，但部分仍有待繼續求證。[36] 在這類道、法的分類中，大家特別對於臺灣閩粵交界及粵籍一系，之所以有「紅頭」的印象，實因這一支系「道法二門」，在道場時以天師門下的道士身分從事祈福祈平安的吉慶紅事，這時的服飾也是著罡衣（絳衣）或道袍，並戴黑色網巾（高功則插仰、掛朝珠）；但在法場則為三奶派下的師郎，以紅巾纏頭，著法衣，用獅刀、法索等法器，也就是讓人有「紅頭」印象的緣故。在道、法的語言運用中，有一對比性的觀念：即紅與烏（黑）、祥與幽、度生與度亡，從事度生或喜慶，乃指施術者只會作祭改法術，也會進一步學習（祖傳或拜師）吉慶（作三獻、作醮或禮斗）儀式，即屬於紅事。所以「道法二門」在這一系統中，法場以紅巾纏頭，稱為紅頭；而在道場則專行吉慶紅事而不從事度亡的幽場、功德等「烏」（黑）仔，這也是紅頭的另一層含意。從臺灣目前所知的這一系統道、法傳承，不論手抄本或是口傳，均未曾見作功德的科儀書。所以「紅頭師」的稱呼指純作法場或道法二門，始可獲得合理的解釋。這也就是較晚出的縣志，在閩客關係逐漸改變後，就不再標幟「客

---

35 曾景來，《臺灣宗教と迷信陋習》（臺北市：臺灣宗教研究會，1938），頁 53、61-63。

36 劉枝萬同註 1 前引書，頁 209。

仔」的籍貫、身分，而另以「紅頭」作為職業標幟的晚期現象；而在圈內，目前仍有以「進錢補運」的宗教功能，習稱「補運師」的，可見其特色所在。[37]由此可見方志中所紀錄的名稱及其改變，初期以「客仔師」為名，表明客家本籍的自覺，也是閩籍對之所作的分籍意識；而稱為「紅頭師」，則為作法的紅巾標幟，也是後期的普遍用法。不過使用「紅頭師」時，仍需視其是否置於客籍移民習俗的社會脈絡中，不能與一般漳、泉籍的閭山派、三奶派混淆，因為後者另有其傳承與作法。

這些道法二門的道壇，其設壇、遷移或家傳、拜師等，都在客屬聚落或閩客混居區，也就是道法傳承、傳授及與鄉人的關係，均具有地緣、文化緣的共同因緣。基於同一文化體系形成共同的社會、文化認同，因此各種大、小「進錢補運」，就成為民俗性的醫療體系；另外也可從醫療人類學觀察「做獅」的大改運，通常會請法師到病患者家中進行，這一情況較諸小型的祭改（割鬮、作替身），雖則祈求解除厄運的情況各異，乃是較嚴重者才作的一類，就像柯培元所記述的，常是求醫或吃草藥尚未見效才出此下策。類此疾病，常是生理、心理失調所引發的身心症，在調適不良的情況下，水土不服、心田（理）欠安甚至精神官能有困擾時，才會出現。客籍移民在墾拓、械鬥等社會變遷較劇烈的情況下，才會引發此類身心病，因而求諸同一文化體系內的治療者：他們在同一文化體系，因為具有同一宇宙觀、文化觀，在解釋病因時，基於同一社會文化經驗比較接近，也較能有效地解決身心的困擾。乃是在客莊、客家的聚落內，求治者與治療者所建立的共識，因而形成這類民俗療法的社會文化功能。

---

37 此部分承基隆李松溪（通迅）先生及李游坤（玄正）道長指示說明，乃是專精道法二門的紅頭道士。

　　總之，從日治期迄今，有關客仔師、紅頭師的習俗調查，證明客家移民區內仍需要這類民俗療法，由於紅頭法通常採用口白，配合後場音樂即可調整以適合不同情況的需求，因而北至臺北、中部彰化及雲林的福佬化紅頭師，也能為當地鄉人所接受。唯當社會文化變遷急遽的情況，由於大改運所需的人手既多、花費也高，在當時已被批評「靡費」，[38] 而今花費愈高，且醫藥觀念也在改變中，所以客仔師的儀式確實在減少中，此乃當前最大的變化。

## 五、結論

　　有關臺灣的數種方志中，對於宗教史料的記載，通常僅及於祀典志中的祠廟、寺觀等，而對實際從事宗教、祭祖活動的道教、佛教則記述較少，有關其流派、理論及儀式等，也因諸多錯綜複雜的歷史文化因素，修志者無法也無意作深入的採錄，才造成現代宗教史家亟需重建其歷史而有相當的困難。不過在這樣的史志傳統下，卻能幸運地記錄了「客仔師」，實在較諸佛、道二教的「正統」教派，顯得奇特而值得史家矚目。雖然只是被雜廁於「雜俗」項下，而並列的是一些駁雜的風土人情及無法併入人生禮儀（婚喪）、歲時記事的異俗並列，其實就現代治史者的眼光，這是一批珍貴的宗教、民俗史料。

　　客仔師及其習俗之能一再出現於臺灣各區的縣志中，主因就在陳夢林等所修的《諸羅縣志》成為爾後修志者的楷模。當時諸羅縣境所轄的區域既大，也較未開闢，縣志內既已建議另增設一縣一卷（卷七兵防志總論）；後來藍鼎元也一再建議，始設彰化縣。所以周璽在道光時修《彰化縣志》，也會注意客仔

---

38 關於三、五金及至十數金的數目，據伊能嘉矩對臺灣通貨的研究，應是康熙末年使用的番錢（荷蘭、西班牙銀幣）；後來則有臺灣紋銀，並非以文為單位的銅錢，前引書，下卷，頁 29-33。又參《清代臺灣經濟史》，研叢 45。

師習俗的衍變。到光緒 13 年調整區域時，嘉義、彰化外另設雲林縣，其後為了修《臺灣通志》而編纂嘉義、雲林等采訪冊，也都毫無例外採錄了「紅頭師」的習俗，記述其中的名稱、費用及流行鄉里的改變。除了中部地區，甚至有客民的淡水廳（後又分出新竹縣）、噶瑪蘭，也都敘及這一習俗；甚至連並無客莊客俗的澎湖，也要注意、比較與當地風俗的異同。類此後志參考、襲用前志，並非抄襲、套用模式的簡單問題，而起到提醒後之修志者注意有無或衍變等現象，因而保存了一批珍貴的史料，可據以推測當時人的信仰習俗，這是當初陳夢林等方志專家所未料到的意外貢獻。

　　然而促使修志者特別記述這則原本可能會被遺漏的信仰習俗，主因就在客莊、客仔與客仔師的聯結關係，陳夢林修志的時間（康熙末葉）、空間（特多客莊的中部），正是臺灣各地已墾、待墾及未墾莊田亟需外來勞力的時期，由於客家在粵東、閩西原鄉的地理環境、生活方式及其謀生性格，促使一波波客民蜂擁而至，成為佣丁、佃田之客，在原鄉所培養的性格、能力，使他們習於萃居、形成客莊，而處於異鄉艱辛的佃客生活中，有利於維續與內地相同的常民生活，使文化緣結合地緣、血緣成為生命共同體。

　　在客家移民的遷移、定居過程中，類此基於文化緣、基於社會認同所形成的醫療文化體系，在客民遭遇到生理、心理失調及與社會文化失序而形成身心症，客仔師即以「智慧者」（the Wise man）的原型出現，依據共有的宇宙觀、文化觀，經由宗教儀式及經驗性藥物，解說疾病的成因、治療其不適，因而獲致民俗醫療的效果。從康熙末到乾隆中葉，閩客之間因需要合力共同開發，常形成協同的關係，張達京曾聯合其他六館業戶一同開發臺中平原即為著例。但一旦土地開發完成，而後各籍移民漸多，就不免迫於生存需求而各分氣類，從而導致分籍械鬥，客家人即處於與閩籍對立的狀況，難免因弱勢而被迫遷移。在大變動的形勢下，客仔師常依隨移民群而遷移；至於採定居的墾戶，就逐漸

閩南化、福佬化，接納其語言、文化，但也保存一部分較具韌性的信仰習俗，因此客仔師才能歷經康、雍、乾而持續至割臺以迄於戰後，就在其能滿足不同階段鄉人的心理需要，充分表現其社會心理功能。

從日治期以來，日本政府雖未完全禁斷，但將這種與道教有關的習俗視為中華文化，又從日本文化、歐西醫學的優勢立場，將其連同舊慣而詆為「迷信」，在這種禁制下，客仔師、紅頭師乃巧妙掩飾其作法，此延續流傳久遠的習俗。戰後面對劇烈的社會變遷，隨著社會型態的改變，各籍移民既已穩定化、固著化，且農業轉型為工商業社會，傳統的民俗文化所面臨的時代變化，實乃前此未有的鉅變，現代醫學的普遍、民俗療法的多樣，使得客仔師的世代傳承面臨新的衝擊。而習俗的延續和社會有複雜的互動關係，客仔師的存在固然被研究者視為的民俗療法，有研究的價值。[39] 但在當前急遽變遷的社會中，其傳承問題及鄉人接納的態度，都關聯客仔師能否存在的新動態。唯從目前保存的田野狀況，理解兩百年來的儀式及意義，考察有關客仔師與移民社會的歷史，確是在開發史上具有意義的課題。

---

39 有關的田野研究，如 John Keupers 所撰 A Description of the Fa-Ch'ang Ritual as practiced by the Shan Taoists Northern Taiwan，原 收 於 Michael Saso & David W. Chappell 主編 Buddhist and Taoist Study, pp.179-194, University of Hawaii, 1977。近有丁煌指導、高淑媛中譯，《道教學》二（民國 78 年 12 月）。

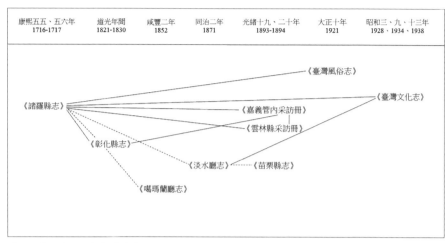

圖1：客仔師的引述關係表
資料來源：《臺灣舊慣冠婚葬祭と年中行事》、《臺灣宗教と迷信陋習》


# 參考文獻

## 一、單篇論文

方　豪，1967，〈修志專家與臺灣方志的纂修〉，《方豪六十自訂稿》。臺北市：學生書局。

李豐楙，1995，〈臺灣送瘟、改運習俗的內地化與本地化〉，許俊雅編，《第一屆臺灣本土文化學術研討會論文集》。臺北市：臺灣師範大學文學院、人文教育研究中心。

＿＿＿＿，1991，〈臺灣儀式戲劇中的諧噱性：以道教、法教為主的考察〉，《民俗曲藝》，71。臺北市：施合鄭民俗文化基金會。

＿＿＿＿，1988，〈大甲鎮瀾宮建醮記〉，《戊辰年慶成祈安清醮專輯》。大甲鎮鎮瀾宮。

林克明，1990，〈中國傳統醫學與精神疾病及精神醫學的關係〉，《文化與行為》。香港：香港中文大學。

連文希，1972，〈客家之南遷東移及其人口的流布〉，《臺灣文獻》23（4）。

高志彬，1990，〈臺灣府志創修考〉，《臺灣史研究暨史蹟維護研討會論文集》。
　　臺南市：成功大學歷史系、臺南市政府


## 二、專書

王瑛曾，1961，《重修鳳山縣志》。臺北市：臺灣銀行，文叢 146。

不著撰人，1959，《嘉義管內采訪冊》。臺北市：臺灣銀行，文叢 58。

＿＿＿＿，1963，《淡水廳志》。臺北市：臺灣銀行，文叢 172。

＿＿＿＿，1959，《新竹縣志初稿》。臺北市：臺灣銀行，文叢 61。

片岡巖著、陳金田譯，1981，《臺灣風俗志》。臺北市：大立出版社。

柯培元，1961，《噶瑪蘭志略》。臺北市：臺灣銀行，文叢 92。

周元文，1960，《續修臺灣府志》。臺北市：臺灣銀行，文叢 66。

周　璽，1961，《彰化縣志》。臺北市：臺灣銀行，文叢 156。

周鍾瑄、陳夢林，1962，《諸羅縣志》。臺北市：臺灣銀行，文叢 41。

范　咸，《重修臺灣府志》，1985。北京市：中華書局。

施添福，1987，《清代在臺漢人的祖籍分布和原鄉生活方式》。臺北市：師範
　　大學地理系。

倪贊元，1959，《雲林縣采訪冊》。臺北市：臺灣銀行，文叢 37。

曾景來，1938，《臺灣宗教與迷信陋習》。臺北市：臺灣宗教研究會。

陳其南，1990，《家族與社會》。臺北市：聯經出版社。

黃叔璥，1957，《臺海使槎錄》。臺北市：臺灣銀行，文叢 4。

張伯行，1971，《清經世文編選錄》。臺北市：臺灣銀行，文叢 229。

張　珣，1989，《疾病與文化》。臺北市：稻鄉出版社。

翟　灝，1958，《臺陽筆記》。臺北市：臺灣銀行，文叢 20。

鈴木清一郎，1934，《臺灣舊慣冠婚葬祭與年中行事》。臺北市：臺灣日日新
　　報社。

劉枝萬，1974，《中國民間信仰論集》。臺北市：中央研究院民族所。

# 客家人的宗族建構與歷史記憶塑造：
## 以臺灣六堆地區為例 *

陳麗華

## 一、前言

上個世紀 1960 年代，人類學家巴博德（Burton Pasternak）對臺灣南部客家聚居區六堆境內一個村落的研究，曾引起不少學者的注意。他的目的是與關注中國大陸閩粵地區宗族組織的傅利曼（Maurice Freedman）進行對話，後者曾試圖從人類學的角度出發，解釋中國東南地區爲何形成了以大規模宗族爲主的社會。他認爲這些宗族往往擁有以土地爲主的共同財產，集中佔有剩餘經濟和儲備財富，有利於將宗族成員凝聚在原本的社區。而邊疆地區的社會環境、發達的水利灌溉系統及高生產率的稻作經濟，則有助於這一共同財產體系的運行。[1] 巴博德則對這一觀點提出反駁，認爲同樣的條件在臺灣並未導致宗族的特別興盛，而是發展出跨社區的地域整合。在他看來，客家人所面臨的外部敵意環境，以及對密集勞動力的需求，才是這一社會結構形成的主因。[2]

---

* 本文原刊登於《臺灣史研究》，2010，17 卷 4 期，頁 1-31。因收錄於本專書，略做增刪，謹此說明。作者陳麗華現任國立清華大學通識教育中心暨歷史研究所助理教授。

1 Maurice Freedman, *Lineage Organization in Southeastern* China (London: University of London, Athlone Press, 1958), pp. 126-130; Maurice Freedman, *Chinese Lineage and Society: Fukien and Kwangtung* (London Athlone P.; New York Humanities P., 1966), pp. 159-166.

　　的確，如果回溯歷史，六堆客家地區的確並非以宗族組織著稱，而是以
「義民」相標榜的六堆軍事性聯盟。直到今天，我們還可以從位於中堆竹田鄉
境內的六堆忠義祠春秋祭祀活動，以及一年一度的六堆運動會上，隱約窺見其
跨地域聯盟的凝聚力。然而，六堆地域聯盟並非空中樓閣，它之所以能夠形成
並有效運作，還要依賴下層社會結構的支持。巴博德便曾借用傅利曼的概念，
指出超出村莊範圍的高層級宗族（high order lineage）的發展，在這個小村落
與外部六堆社區的整合上很有效，它關心的是納入而不是排除更多地人。這一
論斷深刻地指出了宗族外衣下所隱含的地域性，只是其背後宗族社會形成的歷
史過程及與客家族群的關係，並不是他要解決的問題。[3] 近年陳秋坤的研究，
則將地權結構與族群問題聯繫起來，指出從清初開始這一地區便由閩南地主掌
握大租權，客家族群則逐漸通過公業等方式積累起財富。他也特別指出了清代
六堆客家地區公業發達的現象，並詳細解析了其形成的過程。[4] 這一研究也引
導我們思考，這些公業背後的同姓群體，在六堆客家地域社會的形成中扮演的
角色。

　　如果從歷史的角度，對六堆地區的宗族文化符號進行重新整理，會發現
其形成的時間和歷史背景並不全然集中在傳統時期。六堆鄉村中不乏富麗堂
皇的祠堂，但其興建時間大部分集中在六堆聯盟力量已經消弭的殖民地時期
（1895-1945）。[5] 族譜的出現雖然歷代都有零星的例子，但蔚為風潮也是很晚
近的發展，和中原客家聯繫起來更是遲至戰後的事。要解釋這一現象，有必要

2 Burton Pasternak, Kinship & Community in Two Chinese Villages (Stanford, Calif.: Stanford University Press, 1972) , pp. 136-149.

3 Burton Pasternak, *Kinship & Community in Two Chinese Villages*, pp. 144, 152.

4 陳秋坤，〈清代地權分配與客家產權：以屏東平原為例，1700-1900〉，《歷史人類學學刊》2: 2（2004 年 10 月），頁 1-26。

5 劉秀美，〈日治時期六堆客家祠堂建築之研究〉（臺南：國立成功大學建築學系碩士論文，2000），頁 1-4。

將客家人的宗族發展，放入到臺灣社會更具連貫性的歷史脈絡中，探討它們與六堆地方社會組織的形成、國家建構與社會演變的關係，以及地方士紳在文化符號的運用上扮演的角色。這一取向也許有助於我們理解六堆客家地域社會的形成，以及背後與族群認同的關係。

　　今日的「六堆」，涵蓋臺灣南部屏東、高雄縣境內的十餘個鄉鎮，分為前、後、左、右、中及先鋒堆。[6] 這一地區開發很早，客家人移民的歷史可以追溯到康熙後期，並且絕大部分來自廣東梅縣、蕉嶺一帶，這與北部桃竹苗地區潮惠移民亦相當多的結構不盡相同。[7] 清初六堆地方人士的宗族活動，並沒有留下太多的資料。不過，通過口耳相傳的家族傳説、祠堂建築、族譜以及禮儀拜祭活動等，仍可以窺見其大略。前堆長治的邱氏與先鋒堆萬巒的林氏，均是該地最為古老的家族，清初便來到這一地區活動，其家族建構的過程與六堆地方社會的形成是緊密聯繫在一起的。下面首先便以這兩個移民家庭（族）作為例子，試圖穿透層層疊加的歷史記憶，呈現其家族發展的最初樣貌。

## 二、傳說與現實之間

　　號稱「六堆第一舊家」的前堆長治邱永鎬一家，一直是該地最有地位和實力的家庭之一。據 1972 年編修的族譜稱，邱永鎬於康熙 35 年（1696）便來到

---

6 在清代歷史上，這一地區講客家話的民壯，曾多次協助清政府平定臺灣大大小小的動亂，聲名卓著，「六堆」之稱便源於該地軍事組織的名稱。由官方敕建的忠義祠，既是拜祭義民的場所，也是六堆客家人表達群體認同的中心。關於這座廟宇與地方社會建構的關係，請參閱陳麗華，〈從忠義亭到忠義祠：臺灣六堆客家地域社會的演變〉，《歷史人類學學刊》6: 1/2（2008 年 10 月），頁 147-171。

7 在這一點上，施添福說的很清楚，廣東籍移民中的嘉應州人均講客語，潮州、惠州府雖然並非全部客語，但由於缺乏資料，且空間分布上與嘉應州人接近，遂均稱之為「客籍漢人或客家人」。施添福，《清代在臺漢人的祖籍分布和原鄉生活方式》（南投：臺灣省文獻委員會，1999），頁 13-14。

臺灣，在臺南一處稱為盧林李三姓的商行中工作，隨後在他們提供的資金支持下，返回原鄉招募同鄉，康熙 38 年（1699）到長治一帶從事拓墾。[8]他的家庭也掌握有地方的水利之權，雍正時期邱永鎬之子因進入番界引水灌溉，遭生番獵殺，還曾引起雍正皇帝的注意。在整個六堆的地方武裝中，他和幾個兒子也曾擔任領袖角色，曾被國家授予千總銜及義民箚。[9]他有六子十八孫，後裔繁衍出十三莊的規模，至今子孫仍在該地活躍。

邱氏子孫拜祭邱永鎬的祠堂，便坐落在距離屏東市區不遠的長興村。2006年 10 月，筆者在田野調查中曾走訪該地，發現這座祠堂於 1972 年曾經歷過大規模的重修，現在所見到的幾乎都是此次重修後的樣貌。祠堂大門上以朱紅色題寫着「邱永鎬祠」，題字上面則鑲嵌著青天白日的標誌。走入大門後，院中正面是名爲「河南堂」的祖堂，兩側則為邱氏後人居住的場所。祖堂內除了由邱氏子孫所題的牌匾楹聯外，有一塊題寫着「六堆之光」的金字匾額尤爲引人注目，旁邊更以小字書寫「邱公永鎬，來臺至先。開埤築圳，墾拓長興。歷代忠勇，保護六堆。積德顯著，子孫繁榮。堪稱六堆第一家也。」這是當年由八位六堆地區最具影響力的士紳為慶賀祖堂落成而製作的，顯示了對於該家族地位的承認。

---

8 永鎬公祠重建委員會編，〈永鎬公事跡〉（1972），收於屏東縣邱氏宗親會編印，《十五世來臺祖邱永鎬公派下族譜》（屏東：編者，年代不詳），頁 1-29。關於其來臺時間，利天龍在其碩士論文中曾表示懷疑，因當地契約文書顯示盧林李在康熙 44 年（1705）才購買該地土地。不過，由於六堆地區客家人先行拓墾，閩籍大租主再通過登記加諸其上的現象並不少見，對於二者的時間先後尚需存疑。見利天龍，〈屏東縣前堆地域的社會空間結構與變遷〉（臺北：國立臺灣師範大學地理學系碩士論文，2007），頁 42-44。

9 參見〈雍正 7 年（1729）1 月 18 日，巡臺吏科給事中赫碩色、兼理學政御史夏之芳奏聞事摺，3 月 16 日再奏〉，收入香港中文大學特藏室藏，清乾隆 3 年（1738）內府刊刻（雍正朝）《硃批諭旨》，第 6 函，第 6 冊，頁 10a-14b；王瑛曾編纂，《重修鳳山縣志》（臺北：臺灣銀行經濟研究室，臺灣文獻叢刊〔以下簡稱文叢〕第 146 種，1962；1764 年原刊），卷十‧人物志：義民，頁 257-259。

　　邱氏祖堂內的牆壁上亦嵌著一塊 1972 年重修後所立的碑文，敘述了該祠的由來：

> 先祖永鎬公於康熙三十八年間自廣東省蕉嶺縣文福鄉遠渡來臺，卜居長興莊，即今長治鄉長興村現址。櫛風沐雨，蓄息臺疆，乃於康熙五十年間興建祖堂，迄今二百餘年。其間雖迭經修葺，惟年久破爛不堪。我族爲慎終追遠，弘揚祖德，倡議重修。[10]

　　從碑文和拜祭的格局中，可以看出該堂是邱氏子孫拜祭來臺祖邱永鎬的場所，反映的是一個家庭的歷史記憶。子孫記憶中邱永鎬的來臺時間頗早，也就是清政府領臺之後十幾年間。但當時的格局用途如何，拜祭對象是誰，我們並不清楚，猜測當時可能只是修建了長期性的住宅，並在房間內拜祭祖先，但拜祭對象顯然不是當時還在世的邱永鎬。現在這座祠堂正廳的祭臺上，擺放著三面書滿了祖先姓名的牌匾，居中者拜祭的是十五世邱永鎬及 16 至 18 世的子孫姓名，兩邊則是他的第三子禮山、第四子智山及派下至二十四世子孫的姓名。這一形制已經清晰地顯示出這座祠堂是邱永鎬的子孫，尤其是勢力更盛的三、四房為拜祭祖先發展出來的場所。

　　然而，祖堂內拜祭格局和祠堂內的規制，顯示出邱氏與超越家庭的宗族之間，存在很強的連結紐帶。在祭臺前方的神桌上，正中擺放了一面製作精美的神牌，上面正中書「河南堂上邱氏歷代始太高曾祖考妣神位」，前面則是一枚姜太公的小畫像，因為邱氏相信自己的遠祖可以追溯到這位上古的周代人。這似乎意味著，該地也具有囊括所有邱氏宗族的基礎。祖堂外的右手邊一面鮮紅

---

10 〈祖堂重建記〉（屏東：屏東縣邱氏祖堂內，1972）。

的「屏東縣邱丘氏宗親會」牌，至少部分印證了我們的猜想。

　　追溯這一拜祭格局的形成，需要回溯乾隆時期，六堆地區邱氏發展出的嘗會機制。嘗會是地方社會以宗族形式發展出的一種特殊控產機構，明代在珠江三角洲地區便發展起來。[11] 在客家移民的原籍，則多是經歷了明末清初地方社會的動盪之後，至康熙年間開始興盛。[12] 六堆地區嘗會組織的發達，是極為引人注目的現象，這與六堆地區土地投資的興旺有密切關係。乾隆中葉，前堆長治、中堆竹田、後堆內埔、右堆美濃等地的邱氏，便集資成立了始二世祖（即南宋年間由福建遷居廣東開基的始祖邱夢龍與二世祖邱文興）嘗會。邱氏在來臺之前有嘗會組織尚未可知，但筆者亦曾到過邱氏位於廣東蕉嶺縣文福鎮白泥湖村的原籍，發現當地宣稱在明後期，便已經由十世子孫建立起祖堂，但拜祭的不過是三代之前的八世祖先。[13] 而這一拜祭十幾代之前始祖和二世祖的嘗會，顯然是出於最大限度統合邱氏後裔的需要。帳簿內留下了後人抄錄的一些早期文獻，包括乾隆至道光年間的嘗會規款，購買土地情況，以及近代歷年收支情況等。其土地多位於右堆美濃境內，也顯示出該嘗與這一新開發之地的密切關係。這一嘗會顯然是邱永鎬的家庭主導的，這從邱永鎬子孫的會份較多，以及乾隆 29 年（1764）的祖嘗引出自邱永鎬之孫、管事邱俊萬的手筆也可以看出來。[14]

---

11 科大衛、劉志偉，〈宗族與地方社會的國家認同：明清華南地區宗族發展的意識形態基礎〉，《歷史研究》3（2000 年 3 月），頁 14。

12 王之正等纂修，《乾隆嘉應州志》（廣州：廣東省中山圖書館古籍部，1991；1750 年原刊），卷六•人物部，頁 283-308。

13 惟爵公祠理事會，〈重修白湖八世惟爵公祠記〉，廣東蕉嶺縣文福鎮白泥湖村邱氏大夫第內，2017。

14 中央研究院臺灣史研究所檔案館藏，「始祖夢龍公嘗簿」（1872-1955），〈高雄美濃龍肚邱夢龍嘗、邱文興嘗文書〉，《祭祀公業文書檔案》，檔號 T0551D0455-0001；中央研究院臺灣史研究所檔案館藏，「始二世祖嘗簿」（1764-

　　邱氏的嘗會組織建立後，大規模祭祀遠代祖先的活動似乎才具備了正當性。在嘗會帳簿中，兩份未標明時間的祭祖祝文及祖堂門聯吸引了我們的注意。從文件編排順序及文字推測，很有可能作於乾隆後期到嘉慶初期。祖堂名曰「忠實第」，在祖堂、中堂及祖位前均有楹聯，茲舉一例：

　　一堂聚族姓群穆群昭海外如親鼻祖廟
　　二月修明禋奉牲奉醴感時遙沐耳孫誠

　　這一楹聯也提到了他們有聚合族人的建築「堂」，有拜祭的儀式。在嘗會規款中，也多次提到對於會內會外前來拜祭的有身分地位者給與經費的補助，可見聯合更多有勢同姓的意圖。祭祖祝文中提到了祖位為「河南堂邱氏歷代始太高曾祖考妣神位」，與今天邱永鎬祠內的主位相同。那麼推測起來，很有可能這座建築的前身，便是邱永鎬家庭的拜祭場所，由於邱永鎬子孫在地方社會的實力最為雄厚，從而掌握了嘗會的領導權，自家祖堂不但成為嘗會收租議事的場所，也成為籠統拜祭邱氏遠祖的地方。

　　在邱永鎬來長治後不久，先鋒堆萬巒地區也因為祖籍廣東蕉嶺金沙鄉林氏的到來，而呈現出一派欣欣向榮之景，現在仍是該地最大的姓氏。康熙年間的首領林英泰，是地方誌中有載的義民領袖，乾隆中葉族譜稱他「為人精明，諳練經濟才也。與族弟乾玉公審形度勢，始開萬巒莊，後來者食德無窮」。[15] 其族弟林乾玉的生平，族譜中亦記載較詳：

---

　　1954），〈高雄美濃龍肚邱夢龍嘗、邱文興嘗文書〉，《祭祀公業文書檔案》，檔號 T0551D0455-0002。

15 林靖寰總輯、高志彬主編，《蕉嶺臺灣五全林氏族譜》（臺北：龍文出版股份有限公司，2003），頁 202。

> 康熙六十年辛丑平臺有功，功委候千總，時年五十四，爲人渾厚精
> 明，孝友和睦，兄弟分產均平，故勸人友愛者，無不以公爲佳話，
> 生平樂施捨、好山水，建祖堂，尋祖地，公力居多。鎮邑人往臺，
> 公爲之始。先開南路萬巒莊場，後營北路東山莊，疏通水路，灌數
> 十里田地，功載口碑，至今不忘。壽六十七。[16]

　　從林乾玉的經歷可以看出，早期的移民並沒有把宗族建構活動的重心放在
臺灣。他是廣東原籍地區最早來臺者之一，也是一位曾獲得朝廷旌表的義民，
這說明他在當時地方社會也扮演領袖的角色，很有可能是攜資在該地拓墾的
「頭家」。但是，他顯然並沒有定居萬巒的打算，而是後來去了彰化縣東山莊
（今員林鎮境內）一帶開發。更重要的是，作為初代來臺者和短期居留者，顯
然沒有在臺灣「建祖堂，尋祖地」的必要，文中提到他與宗族建設有關的活動，
顯然都是在原籍進行的。

　　同樣是到了乾隆中葉，林氏的宗族發展亦呈現出了不一樣的面貌，表徵是
大規模族譜的編修。早在乾隆 28 年（1763），這一家族便由在廣東原籍的歲
貢生林南衡（即林乾玉之子）執筆，編修完成了頗具規模的五全林氏族譜。族
譜作為文字書寫下來的譜系，對於宗族歷史記憶建構的重要性自不待言，[17] 但
是在臺灣六堆的歷史上，清代地方人士編修族譜的紀錄實可謂鳳毛麟角，這部
族譜可謂是與六堆地區相關的、最早的正規族譜編修記錄。從乾隆年間的人物
傳以及序言可以看出，修譜活動雖然在原籍進行，但與林氏在臺灣六堆財富地

---

16 林靖寰總輯、高志彬主編，《蕉嶺臺灣五全林氏族譜》，頁 203。

17 大陸客家地區宗族組織的發展與族譜的編修，也是集中在 18 世紀，也就是清廷遷海
　　政策結束之後的事情。陳春聲，〈地域社會史研究中的族群問題：以「潮州人」與「客
　　家人」的分界為例〉，《汕頭大學學報（人文社會科學版）》23:2（2007 年 4 月），
　　頁 75-76。

位的增長有非比尋常的關係。譜中詳細列舉了臺灣康熙末期朱一貴事變、雍正時期吳福生事變中近 70 位林姓義民的名字和生平。[18] 當時另兩位為族譜作序者，一位曾「長遊臺陽」，其兩位兄長也是朱一貴事變中的義民；另一位作序者則為乾隆 17 年（1752）臺灣府鳳山縣的粵籍庠生。[19]「族內老成即出修譜刻譜費用」，很可能指的就是這些人。

　　林氏族譜的編修活動雖然與臺灣移民有千絲萬縷的關係，但其中心地仍是廣東地區的原籍。所謂「五全」，是指以入廣東潮州始祖林評事為始祖，以林隱叟為七世祖，他的三子為應春、春崇、春華，應春之子敏盛子孫繁盛，其三子寬、泰、廣衍為三房，與叔祖春崇、春華的兩房合稱五全戶。當時在臺灣活躍的是其派下的十七至十九世子孫，他們拜祭的則是八至十世祖先，背後也顯示出在廣東金沙鄉的範圍內，有很大一群林姓人已經有興趣建構地域性的宗族。林南衡則通過將祖先追溯到宋代的林評事，編訂一世至二十世的譜系，從而將原籍和臺灣眾多林姓人連接入同一個系統。我們現在見到的五全林氏族譜，則是在日治昭和年間在林南衡老譜基礎上的重修本。

　　至嘉慶年間，如同早期的邱氏一樣，林氏也發展出規模龐大的嘗會組織。嘉慶 5 年（1800），林氏在原籍成立了以明初的九世祖林敏盛為名的祖嘗。這與上面的邱氏是不同的，它追溯的不是宋元時代的始祖，而是相對較近的九世祖，這也意味著它結合的人群地域範圍相對集中，實際上絕大部分都是廣東省蕉嶺縣金沙鄉人。同時，這一嘗會的投資範圍似乎並不囿於臺灣南部的先鋒堆萬巒，它也參與了臺灣中北部今苗栗地區土地開發的投資。[20] 其後派下的子孫

18 林靖寰總輯、高志彬主編，《蕉嶺臺灣五全林氏族譜》，頁 202-211。

19 林靖寰總輯、高志彬主編，《蕉嶺臺灣五全林氏族譜》，頁 27、213、569。

20〈林敏盛祖嘗簿序（咸豐 4 年遵老簿錄）〉，收於坂義彥，《祭祀公業ノ基本問題》（臺北：臺北帝國大學文政學部，1936），頁 9-10；連瑞枝、莊英章，〈番屯、聚落與

及其他林姓族人，又建立以十世祖林寬、林泰、林廣為核心的嘗會組織，則主要都是在萬巒一帶活躍。這些嘗會都有不少土地，嘗會領導人往往就是地方領袖。他們的根基也是橫跨兩地，資本和人員往來也頗為密切。[21]

　　以上我們看了六堆地區兩個宗族建設的例子，他們在六堆地區是移民最早、根基最為深厚的代表。乾隆中葉對他們來說是個轉折的時期，從這個時期以降，才能明確地追溯到其家族成員在臺灣有建祖堂、修族譜的活動。同時我們注意到，這兩個家族也都在此時以降發展出嘗會組織，並且顯示出試圖囊括更多同姓者的傾向。不過在六堆地區，也有家族記憶顯示出早在康熙後期，臺灣開發潮正日漸熾烈的年代，便已經有嘗會組織將該地作為投資標的了。

## 三、嘗會組織的發展

　　康熙末期的朱一貴事變之後，即可以見到六堆地區開墾的背後，有嘗會的靈活投資機制。筆者目前見到最早的一個例子，是蕉嶺縣金沙鄉靄嶺村鍾姓所成立的鍾德重公嘗。據鍾壬壽在戰後編修的地方誌中這樣記錄：

> 祭祀公業鍾德重公嘗，是類似土地利用合作社式的組織。創立於西
> 元 1720 年前後（亦即萬巒開莊後二十餘年）由鍾德重公第十四、五
> 世的子孫，同心合力創設於嘉應州鎮平（現蕉嶺）縣金沙鄉村靄嶺
> 村，每份出資銀壹元，湊成 2800 份，合共金額 2800 元（最初三嘗

---

信仰：臺灣三灣地區的村史研究（1790-1886）〉，發表於中央研究院近代史研究所
主辦，「歷史視野中的中國地方社會比較研究學術研討會」，2008 年 11 月 17-19 日，
頁 9-11。

21 鍾壬壽，〈萬巒鄉志〉（屏東：未刊稿，1971），頁 3；鍾壬壽，《六堆客家鄉土志》
（屏東：常青出版社，1973），頁 229、273。

以後合併）。簿序及規約上指明此一款項要派人帶去臺灣買田，廉租出佃予德重公派下子孫；每年盈餘中抽一筆費用春秋二次祭祖；再有盈餘時應再買田；……於是就有十幾位青年，帶著該款前來萬巒，向先來的溫姓張姓等買下田地二十餘甲，大家分耕。以後逐漸膨脹，到民國十年先父擔任管理人時，多至三十四甲。[22]

　　鍾壬壽的父親及本人均曾擔任該嘗管理人，見過該嘗會的會簿，因此記憶較為可信。他稱嘗會創立於 1720 年，亦即康熙 59 年前後，至於來到臺灣的時間，他在本人編修的《萬巒鄉志》中說得更清楚，「雍正初年才來萬巒置田聚居。」[23] 這個時間點之所以如此重要，是因為在康熙 60 年，也就是西元 1721 年，臺灣發生了清領之後的第一次大動亂──朱一貴事變，清廷曾派重兵赴臺鎮壓，事變中南部的客家人曾組織起武裝力量，與事變者相抗衡，後來得到朝廷的表彰，此次事件對於客家人地位的提升具有極為重要的意義。因此不難推測，嘗會的設立即使是在事變之前，來臺投資也是過了此次事變之後，粵東的鍾氏族認識到這是一個極為有利的環境，因此開始重資投入。2,800 元在當時是很大的數目，背後顯然有為數眾多的鍾姓投資者存在。

　　乾隆時期以降，六堆地區的嘗會組織日益增多。有些拜祭的是入粵始祖或某鄉某縣開基祖，內部為股份制，臺灣學者通常稱為「合約字宗族」，設立的中心有不少是在廣東原籍，或者吸納原籍的資本。在此類嘗會內有無股份，牽涉到有無權力參加嘗會的管理與分紅。不過，由於其內部股份析分和彼此入股也很普遍，導致人員上有流動及商榷的空間。有的則是拜祭直系的父祖，往

---

22 鍾壬壽，《六堆客家鄉土誌》，頁 269。
23 鍾壬壽，《萬巒鄉志》，頁 3。

往是家庭成員組成，臺灣學者通常稱為「鬮分字宗族」，在內部結構上通常按「房」份區分，以外的成員對於其財產便無緣染指。[24]

嘗會透過土地的經營租賃、資金借貸及祭祖等活動，展現其跨地域的整合功能，成為構築起六堆聯盟的機制之一。如嘉慶 21 年（1816）以福建寧化開基始祖劉開七之名成立的祖嘗，會份包括來自廣東省嶺背、平遠、大埔等「戶」的會份共 101 份半。[25] 所謂的「戶」，是股份的名稱，通常在它的前面加上原籍行政區劃的名稱，背後也反映了不同來源的移民，在拜祭原鄉祖先的名義下集資開發的現象。[26] 部分持股者分布在右堆美濃、後堆內埔、先鋒堆萬巒等地。從嘗會的運作機制來看，嘗會的土地幾乎都是租給同姓租戶耕種，不但吸引勞動力來臺，也使嘗內有資本的人獲得資金融通（很多嘗會帳簿中便記載了派下的借貸情況）。盛大的、跨地域的祭祖活動，也是在其經費支持下得以實現的。

在地域軍事性聯盟組織「六堆」的運作上，各姓氏及嘗會也發揮了重要的作用。雖然乾隆後期的林爽文事變中，已經可以明確看到六堆組織的運作，即劃分中、左、右、前、後及前敵六堆（即後來的先鋒堆），分別選出總副理管理，並按照田畝分派糧餉。[27] 從日本人記錄下來的清末情況看，六堆各堆下涵蓋一

---

24 臺灣學者的研究可以參見田井輝雄（戴炎輝），《臺灣的家族制度與祖先祭祀團體》（臺北：南天書局，1995；1945 年原刊），頁 236。

25 猶他家譜中心藏，〈劉開七祭祀公業帳簿〉，微捲號 1418843，美濃 57。

26 陳其南，《臺灣的傳統中國社會》（臺北：允晨文化實業股份有限公司，1987）；Myron L. Cohen, "Minong's Corporations, Religion, Economy and Local Culture in 18th and 19th Century Taiwan," in Cheng- kuang Hsu（徐正光）and Mei-rong Lin（林美容）, eds., *Anthropological Studies in Taiwan: Empirical Research* (Taipei: Institute of Ethnology, Academia Sinica, 1999), pp. 223-289. 關於「戶」的論述見 Myron L. Cohen, Ibid., p. 245. 它並非指家戶，而是在持股人的祖籍地後面加上「戶」的名稱，有時共同來源者即編入同一「戶」以便管理。以「戶」做為宗族支派的名稱，在明末至清代閩西客家地區也可以見到。見鄭振滿，《明清福建家族組織與社會變遷》（湖南：湖南教育出版社，1992），頁 143-149。

定數量的「莊」，莊下的單位是「旗」，大莊可能有十幾支旗，小莊可能僅一支，依據莊內各姓氏實力大小分攤旗額，大姓可達幾旗，雜姓合為一旗，既是徵兵單位，也是款項徵收的單位。[28] 在有的嘗會帳簿紀錄中，也可以看到他們清末請壯丁或捐派錢糧的紀錄，顯示出這一組織在六堆運作機制中的重要性。

　　嘗會作為客家地域社會連結機制的重要性，在六堆地區香火最為鼎盛的拜祭場所──後堆內埔鄉境內的天后宮中，亦得到了鮮明的展現。該廟於嘉慶8年（1803）建立、咸豐2年（1852）重修，捐款以莊為單位，六堆範圍內的大部分村莊均有參與。[29] 根據孔麥隆（Myron L. Cohen）的統計，建立時捐題者來自約50多個聚落，1,353個捐題者；重修也有來自38個聚落的1,168個捐題者，捐提者中包含大量的嘗會組織，這種情形在周圍閩南村落的廟宇中心是看不到的。[30] 從嘉慶8年的碑刻中也可以看出，嘗會最集中的是後堆內埔和先鋒堆萬巒，均在30個以上（姓氏也相對集中，如萬巒林氏便超過10個）；其

---

27 福康安、海蘭察、鄂輝奏言，乾隆53年（1788）3月21日。參見臺灣銀行經濟研究室編，《欽定平定臺灣紀略》（臺北：臺灣銀行經濟研究室，文叢第102種，1961；1788年原刊），卷57：3月18至21日，頁905。

28 國史館臺灣文獻館藏，〈臺灣總督府公文類纂〉，冊號9774，文號9；〈臺灣總督府公文類纂〉，冊號9785，文號8，臺南縣公文類纂，明治30年（1897）永久保存，內務門庶務部。關於旗的組織分派，有右堆瀰濃莊及先鋒堆萬巒莊的例子可資參考。見劉炳文，〈美濃簡史記〉，收於美濃鎮志編輯委員會編，《美濃鎮志》（高雄：美濃鎮公所，1997），下冊，頁1222-1223；鍾壬壽，《六堆客家鄉土誌》，頁275。

29 〈建造天后宮碑記〉，嘉慶8年（1803），收於臺灣銀行經濟研究室編，《臺灣南部碑文集成》（臺北：臺灣銀行經濟研究室，文叢第218種，1966），甲、記（中），頁164-178；〈捐修天后宮芳名碑記〉，咸豐2年（1852），收於臺灣銀行經濟研究室編，《臺灣南部碑文集成》，甲、記（下），頁294-305。

30 Myron L. Cohen, "Land, Corporations, Community, and Religion among the South Taiwan Hakka during Ch'ing," in Chiu-kun Chen（陳秋坤）and Hsueh-chi Hsu（許雪姬）, eds., *The Land Issues in Taiwan History* (Taipei: Taiwan History Field Research Office, 1992), pp. 167-193.

次為前堆和右堆，中堆和左堆則數量較少。如果熟悉當地的族譜，也會發現另外一些未標明屬嘗會的姓名，實際上也是多代以前的祖先（這類例子頗多，下文還會提到的李火德、劉永通，便是其中的兩個）。

天后宮的捐題碑記中，也出現「某姓堂」或「某家祖堂」的記載，顯示出已經有不少姓氏建立了拜祭祖先的場所。如嘉慶 8 年的碑文中，後堆內埔境內的老東勢莊為，捐題者即包括了「涂家祖堂」、「廖宗祖堂」、「鍾家祠堂」、「劉姓堂」、「李姓堂」及「曾姓堂」等。[31] 此類的堂或祖堂，主要集中在後堆、先鋒堆的大莊下。老東勢莊的鍾氏，是其中唯一自稱為「祠堂」者，但其建築及規制如何並不清楚，猜測與他姓祖堂的規制和功能亦無太大的分別。

若從六堆地區現存的祠堂回溯，會發現早期宗祠與嘗會的發展之間，亦存在密不可分的關係。現在該地區所見到的祠堂，多是 20 世紀之後改建的。明確可知建於清代的三座宗祠，同樣分佈在後堆和先鋒堆的大莊內，並均與嘗會的發展有關。以同治 3 年（1864 年）開始創建的萬巒五溝水劉氏宗祠為例，據 1999 年由該氏樹立在宗祠前的碑刻稱：

> 本宗祠系劉氏祖先來自廣東省嘉應州鎮平縣招福鄉八輪車戶之客家人。……由愛塘派下應爵、應瑞及廣玉公聯合北塘派下振辛公等，為後裔子孫繁榮促進團結，追念祖先及祭祀，以 142 代始世祖奇川公及 147 代六世祖積書公為名，於同治三年（公元 1864 年）11 月 1日共創建本宗祠。宗祠位於屏東縣萬巒鄉五溝村西盛路，佔地一甲一分二五八，其建築以宗祠門樓為中心，南北兩側相對稱而建，祖

---

31 〈建造天后宮碑記〉，收於臺灣銀行經濟研究室編，《臺灣南部碑文集成》，甲、記（中），頁 164-178。

堂前堂三間，後廳五間，左房十間，右房十間，共計二十八間房之
三合院。係古色古香之建築，是一座雄偉壯麗宗祠。[32]

　　這座建築在清代剛建立時規制可能要簡陋得多，日治中期重修後才具備今
日的規模，「宗祠」的稱呼可能也是日治時期才冠上去的。文中也提到劉氏來
到該地，是遲至乾隆後期的事，從倡修者屬於不同的「派」也可以看出，他們
也需要建立拜祭遠祖的公嘗，作為統合同姓投資者的機制。其祖先達140餘代，
是追溯到上古世系的緣故。如果換算成廣東開基的世系，奇川公即廣東開基始
祖，積書公為六世祖。該地的劉氏之所以能夠共同興建宗祠，背後便是拜祭這
兩位祖先之嘗會的作用。在今天的宗祠內，也可以見到「津斂奇川公嘗列祖考
之神位」、「津斂積書公嘗列祖考之神位」，兩旁分別書寫十幾位至幾十位祖
先的名字，代表的是當初的股東名單。

　　1895年臺灣成為日本第一個殖民地後，六堆的軍事功能土崩瓦解。不過
令人驚異的是，儘管殖民者推動的土地改革，以及教育、經濟及法律變革一波
波襲來，六堆地區的嘗會卻在殖民地的環境下持續發展，祠堂、族譜等文化手
段也在六堆地方社會內日益興起。

## 四、殖民地下的文化創造

　　日治初期由殖民政府所進行的全島土地調查中，第一次用數字揭示了臺灣
南部六堆內部分地區嘗會、共業（多人共同持有產業）比率之高，讓日人也頗
感驚訝。[33] 日治上半葉的土地改革，則取消了清代以來一田多主的土地格局，

---

32 〈劉氏宗祠簡介〉（屏東：劉氏宗祠前，1999）。

33 臨時臺灣土地調查局編，《臺灣土地慣行一斑》（臺北：南天書局，1998；1905年

六堆不少嘗會的大租戶階層被取消了，實際上鞏固了包括嘗會在內的六堆人士的土地所有權。同時，政權轉移初期發生的軍事衝突，並沒有徹底破壞六堆領袖和殖民政府的關係，不少士紳更因和殖民政府的合作而獲得利益。此外，從六堆地方社會米穀市場的轉變也可以看出，它已經被成功地轉入到以島內及日本為核心的經濟圈，超出客家人範圍的現代投資機制和活動也日益增多。

在這一背景下，六堆部分有實力的家庭和宗族，也開始清拆原本茅草或泥瓦結構的房屋，興建更堅固耐用的祖堂。前堆地區的邱氏便是在這一時期，開始興建所謂的「祠堂」的。根據其嘗會帳簿 1912 年初清算時的紀錄：

（仁生份）又除往下面議祠堂車費食費共金 13.21 元；……又除建築祠堂去金 200 元；
（順溶份）又除建築祠堂去金 200 元。[34]

可以看出 1911 年邱氏總計花費了 400 餘元修建祠堂，次年結算時又再支出建築祠堂費 350 元。這也就意味著在 1911 至 1912 年間，這一家族曾斥資 750 元興建祠堂，這並不是一筆小數目。[35] 不同的「份」，可能表示這一嘗會實際

---

原刊），第 3 編，頁 41。不過嘗會在其中佔了多大的比重，土地登記的數字並不一定可靠。根據孔麥隆對右堆美濃地區情況的研究，嘗會雖然多被日人歸類為「祭祀公業」，但也可能出現在不同村用不同名義登記，以及很多重複名稱記載的情況，部分土地也有可能用共同管理人的名義登記。因此僅憑數字無法顯示出其發達的全貌。Myron L. Cohen, "Minong's Corporations, Religion, Economy and Local Culture in 18th and 19th Century Taiwan," p. 233. 登記為共有的例子如美濃竹頭角（今廣興村）的傅文興嘗，便有房屋、土地登記在派下幾人為共業；〈規約〉（1915），收於猶他家譜中心藏，〈傅家祖嘗簿〉，微捲號 1418978，美濃 76。

34 中央研究院臺灣史研究所檔案館藏，〈始二世祖嘗簿〉（1764-1954）。

35 該家族帳簿並沒有列出穀價情況，不過根據當時後堆的數據，當時一石米的價格浮動當在 1.3-3.1 元之間。猶他家譜中心藏，〈光緒戊戌歲（1898）三月立庭政始祖祭典簿〉，微捲號 1418840，內埔 21。

上是分成幾個分公司進行管理。當時紀錄中並沒有說明這座祠堂的位置，不過因為該嘗的大部分土地都分布在地理位置偏北的右堆美濃境內，不少耕種的人也都居住在美濃。因此「往下面議祠堂」，即應是指前堆長治。雖然長治邱氏派下的邱鳳揚曾在1895年抗日時擔任六堆大總理，受到日軍鎮壓，但殖民者為了管理地方社會，仍需仰賴邱氏的力量。日治時期的大部分時間裡，便是他們掌權麟洛區庄（管轄範圍相當於今長治、麟洛二鄉）地方行政之權，初期擔任區庄長多年的邱維藩，以及當時的區庄長邱瑞河，均是四房智山派下。[36]

　　殖民體系下尋祖地、修族譜的活動，日治上半葉也出現在六堆地區最顯赫的士紳家庭，背後則是嘗會雄厚財力的支撐。後堆內埔的劉金安，便是日治上半葉最顯赫的士紳之一，在日軍抵達南部之初便曾採取積極合作的態度，後被任命為保甲局長。[37]他所管理的劉永通（鳳嶺開基一世祖）祖公嘗，在日治中葉1919年的調查中，為臺灣財產最多的祖公會。[38]1914年，該嘗資助梅縣師範學校的畢業生劉海霖，修成了《重修鳳嶺劉氏族譜》。根據當時任梅縣縣議會議員的劉吉軒1914年撰寫的序言：

> 庚戌（1910）之秋，有綉蓀叔及發興姪，寓臺南董理族中嘗會，曾致信于余曰，有三件事為家鄉之重大關鍵者，維[為]何？一曰祖祠，一曰學校，一曰族譜，如次第為之嘗款不足，私款負擔亦極所願。迨三者告成，則吾等之願足矣。今日祖祠與學校，予等既聞命而合

---

36 〈火燒莊抗日參謀邱維藩傳略〉，收於屏東縣邱氏宗親會編，《十五世來臺祖邱永鎬公派下族譜》，未編頁；臺灣日日新報社編，《臺灣總督府文官職員錄・明治44年版》（臺北：編者，1911），頁372。

37 鷹取田一郎編，《臺灣列紳傳》（臺北：臺灣總督府，1916），頁334-335。

38 丸井圭治郎，《臺灣宗教調查報告書》（臺北：捷幼出版社，1993；1919年原刊），頁91。

　　併建築，且將告竣矣，客載又致信于余而勉之曰三大件事，既由姪
　　等不辭其責而成二，惟此族譜一件，豈可任其闕如乎？需款若干，
　　在臺嘗內擔任，殷殷詳囑，一再勸勉，予等奉命之餘，又不敢不勉
　　盡義務，以成其篤至親、聯疏遠之意。[39]

　　文中的「綉蓀」，即管理人劉金安的字。他們與梅縣的劉姓建立關係，淵
源要追溯到清末來臺教書的一位廣東省鳳嶺縣秀才，因其之故，臺灣內埔的劉
姓遂在該地設立獎學機構，劉海霖等人或許也從中受惠。[40] 雖然還是由原籍人
士編寫，但是很清楚從經費到過程，都是臺灣六堆人士在主導，並將臺灣的世
系情況寄回廣東，再由當地人調查當地情況，然後連入同一個譜系。可以說，
這是臺灣殖民下最有勢力的家族，利用編族譜重新創造其身分來源的努力。
　　而後堆、先鋒堆等地林氏這一時期參與的宗族建構活動，則鮮明地體現了
殖民地下臺灣一體化後的社會變化。1916 年的《臺灣日日新報》，曾經在「詩
壇」欄登載了後堆內埔人林朝宗的幾首漢文詩，詩前面一段簡單的說明，引起
了我們的注意：

　　今度北上祭祖，與秀賢、禎祥、連春、河秀諸竹林同伴。途次大安
　　溪驛，炳榮侄云，如此好景，當作詩誌之，予即景口占。[41]

---

39 劉吉軒，〈重修鳳嶺劉氏族譜序〉，收於劉海霖編，《梅縣鳳嶺鄉劉氏族譜》（梅縣：
　　編者刊行，1914），頁 3。

40 劉植庭是嘉應州白渡堡鳳嶺人，在內埔曾另娶鍾氏，並生二子，日治初期仍在二地
　　間走動。因為他的關係，據族譜記載，「村中從前未有義學會，公往臺後，即與綉
　　蓀翁等倡成其事，其為後學之意深而且遠。」劉海霖，《梅縣鳳嶺鄉劉氏族譜》，
　　頁 69；劉兼善，〈自傳略〉，收於鍾壬壽，《六堆客家鄉土誌》，頁 676、681。

41 《臺灣日日新報》，大正 5 年 2 月 10 日，第 6 版。

　　文中提到的人名，均是後堆內埔、先鋒堆萬巒地區的林姓士紳，「驛」則是指火車站，可以看出他們是搭乘現代的交通工具，由南部北上臺北。這一時期引人注目的變化之一，便是南北縱貫鐵路等新型交通工具的興建，臺灣殖民地島內南北交通與經濟交流的發展，北部和南部開始形成同一個市場圈，這在清代是難以想像的。[42]

　　然而更重要的，是因為他們的目的是「北上祭祖」。清代六堆人士通常都是回大陸廣東地區祭祖，甚至回原籍修墳建祠。就臺灣漢人開發史而言，臺灣六堆地區的開發較早，而北部較遲，北上祭祖似乎也有悖常理。林朝宗的詩沒有明確告訴我們所祭之祖是誰，題目卻透露了此行的目的是「祝問漁宗兄令堂榮壽」。這位林問漁與他們的「北上祭祖」有什麼關係呢？還需要其他資料的佐證。著名的《臺灣通史》作者在文集中曾載：

> 新竹林問漁茂才謂其始祖葬於觀音山麓，旁有一石，刻「明鳳山卜擇」五宇。鳳山為當時擇地之人。蓋其始祖三光以永曆間來臺，居於承天府治，數遷乃至竹塹。是此墳可為臺北最古之墓。[43]

　　頗富民族思想的連橫，將林問漁祖先墓與明代遺跡聯繫起來的真偽姑且不論，將幾段材料聯繫起來，就可以推斷出這些人北上祭祖，祭祀的乃是新竹林氏相信的明代遷臺祖，與南部林氏拜祭的宋代以及明初祖先沒有關係。這一方面顯示了島內連接關係的加強，也顯示了新興政治中心臺北士紳分量的增加。林問漁即林知義，是新竹著名士紳林占梅的侄兒，當時為臺北新莊地區的區庄

---

42 吳密察，〈臺灣史的成立及其課題〉，《當代》100（1994 年 8 月），頁 82。

43 連橫，《雅堂文集・四卷》（臺北：臺灣銀行經濟研究室，文叢第 208 種，1964），卷三・筆記：臺灣史跡志——林氏祖墳，頁 224。

長，紳章授佩者，比林朝宗年長一歲。[44] 他們的交集，很可能是北臺灣著名的詩社組織——瀛社。該社成立於 1919 年，初期由《臺灣日日新報》漢文部記者創設，是日治時期臺灣漢人三大詩社之一。可能正是透過該社的聯絡，也建立起臺灣南北林氏的關係。

　　然而，為何會出現「北上祭祖」這一舉動呢？在清代，六堆林士均是回中國的原籍廣東省蕉嶺縣金沙鄉祭祖，甚至修墳建祠。林連福祖籍福建漳州，而林知義原籍泉州，是講閩南話的人，祖先源流追溯和他們完全不同，六堆林氏會北上祭祖似乎有悖常理。不過追溯下去便會發現，他們參與的乃是臺北「林姓祖廟」的祭典活動。這座祖廟的早期歷史並不清楚，不過日本人入城之時，此祠的確已經存在，並因臺灣總督府的興建，而在 1911 年清拆遷移至板橋林本源家族所有的土地上。在 20 世紀初重修之後，我們便看到其祠堂名稱便題為「全臺林姓祖廟」。廟中拜祭上古商朝比干（據說其子被賜姓林）以降的歷代林氏祖先，而其聯絡範圍是以整個臺灣殖民地為範圍，全臺有勢力的林姓士紳，包括板橋林家、臺北（新竹）的林知義、中部霧峰林家等，從而在城市建立起跨地域的同姓士紳聯盟。[45] 林朝宗至少在 1916 年便參與了這一祖廟的祭祀和管理活動；[46] 而筆者在田野調查中也發現，先鋒堆萬巒林氏的多位祖先牌位，直到今天仍然祭祀在該廟之中。

　　雖然島內的聯絡日見強化，但直到日治後期，透過族譜編修強化或重新找回與原籍的聯繫，仍是六堆地方社會的主流。日治中後期，在近代以公共機構

---

44 〈大觀社役員議引繼幼稚園及整理善後〉，《漢文臺灣日日新報》，1931 年 3 月 2 日，第 8 版；〈板橋街保正期滿改選〉，《臺灣日日新報》，1936 年 12 月 5 日，第 8 版；鷹取田一郎編，《臺灣列紳傳》，頁 36。

45 財團法人全國林姓宗廟編，《財團法人全國林姓宗廟整建紀念特刊》（臺北：財團法人全國林姓宗廟，2009），頁 4。

46 〈林姓祭祖狀況〉，《臺灣日日新報》，1916 年 1 月 14 日，第 6 版。

權能和財產擴張的同時，六堆地區的經濟模式也在發生很大轉變。該地一向以稻米生產為主，在這一時期開始大量轉種以出口為主的香蕉，整體經濟實力也因此提升，各種投資活動頗為活躍。隨着兩岸經濟和人員往來日益頻繁，當時不少地方人士有回鄉抄譜的活動，先鋒堆萬巒林氏的《蕉嶺臺灣五全林氏族譜》，無疑是其中規模最為浩大者。[47]

　　林氏家族的悠久和繁盛，並不是六堆其它家族可以比擬的。如同乾隆年間的修譜活動，此次修譜仍然連貫了大陸原籍和臺灣後裔，主要在乾隆年間譜系基礎上，參考其它譜系並調查二十世以後的世系，原籍林氏的老輩便稱當時曾派人往臺灣收集資料。[48] 不過，故事也許是倒過來的，日治時期的修譜活動，臺灣的後裔才是主導。此次族譜修譜活動進行了 5 年，1930 年由萬巒人林富崙編輯，1931 年在該地刊行。林富崙的父親曾擔任萬巒區、庄長達 10 年，他本人曾在公學校任教，當時擔任庄協議會員並涉足香蕉出口生意。族譜中並沒有直接說明刊刻的經費來源，但是不難想像，富庶的嘗會組織支持了整個活動。

　　隨著日治中後期地方經濟的迅速發展，六堆地方社會的信仰與拜祭活動也獲得了蓬勃的發展，不少祠堂、廟宇在這一時期興建起來。據研究者統計，六堆地區總共有 21 座祠堂（包括一座六堆人建在屏東市者），約有一半都是在日治後期興建或改建，尤其以開發較早、位居中心的後堆內埔、先鋒堆萬巒地區為盛。它們也無一例外均有嘗會背景，大部分拜祭的是廣東或福建的開基祖，少部分拜祭來臺的祖先。[49] 其中 1928 年始建、1933 年落成的宗聖公祠，

---

47 它與原譜雖然同在五全的名號之下，其實清前期的移民，與日治時期的居民已有很大不同，故而出現諸多康雍時期的人無法追下來的情況。

48 林清水，〈粵東蕉嶺縣新鋪鎮上南村民俗調查〉，收於房學嘉主編，《梅州地區的廟會與宗族》（香港：國際客家學會，1996），頁 80-81。

是六堆地方人士興建的最為宏偉的祠堂之一。據其派下子孫之一、中堆竹田的
曾勤華回憶：

> 曾氏宗祠，在昭和 3 年 12 月 2 日（農曆）自鳩工興建，至竣工之日
> 止，足足五年才完成。建築費達七萬餘日幣（值臺幣三百多萬元）
> 奉祀曾參公為主體，次及各世代祖宗，祖位陞座大典，其規模之大，
> 冠於全（臺灣）省，為一時之盛。
> 建築經費之來源，係由始祖裕振公嘗業、及三世祖啟滄公嘗業之所
> 有租穀，每期半數分股紅利，其餘半數則為建祠經費。[50]

　　這一祠堂的建設，顯然為曾氏帶來了它姓所無法比擬的榮耀。筆者幾年前
也曾其後裔協助下到訪過該祠堂，當時尚未經歷後來的整體重修過程，但從建
築外觀和整體結構上，仍不難看出昔日的氣派。尤其大門採用當時流行的巴洛
克式風格，門樓上還臥著兩座雄偉的獅子。同時，它也代表了另外一種宗族發
展的趨勢：向市街地區邁進。建築地點並非選在曾氏集中的中、後堆地區，而
是建在六堆之外的屏東市，設有客房，可供來屏東讀書的子弟住宿。同時它主
奉孔子的弟子曾參公，背後也顯示了囊括更大範圍曾姓的意圖。

　　雖然這一時期的宗族建構活動，在各堆都可以找到例子，但是並不代表其
下的社區都是均質的。巴博德著作中提到的左堆新埤打鐵村便很不一樣，日治
時期它在清末禁山會的基礎上，發展出了一個以全體村民為單位的公司，其領
袖包括村內的不同姓氏，這在整個六堆而言也是一相當特別的例子。[51] 儘管部

---

49 劉秀美，《日治時期六堆客家祠堂建築之研究》，頁 1-4、1-5。
50 曾勤華，《回憶錄》（屏東：著者刊行，1978），頁 65。
51 Burton Pasternak, *Kinship & Community in Two Chinese Villages*, pp.100-101.

分新埤地方人士，實際上也參與了曾氏宗祠建設或林氏族譜編修的活動。

## 五、從家族到國家

　　日治大部分時期對於地方家族禮儀相對寬鬆的氣氛，在中日戰爭時期（1937-1945）發生了變化。日益高漲的去中化氣氛，也影響了六堆鄉村社會。在田野調查中，筆者曾在右堆美濃地區見過這樣一面有關祖先牌位的紀錄，其內容分左右兩欄，上分別書「皇民化高曾祖考劉公全神位」、「皇民化高曾祖妣劉媽全神位」，內側還有兩行小字記錄設立者和時間，「男孫萬代奉記」、「昭和13年設」。[52]

　　家庭的拜祭，如此直接地和一個特殊時期的國家政策聯繫在一起，可謂少見。1937年中日戰爭爆發後，臺灣也進入國民總動員的狀態，殖民政府各項政策與意識形態的宣傳，試圖將臺灣住民改造成合格的日本帝國「國民」，以適應戰爭局勢下徵兵、稅收等需要，這段時期通常被學者稱為「皇民化時期」。這一變革也被延伸到了臺灣家庭裡祖先的拜祭禮儀上，當年11月，總督府主導的臺灣神職會便頒布規定要求臺灣居民改善家庭的正廳，除了加入日本神道信仰的符號外，也要將祖先祭祀「皇民化」，規定第一代歸化的臺灣人，被稱為「皇民始祖」，供奉在靈位箱內。[53]這一政策在地方社會的推行情況，我們沒有一個整體的畫面，但是右堆這塊牌位，卻透露出它確曾經影響到六堆鄉村社會的家庭。

---

52 筆者並未見到牌位本身，感謝蕭盛和先生提供它的照片資料。

53 蔡錦堂，〈日據末期臺灣人宗教信仰之變遷：以「家庭正廳改善運動」為中心〉，《史聯雜誌》19（1991年12月），頁41。

　　在戰爭後期一切以增產為中心的形勢下，一向以低廉租金出租給派下耕種的祭祀公業，也再次受到殖民政府的質疑，不少都感受到解散的壓力，也的確有一些嘗會拍賣財產宣告解散，雖然其規模還頗難估量。不過，六堆地區有幾個大的嘗會，卻大張旗鼓地在此時改組為股份公司，並出資編修族譜，與整個外部環境形成了鮮明的對比。

　　嘗會法人化的變革並不是皇民化時期的發明，其源頭可以追溯到日治中期的內地延長政策實施之後。由於 1923 年起日本民法施行於臺灣，祭祀公業雖然依照慣習繼續存在，但需視為法人。[54] 也就是說，要像公司一樣，有法律上的權利與義務，明確的股權分配、辦公場所等。在臺灣總督府及地方行政機構的努力之下，部分地區的嘗會遂逐漸向合作社或公司的形式轉變。不過在六堆地區，能夠革新管理辦法，設置管理委員會並聘任理監事協同管理的，也只有後堆內埔的鍾氏、中堆竹田等地的張氏、李氏等。對於大部分嘗會來說，要實現這一變革並非易事。先鋒堆萬巒人鍾壬壽的回憶，展示了這一困境。他在戰後編修的方志中稱：

> 筆者等認為祭祀公業設立的美意善舉，必須維護保存，但需適合現代法規才能順利存續，甚或可加發展，乃主張改組為「土地利用合作社」，可惜當局不准。以後又有人主張改組為「株式會社（股份公司）」，但又得不到派下全員同意，兩者俱歸畫餅了。[55]

---

54 臺灣總督府編，《臺灣法令輯覽》（東京：帝國地方行政學會，1921），第 9 輯：法務，頁 3。

55 鍾壬壽，《六堆客家鄉土誌》，頁 268、271。

　　日治後期，他接替父親擔任鍾德重公嘗的管理人，受到當時法律變革的影響，加之身在合作社及公司的經驗，也試圖利用之對自己所處的嘗會進行改革，不過都無疾而終。困難之一，便在於要取得派下人員的同意。對於股份制的嘗會而言，弄清楚所有的派下人員情況，本身就是一個大工程。

　　那麼，在這一時期成功實現變革的嘗會背後，又體現了當時怎樣的社會變化呢？後堆內埔李氏是當時少數改創為公司者，其寫於 1942 年的「族譜」序言稱：

> 宋代時我火德公世居閩杭，尊為始祖，及至八世景真祖移居廣東蕉
> 嶺滸竹村開基，至十三世莘野祖生德志、恩榮，承繼大業，聚處開
> 宗，啟戶楓林，傳至十八九世子孫蕃衍，謀生外出，遷移臺灣南北
> 二路，開疆拓土，年深日久，遂散處四處，各安家業。茲逢火德祖
> 嘗會順應潮流，創成李火德興業株式會社之機，專務耀堂弟執施其
> 事，查尋各房派下，綴就楓林戶系統分配四房宗族。[56]

　　李火德祖嘗規模頗大，派下成員主要分布在六堆中間的前、後、中、先鋒堆，亦廣及外圍的左堆及右堆各地。約在 1940 年，這一嘗會加快了法人化改革的步伐，「順應潮流」改組為李火德興業股份公司。所謂「楓林戶」，只是李火德祖嘗裡面的一個支派，它在十三世的祖先莘野的名義下，將不同的房派統合在一起。在形式上它和族譜沒有什麼差別，編排上按照世系房份連下來，形成一個系統。但是，它的目的從上面的引文中也可以看出來，是在由祭祀公業轉變成法人的契機之下，調查派下成員而成的，實際上是一個在嘗會中有份

---

56 猶他家譜中心藏，〈楓林戶系統（昭和 17 年，1942）〉，微捲號 1418713，內埔 7。

者的集合體。在之前，會份名可能上百年未曾變過，背後是何人領取收益外人並不清楚；而此時成為法人化公司必須具備的清晰股東名冊，從而讓政府真正掌握到了每個實際的個人，這也是其出資調查派下人員情況，編成族譜的原因。負責其事的「專務耀堂」，中堆竹田人，曾經擔任庄內的公學校教師及書記多年。[57]

可以看出，在戰爭的背景下，赴大陸尋找文化正統性的活動也被迫中止，轉而需要尋求臺灣社會內的整合。六堆地區的嘗會實際上是在已經變化了的社會背景下，進行著新興的變革。他們已經不再委託大陸的原籍人士代為修譜，而是自己操刀，將真正切身相關的、臺灣在地移民連入同一個譜系。不過也正由於這些形式的具備，使得依托祭祀公業這一財產機構的鬆散同姓成員，或後來發展出的家族組織，真正構築起了「想像的共同體」。

戰後中華民國政府（以下簡稱「國府」）接收臺灣後的最初幾年，六堆地區嘗會的日子同樣並不好過。由於國府在臺灣實施了名為三七五減租（即地租不能超過收穫物的 37.5%）及耕者有其田的土地改革，地方社會的地主階層——包括發達的嘗會組織也受到很大影響。雖然缺乏具體的統計數字，但有資料顯示全臺嘗會較之日治後期的皇民化運動時期，更為減少。[58] 有的嘗會還要應付政府的種種糧食政策，忙於恢復生產及進行各項投資；有的嘗會則乾脆將領得的股票債券全部用於宗祠的興建。[59]

---

57 《高雄州下官民職員錄》（高雄：高雄ニイタカ社，1938-1940）；〈屏東縣竹田國小史志〉（屏東：竹田國小未刊本，2003），未編頁。

58 司法行政部，《臺灣民事習慣調查報告》（臺北：司法行政出版社，1979），頁669-670、771-772。

59 猶他家譜中心藏，〈祭祀公業張萬三公嘗紀要（1976）〉，微捲號 1418846，竹田47。

　　不過，戰後的環境也提供了兩種相互聯繫的社會機制，使得六堆地方社會的宗族建構不但並未中斷，反而日漸興盛。其一，便是地方選舉的興起，作為地方動員機制之一的宗族，便受到不少人士青睞。由於 1950 年代以來地方自治的實施，地方社會各種調動政治資源的組織業經歷了重組的過程，家族組織也逐漸整合為支持這一自治體制的一環。中堆竹田人曾勤華，1950 年當選第一屆屏東縣議員，在此之前他曾擔任曾裕振土地股份有限公司下碾米廠的經理，在回憶錄中，他詳述了曾氏族人曾支持他參選：

　　我四十歲那年，在裕振公司董事席上，宗叔貴德董事發言，他說：
　　「縣治施行在即，不久將選舉縣議員，我們宗親散居選區內為數不
　　少，如支持勤華出馬競選，當選絕無問題，只是我們宗族是否團結，
　　如果大家一心一德，股東宗族合作，則曾姓出一名議員，當選極其
　　容易，於我見解，不妨試試看，相信當選才對。」[60]

　　支持者顯然出於公司利益的考慮，不過他們也明白這一公司未必有統合全體曾姓人的力量，因此強調「宗族是否團結」。結果在選舉之時，曾勤華馬上就面對了宗親們並不團結合作的局面，「族人中竟有三人候選」，不過，他最終當選，仍然仰賴部分曾姓族人的支持。在這一背景下，當時臺灣社會宗親會開始悄然出現，便不難明白其背後的政治含義了。

　　其二則是為了華僑事務的需要。1949 年底至 1950 年以後，整個國府架構疊加在臺灣之上，臺灣地方社會也成為聯繫整個華人世界、爭奪影響力的基地，這一需求隨國內國際形勢的變化而不斷加劇。這也使得曾被國府視為落

---

60 曾勤華，《回憶錄》，頁 124-125。

後、封建的宗族組織，轉變為將地方社會整合進民族國家的單位。1953 年初，總統蔣介石曾提出臺灣要推行「敦親睦族」的社會運動，雖然並沒有明確鼓勵建立宗親會等組織，卻成為全臺宗親會組織日益活躍的藉口。[61] 不但成為展示地方大姓實力與政治目的的手段，也是與國府高級官員名流們、旅居世界各地的「僑胞」們建立關係的方式。1956 年臺灣東部花蓮的報紙曾登載了一篇短評，這樣道：

> 中國社會還未完全脫離「宗法」的窠臼，家族的觀念往往會表現得比國族的觀念堅強；有堅強的家族觀念並非不對，但國族觀念絕對不容弱於家族觀念；因此，我們認為「宗親會」的組織，應該要採取廣義的、而不能滲雜絲毫偏狹的意圖。[62]

這篇短評的作者不詳，但立場很清楚，就是國族觀念遠遠高於家族觀念，「宗親會」組織也要為大的國族建設服務，而不是畫地為牢，固步自封。這一批評也從一個側面反映出了當時臺灣宗親會的現狀。

建立宗親會的活動，在六堆地區至少不如想像的活躍，很有可能是由於地方社會已經存在以嘗會為基礎的宗族連接機制，地方層級的選舉活動中已經足夠發揮動員的力量。同時，宗親的支持之外，更需要依賴日治以來透過城市教育、工作、從商等經營起來的人際網絡。不過從 1960 年代開始，我們也可以在地方族譜中，找到六堆地區家族參與此類活動的證據。如左堆佳冬的賴家

---

61 〈總統（42 年）元旦告全國軍民同胞書〉，《總統府公報》380（1953 年 1 月 6 日），頁 1。

62 〈宗親會的意義〉，《更生報》，民國 45 年 6 月 20 日，第 4 版。

村，清代設有貴賢、顏祖妣兩嘗，在戰後 1962 年的兩嘗聯合委員會會議紀錄中記載：

> 臺中賴姓宗親會，現在經政府核准發行月刊《松陽族訊》，兩嘗出
> 資購買一年份。每嘗訂 14 部，共 28 部，分送各委員。[63]

　　早在 1950 年，臺中地區的賴姓宗親會便開始在報紙上刊登啓事召集會員，也顯示出該地賴姓頗具實力。同樣，它也在地方社會的政治上具有一席之地，1957 年，臺中市的賴榮木當選省議員，報紙上登載了賴姓宗親會的賀電；他也是 1950 年的發起人之一。[64] 這個宗親會的中心顯然在臺中，而不在六堆。六堆地區的賴氏何時與他們建立關係，是否加入該宗親會，我們並不清楚，由於該地居民幾乎全為賴姓，可能也正是因為這樣，才更易引起中部同姓人士的注意，背後很可能更早便有人員的交流。但從這個時候訂閱該會發行的月刊來看，至少六堆地區的賴氏對其活動表示認同。1963 年，左堆佳冬的賴氏又有了新的舉動。該嘗會議紀錄中又出現如下記載：

> 宗長恩繩發起人，關於今次曾申請屏東縣政府組織賴姓宗親會乙
> 案，祈各貴賢公派下會份及賴顏祖妣派下會份人等每人一份，參加
> 一份，請公決案。議決：每一會份後裔眾多，不能向何一人參加，
> 難以照辦。請各宗長願意參加者爲適當。[65]

---

63 猶他家譜中心藏，〈賴姓宗祠派下關係委員會議事錄（佳冬鄉賴家村，1951-1984）〉，微捲號 1411050，佳冬 8。

64 〈臺灣省中部賴姓宗親會徵求會員啟事〉，《民聲日報》，民國 39 年 4 月 12 日，第 5 版；〈人以姓為榮賴榮木當選省議員中部賴姓無限光榮〉，《中國日報》，民國 46 年 4 月 26 日，第 2 版。

地方的賴姓如此積極，可能也與地方選舉政治的發展有關，只是我們目前還缺乏更多的資料佐證。可以看出，這裡是兩種不同的宗親會組織辦法，該族宗長提倡的還是傳統的嘗會會份的攤派，那麼在決議上很可能就還是按照這二嘗會的利益分配關係；決議的辦法則不同，派下成員願意參加者均可加入，那麼在議事上，人數的多寡便更為實際和重要了。原則變化的背後，可能反映的是同一家族內不同派別的地位之爭，更可能是地方社會的政治權力之爭。

## 六、客家歷史記憶的塑造

戰後國家理論的改變，使得臺灣地方社會的人從一個多民族的大日本帝國的臣民，變成了民族國家下的成員。在這一政治環境轉變的背景下，臺灣地方客語人士也漸演變成中華民族系統之內的「客家民族」，從而在文化與血統上都與中原漢人建立了密切關係。地方社會在日治時期發展起來的祠堂、族譜等文化符號，便成為有興趣重塑歷史記憶的客家知識分子可資利用的資源。

在臺灣南部地區，屏東縣（行政上包括了六堆地區大部分鄉鎮）文獻委員會從 1953 年開始正式運作至 1960 年，大陸回臺的六堆客語知識分子鍾桂蘭擔任了主持工作，以致志書中處處流露出對該地歷史敘述的「客家中心主義」。該志卷二‧人民志氏族篇稱：

> 漢族中之「客族」，普通稱為「客家」，實為本縣移墾最早者，早經國內外專家學者之考據謂其名為客家者，顧名思義，「以客為家」。據國史及各姓氏族譜之記載，藉以知客家先民從古居住北方

---

65 猶他家譜中心藏，〈賴姓宗祠派下關係委員會議事錄（佳冬鄉賴家村，1951-1984）〉，微捲號 1411050，佳冬 8。

陝西、山西、河北、山東、河南等者 [ 省 ]。溯自東晉至隋唐以後，
慘遭外族踩躪避亂南遷，現居華南七省及臺灣等地之客家人是也。
當時號曰「渡江」又曰「衣冠避難」。[66]

　　客家人也被描述為該地最早的拓墾者，由此將臺灣的經驗嵌入到大陸羅香
林範式的客家論述，成為突顯臺灣六堆這一鄉村社會的「客家人」，在歷史悠
久、文化優越上，與羅香林所敘客家人一脈相傳的關係。

　　建構臺灣「客家人」悠遠歷史的最重要證據之一，便是文字的系譜。著者
根據中國古典文獻、各地族譜及戶籍資料等，詳細列舉了屏東縣的各姓氏源
流、播遷、入臺、入屏的歷史。這是當時方志通行的寫作方法，其理據在於從
姓氏可以推及血統，從而與作為中華民族骨幹的黃帝子孫聯繫起來。[67] 羅香林
對於「客家民系」如何形成的研究，也建立在族譜基礎上。[68] 早在 1930 年冬，
羅香林便「嘗於廣東各地報章，刊載關於徵求客家史料之啟事。謂客家史料之
編纂，當以客家各氏譜乘所載其上世遷徙源流，與其族裔支分布，為主要部
分。」[69] 戰後他由大陸遷居香港，這一工作仍在繼續。1965 年由香港中國學
社出版了《客家史料匯編》，收入其歷年收集的廣東、香港、臺灣等地 40 餘
姓族譜。

---

66 鍾桂蘭、古福祥纂修，《屏東縣志》（臺北：成文出版社，1983），卷二•人民志，
　　頁 796。
67 廖漢臣纂修，《臺灣省通志稿》（臺北：臺灣省文獻委員會，1960），卷二•人民志
　　氏族篇，頁 14-187；引文見頁 187。
68 羅香林，《客家研究導論》（興寧：希山書藏，1933），序言。
69 羅香林，〈序篇：客家譜乘之蒐集及其意義〉，收於羅香林編，《客家史料匯編》（香
　　港：中國學社，1965），頁 3。

　　羅香林並未到過六堆，卻透過與客語人士的關係，將六堆放入了其客家歷史敘述。其中六堆地區的《屏東清河百忍族譜》，便是經過友人，從僑港張氏宗親會的收藏中借來的。[70] 更引人注意的，是該書也收入了 1942 年由陸軍上將羅卓英及同鄉幕僚羅博平倡修的《大埔湖寮羅氏族譜》，這是 1961 年由在屏東縣任職的羅博平從其家中，抄錄遷臺各世系後寄給羅香林的。[71] 羅卓英也是客家人，二人雖然祖籍不同（羅香林是興寧人，羅卓英是大埔人），但名義上屬於同宗，在 1940 年代的廣東政壇關係便已經非同一般，羅卓英以軍人背景擔任省政府主席，學者兼官員的羅香林是他的政治助手和文史方面的顧問。[72] 二人 1950 年後雖然一在臺灣，一在香港，但一生關係維持不輟。

　　羅卓英與六堆客家人的關係可謂非比尋常。這位位高權重的軍方人物，協助地方人士重修了在日治後期曾破敗不堪的忠義亭，並透過他的關係，得到上至中華民國總統、五院院長，下至地方官員的題匾支持，同時改稱為六堆忠義祠。[73] 他撰寫的《六堆忠義祠史略》，便將效忠清政府的義民，納入民族國家話語下的先烈行列。在羅香林收錄的羅氏族譜之後，羅香林加了長達三頁的按語，其中便包括這篇文章。他更這樣描述羅卓英的祖先與六堆的關係：

> 按大埔湖寮羅氏，其遷居臺灣者，多分布於今日高雄與屏東等地。日治時代，此地區稱高雄州，轄屏東、潮州、東港、恆春等四郡。其潮州郡，操客家方言者，殆佔全人口五分之四。其餘各郡，操客語者亦

---

70 羅香林，《客家史料匯編》，頁 114。
71 羅卓英、羅博平編，《大埔湖寮羅氏族譜》（大埔：編者刊行，1942），頁 10。
72 程美寶，《地域文化與國家認同：清末以來「廣東文化」觀的形成》（北京：三聯書店，2006），頁 257-258。
73 〈六堆忠義祠舉行落成公祭大典由羅卓英將軍主持〉，《民聲日報》，民國 47 年 1 月 5 日，第 5 版。

彩。蓋其上世，皆自廣東福建諸客家籍人所遷出者。而此地區之客家
遷民，自清康熙末年，以至咸同之際，嘗屢以義民身分，平定地方變
亂，而於屏東西勢，結爲六堆團隊，歷著勳勞，其陣亡者，則建六堆
忠義祠祀之。雖其主要首領，乃另爲客籍中之李植三、侯觀德、涂文
煊、丘永月、劉庚甫、陳展裕、鍾沐純等，然其自湖寮遷出之羅氏族
人，亦多參與其役。觀上述湖寮羅氏族譜所載自第十四世至十九世，
辛于臺灣而失傳者，人數之眾，即可知其關係。[74]

　　從書中所錄的族譜來看，只列了遷臺灣的數代，但多失傳，既看不出遷居
地是高雄和屏東，更看不出曾為義民。文中著者也意識到義民首領中找不出羅
姓之人，然而仍堅稱「自湖寮遷出之羅氏族人，亦多參與其役」，顯然頗有附
會之意。由此透過羅香林的創造，羅卓英的宗族和六堆直接聯繫了起來，並納
入六堆義民的歷史。個人情感和國家話語及新的地方認同，在此處融合為一體。

## 七、結論

　　研究福建及廣東地方社會宗族建構的學者，曾用自上而下的「宗法倫理庶
民化」，或自下而上的地方社會大姓「士紳化」概念，來形容明清以降的社會
變遷。這些概念想要展示的，是宗法倫理在王朝建設、經濟發展、士紳階層興
起以及禮儀轉變的背景下，在地方社會普及的過程；同時也是地方社會人士利
用國家正統語言，實現其不同動機的過程。[75] 在臺灣，這一過程要遲得多。從

---

74 羅香林，《客家史料匯編》，頁 172-173。
75 鄭振滿，《明清福建家族組織與社會變遷》，頁 227-241；科大衛著、卜永堅譯，《皇
　帝和祖宗：華南的國家與宗族》（南京：江蘇人民出版社，2009），頁 162-176。

六堆地區的例子可以看出，從 18 世紀以降嘗會組織的興盛，到 19 世紀後期至 20 世紀前期的祠堂建設熱、再到 20 世紀廣泛出現族譜的編修，不但反映出在不同時期的地域社會建構，客家群體的歷史記憶也在這一過程中塑造出來。

在清代客家人移民臺灣的時期，宗族的觀念與社會組織已經在粵東地區出現；不過，它在臺灣社會的逐漸發酵，與臺灣社會特殊的發展進程有密不可分的關係。清帝國之下的地方社會，並沒有真正建立起里甲制度和完善的土地登記，武力色彩濃厚的「六堆」聯盟組織，成為地方社會最鮮明的特徵。然而，要解釋「六堆」聯盟內部的運行機制，便不能繞過跨地域的同姓聯盟發揮的作用。實際上，以真實或虛擬的宗族為基礎的嘗會組織，是六堆地方社會內部緊密結合的機制之一，這一點巴博德已經提醒過我們。它體現了清代客家人在土地投資和稻米貿易上的活躍，也是鄉民建構共同歷史記憶的基礎。對於很大一部分六堆地方人士來說，他們可能只在家庭內拜祭直系的父祖，卻對十幾代之前的祖先記憶猶新，因為這是直接和入股權及耕種權聯繫在一起的。地方有力的士紳可以藉嘗會吸納資本及擴大影響力，並透過參與禮儀拜祭活動確認六堆範圍內同族的存在。

進入日治時期以後，六堆軍事組織失去了實質的威懾力量，而演變成地域概念，地方士紳已經無法像在清王朝下一樣，依靠「忠義」概念表達和國家的關係。地方社會逐漸出現了一批受過日本殖民地教育的中產階層，他們往往掌握了地方的行政大權，也參與到各種新的投資機制中，但是仍然不會放棄對於嘗會的掌握，這不但是財富的來源，更是社會地位的象徵。近代的殖民政府在大部分時間內承認殖民地漢人文化上的差異性，也容忍他們從中國大陸尋找文化的正統性。代表漢人文化認同的族譜編修與祠堂建設，反而日益成為地方士紳彰顯自己在鄉村社會顯赫地位的方式，殖民地下的經濟發展則與這一活動相輔相成，島內一體化的禮儀日益彰顯。日治後期日益蓬勃的宗族建設活動背

後，嘗會組織的財力支持亦發揮了最為重要的作用。

　　中日戰爭爆發後的皇民化時期，國家對於宗族和家庭的規範才越來越強烈，地方社會和國家關係亦出現根本轉變。臺灣客家意識的建構，也與戰後政治形勢的轉變有關。在 20 世紀初大陸知識分子的「客家意識」建構中，族譜成為證明客家人中原漢人血統與遷徙過程的重要證據。更重要的是，它將特殊政治形勢下的不同人群，整合進民族國家的建構過程中。國府為了將臺灣建設成反共基地，也要強化在臺灣基層社會的基礎，同時爭取世界各地的「僑胞」的支持。在這一背景下，同鄉會、宗親會等組織便成為可資利用的資源。儘管臺灣地方社會人士的目的，可能是爭奪更多政治文化資源，彰顯本族的力量，在不同的政治計算之下，卻促成了宗族與國族之間的連接，族譜也成為連接臺灣內外不同政體的同姓者、臺灣社會內部新政治移民與舊土著的方式。客家人在關於廣東祖先的歷史記憶之上，便又疊加了關於中原移民的記憶，也成為客家觀念走入臺灣地方社會的途徑。

# 參考文獻

中央研究院臺灣史研究所檔案館藏,《祭祀公業文書檔案》,檔號:
　　T0551D0455-0001、T0551D0455-0002。

香港中文大學特藏室藏,清乾隆 3 年(1738)內府刊刻(雍正朝)《硃批諭旨》。

惟爵公祠理事會,〈重修白湖八世惟爵公祠記〉,廣東蕉嶺縣文福鎮白泥湖村
　　邱氏大夫第內,2017。

猶他家譜中心藏,〈光緒戊戌歲(1898)三月立庭政始祖祭典簿〉,微捲
　　號 1418840;〈祭祀公業張萬三公嘗紀要(1976)〉,微捲號 1418846;
　　〈楓林戶系統(昭和 17 年,1942)〉,微捲號 1418713;〈賴姓宗祠派
　　下關係委員會議事錄(佳冬鄉賴家村,1951-1984)〉,微捲號 1411050;
　　〈傳家祖嘗簿〉,微捲號 1418978;〈劉開七祭祀公業帳簿〉,微捲號
　　1418843。

〈人以姓為榮賴榮木當選省議員中部賴姓無限光榮〉,《中國日報》,民國
　　46 年 4 月 26 日,第 2 版。

〈大觀社役員議引繼幼稚園及整理善後〉,《漢文臺灣日日新報》,1931 年 3
　　月 2 日,第 8 版。

〈六堆忠義祠舉行落成公祭大典由羅卓英將軍主持〉,《民聲日報》,民國
　　47 年 1 月 5 日,第 5 版。

〈宗親會的意義〉,《更生報》,民國 45 年 6 月 20 日,第 4 版。

〈板橋街保正期滿改選〉,《臺灣日日新報》,1936 年 12 月 5 日,第 8 版

〈林姓祭祖狀況〉,《臺灣日日新報》,1916 年 1 月 14 日,第 6 版。

〈屏東縣竹田國小史志〉(屏東:竹田國小未刊本,2003)。

〈祖堂重建記〉(屏東:屏東縣邱氏祖堂內,1972)

〈臺灣省中部賴姓宗親會徵求會員啟事〉,《民聲日報》,民國 39 年 4 月 12 日,
　　第 5 版。

〈臺灣總督府公文類纂〉(南投:國史館臺灣文獻館)

〈劉氏宗祠簡介〉(屏東:劉氏宗祠前,1999)

〈總統(42 年)元旦告全國軍民同胞書〉,《總統府公報》380(民國 42 年 1
　　月 6 日),頁 1。

《高雄州下官民職員錄》（高雄：高雄ニイタカ社，昭和 13-15 年〔1938-1940〕）。

《臺灣日日新報》，（大正）5 年 2 月 10 日，第 6 版。

丸井圭治郎，1993（1919），《臺灣宗教調查報告書》。臺北：捷幼出版社。

王之正等（纂修）《乾隆嘉應州志》。廣州：廣東省中山圖書館古籍部。

王瑛曾（編纂），1962（1764），《重修鳳山縣志》臺灣文獻叢刊第 146 種。
　　臺北：臺灣銀行經濟研究室。

司法行政部，1979，《臺灣民事習慣調查報告》。臺北：司法行政出版社。

田井輝雄（戴炎輝），1995（1945），《臺灣的家族制度與祖先祭祀團體》。
　　臺北：南天書局。

利天龍，2007，〈屏東縣前堆地域的社會空間結構與變遷〉。臺北：國立臺灣
　　師範大學地理學系碩士論文。

吳密察，1994，〈臺灣史的成立及其課題〉，《當代》100：78-97。

坂義彥，1936，《祭祀公業ノ基本問題》。臺北：臺北帝國大學文政學部。

林清水，1996，〈粵東蕉嶺縣新鋪鎮上南村民俗調查〉，收於房學嘉主編，《梅
　　州地區的廟會與宗族》，頁 58-99。香港：國際客家學會。

林靖寰（總輯）、高志彬（主編），2003，《蕉嶺臺灣五全林氏族譜》。臺北：
　　龍文出版股份有限公司。

屏東縣邱氏宗親會（編），不詳，《十五世來臺祖邱永鎬公派下族譜》。屏東：
　　屏東縣邱氏宗親會。

施添福，1999，《清代在臺漢人的祖籍分布和原鄉生活方式》。南投：臺灣省
　　文獻委員會。

科大衛（著）、卜永堅（譯），2009，《皇帝和祖宗：華南的國家與宗族》。
　　南京：江蘇人民出版社。

科大衛、劉志偉，2000，〈宗族與地方社會的國家認同：明清華南地區宗族發
　　展的意識形態基礎〉，《歷史研究》3：3-14。

財團法人全國林姓宗廟編，2009，《財團法人全國林姓宗廟整建紀念特刊》。
　　臺北：財團法人全國林姓宗廟。

連瑞枝、莊英章，2008〈番屯、聚落與信仰：臺灣三灣地區的村史研究
　　（1790-1886）〉，發表於中央研究院近代史研究所主辦，「歷史視野中的
　　中國地方社會比較研究學術研討會」，頁 1-37。臺北：中央研究院近代史
　　研究所。

連　橫，1964，《雅堂文集·四卷》，臺灣文獻叢刊第 208 種。臺北：臺灣銀行經濟研究室。

陳其南，1987，《臺灣的傳統中國社會》，臺北：允晨文化實業股份有限公司。

陳春聲，2007，〈地域社會史研究中的族群問題：以「潮州人」與「客家人」的分界為例〉，《汕頭大學學報（人文社會科學版）》23（2）：73-77。

陳秋坤，2004，〈清代地權分配與客家產權：以屏東平原為例，1700-1900〉，《歷史人類學學刊》2（2）：1-26。

陳麗華，2008，〈從忠義亭到忠義祠：臺灣六堆客家地域社會的演變〉，《歷史人類學學刊》6（1／2）：147-171。

曾勤華，1978，《回憶錄》。屏東：著者刊行。

程美寶，2006，《地域文化與國家認同：清末以來「廣東文化」觀的形成》。北京：三聯書店。

廖漢臣（纂修），1960，《臺灣省通志稿》，卷二：人民志氏族篇。臺北：臺灣省文獻委員會。

臺灣日日新報社（編），1911，《臺灣總督府文官職員錄‧明治 44 年版》。臺北：臺灣日日新報社。

臺灣銀行經濟研究室（編），1961（1788），《欽定平定臺灣紀略》，臺灣文獻叢刊第 102 種。臺北：臺灣銀行經濟研究室。

＿＿＿＿，1966，《臺灣南部碑文集成》，臺灣文獻叢刊第 218 種。臺北：臺灣銀行經濟研究室。

＿＿＿＿，1972，《雍正硃批奏摺選輯》，臺灣文獻叢刊第 300 種。臺北：臺灣銀行經濟研究室。

臺灣總督府（編），1921，《臺灣法令輯覽》。東京：帝國地方行政學會。

劉海霖（編），1914，《梅縣鳳嶺鄉劉氏族譜》。梅縣：編者刊行。

劉秀美，2000，〈日治時期六堆客家祠堂建築之研究〉。臺南：國立成功大學建築學系碩士論文。

劉炳文，1997，〈美濃簡史記〉，收於美濃鎮志編輯委員會編，《美濃鎮志》，下冊，頁 1221-1249。高雄：美濃鎮公所。

蔡錦堂，1991，〈日據末期臺灣人宗教信仰之變遷：以「家庭正廳改善運動」為中心〉，《史聯雜誌》，19：37-46。

鄭振滿，1992，《明清福建家族組織與社會變遷》。湖南：湖南教育出版社。

臨時臺灣土地調查局（編），1998（1905），《臺灣土地慣行一斑》，第3編。臺北：南天書局。

鍾壬壽，1971，〈萬巒鄉志〉。屏東：未刊稿。

_____，1973，《六堆客家鄉土誌》。屏東：常青出版社。

鍾桂蘭、古福祥（纂修），1983，《屏東縣志》，卷二：人民志。臺北：成文出版社。

羅卓英、羅博平（編），1942，《大埔湖寮羅氏族譜》。大埔：編者刊行。

羅香林，1933，《客家研究導論》。興寧：希山書藏。

_____，1965，〈序篇：客家譜乘之蒐集及其意義〉，收於羅香林編，《客家史料匯編》。香港：中國學社。

鷹取田一郎（編），1916，《臺灣列紳傳》。臺北：臺灣總督府。

Cohen, Myron L., 1992 , "Land, Corporations, Community, and Religion among the South Taiwan Hakka during Ch'ing." In Chiu-kun Chen and Hsueh-chi Hsu, eds., *The Land Issues in Taiwan History*, pp. 167-193. Taipei: Taiwan History Field Research Office.

_____, 1999, "Minong's Corporations, Religion, Economy and Local Culture in 18th and 19th Century Taiwan." In Cheng-kuang Hsu and Mei-rong Lin, eds., *Anthropological Studies in Taiwan: Empirical Research*, pp. 223-289. Taipei: Institute of Ethnology, Academia Sinica.

Freedman, Maurice, 1958, *Lineage Organization in Southeastern China*. London: University of London, Athlone Press.

_____, 1966, *Chinese Lineage and Society: Fukien and Kwangtung*. London Athlone P.; New York Humanities P.

Pasternak, Burton, 1972, *Kinship & Community in Two Chinese Villages*. Stanford, Calif.: Stanford University Press.

# 臺東縣客家族群之分布及其社會文化特色<sup>*</sup>

## 黃學堂、黃宣衛

## 一、前言

　　西元 2000 年陸續出版的臺東縣史一共有 16 篇，堪稱紀錄臺東縣歷史發展的重要文獻。其中有關原住民族的共有阿美族篇、排灣及魯凱族篇、卑南族篇、雅美族篇以及布農族篇。在漢族篇中，雖設有一章（第八章）專門討論「外省社群」，對於客家族群在臺東的再現卻隱而未顯。這是此套臺東縣史的美中不足之處，也是作者撰寫本文的出發點。

　　2004 年時，本文第二作者曾接受行政院客委會（現客委會）的補助，執行「東臺灣客家研究基本調查」計畫，當時的重點是花東兩縣客家研究相關文獻蒐集，以及客家研究的人才普查。不過，在執行過程中，也針對臺東縣境內的客家族群分布，在東臺灣研究會的協助下，委請三位臺東師院社教系的學生做普查。可惜因為當時所獲資料不夠完整，所以遲遲未發表。2009 年 6 月間，承夏黎明教授美意，重啟這項調查工作，並請本文第一作者加入，資料才更為充實豐富，達到可以公諸於世的地步。

---

\* 本文原刊登於《東臺灣研究》，2011，14 期，頁 89-149。因收錄於本專書，略做增刪，謹此說明。作者黃學堂為地方文史工作者；黃宣衛現任中央研究院民族學研究所研究員。

　　據 2001 年臺東縣政府「臺東縣各鄉（鎮、市）客家人口分布狀況調查統計表」，當時臺東客家人口為 50,323 人，佔全縣人口 244,857 人的 20.55%。據 2004 年 9 月行政院客家委員會的統計，臺東縣客家人口數為 49,340 人，佔當時全縣人口 242,393 人中的 20.4%。其中，池上、關山、鹿野的客家人口均在四成以上，臺東市二成。[1] 至於臺東縣客家族群之分布及其產業信仰概況，臺東縣南島社區大學發展協會在行政院客家委員會指導下，曾在 2004 年進行臺東縣縱谷區三鄉鎮的客家文史調查，並於 2006 年 12 月出版該調查報告。但該報告係以池上、關山、鹿野等客家文史資源為對象，而未及其餘。本文擬以村里、聚落為對象，探討客家族群的分布及其產業、信仰等概況。在臺東縣 147 個村里中，四個山地鄉及二個離島的客家人口均不超過 40 人，[2] 自無客家聚落可言，茲不具論。此外，臺東幅員遼闊，鄉間聚落分散而都會區流動頻繁，了解族群分布有其實際困難，本文僅能就有限資料推估，非全面性的調查。

　　有關客家人口之認定，據日治時期歷次人口統計資料中，其種族別的「漢人系」中有「廣東」、「福建」之分，而其所謂「廣東」者，即指客家人。[3] 至於西部移入臺東的漢人移民中，由於 1901 年後的新竹州涵蓋現今桃、竹、苗地區，客籍比例佔 80%，[4] 故當時來自新竹州之移民，可概括視為客家族群。

---

1 依據行政院客家委員會製作的「臺灣客家人口統計」表，其客家人口推估數及百分比數，係行政院客家委員會於 2004 年 9 月委託全國意向顧問股份有限公司調查推估結果。詳《臺灣客家人口分布圖》，2001。臺北：行政院客家委員會。

2 據 2001 年臺東縣政府「臺東縣各鄉（鎮、市）客家人口分布狀況調查統計表」，延平鄉 40 人，海端鄉 30 人，其餘綠島、達仁、蘭嶼、金峰均不足 10 人。

3 孟祥瀚，2002，〈日治時期花蓮地區客家移民的分布〉，頁 7。中央大學，客家文化學術研討會。又，據日治時期曾任保甲書記的王河盛表示，日本人建立戶籍及國勢調查時，逐一訪問家戶，使用客家話為家庭語言者，登記為「廣」或「廣東」；使用閩南語為庭語言者，登記為「福」或「福建」。

4 臺灣總督府調查課，1926，《臺灣在籍漢民族鄉貫別調查》。臺北：臺灣時報社。

此外，來自高雄州美濃高屏六堆地區者，亦客家之屬。至於本文所稱福佬、福建或閩南族群者，指日治時期人口資料所謂的「福建」，並包括以閩南話為主的平埔族群在內。

　　臺東縣各村里現住人口數方面，以 2009 年 8 月底各鄉鎮戶政事務所填報的資料為依據。各村里客家人口數，係由東臺灣研究會函請臺東縣政府協助，轉請各村里長於 2009 年 9 月 15 日前填報各村里的原住民、閩南、客家之戶數、人口數，並訪談各客屬團體、同鄉會等據以推估。其中，池上鄉、關山鎮客家人口數由吳聲亮先生訪查整理，[5] 人口係 2009 年 9 月之通報數字。太麻里、大武二鄉因未填報上述資料，其客家人口數僅由訪談推估而得。此外，有關族群遷移史料、數據，主要參考日治時期國勢調查、臺東縣政府歷年統計要覽等資料。其他相關文獻、論文等，詳附參考資料。

　　基本上本文不是學術論文，而是屬於調查報告的性質。除了已有的文獻資料外，也大量採用第一手的實地訪查資料。在呈現方式上，是以地區（鄉鎮、乃至其下的村里）為單位，重點在介紹客家族群在境內的分布與遷移歷史，也試圖以產業與宗教為主軸，介紹各地的客家族群社會文化特色。主要目的是讓讀者對於臺東的客家族群有一概括的認識，當然更希望能引發更多人對東臺灣的客家族群產生研究興趣，做出更多、更好的客家研究。

　　依據客家族群遷移背景、產業類別以及地形差異之不同，本縣大致分為平原區、縱谷區以及海岸區三大類型。平原區指日治時期的臺東支廳，即現今臺東市及卑南鄉轄區，範圍包括知本溪至鹿野溪（北絲鬮溪）之間的平原及丘陵地帶。縱谷區指日治時期的里壠支廳，即現今池上、關山、鹿野三鄉鎮轄區，範圍包括鹿野溪以北至秀姑巒溪上游的大坡溪與花蓮縣為界。海岸區指日治時

5 吳聲亮先生係關山鎮戶政事務所主任退休。

期的新港支廳及大武支廳，即今長濱、成功、東河、太麻里、大武等鄉鎮轄區，範圍包括臺東縣沿海各鄉鎮。下文先以全縣為單位，交代客家移民史與聚落形成背景後，再依序分三個大區域做更為細部的介紹。

## 二、客家移民與聚落之形成

客家移墾臺東，始於晚清同治末年。[6]1874 年「開山撫番」後，漸具規模。晚清基於海防安全之需，在後山進行軍事屯墾，並大舉移民實邊。1877 年，丁日昌在汕頭設「招墾局」，招募客籍潮農 2000 多人來臺，其中五百人安插卑南等地，首創官辦集團移民之舉。二年後，改為民招民墾。後山墾民為求自保，大都聚居軍營附近，形成由兵、農、工、商組成的聚落。例如，1890 年代馬蘭坳街有 70 餘戶，男女約 270 餘人，而「各營弁勇眷口居其大半」。臺東直隸州南鄉的卑南街，漢族 18 戶 90 人，新興街則有「大小店鋪手藝工匠人等浮戶」90 戶，男女 370 餘人。新鄉之新開園係清代「鎮海後軍前營」駐防地，萬安庄有 72 戶男女 361 人。[7]因地利之便，晚清開山撫番 20 年間移墾臺東的客家族群，以六堆客為主要成員，集中於卑南、馬蘭、成廣澳等街區，除農墾外，以商貿、土產交易、工商業等為生。

日治中晚期，為「殖產興業」而積極開發東臺灣，以營利為目的的會社移民，以及隨之而來的自由移民，紛紛入墾臺東。1917 年，臺灣總督府公布「移民獎勵要領」，由臺東製糖會社承辦移民事業。1918 年起，臺東製糖在池上、德高班、里壠（關山）、雷公火、月野、大原、美和等七村移入本島人及原住民。同年，賀田組等會社到新竹、桃園等地雇用有經驗的客籍腦丁到東部採樟

6 吳金玉口述・陳國政記述，1985，《九十自述》，頁 67。臺東：吳氏自印。
7 胡傳，1952，《臺東州採訪修志冊》。臺東縣文獻委員會，寶桑叢書第一種。

製腦，成為北部客移墾後山的先鋒。1921 年，為加速東臺灣的開發，製糖會社對本島移民提供補助，修建灌溉排水等設施，移民可取得一甲土地及二甲承租地。大正末，開始有新竹州、臺中州的客家農民移入。1923 年，自新竹州移入 30 戶客家到里壠，不到一年，即建立起農村氣氛濃厚的月野村（今關山月眉里）。[8] 當時，月野村客家為福佬四倍。同一時期，由王登科引進臺南州北門郡學甲庄、曾文郡麻豆庄的蔗作移民，則廣泛分布於臺東平原及卑南鄉的太平、利嘉、知本、利吉等聚落。[9]

　　1937 年，臺灣拓殖株式會社（臺拓）正式在臺東設立出張所（辦事處），興建移民村及其家屋或竹籠厝，改善飲水設備並提供開墾補助金、房屋建築費、醫療用藥費以及貸款等優惠措施，每戶移民需提供 3 人以上的勞動力。這種家族式移民多係祖孫三代同來，或招引親友結伴同行。1940 年，臺東本島人移民達 592 戶，平均一戶以 5 人計，當年移民估計超過 3,000 人，是日治時期最大規模的集團移民。戰後，國民政府接收時，臺東共有本島移民 411 戶 2,423 人，佃耕土地 948.8 甲。[10]

　　除會社私營移民外，隨之而來的是更多的自由移民。昭和初，由於東部鐵路、蘇花公路相繼開通，且理蕃事業已見成效，新竹州的農民為謀改善生計，開始移入後山。1939 年，南迴公路開通、花蓮港築港竣工，更為東部開發注入新的吸引力，自由移民明顯增加。這股移民潮，因人數眾多，且客家佔有相當比例，因而被喻為客家的「二次移民」。這些移民到臺東後，通常又經數次

---

8 林玉茹，2001，〈國家與企業同構下的邊區開發：戰時臺灣拓殖株式會社在東臺灣的農林栽培事業〉，頁 458、476。國家與東臺灣區域發展史研討會。

9 鄭全玄，2002，《臺東平原的移民拓墾與聚落》，頁 72。東臺灣叢刊之三。臺東：東臺灣研究會。

10 林玉茹，2001，〈國家與企業同構下的邊區開發：戰時臺灣拓殖株式會社在東臺灣的農林栽培事業〉，頁 475。國家與東臺灣區域發展史研討會。

遷徙才定居下來。1943 年,臺東客家計有 13,605 人,較 1915 年的 1,101 人,28 年間成長了 11 倍。據 1940 年的調查,臺東本島人移民中,新竹州出生者佔 28.06%,高雄州出生者佔 24.57%,[11] 顯示 1940 年代以後北部客已成為臺東客家的主要成員。

臺東的客家聚落,不少是由清代軍事據點、日治時期移民村發展而成,諸如馬蘭坳、新開園、成廣澳、五十戶、大原、月野、德高、池上等。而此一時期的客家移民,以新竹、桃園、苗栗的北部客為主,主要集中於縱谷區的池上、關山、鹿野三鄉鎮以及臺東平原農業區。這些農業移民積極修埤築圳,加速了臺東耕地的水田化,原本荒埔逐漸成為田園風味濃厚的客家庄。臺東客家族群聚落的空間分布,在日治末期已大致定型。

光復後,客家移民潮並未停歇。1960 年代初,被稱為樟腦業第二春的香茅產業盛極一時,臺灣香茅油的最大產地及交易中心的苗栗,在八七水災後,災民紛紛到臺東謀生。適逢國際香茅油行情大漲,臺東各新墾山區適合種植香茅,1964 年以後,臺東繼苗栗成為臺灣香茅油的最大產地。香茅熱引起的移民潮,為貧困的邊區經濟注入活水,這些以苗栗客家為主的移民,在東海岸山脈的淺山丘陵及山區盆地形成新的聚落,如池上鄉的山棕寮、白毛寮,鹿野的松林、寶華山,以及東河鄉泰源盆地的北源、尚德、銅礦等地。

1955 年,臺東糖廠新式鳳梨罐頭加工場完成後,因鳳梨產業的推廣,以及 1959 年八七水災後以彰化、雲林閩籍為主的移民潮,使臺東人口屢創新高。1970 年臺東總人口已突破 29 萬人,較 1946 年的 89,502 人多了 20 萬人,24 年間成長了 3.25 倍,移民的規模較日治時期尤為可觀。然而,1960 年代中葉以後,香茅產業盛極而衰。1970 年代以後,移民紛紛離散或回流西部,各山

---

11 孟祥瀚,1991,〈日據時期臺灣東部人口增加之研究〉,《興大人文學報》,第 21 期,頁 179。

區聚落人口銳減，目前多半成為人煙寥落的三家村。臺灣島內客家大遷移的歷史，至此畫下句點。

　　綜合上述，臺東縣客家聚落及其移入年代列表如次：

表 1：臺東縣客家聚落分布與移民時間

| 地區 | 鄉鎮市 | 聚落 | 移民時間及產業 | 客家人口比例 |
|---|---|---|---|---|
| 平原區及其周邊地帶 | 臺東市 | 豐里、豐源、康樂 | 1933 年黃裕榮入墾豐里蔗作 | 二至三成 |
| | | 知本、建和、建興 | 1937 年林光星入墾知本，劉福魁入墾建和稻作 | 二至三成 |
| | 卑南鄉 | 頂岩灣 | 日治 1939-1941 年間樟腦 | 本聚落約五成 |
| | | 溫泉 | 光復之初農墾、伐木 | 本聚落約三成 |
| 縱谷區 | 池上鄉 | 福原、福文、慶豐 | 1918 年臺東開拓會社本島人移民蔗作 | 街區近四成，農業區集村五成，其餘二至三成 |
| | | 富興、振興 | 1940 年代香茅 | 二成至三成 |
| | | 錦園、新興 | 1925 年何阿坤入墾水稻 | 四至五成 |
| | | 萬安 | 1932 年魏建鼎入墾水稻 | 八成 |
| | 關山鎮 | 德高、新福、豐泉、中福、里壠 | 日治大正、昭和年間蔗作 | 四至五成 |
| | | 月眉 | 1918 年月野本島人移民村蔗作 | 二成五 |
| | | 電光 | 1939 年咖啡會社移民咖啡 | 近三成 |
| | 鹿野鄉 | 瑞和、瑞源、瑞隆 | 1918 年大原本島人移民村蔗作 | 三至四成 |
| | | 永安 | 日治大正昭和年間蔗作 | 近二成 |

表 1：臺東縣客家聚落分布與移民時間（續）

| 地區 | 鄉鎮市 | 聚落 | 移民時間及產業 | 客家人口比例 |
|---|---|---|---|---|
| 海岸區 | 長濱鄉 | 長濱 | 日治中晚期樟腦、苧麻 | 不及一成，集中於長濱街區 |
| | 成功鎮 | 三民里柑仔山 | 1938 年柑橘 | 本聚落佔八成 |
| | 東河鄉 | 北源、尚德 | 1950-1960 年代香茅、雜糧 | 一成左右 |
| | | 五線、興昌 | 1950-1960 年代香茅 | 未及一成 |
| | 太麻里鄉 | 舊香蘭 | 1930 年邱貴春至香蘭蔗作 | 本聚落六成以上 |

資料來源：黃學堂整理

## 三、平原區的客家族群

日治之初，據田代安定的調查，卑南新街有「清國并本島支那人廣東現住」175 戶，690 人。[12]1915 年，臺東地區漢族較集中的卑南街，閩粵實數比為 1007:485，約為 2:1。1923 年以後，現今臺東市、卑南鄉等劃歸「臺東支廳」，轄區內福建籍 4,078 人，廣東 976 人，閩、粵比例約為 4:1，差距加大。唯呂家閩粵實數比為 58:71，粵人居於優勢。1930 年，臺東街包括臺東、馬蘭、旭村、利基利吉、猴子山、富源村、加路蘭等，總人口 10,432 人。其中，閩南 5,185 人，客家 1,053 人；客家佔本島人的 16.88%。[13]1935 年，臺東支廳閩籍 8,343 人，粵籍 1,888 人，粵籍人口佔漢族比例降至 17%，臺東支廳閩籍優勢進一步強化。而知本地區的閩粵實數比為 372:297，則甚接近。[14] 此一現象，表明了日治中期以來，臺東平原西南方即為客家分布比例較高的地區，至今猶然。

---

12 田代安定，1900，《臺東殖民地豫察報文》。臺灣總督府民政部殖產課。

13 昭和 5 年，1930，《國勢調查結果表·州廳篇·臺東廳》。臺灣總督官房臨時國勢調查部。

14 邱彥貴等，2001，《臺東縣史·漢族篇》，頁 23-34。臺東：臺東縣政府。

## （一）客家族群的分布

### 1. 臺東市

　　臺東市位於臺東平原東南沿海地帶，晚清以來即為行政中心。1888 年臺東直隸州成立時，「南鄉」卑南街、馬蘭坳街的漢族，總計約 178 戶 750 人。[15] 其中，客家除墾戶外，有來自嘉應州的公職人員、商人、通譯等。日治時期，臺東平原的西部漢族移民閩、客、平埔均有。其中，以來自新竹州竹南郡的頭份、南庄及苗栗郡銅鑼庄較多。此一時期，高雄州之客籍移民，其數量與新竹州移民相近，多數來自恆春街、車城庄及滿州庄。1935 年後，移民快速增加，而集中於 1941-1945 年間。[16] 光復後，日本移民遣返，旭村由本島移民入住，日產被「公地放領」後，旭村內家屋增加，土地零細化，豐里、豐源二里客家比例雖然較高，但呈現散居分布，並無集中聚落。1955 年，臺東糖廠新式鳳梨罐頭加工場設立後，推廣鳳梨栽培作業，郊區缺水荒埔獲得開發，吸引大批中、南部閩系移民，荒埔上陸續有家屋分布。[17] 康樂、豐田二里客家族群接近二成，多沿卑南大圳各支線分布，聚落呈散居現象。2009 年 8 月底，臺東市總人口 109,640 人，客家約二成。臺東市客家超過三成者，有豐源、知本二里；比例在二成至三成之間者，有東海、中心、豐里、豐田、康樂、建興、建和等里，多集中於市郊農業區。

　　依據都市發展背景，在此將臺東市 46 個里分四個區域討論。其一為傳統商業區，即日治時期的臺東街，包括寶町、新町、榮町、北町、南町等商業住宅區。其二為大馬蘭社區，即原阿美族馬蘭大部落。其三為旭村地區，即市郊

---

15 胡傳，1952，《臺東州採訪修志冊》，寶桑叢書第一種。臺東縣文獻委員會。

16 鄭全玄，2002，《臺東平原的移民拓墾與聚落》，頁 75、77，東臺灣叢刊之三。臺東：　　東臺灣研究會。

17 鄭全玄，《臺東平原的移民拓墾與聚落》，頁 129、137。

農業區，日治時期官營移民的指定地。其四為臺東市邊際地區，即知本等舊屬卑南鄉的十個村，於 1974 年改村為里併入臺東鎮者，1976 年元旦改制為縣轄臺東市。[18]

（1）傳統商業區——寶桑、文化、大同、民族、四維、仁愛、強國、民生、中正、民權、中華、建國、中山、興國、鐵花、東海、復興、新興、復國、成功等 20 個里

本區自晚清以來即為卑南廳治及臺東直隸州州署所在地。日治時期，臺東街屬臺東廳直轄。1930 年，臺東街人口 10,432 人，閩南 2,142 人，客家 744 人，客家不到一成。

客家人口比例較高的東海里、文化里，約佔二成。東海里位在舊鐵道、太平溪、正氣北路、中華路一段之間，內有鯉魚山、馬偕醫院、長沙國宅等，客家有退休人員、經營小吃店者，以及年老依親者。文化里與東海里以舊鐵道為界，係火車站及鐵路員工宿舍區，以及市公所、縣政府、附小、警察局等所在地，屬文教精華區。天后宮前的仁愛路靠近中華路街區，舊稱草厝仔街，2000 年之前還有不少客家人居住，[19] 目前僅剩數戶。

傳統商業區向來以閩南為主，日常語言也以閩南語為主，客家所佔比例相對較低。日治時期，客家在此區經營油行、百貨店、戲院、開設醫院等。寶桑里有日治時期宿舍區，附近又有公寓、大樓、國宅等，不少退休人員自鄉下移居此區。目前除公教、服務業外，多從事工商業如米店、印刷、診所、藥局、小吃、米食等，散居各處。寶桑里「神農宮」供奉神農大帝，係早年本地農民

---

18 臺東鎮人口 1973 年 78892 人，1974 年併入卑南十個村後為 108,803 人，1976 年元旦正式升格為臺東市。

19 夏黎明等，1999，《臺灣地名辭書》卷三臺東縣，頁 239。臺灣省文獻委員會。

及米廠、糧商、草藥商、糕餅業者集資興建，在繁華的市區中，保留了客家農業神祇的信仰。[20]

（2）大馬蘭社區──中心、新生、馬蘭、光明、自強等 5 個里

本區原係阿美族馬蘭社大部落所在地。1875 年間，來自萬巒的林氏、余氏、吳氏等客家人在此落戶，經營雜貨生意。[21] 目前，中心里北平街「朝天宮」一帶，仍有不少來自萬巒、四溝水的六堆客家居住。1930 年時，馬蘭總人口2,708 人，阿美族 2,401 人，閩南 127 人，客家 58 人。[22]1950 年代以後，阿美族人受商品經濟習染日深，西部移民經由買賣取得土地的情形日漸普遍，阿美族紛紛遷到郊區的豐里、豐榮、豐谷、豐年、南榮、永樂等里。1970 年代，從臺東糖廠到貓山、卑南大溪一帶市郊農業區，有相當數量的客家分布其間。[23] 隨著都會區的快速發展，該地區已成為臺東市的中心地帶。

目前，此五里共 25,609 人，客家約佔一成五。臺東市第一批國民住宅在馬蘭里興建後，以外省族群為主的公教人員，多集中於此。自強里一帶，包括「一家餐廳」、變電所及傳廣路附近，係臺東客家名人吳金玉家族所在地，有客家族群經營的商店、住家、退休公教人員等數戶。世居其地的客家農民，田園多在市郊。

（ⅰ）中心里

中心里位於臺東市中心，本係臺東市最大的里，因國民住宅住戶增加，1970 年分出馬蘭里；1975 年，又分出新生、自強等里。目前，中心里共 1,353

---

20 訪談臺東市神農宮廟祝陳信安，2009.10.20。

21 訪談中心里余一峰，2009.10.5。

22 昭和 5 年，1926，《國勢調查結果表‧州廳篇‧臺東廳》。臺灣總督官房臨時國勢調查部。

23 訪談臺東市神農宮廟祝陳信安，2009.10.20。

戶 4,456 人，客家約佔二成，以南部客居多，[24] 經營書局、會計師事務所、廣告社等。位在北平街的「朝天宮」，係大馬蘭地區的公廟，供奉媽祖，信徒閩、客均有。此廟本係六堆林氏私廟，後由林家捐出成為公廟，附近是六堆客家較集中的地區。[25]

（ii）新生里

新生里共 2,749 戶 7,478 人，客家約 300 戶 1,200 人，佔一成多。新生里客家多來自苗栗銅鑼，以劉、彭等為大姓，世代務農，集中於臺東市仁八街一帶，其耕地分布於豐里、貓山及卑南溪附近之農業區，以種植荖葉為主。位於基督教醫院後面的「福應祠」土地公廟，係該地區的信仰中心，信眾包括閩、客、原住民。農曆每月初一、十五，及農曆 2 月 2 日土地公生日，香火鼎盛。街區客家以經商為主，北部客稍多。[26]

（iii）光明里

清代南鄉馬蘭坳社，即今光明里，共 1,114 戶 3,119 人，客家 78 戶近 400 人，約一成。其中，臺東糖廠員工宿舍區以往客籍員工比例相當高，且以南部客居多。[27] 此外，東方大鎮係大型公寓住宅區，多係外來人口，族群較複雜。

（3）旭村地區——豐里、豐榮、豐谷、豐源、豐樂、豐年、康樂、永樂
等 8 個里

日治時期官營移民旭村，範圍從豐里橋以西至豐源里溝仔內以東的廣大農業區，原野面積達 2,400 甲。1930 年，旭村人口 667 人，日籍 141 人，福佬 217 人，客家 40 人。[28] 當時，本區係臺東製糖原料甘蔗採集區，有運蔗小鐵

---

24 訪談中心里余一峰，2009.10.5。
25 訪談中心里林靜金，2009.10.20。
26 訪談新生里陳嵩志里長，2009.10.5。
27 訪談自強里謝堂儀先生，2009.10.5。

路貫穿本區。1936 年，卑南大圳通水後，沿卑南大圳各支線灌溉區內，逐漸
被闢成水田。光復後，旭村分屬臺東鎮豐里、豐源、康樂等三里。1952 年後，
又先後分出豐年、豐榮、永樂、豐樂、豐谷等里。目前，豐榮、豐樂、豐谷等
逐漸形成都會住宅區，住戶以外來人口為主，客家人口比例相對較低。距離市
區較遠的豐里、豐源、康樂等地區，客家人口比例達二至三成。

（i）豐里里

豐里里共有 814 戶 2,692 人，客家近 600 人，約二成。主要聚落包括旭村、
馬東、溪埔仔、三馬腳仔、嗜嘟等。其中，四川路旁有卑南大圳的第四支線，
沿線有客家零星分布。1930 年代，來自苗栗南庄的黃裕榮邀集親族同鄉前來
豐里開墾種蔗，居住於中華路北側成都北路一帶。[29]1980 年代糖業沒落後，蔗
農紛紛改種釋迦、水稻、茗葉等。

（ii）豐源里

豐源里共有 368 戶 1,305 人，客家約 460 人，佔三成三。沿中華路三段北側、
豐源國小之後，由於取水灌溉方便，來自苗栗頭份的客家在此形成「上豐源」
聚落。[30]其中，有黎姓頭份客家人曾在此經營大型養豬場，規模多達二千頭，
民國 87 年申請離牧，目前耕作水田。[31]此外，有張姓農戶以培育並販賣秧苗
為業。

（iii）康樂三里（康樂、永樂、豐樂）

1967 年以前，康樂里包括上康樂、中康樂、下康樂及豐樂段。上康樂（頂
寮），多係來自嘉義、臺南的福佬人。中康樂（中寮、圳頂），下康樂（下寮、

---

28 昭和 5 年，1926，《國勢調查結果表‧州廳篇‧臺東廳》，頁 16。臺灣總督官房臨
　　時國勢調查部。
29 訪談豐里黃宣明先生，2009.10.5。
30 夏黎明等，《臺灣地名辭書》卷三「臺東縣」，頁 248，柯芝群「臺東市」。
31 訪談豐源養豬戶黎維仁先生，2009.8.1。

圳腳），多係彰化田中、二水的福佬籍移民，自成一庄。其餘多為阿美族人。其後，行政區重編，上康樂、中康樂畫歸康樂里，近 490 戶 1,700 餘人，客家約百戶 300 餘人，近二成。下康樂畫歸永樂里，727 戶 2425 人，客家 50 戶 100 人左右，不及一成。工業區、臺東專科學校（前臺東農工）一帶劃歸豐樂里，此區因住戶日增而形成都會住宅區，共 560 戶 1909 人。客家約 30 戶 60 人，所佔比例甚低。康樂三個里的客家多沿卑南大圳各支線或更小的灌溉渠道分布，散居而不集中，[32] 除灌溉區內有水田外，其餘多為旱作，以種植釋迦、茗葉為主，另有養雞場、養豬場等。

（4）卑南地區──富岡、富豐、岩灣、南榮、南王、卑南、豐田、新
園、建和、知本、建農、建業、建興等 13 個里

上述各里光復初本屬卑南鄉，1974 年，將卑南鄉與臺東鎮接壤的十個村落併入臺東鎮，改村為里。其後，又因人口增加，將 10 里分成 13 個里。自臺東市東北角的富岡里開始，沿市區北側邊緣丘陵、山坡及河埔地至西南的建和、知本里，以知本溪與太麻里為界。其中，客家較集中者為知本、建和、建興等里，隔著利嘉溪和豐里、豐源二里連成客家較集中的區塊。

（i）知本三里（知本、建農、建業）

現今知本、建農、建業三里，舊屬大知本地區範圍。整體而言，原住民、外省、閩南、客家各佔四分之一。[33]1930 年，知本有福佬 166 人，客家 113 人，原住民 1,372 人。1937 年，林光星移墾知本地區，據其戶籍資料顯示，當時寄留林光星戶內的 11 人，全是客家籍，除 1 人來自廣東嘉應州外，其餘均來自屏東內埔、萬巒，林光星成為六堆客家移入臺東的主要媒介者。[34]

---

32 夏黎明等，1999，《臺灣地名辭書》卷三「臺東縣」，頁 251。南投：臺灣省文獻會。
33 張維來，2000，《大知本地區發展史》，頁 6。臺東：臺東市公所。

1975 年，知本里因人數增加而分出建農里、建業里。目前，知本里共 544 戶 1,630 人，客家約 530 人，佔三成以上，比例與豐源里相近。知本派出所、火車站之間的吉泰路一帶，為客家較集中地區。農產以釋迦、荖葉為主，少數在街區經商。[35] 建農里以開發隊的外省榮民為主，客家僅 20 多人，均集中在田寮仔，以六堆客為主。建業里則以福佬、原住民佔多數，客家近 30 人，多為南部客。

知本里信仰中心為代天府，供奉蘇府千歲，信眾閩、客皆有。豐里、豐源、知本等里有數處一貫道道場，信眾閩、客皆有，而以福佬人居多。

（ii）建和二里（建和、建興）

建和、建興舊屬射馬干社，光復後屬卑南鄉建和村，1974 年改村為里併入臺東鎮。此二里總共 961 戶，2,678 人，客家約 700 人，佔二成五左右。

建和里卑南族約佔三成五，外省佔一成，閩、客各二成五。客家 170 戶約 450 人，分布於上建和、建豐、建東、魚池、下建和等聚落。客家較集中的上建和，以種植釋迦為主。建豐多係來自苗栗、新竹的北部客，以種植水稻為主。建東又稱「原藤」或「蘿藤會社」，來自新竹的北部客聚居公路旁，自成一聚落。魚池舊名「埤塘窩」，有十餘戶來自苗栗的北部客，以栽種釋迦及香蕉為業。下建和在清代即有水利設施，以生產稻米為主，客家多來自苗栗、桃園，福佬多來自雲林、彰化。供奉太陽公的敬山宮，兼祀神農大帝，為建和地區的信仰中心。[36]

---

34 趙川明編，2002，《知本溪流域》，頁 20。臺東：臺東縣政府。唯該書稱林光星為西勢人，經訪談人林芳容更正，應係萬巒五溝村人。

35 訪談知本饒龍順里長，2009.10.12。

36 訪談建和村盧源松村長及村民李新妹，2009.11.2

　　1937 年，苗栗銅鑼人劉福魁出售西部祖產，攜 2,000 餘圓來臺東，先在知本佃耕，並至射馬干社（建和）墾田 20 餘甲，興建具有和式風味的四合院「彭城堂」，形成一個大家族。[37] 建興里的客家聚落主要在菁仔林、木瓜園，沿知本圳兩旁以種植檳榔、荖葉、釋迦、香蕉為主，客家多來自新竹、苗栗，少部分福佬來自中、南部。木瓜園在菁仔林旁山腳下，作物與菁仔林相似，居民多為北部客，外省及福佬較少。[38]

　　（iii）豐田里

　　豐田里以永豐餘紙廠為中心，沿中興路兩旁形成工業區，有育仁中學、體育中學等。豐田里 813 戶 2,701 人，客家約 450 人，佔一成五左右。此區多屬旱作，主要聚落為田寮仔、菸仔間，北側的田寮仔多為來自臺南的學甲人。菸仔寮早期以種植菸草為主，係由來自中、南部的福佬人所形成的聚落。民國44 年後改種鳳梨。此外，綠島鄉公館村的農業移民，亦多聚居於此。[39] 目前，本地區以種植釋迦、荖葉及荖花為主。

　　（iv）新園里

　　新園里共 711 戶 1,883 人，客家約 160 人，佔一成左右。客家聚落分布在大南橋（現稱新園橋）附近公路旁，1 戶經商其餘務農，以種植釋迦為主，部分種植荖葉。以往，曾有數戶苗栗人在此墾耕水田，由於米價景氣不佳，紛紛遷回西部原鄉。目前，新園里客家以來自新竹操海陸腔者居多。另外，有部分來自雲林崙背的詔安客，均已年老，僅數人而已。[40]

37 劉還月，2001，《臺灣客家族群史・移墾篇》，頁 411。南投：臺灣省文獻委員會。
38 夏黎明等，《臺灣地名辭書》卷三「臺東縣」，頁 265-267。
39 綠島鄉中寮、南寮多為漁民，公館居民務農為主，移居臺東市的公館人多集中於豐田里。訪談林伍生，2009.11.10。
40 訪談新園耆老吳旭光先生，2009.11.10。

**2. 卑南鄉**

日治時期的卑南區，包括卑南、知本、呂家、檳榔樹格、北絲鬮、美和等。1930 年，人口 6,223 人，客家 283 人，不及一成。1974 年，原屬卑南鄉的富岡、岩灣、南王、卑南、南榮、豐田、新園、建和、建興、知本等十個村，劃歸臺東鎮，人口由 1973 年的 10,827 人降為 1974 年的 5,288 人。卑南鄉係臺東平原的周邊地區，與臺東市區接壤的賓朗、太平、溫泉等屬於臺東市生活圈。

目前，卑南鄉 13 村共 6,425 戶有 18,392 人，據卑南國中往年之調查，在 400 名新生之中，客籍學生約 50 名，以此推估，卑南鄉客家人口約佔一成二。[41] 客家較集中的溫泉村約三成，該地與建興、建和相鄰，同屬客家族群較集中的區塊。

（1）初鹿四村——初鹿、明峰、嘉豐、美農

初鹿舊稱北絲鬮社，1944 年改今名。1954 年，分出美農、嘉豐二村；1970 年又分出明峰村。目前，初鹿村共 541 戶 1,616 人，客家百餘人，約一成。1942 年，臺灣拓殖株式會社（臺拓）在初鹿移住 70 戶本島人，該事業地因接近臺東街，移民及佃農生活安定，因而成為東部最大的移民聚落。[42] 臺拓採家族移民，每戶需提供勞動力 3 人以上，平均一戶 5 人，人數達 350 人，都具有密切的同鄉地緣特性。[43]1940 年，苗栗頭份人饒維方到初鹿「咖啡試驗所」承攬水土保持工程，因勞力不足回原鄉招攬工人，共募到 2、300 人，在初鹿形成客家聚落。光復初期到 1949 年間，來自廣東揭西的客家聚居本村梅園路一

---

41 初鹿國中學區舊屬卑南國中，此為初鹿國中獨立前調查之數據。訪談卑南國中退休教務主任陳海青主任，2009.11.20。

42 林玉茹，2001，〈國家與企業同構下的邊區開發：戰時臺灣拓殖株式會社在東臺灣的農林栽培事業〉，頁 470。國家與東臺灣區域發展史研討會。

43 鄭玄全，《臺東平原的移民拓墾聚落》，頁 77。

帶，形成一個客家小聚落。目前，梅園仍有張姓等5、6戶人家，多數講海陸腔。初鹿街區的鍾姓大家族，親族散居附近各村。

美農村 424 戶 1,009 人，客家 15 戶近 60 人，多集中於於美農、高台二個聚落。明峰即初鹿牧場所在地，有下牧場、上牧場二聚落，下牧場土地平寬，含水量足，曾經有 2、30 戶客家聚居，以種植生薑、黑豆等旱作為主，目前僅剩 2、3 戶。至於上牧場，則為閩南聚落。嘉豐村有客家 10 餘戶，均務農為業。

（2）賓朗村

賓朗村舊稱檳榔或檳榔樹格，閩南佔七成，客家、卑南族各佔一成五。[44] 本村包括十股（1-11 鄰）、下賓朗（12-15 鄰）、中賓朗（16-24，29-30 鄰）、上賓朗（25-28 鄰）等四個聚落，共 918 戶 2,671 人，客家 300 多人，較集中者為頂岩灣，頂永豐（阿里擺）也不少。頂岩灣舊稱崁頂，屬於中賓朗的 29 鄰（下庄）、30 鄰（上庄），60 戶中客家居其半數。日治昭和年間，來自新竹、苗栗的腦丁，在當地以採樟製腦為業。1940 年代，本島人大量移入頂岩灣後，原住民全部遷出其地。目前，以羅姓、曾姓為大家族，曾家第一代到頂岩灣的曾廷合、曾敬松等人即為腦丁，其後人現仍活躍於當地。[45] 沿台九線的賓朗國小、派出所附近，以及頂永豐（當地人通稱「阿里擺」）等處，客家各有 10 幾戶。[46]

（3）太平村、泰安村

太平村舊名大巴六九，與臺東市豐田里接壤，為卑南鄉治所在，係本鄉人口最多的村落。全村 1,248 戶 3,605 人，其中福佬 2,429 人，原住民 899 人，客家約 250 人，散居各處，旱作以釋迦、茗葉為主。「乾礁窟仔」係當初漢人

---

44 邱彥貴等，2001，《臺東縣史・漢族篇》，頁 308。臺東：臺東縣政府。
45 訪談頂岩灣曾有賢、曾宏賢等先生，2009.9.28。
46 訪談賓朗者老李不纏，2009.12.15。

移民的大本營，多為學甲、將軍人。太平榮家住戶以外省老兵為主，1966 年，外省人有 9,206 人，1980 年 5,729 人，1990 年 5,208 人。目前，太平榮家兼收容八二三砲戰及臺籍老兵約 300 人。泰安村係 1970 年 1 月 1 日由太平村析設，現有 517 戶 1392 人，客家不到 10 戶，早年有苗栗人在本村經商兼收香茅油為業，另有數戶分散村內，漢人以閩籍較多。

（4）溫泉村

　　溫泉村係 1954 年自建和村分出，位於知本溪千歲橋以西，包括鎮樂、溫泉、內溫泉、水滄、樂山（藥仔山）等聚落，早年以墾山、伐木為生。日治時期，林光星曾在鎮樂種植鳳梨、柑橘並飼養豬、牛。1959 年八七水災後，陸續有彰化等地受災戶移入，而在鎮樂林光星家打零工者 10 餘人，[47] 日後就近定居，逐漸形成聚落。本縣六堆客家大老吳金玉，也曾在該地經營農場，擁有大片土地。1963 年，臺東縣開始推廣茶作，在卑南鄉溫泉村海拔 500 公尺以上地區試種茶苗，但因農民兼種桶柑而影響品質，以致茶園荒廢。[48] 目前，溫泉村客家約 400 人，佔全村 1,296 人中的三成。本村受天宮主祀玄天上帝，同時供奉神農大帝，信眾約 6、70 戶。[49] 知本溪南側的溫泉區，包括溫泉、內溫泉等觀光區，日常通用閩南語，客家族群隱而不顯。[50]

---

47 1956 年林光星知本米廠失火，其後出售米廠，另在溫泉村鎮樂購地共六甲，招工開墾。

48 同時推廣地區為鹿野鄉永安村高台，詳下。臺灣省文獻會，1999，《臺灣地名辭書》卷三「臺東縣」，頁 175，江美瑤撰「鹿野鄉」。南投：臺灣省文獻委員會。

49 趙川明編，2002，《知本溪流域》，頁 74-75。臺東：臺東縣政府。

50 訪談溫泉謝芳綺，2009.10.20。

### （二）客家族群的產業與信仰

#### 1. 產業

臺東平原的漢族移民，郊區多南部學甲、將軍人，[51] 港區及市區多綠島及中南部人，閩多於客。客家族群之中，北部客集中於市郊農業區。卑南大圳通水後，沿各支線及灌溉溝渠分布的客家族群，以稻作為主。其餘，旱作以釋迦、荖葉居多。六堆客多集中於都會區，多從事工商、公教。少數世居市區的農民，其田園多在郊區。

卑南鄉位於臺東平原外圍，多屬丘陵、山坡及河埔地，因水利設施不足，墾成水田之地有限，旱作以釋迦為主，其餘為荖葉、茶葉、枇杷、柿子、柑橘等雜作，農民通常飼養家禽、家畜為副業。本鄉畜牧業頗盛，初鹿牧場、原生應用植物園，均在本鄉明峰村內；富源、利吉則放牧山羊。1960 年代，香茅產業曾盛極一時。1970 年代，卑南鄉人口超過 58,000 人，香茅業沒落後，人口逐年外移。[52] 目前，當地以種植釋迦為大宗，其餘為茶葉、荖葉、枇杷等。

產業變遷，明顯影響客家族群之分布。以頂岩灣為例，1930 年至 1950 年間，以旱稻、玉米、花生、甘薯等作物為主。1950 至 1960 年代，以經濟作物香茅為主。1960-1970 年代，鳳梨、甘蔗取而代之。1978 年開始種植釋迦，是目前當地最大宗的農產品。1987 年，開始生產高接梨，產值僅次於釋迦，其次為柿子。當地有釋迦、水梨集貨場，產銷系統完善。頂岩灣的客家聚落雖然不大，但其生產技術、產銷管理均頗具規模。[53]

---

51 1923 年，臺南學甲人王登科來到臺東，1925 年與臺東製糖合作，負責供應原料甘蔗，並成立王農場（1940 年改稱「國本農場」），因勞力需求返鄉招徠大批同鄉移住臺東支廳。趙川明，2001，《臺東縣史・人物篇・王登科》，頁 157。臺東：臺東縣政府。

52 訪談初鹿野鍾源貴先生，2009.8.12。

53 訪談頂岩灣羅傑先生，2009.9.10。

### 2. 信仰

　　與客家原鄉信仰有關的寺廟，臺東市區僅「神農宮」一處，供奉神農大帝，信眾以市區農民、糧商、中藥商、糕餅業者為主。此廟係早年臺東街區客家族群集資興建，唯參與其事者多已凋零，目前僅剩數人而已。「神農宮」係屬鸞堂系統，不定期起乩為信眾解決疑難問題。[54]

　　初鹿村梅園路附近有鎮東宮，俗稱媽祖廟，為當地信仰中心。其祭祀圈涵蓋初鹿、明峰、嘉豐、美農等村落。信徒之中，六成為來自嘉義（太保鄉）、雲林（元長、北港）、彰化（埤頭）的閩南人，二成為來自苗栗的客家人；另外二成為卑南族原住民。[55] 位於太平村的文衡殿，主祀關聖帝君，祭祀圈包括泰安、太平、豐田等村，信眾閩、客皆有。

## （三）小結

　　臺東市和卑南鄉地處本縣核心地帶，客家族群分布於偏向西南方的農業區，包括豐源、豐里、康樂、知本、建和、建興、溫泉等地區；市區因人口移動頻繁，客家所佔比例偏低，新近發展起來的都會住宅區，如豐榮、豐谷等客家所佔比例下降尤速。就臺東街區而言，客家族群所佔比例日治初期約 16%，日治末期約 26%，2009 年不及二成。卑南鄉因地形起伏，缺乏水源，不利大面積的農業生產，客家族群向來不多，除溫泉、頂岩灣外，並無較集中的聚落，而頂岩灣因受地形條件所限，聚落發展空間有限。

　　臺東市一向為客籍人才薈萃之地，公務機構、工商實業、文化教育等各領域人才輩出。因地利之便，來自高屏地區的六堆客移墾臺東時間較早，除農墾

---

54 訪談者老賴信安先生，2009.11.10。
55 趙川明，1996，《臺東寺廟專輯》，頁 79。臺東：臺東縣立文化中心。

外，多數以公教、工商業為主，集中於臺東市，與北部客相較之下，其社會經濟地位一般較具優勢。

## 四、縱谷區的客家族群

日治大正年間，於1915年11月設「里壠支廳」，轄區約當現今池上、關山、鹿野三鄉鎮。當時，在臺東廳四個支廳中，客家族群以臺東支廳的600人最多，其次為里壠支廳的254人。1925年後，里壠支廳客籍1,147人，超過臺東支廳的976人。就里壠支廳言，粵籍亦超過閩籍的961人，而略顯優勢，但在鹿野、池上仍以閩籍居多。到1938年，里壠支廳的客籍增為4,151人，閩南為2,541人，確立縱谷區客家優勢的局面。[56] 日治時期移入縱谷區的客家族群，以原籍為新竹者居多。光復後，延續1935年以來的移民潮，移入者以苗栗居多。[57]

### （一）客家族群的分布

#### 1. 池上鄉

池上鄉十個村，共3,224戶9,319人，客家約3,200人，佔全鄉三成，多來自新竹、苗栗及花蓮。由於地緣關係，池上鄉外來人口以花蓮縣最多。以1956年為例，全鄉9,718人中，以來自花蓮縣的370人居首，苗栗縣244人次之，新竹縣204人又次之。1966年，本鄉人口14,363人中，外來人口亦以花蓮縣的700人居首，苗栗縣485人居次，新竹縣265人第三。[58] 本鄉人口高峰期為1970年的15,946人至1975年15,832人，其後逐年遞減，現已不足萬人。

---

56 邱彥貴等，2001，《臺東縣史·漢族篇》，頁23-34。臺東：臺東縣政府。

57 邱彥貴等，《臺東縣史·漢族篇》，頁31。

58 鄭全玄，2002，《臺東平原的移民拓墾與聚落》，頁126，東臺灣叢刊之三。臺東：東臺灣研究會。

與全盛時期相較之下，外移達三分之一。

　　就池上鄉客家分布而言，以福原村 900 多人居首，佔本鄉全部客家三分之一，慶豐村及新興村各約 450 人次之。萬安村客家 300 多人，佔本鄉客家雖僅一成，但本村客家比例超過八成，居全鄉之冠。客家人口最少者為大坡村，只有 2、30 人。

　　整體而言，池上鄉閩南族群佔四成，略多於客家的三成三，其餘原住民約佔二成半。外省人方面，1953 年有 578 人，多集中於福文、新興二村的「共同生活戶」及「共同事業戶」。其有家眷者，在福文成立東欣一村、東欣二村，在新興村有東欣三村以及福原的東欣四村。[59]

（1）福原村

　　福原村共計 853 戶 2,456 人，其中客家 900 餘人，佔全村人口三成八，多來自新竹、苗栗，其移入時間始於日治大正、昭和年間，而以光復初期的民國 4、50 年代最多。閩南及其他漢人 438 戶 1,261 人，超過五成一；阿美族 79 戶 227 人，將近一成。東欣四村，為外省眷村。街區客家經營茶行、藥房、米廠、百貨店、飲食店等，公教、服務業及退休人員亦復不少。[60]

（2）福文村

　　福文村與人口密集的福原村相鄰，範圍包括萬朝、山腳等農業區，共計 591 戶 1,638 人。客家約 240 人，佔一成四，與阿美族 89 戶 266 人相近。客家以來自新竹、苗栗的北部客為主。閩南 408 戶 1,097 人，約佔六成七；外省集中於東欣一村、東欣二村。玉清宮為本鄉信仰中心，其「敬字亭」象徵客家「敬惜字紙」的文化傳統。

---

59 本文池上鄉及關山鎮部分，其人口數據為 2009 年 9 月資料。參看附註 5。
60 訪談池上震峰茶行彭兆璋，2008.10.18。

（3）慶豐村

　　慶豐村於 1950 年自大坡村分出，有 279 戶 874 人，客家約 450 人，超過五成，集中於台九線兩側，四縣、海陸兩種腔調皆可通行，是頗具田園風味的客家庄。另五成人口中，閩南約佔三成二，阿美族屬少數。

（4）大坡村

　　大坡村包括有大坡、崁頂、北溪、南溪等聚落，位於海岸山脈西側丘陵地帶。阿美族 308 人，佔全村七成三，集中於崁頂；客家、閩南相對較少。客家僅六、七戶 30 人左右，聚居於北溪。1940 年代，大坡山上已有香茅園及香茅寮，1960 年代香茅業全盛時期，臺東香茅油行情之報價，即以池上、長濱為中心。1970 年代後期，香茅產業沒落，農民紛紛轉作原料甘蔗、鳳梨等。1980 年代糖業沒落後，改種桑養蠶。不久，養蠶業亦式微。[61]

（5）大埔村

　　大埔村包括大埔、陸安兩個聚落，計 331 戶 1,039 人。靠近大埔山下的陸安，阿美族佔八成，是由原居大埔的阿美族移來所形成的聚落，因其自認應屬於大埔村，遂形成大埔村的飛地。大埔聚落與福原相鄰，阿美族 169 戶 503 人，佔四成八以上；閩南及其他近 300 人，佔二成七。客家 70 戶約 240 人，佔二成多，主要來自新竹、苗栗。日治大正年間，大埔係本島人移民村，形成集村式的聚落，其耕地多分散於萬朝等地。村內「闡德宮」係一貫道道場，信眾遍及玉里至臺東等地，以客籍居多。[62]

（6）新興村

　　新興村包括上新興、下新興、東欣三村、臺東農場等聚落，共 362 戶 1,053 人。客家約 450 人，佔四成一，大都來自新竹、苗栗。閩南及其他 141 戶 421 人，

---

61 池上鄉公所，2001，《池上鄉志》，頁 510。池上鄉公所。

62 夏黎明等，《臺灣地名辭書》卷三，頁 107，夏黎明「臺東縣‧池上鄉」。

佔三成九。阿美族有 66 戶 171 人，佔一成六。新興村俗稱「舊移民」，[63] 原係日本人移民村，但因風土病、糧食不足等問題紛紛離散。日治時期，本村即有浮圳，1925 年何阿坤入墾新興，闢成水田，其家族因人多曾有「打鐘吃飯」的盛況，形成客家聚落。[64]

（7）錦園村

錦園村包括新開園、鳳梨園兩個聚落，共 158 戶 426 人，客家約 240 人，佔五成六，多來自苗栗，新竹次之。閩南及其他約 170 人， 佔三成九左右，阿美族 4 戶 15 人屬於少數。村內保安宮供奉五穀爺， 係臺東地區三個主祀神農大帝的寺廟之一。[65]

（8）萬安村

萬安村包括龍仔尾、萬安、溪埔、魏厝等聚落，共 146 戶 395 人。客家 120 戶約 330 人，佔八成二以上，新竹多於苗栗。閩南及其他約 50 人，佔一成。阿美族 20 人，屬少數。本村以魏姓為大家族，開基祖魏建鼎來自新竹，1932 年率 10 子在萬安落戶，墾田力耕，子孫繁衍超過 400 人，[66] 通稱「魏厝」，[67] 家族佔全村人口三分之一以上。本村萬安圳由當地居民開鑿，水源來自萬安溪，自成一獨立水系，利於發展有機農業。

（9）富興村

富興村包括水墜、[68] 山棕寮、石公厝等聚落，係平地與丘陵接壤處，共 177 戶 504 人，客家、原住民、閩南各佔三分之一。客家約 170 人，佔全村人

---

63 夏黎明等，《臺灣地名辭書》卷三， 頁 107，夏黎明「臺東縣‧池上鄉」。
64 訪談新興何添通先生，2008.10。
65 趙川明，1996，《臺東寺廟專輯》，頁 119。臺東縣立文化中心。
66 訪談魏建鼎孫女魏英花，2009.11.30
67 夏黎明等，《臺灣地名辭書》卷三，夏黎明「臺東縣‧池上鄉」，頁 110。
68 「水墜」係以水力舂米的設備，一般習稱富興為「水墜仔」。

口三成四以上，大都來自新竹。閩南及其他約 170 人，佔三成四，與客家相當。阿美族有 50 戶 156 人，亦近三成。

客家聚落沿 197 號縣道分布，呈散居型態。山棕寮、石公厝位在山區，1960 年代香茅業全盛時期，人口增加，曾設有小學的分班，共計四個班。但隨著香茅產業衰落，分班裁撤，已盛況不再。[69]

（10）振興村

振興村包括振興、嘉文、嘉武、泥水溪、白毛寮等聚落，共 183 戶 512 人。客家近 80 人，佔一成五。閩南（含平埔）近 80 人，佔一成五。阿美族 120 戶 347 人，佔六成七。本村位於池上鄉最南端，地勢起伏較大。1960 年代盛產香茅，人口多到足以成立分校，共三個班級。香茅業沒落後，改種原料甘蔗，目前山坡地闢成水田。嘉武聚落客家居多，大都務農為業。

**2. 關山鎮**

關山鎮七個里，共有 3,202 戶 9,875 人，客家約 4000 人，佔四成以上。自 1930 年以來，關山即以客家為多數，在德高、豐泉、里壠、新福等里，客家是戶數比較高的族群。光復之初，關山各里客家戶數為：德高里 213 戶（佔 43%）、豐泉里 67 戶（41.9%）、中福里 60 戶（39%）、里壠里（43.2%）、新福 63 戶（34.4%）、電光里 43 戶（19.8%）、月眉里 88 戶（37%）。[70]

1950 年，關山人口 6,292 人，至 1963 年為 14,514 人，12 年間增加一倍，其中漢族 10,172 人，原住民 3,101 人，外省人 1,241 人。據 1956 年統計，外來人口之本籍：新竹縣 191 人，苗栗縣 247 人；1966 年，新竹縣 161 人，苗栗縣 647 人。苗栗多於新竹，情況與池上鄉相似。[71] 就客家分布而言，德高里、

---

69 訪談富興村羅菊妹村長，2009.10.5。
70 施添福，2002，《關山鎮志》（下冊），頁 496。臺東：關山鎮公所。
71 施添福，《關山鎮志》（下冊），頁 494。

里壠里人數超過千人，新福里、中福里、豐泉里各有 4、500 人，月眉里、電光里各 200 多人。

表 2：民國 52 年關山鎮各里族群戶口數及客家戶數比（單位：戶）

| 村里 | 阿美 | 平埔 | 外省 | 閩南 | 客家 | |
|------|------|------|------|------|------|------|
| 德高里 | 156 | 8 | 60 | 55 | 213 | 43.0% |
| 豐泉里 | 12 | 36 | 17 | 27 | 67 | 41.9% |
| 中福里 | 1 | 9 | 21 | 63 | 63 | 39.0% |
| 里壠里 | 6 | 28 | 27 | 38 | 76 | 43.4% |
| 新福里 | 24 | 5 | 49 | 42 | 63 | 34.4% |
| 電光里 | 110 | 10 | 12 | 71 | 43 | 19.8% |
| 月眉里 | 7 | 20 | 3 | 120 | 88 | 37.0% |

資料來源：江美瑤《日治時代以來臺灣東部移民與族群關係：以關山、鹿野地區為例》，頁 57。
師大地理研究所碩士論文，1996。

關山鎮各聚落之形成，與客家舊產業相關者，包括樟腦、咖啡、紙業、伐木、香茅等。樟腦方面：1919 年，臺灣製腦株式會社曾經在里壠山下花東公路旁設立事務所，後改為臺灣製腦株式會社收詰所，1929 年結束營業。留下來的腦丁，在今關山鎮里壠里隆興形成聚落，屋舍分布於鐵道兩旁，全聚落皆為客籍移民，本籍主要是龍潭、楊梅、平鎮、新屋、頭份等。

咖啡方面：1937 年，關山庄東臺灣咖啡產業株式會社計畫在雷公火的山坡地栽植咖啡。1939 年，東臺灣日之出農場成立，800 多甲土地需要大量勞力，會社至西部新竹州招募移民，咖啡會社中的客家比例近五成。

紙業方面：1938 年，杉原產業株式會社在今關山鎮永豐餘紙廠的西北方建造紙漿工場，招募日本移民並提供場內宿舍。同時，也雇用本島人，但不提

供宿舍，臺籍工人多在附近租屋或自建房舍。1946 年 10 月，紙廠復工創造許多就業機會，吸引許多外來移民，發展成聚落。長興是因木材工業而興起的聚落。電光里昔日咖啡會社的農場，1960 年代香茅種植面積增加十分快速，外來人口激增，使得東興、中興、南興等聚落人口大增。[72]

（1）德高里

德高里位於關山鎮北端，包括東庄、西庄、北庄（忠慶、東明）、頂庄、日新、永豐、永盛等聚落，現有 672 戶，2,148 人，客家佔四成七，是最大族群；阿美族佔三成一，閩南及外省佔一成九。德高里客家來自苗栗者四成，來自桃園者三成半，來自新竹者二成半。德高里原係河埔砂礫地，日治時期屬糖廠會社地，已陸續拓墾，光復後大同農場老兵入墾，1958 年關山大圳完工通水後，荒埔逐漸闢成水田，目前已成為水稻專業區。

永豐舊稱下庄，日治末期已有 30 戶 172 人，客家居其半數。永豐以東的東庄，即德高國小附近，亦以客家為主。目前，永豐、東庄之阿美、客家約略各半。永豐北方的頂庄，日治昭和年間即有來自新竹州竹東、中壢之客家入墾，當時僅 10 戶 55 人。光復後，新竹、苗栗客家陸續移入，頂庄成為單一客家族群聚落。

頂庄以北、鐵路以東的東明、忠慶、日新、西庄等聚落，以往均屬「北庄」範圍，[73] 大多來自新竹、苗栗，少部分為福佬、阿美。西庄客家族群係光復後 1950-60 年代移入者，永盛則為 1960 年代苗栗客家墾民形成的聚落。

（2）新福里

72 廖秋娥主編，2006，《客族：縱谷關山尋客族》，頁 24-28。臺北：行政院客家委員會。
73 北庄已在門牌號碼中消失，但一般人仍習慣沿用舊名。夏黎明等，《臺灣地名辭書》
　　卷三，江美瑤「臺東縣・關山鎮」，頁 136。

　　新福里包括順興、溪埔、新福等聚落。現有 392 戶 1,201 人，客家約 550 人，佔四成六，集中於 1-6 鄰。第 6 鄰即新福聚落，多來自苗栗。[74]閩南及外省佔二成二，阿美族約佔三成二。其中，10、13、14 鄰為阿美族，7、8 鄰為外省人。本村大同農場農莊之外省人，僅次於客家與阿美族。

（3）豐泉里

　　豐泉里包括本源、昌林、長興、豐田路等聚落，現有 456 戶 1,458 人，客家約 500 人，佔三成四，多數來自苗栗。閩南及外省約 230 戶 760 人，約佔五成二，豐泉里閩南多學甲人，是和王登科長兄王獻同來關山開墾者。阿美族 46 戶 128 人，布農族 19 戶 76 人，均屬少數。

　　日治時期，臺東製糖會社在里壠水井仔（日治地名「泉」）有農場約 56 甲，原本委由王獻負責種蔗，因勞力不足，土地多閒置。黃拓榮於 1938 年辭去教職後，向臺東製糖承攬該農場一半的經營權，招佃種蔗，形成昌林（農場）的客家聚落。[75]

　　長興是因木材工業而興起的聚落，西部商人在長興建木材廠，開採紅石部落山區林木，因工人多商店林立，形成一個新聚落。豐泉里三民路聖德殿，主祀各行業神祇，包括木匠（巧聖先師）、鐵匠（爐公先師）、油漆業（寶聖先師），陪祀荷葉仙師、水官大帝、土地公等。

（4）中福里

　　中福里位在關山鎮街區中心，係鎮公所、天后宮、天主堂、關山國小等機關學校所在地，現有 353 戶 1,087 人，客家約 80 戶 450 人，佔四成，多來自苗栗。閩南及外省約 580 人，佔五成四。阿美族 10 戶 28 人，布農族 5 戶 28 人，均屬少數。關山鎮主要街區，客家多來自苗栗公館，早年關山鎮農會歷屆理監事

---

74 夏黎明等，《臺灣地名辭書》卷三，江美瑤「臺東縣・關山鎮」，頁 137。
75 同前書，頁 147。

亦多為苗栗公館人,因而有「小公館」之稱。[76]

（5）里壠里

里壠里除鎮內街區外,尚包括崁頂、水源、隆興（鐵路下）等聚落,現有763戶2,311人,客家近1,000人,佔四成三,多來自新竹,少數來自屏東、苗栗。閩南及外省約900人,佔四成。阿美族有91戶290人,布農族有25戶97人。水源聚落形成於1950年代,以客家為主。隆興舊稱鐵路下,原係客家單一族群聚落,1960年始有電光阿美族遷入。[77]

（6）月眉里

1918年起,臺東製糖會社招募43戶本島人入墾鹿野地區,設立本島人移民村月野（今月眉,1937年改隸關山）,其中30戶客家來自新竹州,不到一年即成為農村氣息濃厚的客家聚落。[78]1950年代中以後,中部地區閩籍移民大批入墾,漸取代客家成為優勢族群。目前,月眉里包括盛豐（昔日稱「舊車頭」）、山順（二鄰）、鐵西、中和、山富、山泉、加和（加拿典）等聚落,現有343戶943人,客家約250人,佔二成七。閩南及外省佔五成八,阿美族佔一成二,布農族10餘戶。

（7）電光里

電光里包括中興（雷公火社）、廣興、東興、南興等聚落,現有223戶727人,客家70戶200餘人,約佔三成。阿美族471人,佔六成四,係最大族群。其餘,閩南、布農近20戶。1939年,東臺灣咖啡產業株式會社在雷公火山坡地進行咖啡栽培,成立東臺灣日之出農場,總面積達841甲,派員至西

---

76 訪談者老彭信火先生,2009.10.2。
77 夏黎明等,《臺灣地名辭書》卷三,江美瑤「臺東縣·關山鎮」,頁130。
78 林玉茹,〈軍需產業與邊區移民政策的轉向:戰時臺灣拓殖株式會社在東臺灣的移民事業〉,頁458。「產業發展與社會變遷」國際學術討論會,2007年6月21-22日。

部新竹州招募移民，安置於咖啡會社（電光里廣興）、下農場（電光里南興）及三農場（電光里東興）等處，各形成小聚落，而咖啡會社向來客家居多，至今猶然。[79]1960 年代，香茅產業全盛時期，電光里山坡上幾乎全是香茅園；香茅產業沒落後，人口多數外移。

### 3. 鹿野鄉

鹿野地區多丘陵、台地及荒埔砂礫地，1918 年臺東製糖會社在鹿野、鹿寮、大原、新良等設移民村，招募移民墾地種蔗，後來發展成客家聚落。光復後，移民陸續入墾。1950 年代中，鹿野鄉成立鳳梨栽培專業區，吸引大批雲林、彰化移民。1959 年八七水災，大批災民湧入本鄉。由於外來人口增加，鹿野山區的松林曾設有分班。同時，自關山、月眉以南各聚落，閩南遂漸取代客家成為優勢族群。[80]

表 3：1963 年鹿野鄉各村族群戶口數及客家戶數比（單位：戶）

| 村別 | 阿美 | 平埔 | 外省 | 閩南 | 客家 | |
|---|---|---|---|---|---|---|
| 瑞豐村 | 1 | 1 | 25 | 218 | 43 | 14.7% |
| 瑞和村 | 56 | 7 | 21 | 25 | 63 | 36.6% |
| 瑞源村 | 83 | 21 | 75 | 44 | 69 | 23.3% |
| 瑞隆村 | 57 | 18 | 43 | 72 | 91 | 32.2% |
| 永安村 | 84 | 22 | 68 | 122 | 49 | 14.1% |
| 鹿野村 | 80 | 16 | 63 | 135 | 79 | 39.5% |
| 龍田村 | 2 | 11 | 13 | 247 | 77 | 21.4% |

資料來源：江美瑤《日治時代以來臺灣東部移民與族群關係——以關山、鹿野地區為例》，頁57。師大地理研究所碩士論文，1996。

---

79 夏黎明等，1999，《臺灣地名辭書》卷三「臺東縣」，頁 141。南投：臺灣省文獻委員會。

80 邱彥貴等，《臺東縣史‧漢族篇》，頁 31。

　　1970 年，本鄉人口達 16,034 人，創歷史新高。瑞隆客家主要來自苗栗，
瑞豐的福佬以雲林、嘉義居多，永安、龍田、鹿野則以彰化為主，移民之地緣
及鄉誼關係密切。近年來自印尼的外籍配偶，亦有客家新移民。

　　鹿野鄉七個村，大致分為平原區及高台丘陵區。平原區農產以水稻為主，
包括鹿寮溪以北的瑞隆、瑞源、瑞和、瑞豐等村；鹿寮溪以南為高台丘陵區，
包括永安、龍田二村，以鳳梨、茶葉為主。其中，客家族群較集中者，為瑞隆、
瑞源、瑞和三村。據 2005 年 4 月的調查，鹿野鄉各族群分布情形如下：

表 4：2005 年 4 月鹿野鄉各族群戶口數（單位：戶）

| | 合計 | 原住民 | 外省 | 閩南 | 客家 | |
|---|---|---|---|---|---|---|
| | | | | | 戶數 | 比例 |
| | | | | 201 | 99 | 19.6% |
| 永安村 | 473 | 29 | 8 | 371 | 65 | 13.74% |
| 龍田村 | 607 | 163 | 94 | 275 | 75 | 12.36% |
| 瑞隆村 | 412 | 102 | 48 | 99 | 163 | 39.56% |
| 瑞源村 | 397 | 154 | 33 | 73 | 137 | 34.51% |
| 瑞和村 | 272 | 150 | 4 | 38 | 80 | 29.41% |
| 瑞豐村 | 373 | 19 | 23 | 289 | 42 | 11.26% |
| 總計 | 3,039 | 784 | 248 | 661 | 1,346 | 29.02% |

資料來源：趙川明《鹿野鄉志》，頁 930。臺東：鹿野鄉公所，2007.8。又《客鄉：鹿野大原客為
　　　　鄉》，頁 34。據鹿野鄉公所提供各村戶長名冊，實地訪談地方耆老所得結果。[81]

---

81 趙川明主編，2006，《客鄉：鹿野大原客為鄉》，頁 34。臺北：行政
　　院客家委員會。

　　至 2009 年 8 月底，鹿野鄉共 3,092 戶 8,692 人，客家人口所佔比例，依次為瑞隆村四成、瑞源村三成以上、瑞和村三成、永安村二成左右；與上表大致相近。

（1）瑞隆村

　　瑞隆村包括瑞隆、新良、坪頂（二層坪）、后湖等聚落，共 429 戶 1,170 人，客家約 450 人，佔三成八。原住民 316 人，佔二成七。閩南約 400 人，佔三成四。源聖宮附近的同榮路、同心路至老人會館一帶，是本村客家密集之處。新良客家 3 戶 12 人，其中 2 戶種水稻，1 戶經營養豬場。日治時期，二層坪即有西部客家移民入墾，目前客家 10 戶、福佬 2 戶。「墾地」係客家與外省組成的聚落，因外省人日漸減少，目前以客家為主。[82]

（2）瑞源村

　　光復後移入瑞源的客家以北部客為主，香茅產業全盛時期，吸引大批北部客移入海岸山脈的山區，而在電光與鸞山之間形成仙山、木坑、溪南、溪北、頭到溪等小聚落。2005 年 4 月間，瑞源地區總戶數 809 戶，客籍約 300 戶佔三成七。其他，原住民 256 戶、閩南 172 戶、外省籍 81 戶。目前，瑞源共391 戶近千人，客家約 300 人，仍有三成。原住民 419 人，福佬 380 人，略多於客家。源聖宮附近文化街區，係客家人口密集處。沿瑞源火車站東側的廣興路，有以客家為主的聚落。

（3）瑞和村

　　瑞和村舊稱大埔尾，1967 年自瑞豐村分出，包括大埔尾、瑞興、瑞和、寶華山等，全村 282 戶 860 人，客家 200 餘人，近三成。大埔尾聚落，客家居半數以上，主要為來自桃園縣頭屋鄉枋寮坑的徐姓家族，集中於福明宮附

---

82 訪談瑞隆黎萬和村長，2009.10.1。

近。1946 年，原在花蓮縣卓溪鄉從事伐木業的黃英壽移入瑞和，開設「油車間」榨花生油。1948 年冬，黃英壽承包臺東糖廠瑞和地區甘蔗採收工作，因缺乏勞力回富里鄉竹田村僱工前來協助，這批工人見瑞和地區荒埔甚多，遂於 1949 年紛紛遷到瑞和。生活安定後，又引介親友移入，因而瑞和村有不少富里鄉竹田人。[83]

瑞和村耕地九成種植水稻，其餘種植甜玉米、甜椒、蕃茄，少部分茗葉、釋迦等。瑞和聚落內的福明宮，主祀媽祖並供奉神農大帝，為當地信仰中心，七戶仔、瑞和、寶華各有一座土地公廟。[84]

（4）永安村

永安村分為永樂（上鹿寮）、永安（下鹿寮）、永昌、永隆、永德、永興、永嶺、高台等聚落，共 619 戶 1,745 人，客家 350 人近二成，多聚居上鹿寮（永樂），當地閩、客各半。下鹿寮之客家分布於永安國小南側地區。永隆以阿美族為主，漢人沿台九線兩側散居，客家多於閩南，主要來自新竹，其中有以「劉張」為複姓者，係本地大家族。[85]

高台早期以蔗作為主，1963 年被選定為推廣茶作專業區，完成噴灌系統，轉為種茶。1967 年，關西人溫增坤到永安推廣茶業，並自設鹿野第一家製茶工廠，名為「新元昌製茶工廠」，收購當地茶農生產的阿薩姆茶葉製成紅茶，除了外銷並在農政機構輔導下產製紅茶包。[86] 此外，該地區亦栽種鳳梨、紅甘蔗、釋迦、香蕉等。近年發展觀光休閒農業，有高台茶葉展示中心、高台飛行傘等設施。

---

83 趙川明主編，《客鄉：鹿野大原客為鄉》，頁 38-39。

84 訪談瑞和徐智雄村長，2009.11.1。

85 訪談劉芳君，2009.10.1。

86 訪談鹿野溫增坤先生，2008.10.20。

（5）瑞豐村

　　瑞豐村共 383 戶 1,118 人，客家近百人，約一成。瑞豐有新豐、景豐二大聚落。新豐（1-8 鄰）舊稱新七腳川，日治初期，花蓮南勢阿美七腳川社因抗日失敗，120 戶 349 人被迫遷村至此，目前已全部他遷。1928 年，大原最大墾戶張承霖移入新七腳川，開墾山坡地 40 餘甲，吸引大批北部客前來，當年移入者高達 30 戶 131 人，為歷年漢人移入新七腳川最多的一年。目前，新豐以福佬人居多，客家近 90 人，以講海陸腔的新竹人居多。本聚落以種植釋迦為主，其他尚有紅甘蔗、香蕉、鳳梨、楊桃等。聖豐宮供奉媽祖，自雲林蛤仔寮分香而來。

　　景豐（9-16 鄰）舊稱阿緱寮，以嘉義、雲林閩籍移民居多，客家 4 戶 12 人。該聚落冬季間作種菸草，亦生產蒜、包心白、高麗菜等。當地以協天宮為信仰中心，供奉關聖帝君。[87]

（6）鹿野村

　　鹿野村包括鹿野、和平、四維、鹿鳴等聚落，共 507 戶 1,390 人，客家近 240 人，約佔一成五。鹿野車站附近街區是本村行政及商業區，係客家較集中地區，約 120 人，以南部六堆客家佔多數，經營豬肉攤、百貨店等，閩南居多數，為客家 2 倍。四維位在沿台九線的「脫線牧場」一帶，阿美族居多，客家 4 戶 12 人，農產以釋迦、水稻為主。

（7）龍田村

　　龍田村由龍田、豐田（五十戶）、九戶、湖底、馬背（馬海）等聚落組成，共 481 戶 1,354 人，客家 10 戶近 40 人，不及一成，且部分住戶已移居臺東市。龍田本是日治時期臺東製糖會社成立的鹿野移民村，移入日本農民，以蔗作為主。1922 年，為解決蔗作之勞力不足的問題，會社在移民村西側設立本島人

87 訪談瑞豐袁明貴先生，2009.10.5

移民村，興建 50 戶移民家屋，預定招募本島農民 50 戶，因而有「五十戶」之稱，但實際移入者僅 22 戶 47 人，多屬南部客。[88] 此外，又有「九戶」本島人移民村。不過，昭和年間，五十戶和九戶的移民紛紛離散，陸續有各地人遷入。1961 年，「五十戶」改稱豐田，當地人仍習稱豐田為「五十戶」。[89]

光復後，鹿野移民村日人遣返，西部移民入住。1958 年，鹿野村成立鳳梨栽培事業區，吸引彰化、雲林等地移民。因人口增加，1961 年自鹿野村分出龍田村，範圍包括日治時期的「鹿野移民村」及其東側的「九戶」。目前，水果鳳梨發展出多種口味，係本地主要產業之一。由於噴灌系統完成，近年亦有茶園。

## （二）客家族群的產業和信仰

### 1. 產業

縱谷區河谷平原，埤圳灌溉系統完善，池上、關山及鹿野平地已成稻米專業區。鹿野鄉地形起伏較大，作物逐漸多樣化，平原除水稻外，也有釋迦、紅甘蔗、玉米、鳳梨等；丘陵、台地以茶葉為主，也有香蕉、蔬菜等。

池上鄉向來以稻作為主，因「池上便當」隨處可見，「池上米」成為良質米的品牌代表，米食文化可說是縱谷區最具特色的產業。與稻米相關的產業，包括餐飲、休閒農業等亦蓬勃發展。池上萬安等地區，具獨立的灌溉水系，農田不受汙染，且土質、水質等條件配合得宜，適合發展有機農業。

日治以來，關山各項產業發達，但因產業變遷目前亦以稻米為主，以「關山米」打出形象。德高里是關山鎮最大米倉，設有大型碾米廠，新福里亦有大型碾米廠，經營者都是客籍人士。除了稻米，尚有紅甘蔗、香丁、香蕉、梅子、

---

88 趙川明，2007，《鹿野鄉志・人物篇》，頁 969。鹿野鄉公所。
89 後山文化工作協會，《臺東耆老口述歷史篇》，頁 122。臺東縣立文化中心。

高接梨、水蜜桃、草莓、蕃茄等果類。草莓係近年新興農作，栽培面積約2、3甲，除開放為觀光果園外，亦銷售外縣市。香丁、高接梨等主要在電光里，約有十五甲左右。崁頂以水蜜桃著稱。

鹿野鄉因地形起伏，向來缺乏埤圳灌溉系統，早年以蔗作為主。1956年3月，豐源圳通水後，大原地區包括瑞隆、瑞源、瑞和等耕地逐漸水田化，目前大原、鹿野等平地以水稻栽培為大宗，間雜鳳梨、紅甘蔗、甜玉米等；景豐、瑞和並產蔬菜。龍田、高台以鳳梨、茶葉為主，並以「福鹿茶」聞名。此外，觀光休閒農業亦日趨發展。

### 2. 信仰

客家族群素有「畜在欄，人在家，祖在廳，神在廟」的傳統，但在臺東移墾社會、多元文化的環境下，廟中眾神共祀而家中主祀神佛的現象相當普遍。祖宗牌位通常在神佛之側，神主牌大多只寫到上一代或上二代，年節返回西部原鄉祭祖、掃墓者，仍屬常見。

縱谷區傳統的農業信仰，有伯公及神農大帝。神農大帝（五穀爺）之信仰，以池上鄉錦園村的保安宮最早，始於清光緒9年（1883），其先是由旗山迎回神農大帝金身，供奉於萬安。其後廟址設在錦園村，在錦園、萬安、富興等聚落形成保安宮祭祀圈。信徒遍及全鄉，是本鄉歷史最悠久的信仰中心，也是臺東縣境內縱谷區唯一主祀神農大帝的廟。

伯公廟遍布各角落，池上鄉10村共計23座。慶豐村福德宮是臺東縣最大的土地公廟，客家稱為「伯公廟」，祭祀圈涵蓋慶豐、大坡兩村。寺廟信徒及管理組織幹部，客家所佔比例稍高。慶豐、萬安各有一座萬善祠，均與清末在地駐軍有關，每年農曆七月底，前往祭拜者多為客家人。

至於街區商業祭祀群，以玉清宮為中心，主祀玉皇大帝，同祀關聖帝君，祭祀圈涵蓋福原、福文、大埔、新興等村，信眾遍及全鄉，閩南多於客家，大

型信仰活動亦多。玉清宮肇建於 1948 年，前方右側有一「字亭」，為客家特有傳統信仰之一。此亭為兩層六角造型，上層有魁星神君，旁書「字交天下士，亭藏古今書」。此亭興建之原由，係 1979 年間，張乾和為建玉清宮與黃四川、黃金修及謝春堂諸先生至苗栗大湖參訪，經該地「萬聖宮」主任委員介紹，得識該廟原始設計人謝運德建築師，謝亦為客家人，因萬聖宮與池上玉清宮之建地面積接近，謝運德遂無償提供設計圖，而該藍圖之設計，面向正殿右邊為字亭、左邊為金爐，兩兩對稱，池上玉清宮仍其舊制，此即玉清宮字亭之由來，體現了客家「敬惜字紙」的遺風。[90]

池上鄉三大祭祀圈的聯庄祭祀活動，以錦園村保安宮的五穀爺與慶豐村土地公及福文村玉清宮的天公為三位主神。上元祈福、中元普渡共同進行，年底各庄自行演收冬戲完福。[91] 無論街區或村庄，信仰活動均屬自發性，與農事、土地、環境密切關連。[92]

就臺東縣而言，境內並無主祀義民爺的公廟，唯有位於池上鄉忠孝路外環道旁的私廟，係巫國源先生所有。此一奉祀於民宅中的義民爺，黑色令旗自新竹新埔義民廟分靈而來，早年經由新竹、苗栗、南投、臺東池上大坡北溪再輾轉遷至現址，歷經巫家四代，四易其地，至今奉祀膜拜。其後，又從新竹義民祖廟請來粵東褒忠之金色敕牌，陳列廟中。1995 年，登記為中華民國道教協會會員。[93]

---

90 參看黃學堂主編，《客情：客家東移池上情》，頁 37-38。又，當地耆老張勝雄、謝春堂口述。
91 邱彥貴等，2001，《臺東縣史·漢族篇》，頁 108。臺東：臺東縣政府。
92 黃學堂主編，2006，《客情：客家東移池上情》，頁 25-27，「池上客家人的信仰」（李子仁撰稿）。行政院客家委員會。
93 黃學堂主編，《客情：客家東移池上情》，頁 25-27，「池上客家人的信仰」（李子仁撰稿）。

　　由於歷經多次遷移，西部客家信仰在池上歷經 6、70 年的融合，已被屬地的池上客家信仰所取代，它是尊重的、接納的、包容的、自覺的。例如，慶豐村的建安宮，主祀開漳聖王陳元光，但客家信眾不少（包括管理委員、廟公）。除道教及民間信仰外，部分客家皈依佛教。較特別的是，池上基督長老教會的奠基者，係 1920 年來自苗栗的客籍長老蔡榮華，其家族成員均屬長老教會信徒。[94] 長老教會的教友中，客籍有 20 幾戶，佔全部信徒的一半，比例屬高。信眾除家族、親友外，也有閩南人。

　　關山、鹿野地區，以媽祖信仰較普遍，關山鎮天后宮（媽祖廟）為主要信仰中心，主祀媽祖，側殿供奉三寶佛，佛道兼祀。關山、鹿野雖無主祀神農大帝之廟，但在各庄廟如關山天后宮、月眉里中月宮、里壠里碧雲宮、瑞源源聖宮、瑞和福明宮等，均有供奉五穀先帝神位。

## （三）小結

　　縱谷區三鄉鎮的客家族群以北部客為主，多係日治中晚期乃至光復初期來自苗栗、新竹、桃園等地區的貧農或佃農，[95] 辛勤築圳開田，以糧食作物稻米為主，世守其業，流動性不大，稻米收益雖然不如經濟作物，但收入相對穩定，尚足以維持安定的生活，因而聚落發展良好，具傳統客家庄的風味。客家族群活躍於農會、水利會等組織，各類客家民間社團，如山歌班、鑼鼓班、北管八音班相當活躍，是臺東縣境內最具客家文化氣息的地區。

---

94 訪談蔡連壽先生，2008.1.10。

95 陳彩裕，1983，〈臺灣戰前人口移動與東部的農業成長〉，頁 159-160，《臺灣銀行季刊》，第 34 卷 1 期。

## 五、海岸區的客家族群

### （一）客家族群的分布

臺東海岸地區，北起長濱鄉、南至大武鄉，日治時期分屬新港支廳、大武支廳。1920年設的「新港支廳」（前為「成廣澳支廳」），轄區包括加走灣區、成廣澳區、港區、都巒區等。新港支廳歷年閩、客人口變化如下：

表5：日治時期新港支廳閩、客人口變化

| 支廳 | 族群 | 大正14 | 昭和5 | 昭和7 | 昭和8 | 昭和9 | 昭和10 | 昭和11 | 昭和12 | 昭和13 |
|---|---|---|---|---|---|---|---|---|---|---|
| 新港支廳 | 福建 | 379 | 622 | 683 | 771 | 895 | 1,125 | 1,260 | 1,435 | 1,621 |
| | 廣東 | 371 | 503 | 557 | 624 | 653 | 748 | 801 | 1,088 | 1,315 |

資料來源：大正4年-昭和9年《臺灣現住人口統計》；昭和10年-昭和16年《臺灣常住戶口統計》；昭和18年《臺灣戶口統計》，臺灣總督官房調查課。昭和5年《國勢調查結果表‧州廳篇‧臺東廳》，臺灣總督官房臨時國勢調查部。

新港線三鄉鎮的漢族，早先移入者當為漁民、商販，農業移民較晚。光緒年間，內埔人溫泰坤已到成廣澳經商，1932年新港築港完成，恆春、綠島閩籍漁業移民大量移入；成廣澳則日漸沒落。1916年，客家腦丁來到東海岸；昭和年間，苧麻、香蕉、柑橘等經濟作物的推廣，吸引雲林、彰化、嘉義等地移民，形成福佬優勢局面。成廣澳、新港等處以六堆客居多，北部客分布成功街區及長濱、東河等地。海岸區由於背山面海，溪流短促，地形切割零細，耕地狹小，聚落孤立。除太麻里香蘭外，海岸區客家零星分布，並無明顯客家聚落。

### 1. 長濱鄉

　　長濱鄉由北而南依次為樟原、三間、忠勇、長濱、竹湖、寧埔等六村。日治中晚期的樟腦業，光復初期的香茅業及稻作，使長濱鄉人口大增，1970 年達 16,455 人。1970 年代中期以後，人口逐年遞減，目前人口 2,906 戶 8,502 人，客家約 280 人，不及一成，且半數集中於長濱村街區。

（1）樟原村、三間村

　　樟原村係臺東縣最北端的村落，有樟原、北溪、中溪、小嘉義等聚落。日治大正年間，樟原焗腦業發達，專賣局玉里出張所在樟原設有樟原收納所，樟腦從業者形成客家聚落。樟腦業全盛時期，樟原客家多達百人。1937 年，日本松本苧麻會社自苗栗公館、後龍招募 30 戶客家移民到北溪山上種苧麻，[96] 現仍有數戶仍在北溪山上。民國 50 年代，改種香茅；民國 60 年代，轉作柑橘。民國 76 年，停採樟腦，樟原客家只剩零星幾戶。[97] 其後，曾有農會派人前來推廣麻竹、百香果等，但卻未前來收購。目前，樟原客家僅數戶沿台 11 線居住。

　　三間村由南溪（加祿）、小嘉義‧水母丁（仙洞、八仙洞）、大俱來、三間屋、熊崙（深崙）、真柄等聚落組成。目前，三間村人口 538 戶 1,599 人，原住民 1,458 人，閩南 197 人。客家 6 戶 20 多人，多聚居南溪。

（2）長濱村、忠勇村

　　長濱村由閩南、阿美、客家、外省四大族群組成，總人口 854 戶 2,530 人，客家約 30 戶 130 人，多集中於街區沿舊台 11 線兩側，經營小生意、賣菜、肉販、小吃、外燴、板模、飲料、菸酒、代書、土木工程等行業，多為來自新竹州的北部客，也有不少來自南部的六堆客。[98]

---

96 臺灣省文獻會，1999，《臺灣地名辭書》卷三「臺東縣」，頁 31。南投：臺灣省文獻會。
97 訪談長濱腦丁范楊金，2009.10.30。
98 訪談長濱村長石重美、耆老張新才先生，2009.9.18。

　　忠勇村位於長濱村西側山腳下，由下山崙、上田組、犁頭尖等聚落組成，人口 248 戶 719 人，忠勇村閩南（含平埔）佔七成，多數姓潘。客家 10 戶約 30 人，不到一成，多為腦丁之後裔，也多有經營香茅業之經驗。1938 年，日人招募 30 多戶閩、客移民到忠勇村西側山區種香蕉。光復後，移民改種香茅。[99]1970 年代，全村 200 戶之中，客家人約 30 戶，人數上百。香茅業沒落後，改種柑橘類，而水田多休耕或只耕作一期。本地客家多為來自南投、銅鑼、新竹的北部客，且多有同鄉或姻親關係。上田組係光復初期自東河興昌移來的阿美族聚落，其中有少數客家因三七五減租而到此地耕作者。犁頭尖為榮民、閩南、阿美、客家等混居的小聚落。[100]

（3）竹湖村、寧埔村

　　竹湖村有南竹湖、竹湖、移民路等聚落，398 戶 1,197 人，客家人口 6 戶24 人，劉姓經營雜貨生意，蕭姓、陳姓務農，平常多外出謀生，戶籍在、人不在，年節或投票日才回竹湖。移民路約 18 戶，為南投移來種香蕉的閩南人，現多改種柑橘類。

　　寧埔村人口 566 戶 1,197 人，客家 13 戶近 40 人，多數分布於台 11 線兩側。其中，1 戶在山上種果樹，1 戶漁民，1 戶退休公務員操海陸腔。1 戶黃姓人家經營民宿，亦操海陸腔。[101] 本村城山社區，有臺東唯一的三山國王廟，但目前客家僅剩 1 戶，信眾以平埔族為主。

---

99 臺灣省文獻會，《臺灣地名辭書》卷三「臺東縣」，頁 31。
100 訪談長濱張新才先生，2009.10.30。
101 訪談黃教賜先生，2009.9.10。

## 2. 成功鎮

臺東縣成功鎮 8 個里，共 5,628 戶 16,511 人，阿美族 8,941 人，佔五成四；漢族 7,570 人，閩南（平埔）三成，客家一成多，外省不及一成。本鎮三民、忠仁、忠智各里客家均超過一成，[102] 據民國 35 年 10 月的統計，外來人口的本籍：屏東縣 249 戶，新竹縣 45 戶，苗栗縣 41 戶，桃園縣 29 戶，足見六堆客仍是成功鎮客家的主要成員。[103]

（1）博愛里、忠孝里

博愛里位於成功鎮最北端，原屬忠孝里，光復後鎮長馬榮通將重安溪以北阿美族居住區設為博愛里，包括宜灣、重安等現有 312 戶 865 人，阿美族人超過九成七。客家在宜灣 2 戶、重安 1 戶，均經營雜貨生意。[104]

忠孝里由小港、美山、玉水橋、石雨傘等聚落組成，現有 504 戶 1,425 人，阿美族佔八成，漢人則閩南多於客家。[105] 小港舊稱成廣澳，俗稱「澳仔」，係一天然小港口，是漢人在東海岸最早登陸之處，亦即溫泰坤「廣恆發」所在地，遺址已成當地文化地景。目前，在籍客家約 70 人，務農為業。其中，美山客家 4 戶 30 人，在山坡地栽種柑橘。玉水橋客家 2 戶，種菜及放網捕魚。

（2）三仙里

三仙里由白守蓮、芝田、高台、基翬四個聚落組成，現有 629 戶 2,076 人。白守蓮係背山面海之小平地，客家約 30 戶，芝田約 10 戶，總計 40 戶近百人。山坡地帶，早期有自西部移來種生薑者，現種柑橘、麻竹等，少數捕漁為業。

---

102 客家人口比例，據訪談成功鎮耆老王河盛先生推估而得，2009.10.。
103 邱彥貴等，2003，《成功鎮志》社會文化篇，頁 218。成功鎮公所。
104 訪談博愛里長葉聰義、耆老王河盛先生，2009.9.20。
105 訪談忠孝里長陳文俊、耆老王河盛先生，2009.9.20。

高台係阿美族部落，少數客家在山上種柑橘。基翬為阿美族及閩南人混居之聚落。[106]

（3）三民里

　　三民里包括街區、丘陵地帶、富榮路的柑仔山，現有 1,119 戶 3,451 人，是成功鎮人口數最多者。客家約 60 戶 320 人，其中柑仔山有南部客宋、李、邱、林等 10 餘戶，1 戶張姓閩南人係宋氏姻親。臍橙為柑仔山主要經濟作物，品質較他處為優，價格亦較高。三民里東端街區客家近 50 戶，多半經營小生意。[107]

（4）忠智里

　　忠智里全屬街區，以中華路為主，包括中山路、民生路、大同路之一部分，現有 757 戶 2,445 人，多為從事漁業及經商的外來移民。客家 80 戶 300 多人，南部客居多，以販售雜貨、電器及小吃店為主，少部分從事漁撈業，一部分在忠仁里菜市場做買賣。[108]

（5）忠仁里

　　忠仁里包括成功鎮港區，以及海岸南側的麒麟部落，現有 946 戶 2,941 人。客家約 100 戶 400 人，散居中華路兩側，經營小生意，部分為上班族及公務員，成功宋安邦家族即在忠仁里。麒麟為阿美族部落，是柑仔山宋番古家族在東部的開基地，當地現有客家約 10 戶，3 戶在山上務農。柑仔山宋家在本處街區經營餐廳。此外，新港、漁民村（日治漁業移民村）等聚落，以來自綠島及恆春的閩籍漁民居多。[109]

---

106 訪談三仙里長陳明德、耆老王河盛先生，2009.9.20。
107 訪談三民里長王東吉、耆老王河盛先生，2009.9.20。
108 訪談忠智里長林暐凱、耆老王河盛先生，2009.9.20。
109 訪談忠仁里長吳清展、耆老王河盛先生，2009.9.20。

（6）和平里、信義里

　　和平里位於忠仁里與信義里之間，係阿美族世居地，光復後馬榮通將之設為一里，現有 654 戶 922 人，阿美族佔九成二以上。和平的主要聚落有八邊、和平、嘉平、坎頂等，客家約 20 人均住八邊，務農為主，早期種植甘蔗及水稻，丘陵地帶種香水茅。目前丘陵地種植檳榔，水田多休耕。[110]

　　信義里包括豐田、豐泉、都歷、北新、新村、小馬、隧道口、溪口等聚落，現有 707 戶 2,386 人。豐田的 3 間商店，2 間為新竹彭姓客家所經營，其家兼務農；另一為閩南人所開。小馬 1 戶客家，經營米廠兼雜貨生意，都歷以阿美族為主，是信義里中客家較多的地區。[111]

### 3. 東河鄉

　　東河鄉 7 個村，由東河、興昌、隆昌、都蘭，以及泰源盆地的泰源、北源、尚德等七村組成，現住 3,491 戶 9,522 人，閩南 3,500 多人，外省千餘人。客家 300 戶約 900 人，近一成，主要分布於都蘭街區、泰源盆地周邊山區。1970年，東河鄉之香茅栽培面積達 897 公頃，超過長濱鄉之 352 公頃，收穫量居臺東縣首位，當年東河鄉人口達高峰期的 19,381 人，為目前人口的二倍。香茅主要產地為二線（興昌村）、五線（都蘭村）、銅礦（尚德村）、北源等，當地客家均係光復後自苗栗後龍、通霄、銅鑼等地移入之茅農。1970 年代，香茅業落沒後，多數遷移他去。東河村原住民佔八成，閩南約二成，客家不到10 戶。

（1）都蘭村

　　都蘭村為本鄉最大的漢族聚落，由都蘭街區、三線、四線、五線、[112] 郡

---

110 訪談和平里長吳泰山、耆老王河盛先生，2009.9.20。
111 訪談信義里長吳添安、耆老王河盛先生，2009.9.20
112 東河鄉山區各產業道路以一線、二線至五線命名，附近聚落亦沿用其名。

界等聚落組成，全村 970 戶 2,653 人，客家近 540 人，佔二成，集中於街區、五線。街區客家以經營小吃、百貨等為主，五線客家均係來自苗栗通霄的同鄉親友。1960 年代初，香茅業極盛時期，自苗栗通霄移來近百戶茅農，在五線一帶形成聚落，有香茅寮數座，[113] 是本村客家較集中之處。香茅業沒落後，移民逐漸離散，目前僅剩 10 餘戶 30 多人，經營釋迦、梅子、椰子等旱作，一戶養豬為業。

（2）北源村

自泰源橋到花東縣界，東富公路兩側 20 公里範圍內均屬北源村，現有居民 751 戶 2,013 人，客家約 40 戶 200 人，佔一成，集中於北源（1-16 鄰）、美蘭（17-34 鄰）、北溪（35-47 鄰）等聚落，另有部分散居柑仔林、咖啡園、順那、花固、德高老、金都來等小聚落。

1960 年代香茅業全盛時期，北源客家近百戶，在花固、順那等原住民聚落外圍丘陵地帶形成散居聚落。這些客家墾民，初時以打零工、種甘薯、樹薯、玉米、花生等雜糧維生。其後，逐漸向原住民購地種香茅。香茅業沒落後，改種水果。然而，住戶多數遷往他處。目前，北源村客家 20 多戶，以美蘭、花固、順那等聚落較集中，種植文旦、臍橙、香丁等柑橘類。[114]

（3）泰源村、尚德村

泰源村現有 544 戶 1,720 人，街區經商者以福佬居多，客家約 50 人，主要來自苗栗，散居泰源盆地各聚落。尚德村原名「南坑」（南溪），1959 年八七水災後，大量災民入墾其地，其後退輔會開發隊在本地開墾，居民增多，1969 年自泰源村分出尚德村。目前，尚德村人口 109 戶 274 人，客家約 20 人。

---

113 目前尚可見到鋁製炊桶一只。
114 訪談邱紹榮、江運金等，2009.10.2。

1960 年代香茅業全盛時期，尚德村的七塊厝、銅礦一帶，形成近 90 戶的聚落，尚德國小在這兩個聚落各成立一個分校，各有六班，學生 7、80 人。銅礦聚落客家超過半數，有黃姓人家除種香茅外，並生產麻竹筍加工外銷日本；香茅業沒落後，改種生薑、梅子等；1970 年代中，將土地賣給永豐餘紙漿廠，舉家遷回苗栗。目前，該地客家僅剩 2、3 戶，以生產梅子、生薑為主。

（4）興昌村、隆昌村

興昌本係原住民部落，位在東河鄉第二產業道路，俗稱二線。1960 年代初，來自苗栗的廖姓茅農，在本鄉二線買下香茅園五甲地，至 1960 年擴充至 10 甲。雇用早先住在附近的雲林人幫工，由於人手不足，這些雲林人回原鄉招徠工人，前後移來 20 戶左右，在二線形成小聚落。[115]1960 年代後期，因香茅價格不振，遂將緩坡地帶改種甘蔗，供應都蘭糖廠。1972 年，廖家以市價之半售出所有土地、房產，舉家遷移臺北，長期受雇之鄰近住戶亦隨之遷往北部。目前，二線客家僅剩 5 戶 20 餘人，務農為主，1 戶從事土木包工業。[116] 隆昌有福佬 200 餘人，客家 4 戶 20 人，以種植釋迦為主，經濟情況不錯，社區營造頗具特色。

**4. 太麻里鄉**

太麻里鄉有美和、三和、華源、北里、大王、泰和、香蘭、金崙、多良等村，現住人口 4,493 戶 12,136 人，卑南族在金崙、多良等村佔優勢，大王村以漢人、卑南族居多，阿美族、平埔族則分布美和村。客家約百戶，但相當分散。閩籍漢人多係 1959 年八七水災後來自彰化、雲林崙背、台西與嘉義等地，北里有數戶來自雲林崙背、二崙的詔安客家。目前，本鄉詔安客約有 10 戶。[117] 客家

---

115 訪談廖國樞先生，2009.8.2。
116 訪談五線陳壽雄先生，2009.10.20。
117 太麻里李謀良訪談，2009.10.30。

較集中者，以舊香蘭居首，泰和、大王兩村街區居次。其餘，美和 4 戶 20 人，華源、北里各 3 戶 10 人，金崙 6 戶 15 人，比例甚低。[118]

### （1）香蘭村

香蘭村清代稱猴子蘭，1920 年改稱今名。1930 年代，日人預定在舊香蘭至新香蘭一帶種植奎寧，土地百餘甲委由來自美濃的邱貴春經營管理，邱貴春乃招佃開墾。[119] 由於漢人日增，與阿美族紛爭不斷，日人遂將阿美族遷到南方的新香蘭，舊香蘭遂成為客家聚落。光復後，舊香蘭又有屏東縣竹田、萬丹以及高雄縣美濃等南部客移入。

1997 年 2 月的調查，舊香蘭 89 戶以客家為主，係太麻里鄉唯一以客家為主的聚落。目前，本聚落閩南、客家、外省、阿美族皆有，客家 40 戶約 160 人，佔該聚落七成。至於新香蘭聚落，則以排灣、阿美及閩南為主，閩南分布南迴公路兩側，以經商及務農為主；阿美分布於部落中央，農耕為業；排灣分布於西側近山處，狩獵為主。溪頭則以閩南為主。[120]

### （2）泰和村、大王村

泰和村是西部進入臺東平原的門戶，漢人移居較早，為本鄉較早形成的漢人聚落之一，居民多為閩籍商家。該處完全處於平地，與大王村連成太麻里最大的聚落，鄉公所、鄉代會、地政及戶政事務所等均集中於此，係本鄉商業與行政中心。泰和村客家約 30 戶 100 人，佔全村人口不到一成，多數為 1950 年代自苗栗、雲林等地移入者。

---

118 訪談舊香蘭耆老余豐田先生、太麻里耆老張肇熙先生等，2009.9.20。

119 張躍贏，1997，《太麻里紀事耆老篇：失而復得的副議長邱貴春》，後山文化工作協會《太麻里紀事》。

120 訪談舊香蘭耆老余豐田先生，2009.9.20。

　　大王村與泰和村僅一街之隔，為住宅與文教區，排灣族多居住在此，客家約 6 戶 20 人，乃 1950 年代後期來自新竹、苗栗、桃園等地的農民，在中央山脈邊緣種植釋迦、柑橘、金針、茶葉及果樹等。溪頭為閩南聚落，從事漁撈、農耕或在街區經商。[121]

### 5. 大武鄉

　　光緒 13 年（1887）5 月，英國探險家泰勒在牡丹灣前進大武途中，發現一個有 11 戶客家人的聚落，他們向排灣族部落付費，取得開墾的權利。[122]1935 年南迴公路竣工，大武位居南迴公路交通要津，伐木、燒炭、山產等業相當興盛，形成聚落。大武鄉由大竹、大鳥、大武、尚武、南興等 5 村組成，客家集中於大武街區及尚武，約 30 戶近百人。晚清開山撫番後，大武是出入後山要道，漸有客家聚落。

　　光復初期，大武衛生所由新竹縣芎林人劉錦榮接收，隨他而來的新竹同鄉親友，包括邱姓、鄧姓、范姓等多人，在大武至太麻里沿線各衛生室從事基層公共衛生工作。1960-70 年代，公路局在大武設休息站，藥房銷售暈車藥、提神藥獲利頗豐。此外，街區有經營山產、服裝、機車等業者。尚武客家 4 戶 10 餘人，有衛生所退休人員、雞農、街上開餐廳等。

## （二）客家族群的產業和信仰

### 1. 產業

　　海岸地區的產業向來以經濟作物為主，諸如日治中期的樟腦業，日治晚期的苧麻、香蕉、柑橘栽植，光復初期的香茅業等，同一時期，還一度出現薄荷

---

121 臺東縣政府，2001，《臺東縣史・漢族篇》，頁 105。臺東：臺東縣政府。又，訪談太麻里耆老張肇熙先生，2009.9.20。
122 劉克襄譯著，1992，《後山探險》，頁 95-96。臺北：自立晚報出版社。

產業，關山黃拓榮曾在大俱來推廣薄荷，設廠提煉薄荷腦，後由關山曾玉崙接辦，二年後曾玉崙回關山。[123] 東河鄉的尚德村，也曾有薄荷業之經營，但為期不久。[124] 其實，長濱鄉農業開發甚早，曾經是臺東的米倉，以 1960 年為例，其稻米產量比卑南、關山、池上及鹿野都高。[125] 目前，長濱、成功產柑橘、香蕉，東河以南釋迦、茖葉、椰子等。

成功鎮為一漁業都會區，來自恆春、綠島的閩籍漁民居多，客家主要集中於三民、三仙、忠仁、忠智等街區，以經營小吃店、海鮮店、雜貨店為主。三民里西側郊區富榮路的丘陵地帶，日治時期杉原產業會社新港農場引進晚崙西亞，並自西部招募移民，現為臍橙主要產地。新港漁業資源豐富，但客家從事漁撈業者不多，然而投資漁業加工廠或擁有漁船而成為「山頂頭家」者，卻不乏其人。早期客家較集中的成廣澳（小港），1932 年新港築港完成後，已日趨沒落，溫泰坤也在 1946 年底移居屏東市，其家族亦先後離開成廣澳。

東河鄉方面，光復初期不少苗栗農民移來山區尋求發展機會，多數人僅自備「落腳糧」，而自行在墾地種蕃薯等雜糧裹腹，有的家庭以蕃薯渡日長達 6 年。[126] 然後再逐漸向原住民購地、墾田，在山區落戶。1960 年代，香茅業曾為邊區經濟帶來榮景，山區客家聚落隨之興起。香茅業沒落後，農民紛紛轉作原料甘蔗供應本鄉都蘭糖廠。1980 年代以後，國際糖價不振，其業遂衰，都蘭糖廠已荒廢多年。目前海岸區以經濟作物為主，種植釋迦、柑橘、椰子等。

太麻里鄉的大王、泰和街區，住戶以工商及公職人員居多。香蘭、泰和、

---

123 訪談曾玉崙之女曾耀子，2009.10.20。

124 東河鄉尚德村徐玉子訪談，2009.10.30。

125 當時長濱鄉第一期稻米產量 2,943 公噸，僅次於臺東鎮的 4,824 公噸，位居全縣第二。1960 年臺東縣統計要覽，臺東縣政府，1961。

126 訪談苗栗江運金先生，2009.10.20

美和等農業區，以釋迦、荖葉為主要經濟作物。西側金針山以金針、水果兼觀光休閒農業為主。近年來，以甜柿較具經價值，有張姓北部客在金針山栽種甜柿頗具規模。

　　大武之伐木業、香茅業，在光復初期至 1960-70 年代曾興盛一時，飯店、旅社、戲院生意興隆。然而，隨著香茅、林業之沒落，已榮景不再。目前，有自衛生單位退休者，在大武街區開設藥房。

　　**2. 信仰**

　　臺東客家之原鄉信仰，最早出現者為長濱鄉寧埔村城山社區的三山國王廟「寧城宮」，主祀三山國王，依例每三年回彰化荷婆崙進香一次。其由來有二說，一為晚清成廣澳駐軍由大陸原鄉迎來奉祀；一為某客籍人士自彰化荷婆崙本廟請來奉祀。[127] 光復之初，還有不少客家信眾，管理委員多為客籍人士。目前，寧城宮所在地的城山社區，除了一戶客家之外，全是平埔族，信眾也以平埔族為主，每年遶境活動時，客家才會參與。成功鎮小港天后宮，建於 1874 年，是東部最早的媽祖廟，其祭祀圈涵蓋長濱鄉、成功鎮，亦為本鄉客家族群的信仰之一。[128] 每年媽祖聖誕，都有神轎遶境活動。三民里「福德祠」係日治時期客籍移民林阿著所立，其後擴建為「福德宮」，主祀土地公，兼奉祀媽祖及關帝爺。[129]

　　東河鄉並無特殊的客家族群信仰，位在泰源的東安宮，主祀關聖帝君，信眾約 200 人。每年農曆 7 月普渡，散居本鄉各地的客家信眾聚會者有 5、60

---

127 趙川明，1996，《臺東縣寺廟專輯》，頁 54。臺東：臺東縣後山文化工作協會。又，臺東縣政府，2001，《臺東縣史・漢族篇》，頁 96。臺東：臺東縣政府。

128 日治末期皇民化運動期間，由溫泰坤長子溫鼎貴攜往臺北市住家藏匿，光復後送回小港天后宮。溫芳淑，〈床之間：落難的媽祖〉，2003.6.15-16《臺灣日報》副刊。又，邱彥貴等，2001，《臺東縣史・漢族篇》，頁 94。臺東：臺東縣政府。

129 訪談溫泰坤孫女溫芳淑，2009.9.30。

人。都蘭協天宮主祀媽祖，爐下信眾包括五線、三線、都蘭本庄、舊廍、香蕉山等，[130] 係光復初由麥寮拱範宮迎回供奉者，附祀的土地公由車城福安宮迎回。

舊香蘭之福農宮，原祀土地公，其後自美濃五穀廟迎回神農大帝供奉，而神農大帝的祖廟則在苗栗五鶴山。每年農曆2月2日土地公誕辰，信眾聚會「食伯公福」者約50戶。農曆9月24日五穀爺生日，信眾於當月17日至20日之間擇日回美濃進香，近年則先至苗栗祖廟再至美濃五穀廟進香，回鑾後次日，演戲酬神。此外，各聚落均有庄頭伯公。[131]

## （三）小結

表面上海岸區漢族人口佔四成五之多，[132] 實際上漢族人口之中，平埔族群佔有相當比例。除成功鎮、都蘭及太麻里外，漢族分散於以阿美、平埔為主流的部落內，或錯落於高山、海角之間，各自孤立，難以形成較大的聚落。樟腦、香茅等產業雖曾盛極一時，但好景不常。這些產業相繼沒落後，人口逐漸外移，以致在臺北縣板橋市有所謂「小泰源」，而在桃園縣八德鄉有所謂「小北源」者，[133] 人口外移之現象，可見一斑。

## 六、客家族群之社會文化特色

2009年8月底，臺東縣總人口228,059人，[134] 客家族群近二成，主要集

---

130 臺東縣政府，2001，《臺東縣史‧漢族篇》，頁102。臺東：臺東縣政府。
131 訪談香蘭余豐田先生，2009.10。
132 臺東縣政府，2001，《臺東縣史‧漢族篇》，頁105。臺東：臺東縣政府。
133 北源邱紹榮先生訪談，2009.10.15。
134 依據臺東縣各鄉鎮戶政事務所2009年8月底報表統計。

中於花東縱谷南區三鄉鎮及臺東平原。縱谷區的池上、關山、鹿野三鄉鎮，客家人口比例較高，關山佔四成以上，池上三成以上，鹿野二至三成。臺東平原的客家人口，就人數言，以街區較集中，但無明顯群聚現象；就比例而言，市郊農業區所佔比例較高，自豐里、豐源到知本、建和乃至卑南鄉溫泉村一帶，形成客家較集中的區塊，比例二至三成。海岸區方面，客家人口散居各聚落，僅成功鎮、都蘭村、北源村及舊香蘭較為集中。

## （一）客家族群與產業

客家族群係以農耕文明為經濟基礎，臺東縣的耕地面積，僅佔全縣土地面積的 13.66%，[135] 與客家原鄉「八山一水一分田」的地理環境相似，其生產方式、生活習慣亦相似。從日治時期的樟腦業，到光復初期的香茅業，乃至現代稻米專業區等產業變遷，均與客家族群的遷移、分布與聚落興衰關係密切。目前，平原區除工商業外，農業以經濟作物的釋迦、荖葉為主；縱谷區以糧食作物稻米為主，經濟作物茶葉、鳳梨、紅甘蔗等次之；海岸區以經濟作物柑橘類及釋迦為主。

晚清、日治時期移入臺東的六堆客家，除農墾外，多以工商、貿易、公教為主，多集中於成功鎮、臺東市等都會區。日治中晚期移入的客家移民，以習於水稻生產的新竹州客家為主，多集中稻米專業區的池上、關山、鹿野等地。光復後，以苗栗為主的茅農，分布於海岸及山區。就臺東縣而言，本籍為苗栗者較多。以 1956 年、1966 年為例，六堆客、北部客在平原區及縱谷區的分布如下表：

---

135 2008 年《臺東縣統計要覽》，頁 97。臺東縣政府，2009.9。

表 6：1956、1966 年臺東平原及鄰近鄉鎮外來人口本籍一覽表（單位：戶）

| 年度<br>本籍 | 臺東鎮 | | 卑南鄉 | | 鹿野鄉 | | 關山鎮 | | 池上鄉 | |
|---|---|---|---|---|---|---|---|---|---|---|
| | 45 | 55 | 45 | 55 | 45 | 55 | 45 | 55 | 45 | 55 |
| 新竹縣 | 249 | 638 | 178 | 323 | 164 | 286 | 191 | 161 | 204 | 265 |
| 苗栗縣 | 252 | 769 | 160 | 530 | 140 | 387 | 247 | 647 | 244 | 485 |
| 高雄縣 | 770 | 1569 | 267 | 464 | 33 | 114 | 33 | 62 | 27 | 54 |
| 屏東縣 | 1589 | 1705 | 510 | 1032 | 240 | 452 | 136 | 185 | 79 | 147 |

資料來源：鄭全玄《臺東平原的移民拓墾與聚落》，p.126。原始數據為 1956 年及 1966 年臺閩地區戶口及住宅普查報告書。

　　樟腦和香茅一向被視為客家產業，腦丁是北部客移墾後山的先驅，日治末期樟腦業日漸沒落之際，香茅產業乘勢而起，因適合山區栽種，而焗油設備又相同，早期從事該行業者亦以腦丁居多，且苗栗三義、大湖、銅鑼向來是全省香茅油生產重心，可謂樟腦產業的第二春。[136]臺東海岸山脈向陽地帶，因土質、氣候均較苗栗為佳，吸引大量茅農移入。1964 年後，臺東成為本島香茅油的最大產地，為貧困的邊區經濟注入活水。當時，南迴公路的移民絡繹於途，東海岸山區出現許多新的聚落，苗栗客家則為主要成員。[137]光復初期到 1970 年代的移民規模，不下於日治時期的移民潮。部分山區聚落如池上富興村山棕寮、延平鄉鸞山松林、東河尚德村的銅礦、七塊厝等，人數已多到足以成立分班或分校。[138]而臺東縣的人口，1970 年代前五年平均數為 29 萬人，較 1946 年的 8.9 萬人多了 20 萬人，成長達 3.25 倍。

---

136 溫紹炳，2003，《臺灣樟腦產業與客家人散佈研究》，頁 37。成功大學。
137 香茅業者廖國樞訪談紀錄，2009.8.2。據其表示，當時東河二線（興昌）山區，有不少移民因未辦理戶口登記而被警方查獲，地方性媒體曾加以報導。
138 訪談者老徐振武先生，2009.11.10。

　　1955 年，臺東糖廠接受美援 60 萬美元設立新式鳳梨罐頭加工場後，鳳梨推廣成效良好。至 1964 年，鳳梨收穫面積已達 1,278 公頃，臺東境內各河埔砂礫地、山坡丘陵地都可栽種，因而臺東平原缺水的不毛之地也出現了新的聚落，如康樂、豐樂、豐田、豐年、太平以及鹿野、高台等。鳳梨產業帶來的移民潮，以來自彰化、雲林、嘉義、臺南等地的閩籍移民為主。[139] 目前，鹿野鄉客家亦有從事鳳梨相關產業。近年鳳梨經過改良，多樣口味在市場廣受歡迎。釋迦品種亦多樣化，每甲地年產值達百萬元新臺幣，沿海地區的東河、太麻里均以釋迦為大宗。近年來，荖葉經濟價值飆高，但所需人工較多，照顧繁瑣，未能大面積栽培，唯近年有增加之勢，尤以臺東平原郊區為甚。糧食作物稻米，因市場需求穩定，波動不大，故池上、關山、鹿野等客家聚落發展相對穩定，客家文化保存良好。

　　香茅、蔗作、鳳梨等產業相繼沒落後，1980 年代臺灣轉型為工商社會，各山區及河埔砂礫地之聚落人口外流，僅少數留下轉作釋迦、荖葉等。臺東人口自 1972 年高峰期過後，逐年遞減。1980 年代，工業起飛，社會轉型。2002 年，臺灣正式加入世界貿易組織，臺灣產業結構轉型後，臺東農業亦隨之趨向專業化、精緻化。目前，臺東主要客家聚落產業概況列表如次：

---

139 鄭全玄，《臺東平原的移民拓墾與聚落》，頁 125。

表 7：臺東縣客家聚落之農業發展

| 鄉鎮市 | 1980 年代以前之主要產業 | 1980 年代以後之主要產業 |
|---|---|---|
| 長濱鄉 | 樟腦、香茅、蔗作、水稻 | 柑橘、香蕉 |
| 成功鎮 | 香茅、香蕉、柑橘 | 柑橘、香蕉 |
| 東河鄉 | 香茅、蔗作、柑橘、椰子 | 釋迦、柑橘、梅子、椰子 |
| 池上鄉 | 香茅、蔗作、稻米、蠶絲、鳳梨 | 稻米 |
| 關山鎮 | 蔗作、稻米 | 稻米 |
| 鹿野鄉 | 香茅、蔗作、水稻、釋迦、鳳梨、茶葉 | 水稻、釋迦、紅甘蔗、鳳梨、玉米、蔬菜、茶葉、香蕉 |
| 卑南鄉 | 香茅、蔗作、釋迦、茶葉 | 釋迦、高接梨、柿子 |
| 臺東市 | 蔗作、水稻、釋迦、鳳梨 | 水稻、釋迦、茗葉 |
| 太麻里鄉 | 蔗作、水稻、釋迦、鳳梨、椰子 | 釋迦、茗葉、金針、甜柿 |

資料來源：黃學堂整理。

　　臺東客家以北部客佔多數，務農為主，分布全縣各農業區。南部六堆客人數居次，以從事公教、工商業為主，集中於臺東市、成功鎮街區。來自中部的大埔客、詔安客人數不超過 20 戶，太麻里有 10 戶來自雲林崙背的詔安客，[140] 無論其在雲林崙背或臺東太麻里，均與福佬族群比鄰而居。

　　綜合言之，無論平原區、縱谷區或海岸區，客家主要分布於農業區。產業方面，縱谷區河谷平原以糧食作物水稻為主，丘陵、台地以經濟作物茶葉、鳳梨、釋迦等為主；臺東平原以水稻、釋迦、茗葉為主；海岸區東河鄉以北多種柑橘、香蕉，東河鄉以南多種釋迦，太麻里鄉以釋迦、茗葉為主。

---

140 太麻里李謀良訪談，2009.10.30

## （二）客家族群與信仰

　　臺東地區由原鄉帶來的客家信仰，最早為長濱鄉城山的三山國王廟，亦即「寧城宮」。起源可能溯及晚清，光復之初還有不少客家信眾，但目前信眾以當地平埔族為主。義民信仰方面，臺東僅有私廟或民間家中供奉令旗的形式，農業神祇神農大帝（五穀爺）之信仰，在縱谷區池上鄉的錦園村、臺東市寶桑里以及海岸區的香蘭村，各有一座主祀廟宇，形成以客家族群為主的祭祀圈。關山鎮、鹿野鄉雖無主祀神農大帝的廟宇，但不少寺廟均有供奉五穀爺。[141] 臺東神農大帝信仰，列表如次：

表 8：臺東客家聚落之原鄉信仰寺廟

| 地區 | 客籍聚落 | 移民主要原鄉 | 寺廟 |
|---|---|---|---|
| 池上鄉 | 錦園村 | 苗栗、新竹 | 保安宮（神農大帝為主神） |
| | 富興村 | 苗栗、新竹 | 北極玄天宮（廟中供奉神農大帝） |
| 關山鎮 | 豐泉里 | 苗栗 | 天后宮（廟中供奉神農大帝） |
| | 里壠里 | 苗栗 | 碧雲宮（廟中供奉五穀先帝） |
| | 月眉里 | 苗栗 | 中月宮（廟中供奉神農大帝） |
| 鹿野鄉 | 瑞源村 | 苗栗、新竹 | 源聖宮（廟中供奉神農大帝） |
| | 永安村 | 新竹 | 聖安宮（廟中供奉神農大帝） |
| | 瑞和村 | 新竹、苗栗 | 福明宮（廟中供奉神農大帝） |
| | 新豐村 | 新竹、苗栗 | 聖豐宮（廟中供奉五穀王） |
| 卑南鄉 | 溫泉村 | 苗栗、屏東 | 受天宮（廟中供奉神農大帝） |

---

141 趙川明主編，2006，《客鄉：鹿野大原客為鄉》，頁40。臺北：行政院客家委員會。

表 8：臺東客家聚落之原鄉信仰寺廟（續）

| 地區 | 客籍聚落 | 移民主要原鄉 | 寺廟 |
|---|---|---|---|
| 臺東市 | 寶桑里 | 苗栗 | 神農宮（神農大帝為主神） |
| | 建和里 | 苗栗 | 敬山宮（廟中供奉神農大帝） |
| 太麻里 | 舊香蘭 | 苗栗、屏東 | 福農宮（神農大帝為主神） |

資料來源：臺東縣後山文化工作協會《臺東縣寺廟專輯》，臺東：臺東縣立文化中心，1996.5。

### 1. 保安宮

保安宮位在池上鄉錦園村，其地舊稱新開園，是池上鄉最早的漢人聚落，因土地肥沃，又有大陂池可供灌溉，清咸豐、光緒間即有平埔族、漢族甚至遠自廣東潮州的客家人入墾。日治之初，已有漢人 110 戶 587 人，墾成水田一百甲，擁有水牛 78 頭，是花東縱谷最大的漢人聚落。目前，池上鄉錦園、萬安、富興、振興等聚落，均屬保安宮的祭祀圈，負責廟務的管理委員會，除振興村因人數較少外，每村產生委員三人，信徒以農民為主，包含閩、客、平埔及少數阿美族。 保安宮門聯：「五穀重豐年及雨及時施德澤，萬方匡正日扶忠扶孝顯威靈」，表明農村信徒對五穀大帝祈求風調雨順的心願，並渴望神明扶忠扶孝之道德教化。[142]

### 2. 神農宮

神農宮座落於臺東市寶桑路 370 巷內，信眾為農民、米廠、糧商、草藥商以及糕餅業者。[143] 約 7、80 年前，由嘉義大天宮恭迎香火來臺東奉祀，初期供奉於民家，因信徒日增，至 1968 年始建木造廟宇供奉，主祀農神大帝，亦

---

142 趙川明，《臺東縣寺廟專輯》，頁 120。
143 趙川明，《臺東縣寺廟專輯》，頁 48。

稱五穀先帝、五穀爺、藥王大帝、藥仙、田祖等，是農業之神，也是醫藥之神。神農宮內的神農大帝有十多尊，除開基神像是文身裝扮外，其餘多為頭角崢嶸、袒胸露臂、腰圍樹葉、手持稻穗的造型，充分展現原始農業開拓之形象。

### 3. 福農宮

位在太麻里南迴公路旁的福農宮，主祀神農大帝。日治時期，原為土地廟，現仍保留刻有「東南猴仔蘭」等字的石碑供奉其中。1960 年代，舊香蘭居民全係務農為業，自高雄縣美濃鎮五穀廟迎回五穀爺（即神農大帝），在土地公廟原址重建而成「福農宮」。目前，舊香蘭有七成來自新竹、苗栗、屏東的客家族群，另有部分閩南、外省、原住民族群。當地信眾以種植釋迦、荖葉、荖花、椰子為主，對神農大帝十分虔敬。每年農曆 9 月，均組團返回美濃五穀廟及苗栗五鶴山祖廟進香。[144]

一般而言，臺東地區以血緣為基礎的組織並未普遍，各類祭祀公業並不發達，宗教信仰是凝聚族群力量的主要活動。而在信仰方面，臺東客家尚未形成特定的在地族群信仰，客家原鄉的神農大帝信仰，在平原、縱谷、海岸各自形成一個祭祀圈。

## （三）結語

綜合本文所述，臺東客家的空間分布，受到歷史背景、國家政策、產業變遷之影響，是顯而易見的。就歷史背景而言，包括清代的封山禁墾、開山撫番、官招民墾、民招民墾、大庄事件，日治時期的內地化政策、官營移民、私營移民、自由移民、準戰時體制、非常時期、日人退出臺灣，以及光復後的外省移民、土地改革、工業起飛、移民回流西部、社會轉型等等。就經濟面而言，與客家移民有關的產業包括樟腦業、蔗糖、稻米、香茅、伐木、燒製木炭、熱帶

---

144 趙川明，《臺東縣寺廟專輯》，頁 162。又，訪談余豐田，2009.10.20。

作物栽培業，如鳳梨、茶葉、柑橘、釋迦、荖葉等。但無論如何，客家族群所扮演的角色，均屬勞力輸出的移民，諸如伐木、拓荒、農業為主的「苦力」。其對東部土地開發的貢獻，是無可否認的事實。

　　就漢文化而言，臺灣是中國的邊陲，後山又是臺灣的邊陲，臺東則是邊陲中的邊陲。邊陲移民正是客家族群史的一大特色，特別是在臺東，客家移民兼具多重意義，多族群共處的現象，包括原住民、平埔族、閩南人、日本人、外省人等；即便客家族群本身而言，也有南部客、北部客、大埔客、詔安客、兩廣客等，語言也有四縣腔、海陸腔、饒平腔、詔安腔等。同時，又因臺灣耕地有限，且已轉型為工商社會，臺東客家的遷移史，殆即臺灣客家族群的最後一波移民潮。臺東客家歷經三個不同時代，一百多年的發展，應有許多值得探討的議題。其中，移民是臺灣史上的重要議題，特別是在東部地區，透過此一主題的研究，可以展現東臺灣區域的特殊性。[145] 本文僅就目前臺東客家分布的概況做一初步整理，旨在為臺東客家的族群史、遷移史、發展史等議題提供參考資料。

　　就客家族群而言，歷史上的幾次大遷移，多與政治動亂或族群衝突、分類械鬥有關。而在臺東，無論是在清代或日治時期，均在國家政策主導下進行移民，並以此為契機，引起更多的自由移民。臺東客家的移民背景及聚落分布，與國家整體規畫、國際形勢發展、企業經濟利益、產業發展興衰等因素有關，其中，日治時期各會社私營移民策略具有關鍵性的作用，如能從中鉤稽脈絡，例如，根據臺東製糖會社以及樟腦、咖啡、臺拓等會社的檔案史料，和曾經參與其事的耆老之口述歷史相互印證，則臺東客家遷移史的重新建構應屬可能。目前，應用此類史料以探討臺東客家的相關研究，僅散見於各期刊、學位論文

---

145 林玉茹，〈邊陲的移民：東臺灣移民史在臺灣史研究上的位置與議題〉，東臺灣研究會討論題綱，日期未詳。

中。而針對臺東客家的專題論述，有待各方關注。

　　就臺東客家的空間分布而言，多集中於花東縱谷南端三鄉鎮的河谷丘陵地帶，與西部客家原鄉的生活環境相似。事實上，自1875年開山撫番後，閩南、客家同時移墾後山，並無先來後到的差異，由此可見，客家族群在生活空間的選擇上，仍以原鄉生活習慣為主要考量，亦即以水源充足而適合水稻生產的地區為主。且自晚清以來，客人城首先出現於花東縱谷中段的玉里，即已如此。就此觀之，以泉人先至、漳人次之、客家後到的說法解釋臺灣客家族群分布的現象，是有待商榷的。

　　臺東係一開發未久的移墾社會，族群雜處，幾無所謂純客聚落可言，與西部原鄉迥異。東部客家在多次遷移並與多族群共處的過程中，客家族群面臨了諸多新的挑戰，自然會產生不同的文化適應策略，進而創造出新的文化行為。其特性在於，長期與少數民族維持互動關係，但在族群意識上又自覺地堅持舊有傳統。在移住後山近百年的歷史中，既保有原鄉的傳承，又揉合了新的成分，呈現出在地化的新貌。

　　舉例言之，臺東客家因與各族群間的語言接觸，且客語本身又因四縣腔、海陸腔長期混用而形成所謂「四海話」，乃花東地區共有的現象。其結果，東部客家在與西部客家溝通時，常遭批評為「不標準」或「不正確」。實則，四海話簡單易學，又不失其為客語的基本特質，有利於客語的整合與推動，此一語言特色不但應受尊重，更值得推廣。其實，「當一個社會文化形成之時，便也是其開始追求自主性的時刻」、「只要有社會文化的存在，便有其主體性」。[146] 就此而論，「東部客家」的文化特質已然形成，雖然隱而未顯，卻有進一步發展的可能。如何面對文化創造的新現象，應是客家研究的課題之一。

---

146 黃應貴，《社會過程中的中心化與邊陲化》，臺東大學主辦「邊陲社會及其主體性」研討會會議資料，頁1-9。2003.10.2。

# 參考文獻

行政院客委會，2004，《臺灣客家人口分布圖》。臺北：行政院客家委員會。

江美瑤，1996，《日治時代以來臺灣東部移民與族群關係：以關山、鹿野地區為例》。國立臺灣範大學地理研究所碩士論文。

邱彥貴等，2001，《臺東縣史・漢族篇》。臺東：臺東縣政府。

孟祥瀚，2002，〈日治時期花蓮地區客家移民的分布〉，中央大學，客家文化學術研討會。

_____，1991，〈日據時期臺灣東部人口增加之研究〉，《興大人文學報》，第 21 期。

林玉茹，2001，〈國家與企業同構下的邊區開發：戰時臺灣拓殖株式會社在東臺灣的農林栽培事業〉，國家與東臺灣區域發展史研討會。

夏黎明等，1999，《臺灣地名辭書》卷三「臺東縣」。臺灣省文獻會。

後山文化工作協會，1999，《臺東耆老口述歷史篇》。臺東：臺東縣立文化中心。

張維來，2000，《大知本地區發展史》。臺東：臺東市公所。

溫紹炳，2003，《臺灣樟腦產業與客家人散佈研究》。臺南：國立成功大學。

施添福，2002，《關山鎮志》（下冊）。臺東：關山鎮公所。

黃學堂主編，2006，《客情：客家東移池上情》。臺北：行政院客家委員會。

趙川明主編，2006，《客鄉：鹿野大原客為鄉》。臺北：行政院客家委員會。

_____，1996，《臺東寺廟專輯》。臺東：臺東縣立文化中心。

趙川明等編撰，2002，《知本溪流域》。臺東：臺東縣政府。

廖秋娥主編，2006，《客族：縱谷關山尋客族》，臺北：行政院客家委員會。

鄭全玄，2002，《臺東平原的移民拓墾與聚落》，東臺灣叢刊之三。東臺灣研究會。

國家圖書館出版品預行編目 (CIP) 資料

客家形成與社會運作 / 陳麗華, 莊英章主編.
-- 初版 . -- 新竹市 : 交大出版社 , 民 108.01
面 ; 公分 . -- ( 臺灣客家研究論文選輯 ; 2)
ISBN 978-986-96220-7-3( 平裝 )

1. 客家 2. 民族文化 3. 文集

536.21107　　　　　　　107019940

臺灣客家研究論文選輯 2

# 客家形成與社會運作

主　　　編：陳麗華、莊英章
叢書總主編：張維安
執 行 編 輯：陳韻婷、程惠芳
封 面 設 計：萬亞雰
內 頁 美 編：黃春香

出 版 者：國立交通大學出版社
發 行 人：張懋中
社　　　長：盧鴻興
執 行 長：簡美玲
執 行 主編：程惠芳
編務行政：陳建安、劉柏廷
製版印刷：中茂分色製版印刷事業股份有限公司
地　　　址：新竹市大學路 1001 號
讀者服務：03-5736308、03-5131542 （週一至週五上午 8:30 至下午 5:00）
傳　　　真：03-5731764
網　　　址：http://press.nctu.edu.tw
e - m a i l：press@nctu.edu.tw
出版日期：108 年 1 月初版一刷
定　　　價：350 元
I S B N：978-986-96220-7-3
G P N：1010800006

展售門市查詢：

　交通大學出版社 http://press.nctu.edu.tw
　三民書局（臺北市重慶南路一段 61 號））
　網址：http://www.sanmin.com.tw　電話：02-23617511
或洽政府出版品集中展售門市：
　國家書店（臺北市松江路 209 號 1 樓）
　網址：http://www.govbooks.com.tw 電話：02-25180207
　五南文化廣場臺中總店（臺中市中山路 6 號）
　網址：http://www.wunanbooks.com.tw　電話：04-22260330